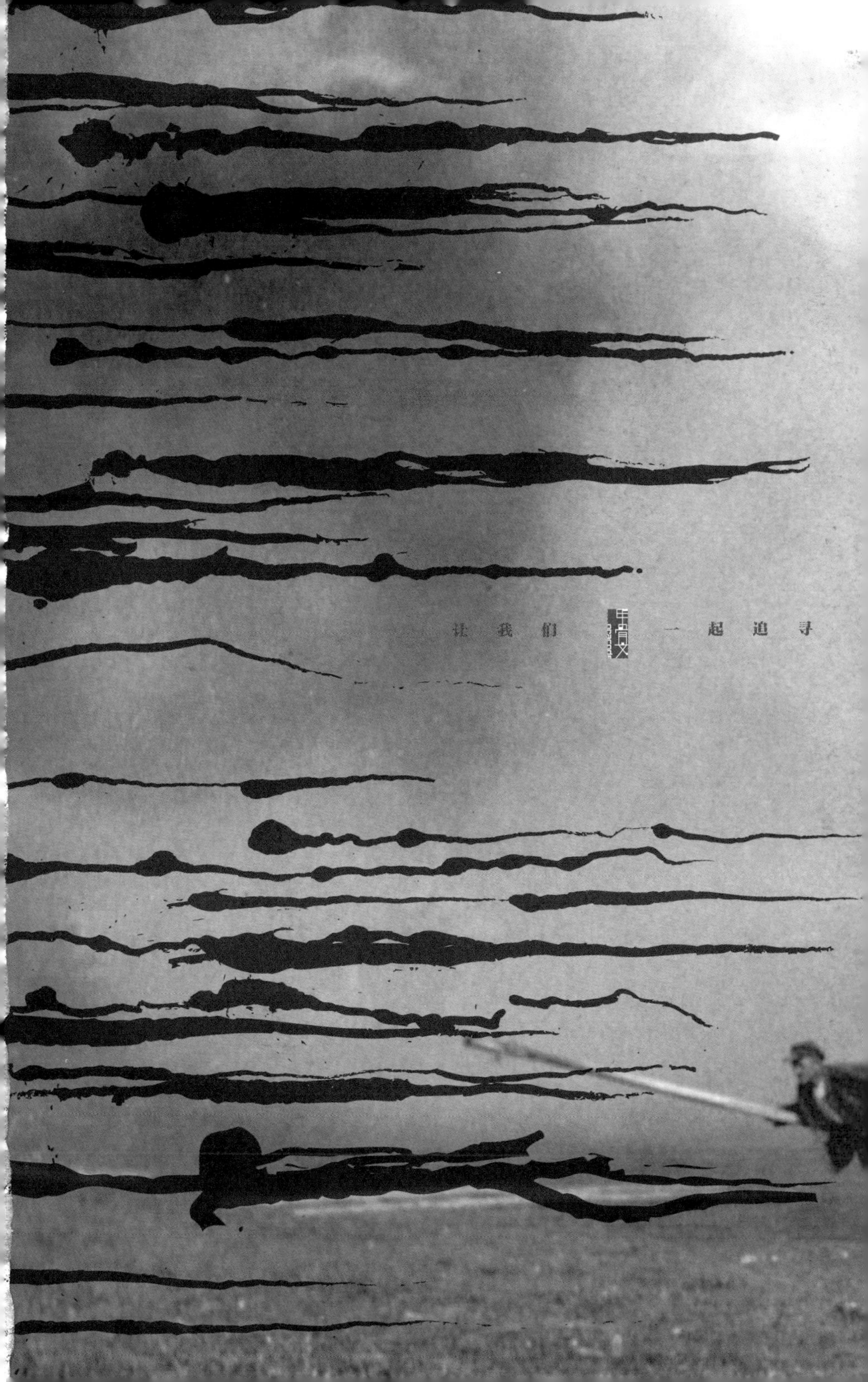
让我们
一起追寻

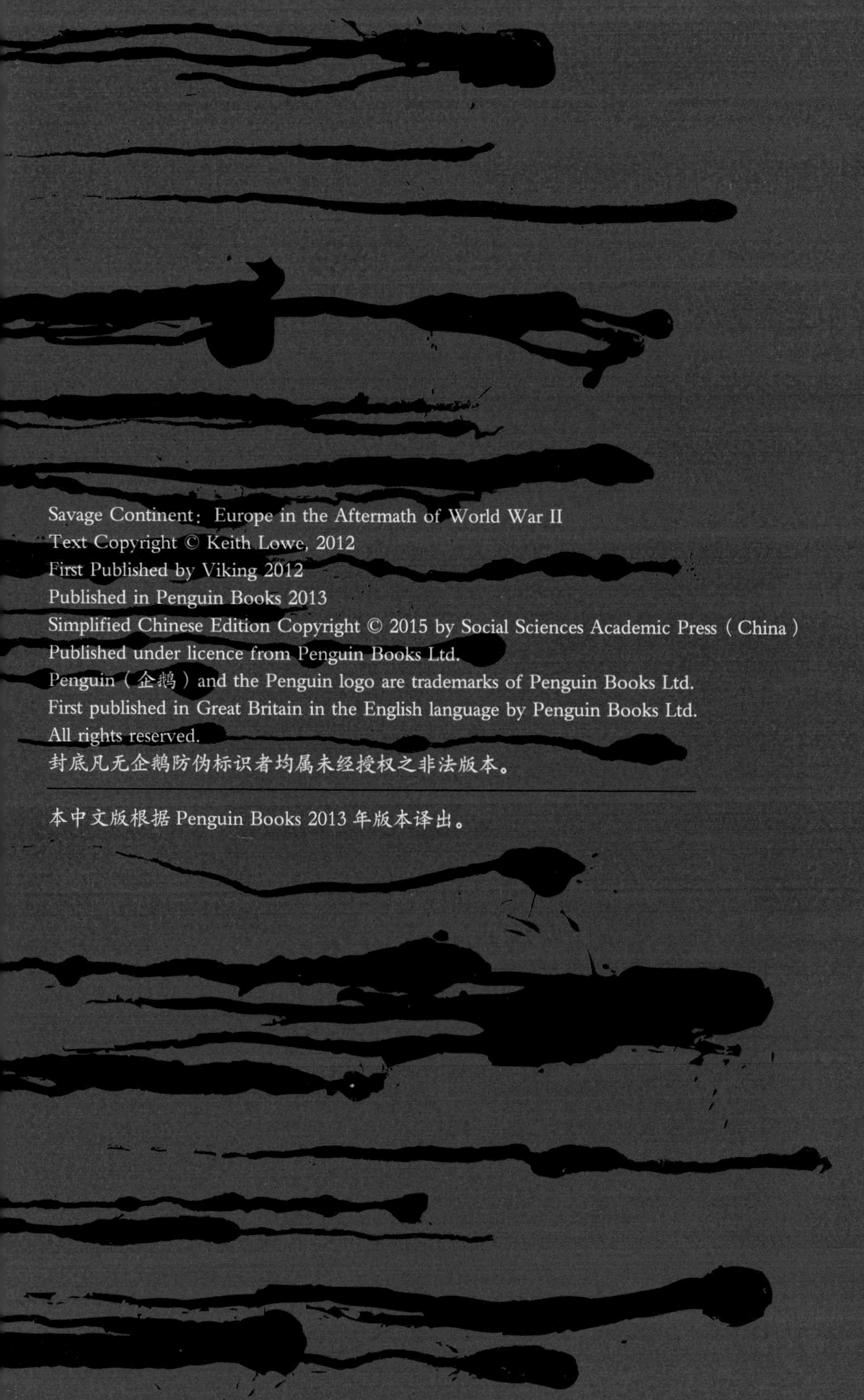

Savage Continent: Europe in the Aftermath of World War II

First Published by Viking 2012
Published in Penguin Books 2013

First published in Great Britain in the English language by Penguin Books Ltd.

本中文版根据 Penguin Books 2013 年版本译出。

野蛮大陆
第二次世界大战后的欧洲
〔英〕基思·罗威（Keith Lowe）/著
黎英亮/译
SAVAGE CONTINENT: Europe in the Aftermath of World War II
社会科学文献出版社
SOCIAL SCIENCES ACADEMIC PRESS (CHINA)

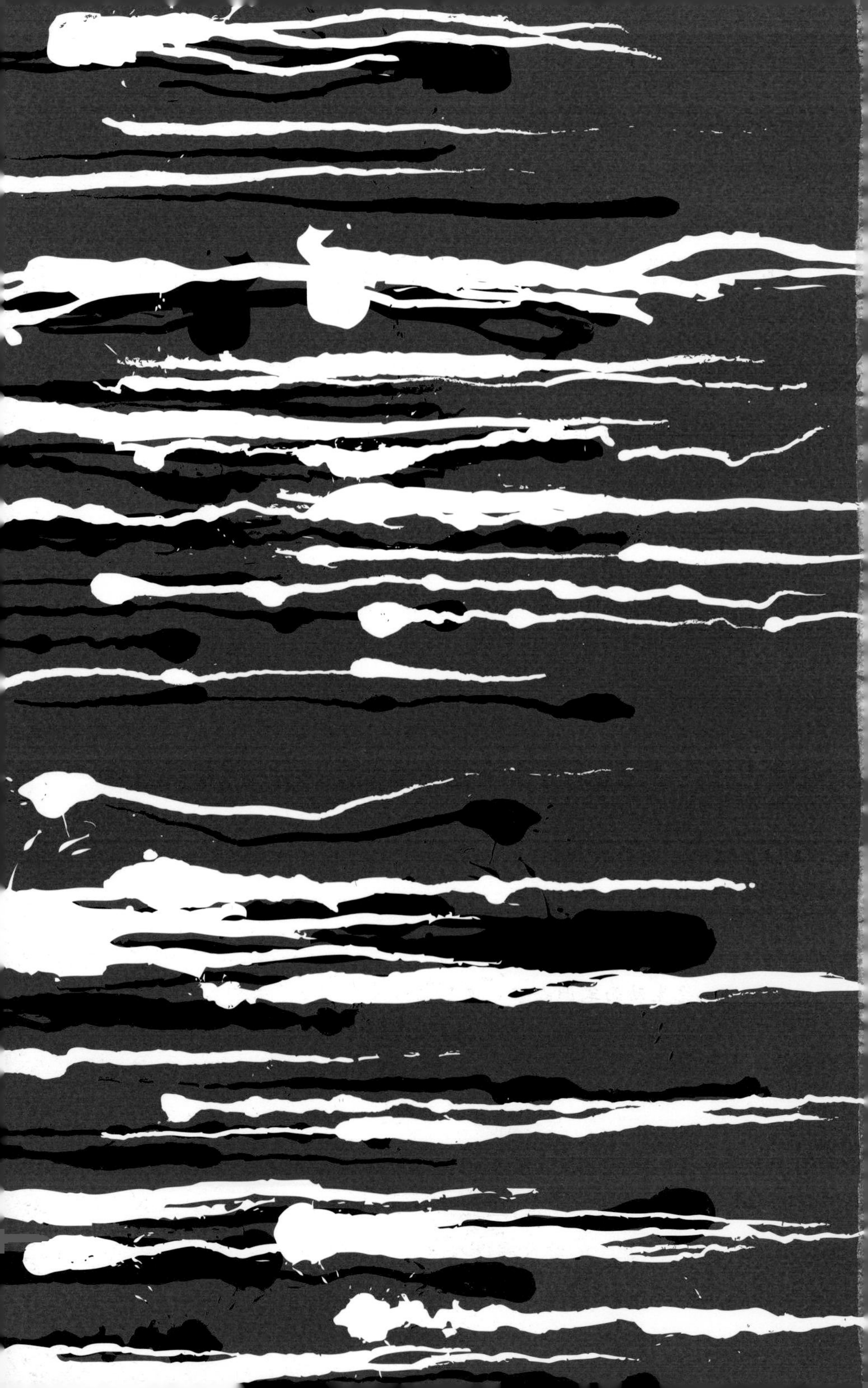

本书获誉

第二次世界大战的结束，见证了欧洲各地暴力行为的恐怖爆发。囚犯杀死狱卒。士兵虐待平民。抵抗战士杀死和侮辱通敌卖国者。战争行动结束后，日复一日、月复一月、年复一年，种族清洗、内战、强奸、谋杀持续上演。探寻那个在彼此复仇中筋疲力尽的欧洲，《野蛮大陆》是一幅令人震惊的图画，刻画了一个迄今未被承认的、无序而恐怖的年代。

“刻骨痛心。动人心弦、落笔审慎、荡气回肠。一幅引人注目的图画，描绘了一片在物质上、道德上因为残忍屠戮而变得残酷无情的欧洲大陆。”

——多米尼克·桑德布鲁克（Dominic Sandbrook），

《星期日泰晤士报》

“形象生动而笔调冷峻。这部杰出著作，为这片陷入无序和混乱的大陆，描绘了一幅鲜为人知、令人胆寒的画面。”

——伊恩·克肖（Ian Kershaw）

“不可或缺的作品。以严肃的笔调，叙述我们从未知晓、父辈宁愿忘记的事实。罗威极具穿透力的句子，让我们难以对种种苦难视而不见……看后难以入睡。如此优秀的历史著作，让所有问题萦绕于心。”

——《苏格兰人》

“令人震惊，令人感动，非常好的作品。”

——《新政治家》

“杰出非凡，过目难忘，饱含张力。”

——《每日邮报》

“精彩绝伦。才华横溢的构思，一丝不苟的研究……呈现出天才般的历史叙事。”

——BBC 历史频道

中文版序言

本书着眼于欧洲，但书中许多议题同样适用于亚洲。在第二次世界大战期间，亚欧大陆两端同样经历了难以想象的暴力肆虐，同样经受了暴力摧残。在亚欧大陆两端，伤害都是多层次的：不仅许多城市被彻底夷为平地，数千万人惨遭杀害，而且还有更多不易察觉的伤害——秩序荡然、道德败坏、心灵创伤。与欧洲类似，亚洲也因战争而陷入混乱，直至多年以后才建立起新的常态。

欧洲与中国的相似之处尤为引人注目。在战争期间，中国不仅承受了比任何亚洲国家都更为严重的战火破坏，而且承受了最为残酷的战争后果。与欧洲许多地方类似，中国绝大部分地区的基础设施荡然无存，不仅缺乏可靠的政府，而且缺乏法律和秩序。及至 1945 年，由于粮食分配体系已被彻底破坏，数百万人在饥饿中等待死亡。举目可见人们对复仇的渴望、对正义的等待、对某种法律和秩序的期盼。更不幸的是，中国许多地方还要再忍受四年战争的煎熬——这次是内战——奉行不同政治信念的人群，为赢得这个国家的主导权而战。

如今的人们，很难想象他们的祖父母被迫经历的艰难困苦。与欧洲类似，如今的中国是一片和平宁静、欣欣向荣的土地。但关于战争的记忆随时会浮出水面，中国人对日本的怨恨仍然萦绕不去，一如欧洲人对待德国那样。这种恨意是无可厚非的，甚至是无可避免的。但这种怨恨并非总是有所裨益，而且经常会妨碍各国外交官为解决当今现实问题所付出的卓越努力，而这些问题与我们共同的战争记忆也许无甚关联。

当然，我不想对 1945～1949 年的欧洲与中国做太多的横向比较，两者确实有许多不同。但我希望中国读者留意到，我在本书中所写的许多议题，其实具有普遍意义。

如果真有什么普遍真理的话，我想那就是：战争从未能轻易结束。战争造成的破坏越大，走出战争就越是艰难。考虑到 1945 年以后亚欧大陆那大规模的混乱状况，我有时认为，如今的亚欧大陆大体能保持和平宁静，简直是人间奇迹。我希望以下的章节，能够为所有读者提供一点启示，那就是永远不要轻率地支持战争。

基思·罗威

于伦敦

2015 年 5 月

致瓦拉

本书作者另有著作

《火焰地狱：1943 年汉堡灭顶之灾》

目　录

第三部　种族清洗

第四部　内战

插图目录

（原书顺序）

第一辑

14. 1944 年，一名法国通敌者遭到殴打
15. 1945 年 4 月，在米兰，法西斯主义者被游击队集体处决
16. 战争最后一周，在雷马根被俘虏的德军士兵
17. 战争结束后，在辛齐希，栖身在地洞里的德军战俘

第二辑

18. 一名科西嘉妇女，被指与德军士兵勾搭，被人们脱光衣服、剪掉头发
19. 出埃及 47 号班轮，一艘把犹太人运往巴勒斯坦的船
20. 1946 年，在乌克兰游击队纵火焚烧后，波兰人逃离翁沃尔尼察
21. 1945 年，波兰民族主义者袭击维尔绍维尼，被杀害的乌克兰人
22. 一个来自鲁德基的家庭，在边界调整后被迫迁徙
23. 在柏林，来自波美拉尼亚和西里西亚的德国难民挤满火车
24. 1944 年，在反政府示威期间，两名被雅典警察射杀的抗议者
25. 1948 年，被拘押的希腊平民，这只是数万名因涉嫌同情共产党而被拘押的希腊平民的写照
26. 1946 年，在罗马尼亚，彼得鲁 · 格罗扎在一次舞弊选举之后发表胜选讲话

图片鸣谢

联合国，1、2、3、4、5、6、7、10、20、22；阿尔多·德·雅科，《我在意大利的五年》，（罗马：牛顿·康普顿出版社，1985），8；乌尔斯坦，9、19；美国国家档案馆，11、16、17；阿莲娜·卡拉洛娃影集，12；美国陆军通信部队，13；华盖创意图片库，14、18、23、24、25；克里斯蒂安·施费尔以及提契诺州国家档案馆，15；卢布林地区托马舒夫博物馆，21；美国联合通讯社，26、27；维尔纽斯种族灭绝受害者博物馆，28；俄罗斯新闻社，29。我们已经竭尽全力寻访与联系 8 号图片的版权持有人。敬请了解这幅图片相关信息的读者与本书出版社联系。

地图目录

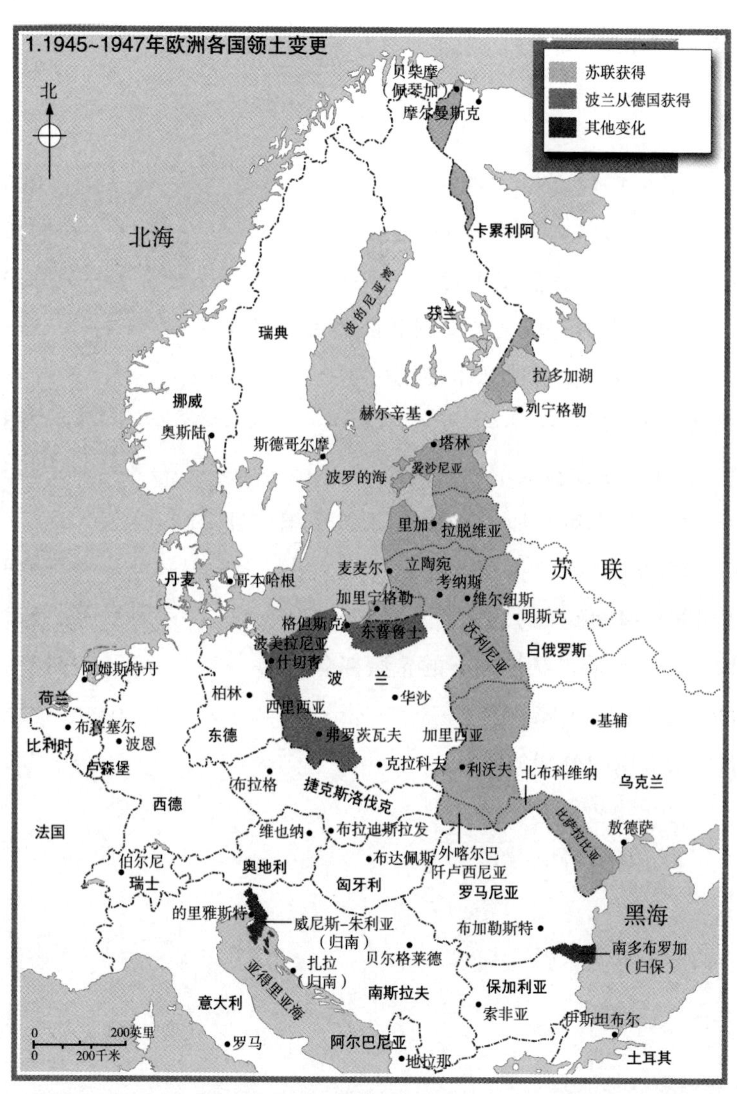
1.1945~1947年欧洲各国领土变更
北
苏联获得
波兰从德国获得
其他变化
贝柴摩
（佩琴加）
摩尔曼斯克
北海
卡累利阿
波的尼亚湾
芬兰
瑞典
拉多加湖
挪威
赫尔辛基
列宁格勒
奥斯陆
斯德哥尔摩
塔林
波罗的海
爱沙尼亚
里加
拉脱维亚
麦麦尔
立陶宛
苏 联
丹麦
哥本哈根
考纳斯
加里宁格勒
维尔纽斯
格但斯克
东普鲁士
明斯克
波美拉尼亚
沃利尼亚
什切青
白俄罗斯
阿姆斯特丹
波 兰
柏林
荷兰
华沙
西里西亚
布鲁塞尔
基辅
比利时
波恩
东德
弗罗茨瓦夫
加里西亚
卢森堡
克拉科夫
利沃夫
北布科维纳
布拉格
乌克兰
西德
捷克斯洛伐克
比萨拉比亚
法国
维也纳
布拉迪斯拉发
敖德萨
外喀尔巴
阡卢西尼亚
布达佩斯
伯尔尼
奥地利
瑞士
匈牙利
罗马尼亚
黑海
的里雅斯特
威尼斯-朱利亚
（归南）
布加勒斯特
南多布罗加
（归保）
贝尔格莱德
扎拉
（归南）
亚得里亚海
保加利亚
意大利
南斯拉夫
索非亚
伊斯坦布尔
0 200英里
0 200千米
罗马
阿尔巴尼亚
地拉那
土耳其

序　言

尝试想象一个没有组织、没有机构的世界。那是一个国家边界已然消失的世界，只剩下无边无际的广袤土地，在那土地上，人们到处流浪，寻找早已不复存在的社区共同体。那里没有任何意义上的政府，无论是民族政府还是地方政府。那里没有学校或者大学，没有图书馆或者档案馆，没有任何获取信息的手段。那里没有影院或者戏院，当然也没有电视节目。收音机偶尔会有点用处，但信号总是很模糊，而且几乎总是说外语。人们也已经很久没有看过报纸了。那里没有铁路或者公路，没有电话或者电报，没有邮政局，没有通信手段，只有口耳相传。

那里没有银行，但这也无妨，因为金钱再无用处。那里没有商店，因为没有东西可供出售。那里没有生产活动：曾经存在的工厂和企业已经全部被摧毁和拆卸，其他绝大多数建筑物也大致如此。那里没有工具，更不要说从断壁残垣里挖掘东西了。那里也没有食物。

法律和秩序几乎荡然无存，因为那里没有警察、没有法官。在某些地方，是非对错似乎再无意义。人们自谋生路，无视所有权，实际上，就连所有权本身也大致消失了。财产只属于那些足够强大的人，以及那些为了保住财产不惜豁出性命的人。男人手持武器，在大街上游荡，肆意抢夺他们想要的东西，肆意恐吓那些栽到他们手上的倒霉蛋。女人不论阶层、不论年纪，为求食物、为求庇护，不惜出卖肉体。那里没有礼义廉耻，那里没有伦理道德，只有生存高于一切。

对于现代人来说，除了在好莱坞的电影剧本中，实在难以想象还会有这样的世界。然而，时至今日，还有数十万名幸存者经历过这种惨况，他们不是生活在地球某个远在天边的角落，
xiv 而是生活在数十年来最为稳定、最为发达的中心地带。1944～1945 年，在长达好几个月的时间里，相当部分的欧洲人就生活在这种混乱之中。第二次世界大战，毫无疑问是人类历史上最具破坏性的战争，它不仅摧毁了基础设施，而且摧毁了国家赖以结合的组织机构。政治架构威信扫地，以至于美国观察员警告说，欧洲各国可能会爆发全面内战。[1] 社区共同体的人为割裂，在邻里之间埋下互不信任的种子；而普遍存在的饥荒现象，也让个人道德变得无关紧要。1945 年 3 月，《纽约时报》评论道："欧洲，已经陷入美国人无法理解的极端状况。"欧洲已经沦为"黑暗新大陆"。[2]

此后欧洲设法脱离困境，奇迹般地成为繁荣、宽容的大陆。回顾欧洲重建的丰功伟业，包括公路的重建、铁路的重建、工厂的重建，甚至众多城市的重建，举目所见皆是欣欣向荣的景象。西欧的政治重建同样令人印象深刻，尤其是德国的复兴更是如此，短短数年间，德国就从被人唾弃的民族，变成欧洲大家庭里负责任的成员。战争结束还催生了国际合作的意愿，不仅带来了繁荣，而且造就了和平。1945 年以来的数十年间，欧洲各国忽然迎来了最为长久的和平时期，而这种阔别已久的长久和平可以追溯到罗马帝国。

难怪那些刻画战后时期的人们，包括历史学家、政治家以及经济学家，经常把战后欧洲的崛起描述为凤凰在瓦砾灰烬中浴火重生。按照这种观点，战争结束不仅标志着镇压和暴力的

结束，而且标志着整个欧洲大陆在精神上、道德上、经济上的重生。德国人把战后几个月称为“时钟归零”（德文 Stunde Null，英文 Zero Hour），这意味着当历史的伤痕被涂抹完毕，历史又再次起步前行。

但我们不难发现，这种对战后历史的看法未免过于浪漫。首先，希特勒的失败并不等于战争马上结束。第二次世界大战这种大规模冲突，存在许多个环环相扣的小规模战场，战事需要经年累月才能平息，在欧洲的不同地点，停战的时间也各不
相同。例如，在西西里岛和意大利南部，战争几乎在 1943 年秋 XV
季就已结束。在法国，对于绝大多数法国人来说，战争又拖延了一年，但在 1944 年秋季亦告结束。与此相反，在东欧某些地区，暴力持续到欧战胜利日（1945 年 5 月 8 日）之后很久。在南斯拉夫，铁托（Tito）的部队直至 1945 年 5 月 15 日还在与德国军队作战。在欧洲的大战结束后，最早由纳粹点燃的内战火焰，还在希腊、南斯拉夫、波兰熊熊燃烧了好几年；在乌克兰和波罗的海国家，民族主义游击队继续对抗苏联军队，战斗持续到 20 世纪 50 年代。

有些波兰人声称第二次世界大战直到近些年才真正结束：由于战争正式开始于纳粹与苏联同时入侵他们的国家，因此直至 1989 年最后一辆苏联坦克撤离波兰，战争才算结束。许多波罗的海国家的居民也有同感：2005 年，爱沙尼亚与立陶宛两国总统拒绝前往莫斯科庆祝欧战胜利日 60 周年，其理由是，至少对于他们的国家来说，迟至 20 世纪 90 年代初才算解放。还要考虑到的事实是冷战，冷战实际上是东欧与西欧之间持续不断的冲突，以及若干次反抗苏联统治的民族起义。就此而言，断言战后存在牢不可破的和平，仿佛是无可救药的痴人说梦。

同样颇成疑问的是所谓“时钟归零”的观念。历史的伤痕当然不可能被抹去，德国政治家的坚忍努力终究无济于事。作为战争的余波，复仇和惩罚的浪潮席卷了欧洲人生活的方方面面。有些民族被剥夺了领土和财产，政府机关和社会机构受到清洗，各个社区共同体因为在战争期间的表现而惶惶不可终日。某些最为恶劣的报复行为直接针对个人。欧洲各国的德裔居民都受到殴打和逮捕，或者被充作奴工，甚至被杀害。曾经与纳粹合作的士兵和警察遭到逮捕和折磨。曾经与德军士兵姘居的妇女被脱光衣服、剃光头发、淋满沥青、游街示众。数以百万计的德国妇女、匈牙利妇女和奥地利妇女被强奸。历史的伤痕未被抹去，战争的余波却放大了社区之间、民族之间的怨恨情绪，许多亲身经历者至今尚在人世。

xvi 战争结束也不意味着欧洲种族和谐新时代的诞生。实际上，在欧洲某些地区，种族矛盾甚至变得更为严重。犹太人继续受到迫害，一如在战争期间。欧洲各国的少数民族再度成为政治斗争的标靶，在某些地区，由此引发的暴行简直与纳粹曾经犯下的暴行无异。战争的余波同样见诸纳粹种族分类和种族隔离的逻辑结果。1945～1947 年，在人类历史上前所未有的几次大规模种族清洗行动中，数以千万计的男人、女人以及儿童被赶出故国。这是“欧洲奇迹”的仰慕者们很少讨论的，更是他们难以理解的：即使人们了解驱逐德裔的行动，人们也不太了解东欧各地驱逐少数民族的类似行动。在战争之前，甚至战争期间，文化多样性曾经是欧洲固有的风景，但在战争结束后，文化多样性却受到致命的打击。

正因为欧洲是在种种困难中重新崛起，欧洲复兴才更加显得光彩夺目。但也正因为这种种困难，战争耗费了更长时间才结束，而重建也耗费了更长时间才启动。那些生活在欧洲破败城市中的人们，更加关心糊口果腹的日常小事，不太关心重建社会的宏图大计。他们饥肠辘辘，承受着痛失亲人的悲哀，承受着漫漫无尽的痛苦，在他们被动员起来开始重建工作之前，他们需要时间发泄愤怒、反省历史、哀悼亲人。

在欧洲各国，重新建立的行政当局也需要时间来树立权威。他们的当务之急并不是清理碎石瓦砾，也不是修复铁路干线，更不是重开工厂，而是在全国各地任命官员、指派行政机构。这些地方行政机构必须赢得民众的信任，毕竟在经历长达六年的有组织暴力之后，绝大多数民众对任何行政机构都极为抵触。在这种环境下，不要说大兴土木，就连重建法律和秩序，都如同白日做梦。只有外来的力量，如盟军、联合国、红十字会才拥有足够的权威，或者足够的人力物力，来完成重建的伟业。然而，在这种外部力量未能触及的地方，混乱压倒一切。

*

如上所述，战后初期的欧洲历史，并非一部以重建和复兴 xvii
为主题的历史，而是一部以混乱和无序为主题的历史。这是一部从未被人认真记录过的历史。有许多优秀作品描述过个别国家的情况，尤其是德国的情况，但这些作品都只见树木、不见森林：同样的场景在欧洲大陆反复上演。还有一两部历史作品，如托尼·朱特（Tony Judt）的《战后》（*Postwar*），以较为广阔的视角观察整个欧洲大陆，然而，这些作品时间跨度太大，对战后初期重大事件的描述被压缩到少数几个章节之中。据我所知，至今还没有以任何语言写成的作品，描述过整个欧洲大陆——无分东欧西欧——在这一关键时刻、混乱时期的详细情况。

本书试图纠正这种研究状况。本书不会重复许多作品已经走过的老路，不会着力于解释欧洲大陆如何从碎石瓦砾中重建物质、重建经济、重建道德。本书不会着眼于纽伦堡审判、马歇尔计划或者其他治疗战争创伤的尝试。正好相反，本书关注那个重建和复兴尚未可能的时期，关注那个欧洲依然极端动荡的时期，关注那个零星挑衅就能引发暴力浪潮的时期。在某种程度上，描述混乱时期的尝试不可能成功。但是，本书还是会从这团乱麻中理出头绪，并且尝试厘清种种乱象的来龙去脉。

首先，我会清楚展示战争创伤，无论是物质创伤还是精神创伤。只有充分了解人们在战争中失去了什么，我们才能理解后来发生的一系列事件。在第二部分，我会刻画席卷欧洲大陆的复仇浪潮，并且分析如何利用复仇现象来谋取政治利益。探讨复仇现象是本书贯穿始终的主题，也是理解本书逻辑的主线，更是我写作本书的缘由，它是理解战后欧洲气氛的关键要素。在第三、第四部分，我会展示复仇行动和其他暴力所带来的后果。种族清洗、政治暴力、国内战争，构成了欧洲历史上某些最具决定意义的重大事件。我个人认为，实际上，上述事件是
xviii 第二次世界大战的最后余波，部分事件甚至与冷战爆发密切相关。总体而言，本书将会覆盖1944~1949年的历史事件。

我写作此书的主要目的之一是要打破狭隘的西方视角，这种视角长期以来充斥着相关作品。数十年来，但凡关于战后时期的作品都只着眼于西方，在很大程度上，这是由于人们无法获取来自东方的信息，即使在东欧范围内也是如此。自从苏联解体以来，苏联卫星国的信息渐趋透明，但依然模糊不清，主要信息只披露于学术专著和学术刊物，而且以所在国语言刊载。因此，尽管波兰、捷克、匈牙利的作者撰写了许多开创先河的

作品，但这些作品只能以波兰语、捷克语、匈牙利语来阅读。在很大程度上，只有学界中人才能接触到这些作品。由此引出我写作此书的另一个目的：将战后时期的历史生动地呈现给普罗大众。

我写作此书的最终目的，也许是最为重要的目的，是为走出战后神话的复杂迷宫扫清道路。经过我的严格考证，许多关于“大屠杀”的真相远远没有传说中那么具有戏剧性。与此同时，某些相当令人震惊的暴行，要么被刻意掩盖，要么在历史洪流中湮没无闻。尽管我们不可能发掘某些事件背后的确切真相，至少我们还能澄清某些谬误。

尤其让我感到困扰的是大量模糊不清、未经证实的统计数字，这些统计数字在关于战后时期的学术讨论中到处流传。统计数字的确至关重要，因为它们经常被用于政治目的。某些民族习惯于夸大比邻民族的罪行，以此转移别人对本民族罪行的关注，以此推进本民族的事业。政党无分旗帜颜色，都习惯于夸大敌对政党的罪过，同时掩饰本党盟友的罪过。历史学家有时也会夸大其词，或者在几个统计数字当中选取最为耸人听闻的数字，以此让他们的历史作品更具有戏剧效果。但战后时期的历史本身已经足够耸人听闻，根本不需要再夸大其词。正因如此，当我使用统计数字时，我会尽可能使用官方文献记录，而当官方文献记录散佚或者存疑时，我才会使用严谨学术著作的统计数字。当统计数字存在争议时，我会在正文中采用我认为最可靠的数字，同时把存在差异的数字在注释中列明。

也就是说，不必指望我在追求准确性方面会有太大进展， xix
那未免期望过高。本书也并未试图成为关于战后初年欧洲的“一锤定音”和“包罗万象”的历史著作：那未免不着边际。

正好相反，本书试图向那些令人震惊甚至令人恐惧的事件投射一束光芒，让那些从未发现事实的人们得以窥见真相。

我希望此书能够引发争论，关于这些事件在欧洲大陆痛苦重生时产生了何种影响的争论，由于这里面大有文章可做，或许还能激励其他人从事更为深入的调查研究。如果说过往历史如同陌生异域，那么这个时期的欧洲史仍有大片未知领域，其在历史寻宝图上只能如此标示——“恶龙之巢穴”。

地名说明

第二次世界大战结束后，欧洲版图发生了显著变更，乡镇和城市的名称也随之改变。例如，德国城市斯德丁（Stettin）变成了波兰城市什切青（Szczecin），波兰城市维尔诺（Wilno）变成了立陶宛城市维尔纽斯（Vilnius），意大利城市阜姆（Fiume）变成了南斯拉夫城市里耶卡（Rijeka）。

除了那些已有约定俗成英文名称的城市之外，我总是力求使用在当时被人们普遍接受的地名。因此，我在叙述战时事件时使用斯德丁，但在描述战后事件时使用什切青。同理，我使用俄文名称来标示乌克兰城市，如哈尔科夫（Kharkov）或者第聂伯罗彼得罗夫斯克（Dnepropetrovsk），因为作为苏联领土，上述地名就是这些城市在当代史档案中的名称。

在地名背后，总是潜藏着强烈的民族主义倾向性，尤其在边境地区更为敏感，过去如此，现在亦然。我要向读者重申，我无意于触动读者的情绪。

第一部 1

战争遗产

我曾经以为你会在那里等着我……但我回到家乡，只闻到挥之不去的死亡气息，只看到满目疮痍的破败家园。

——塞缪尔·普特曼返回华沙时所写，1945 年[1]

我们只见到物质损失，但对经济凋敝以及政治解体、社会解体、心理解体造成的严重后果，我们却视而不见。

——迪恩·艾奇逊，美国副国务卿，1947 年[2]

第一章　破败

1943年，旅游图书出版商卡尔旅游指南（Karl Baedeker）发行了一本关于波兰总督区（Generalgouvernement）的旅行手册。波兰总督区是指波兰中部和南部地区，名义上仍未纳入第三帝国。与当时其他德国出版物一样，这本旅行手册既着眼于提供信息，又着眼于舆论宣传。以华沙一节为例，此书极力渲染华沙的日耳曼起源、日耳曼特色，以及在“日耳曼人的卓越努力下”，如何让华沙跻身于世界最伟大的都城之列。此书力主游客参观中世纪的皇家城堡、十四世纪的天主教堂以及文艺复兴晚期漂亮的耶稣会教堂，这些景点都是日耳曼文化影响的例证。尤为有趣的是对巴洛克晚期毕苏茨基广场（Piłsudski Square）建筑群的记载，“这是华沙最美丽的广场”，此时更名为阿道夫·希特勒广场。广场正中是“萨克森”宫殿，这当然是德国人的杰作，宫殿旁边是漂亮的萨克森花园，同样是德国建筑师的手笔。此书承认，在1939年的华沙战役中，有一两处建筑物不幸受损，但同时强调，从那时起，华沙“已在德国人的领导下再次重建”。[1]

这本旅行手册绝口不提的华沙西郊，当时已成为犹太隔离区。或许这样还好，就在此书印行之时，此地爆发了起义，党卫队元首旅（SS－Brigadeführer）的于尔根·斯特鲁普（Jürgen Stroop）将军下令焚烧此地的每一处建筑物。[2]将近四平方公里的城区就此被焚毁。

此后一年，华沙残余城区再次爆发起义。这次起义由波兰
4 本土军（Polish Home Army）发动，参与者更为广泛。1944 年 8
月，许多波兰男子、女子和青少年开始偷袭德军士兵，抢夺其
武器弹药。此后两个月，起义者在华沙旧城内外筑起街垒，抵
挡住有 1.7 万名德军士兵的镇压部队的进攻。[3] 直至 1944 年 10
月，经历过战争期间最为惨烈的战斗后，起义终告结束。经此
一役，希特勒不再指望驯服波兰人，再加上俄国人迟早会进入
华沙，希特勒遂下令将华沙彻底夷为平地。[4]

遵照希特勒的命令，德国军队炸毁了那座在旅行手册里留下深刻印记的中世纪的皇家城堡。他们还炸毁了十四世纪的天主教堂。然后，他们又摧毁了耶稣会教堂。1944 年圣诞节过后的三天内，他们又按部就班地摧毁了萨克森宫殿，以及整个巴洛克风格与洛可可风格的宫殿建筑群。旅行手册曾经极力推荐的欧罗巴旅馆，虽于 1944 年 10 月已被焚毁，但为了确保万无一失，又于 1945 年 1 月再度被爆破。德国军队逐间房屋、逐个街区，有条不紊地摧毁整座城市：93% 的华沙住宅已经无法修复。为了圆满完成破坏任务，他们焚毁了国家档案馆、古籍档案馆、财政档案馆、市政档案馆、时文档案馆以及公共图书馆。[5]

战争结束后，波兰人想要重建首都时，国家博物馆举行展览，展出德国占领期间被损坏和摧毁的建筑物碎片和艺术品残片。他们同样编订了旅行手册，与卡尔旅游指南出版的旅行手册不同，波兰人的旅行手册完全以过去时态写成。此举在于提醒华沙市民以及世界各国民众，我们到底失去了什么。无论是旅行手册，还是展览本身，都带有深刻寓意，那些在华沙末日中幸存的人们，再也无法欣赏到这座城市的昔日美景。对于华

沙市民来说，首先是1939年的轰炸，然后是德国占领期间的掠夺，然后是1943年犹太隔离区的毁灭，最后是1944年年底整座城市的毁灭。此时，就在华沙解放几个月后，华沙市民已经习惯于栖身在破屋陋巷之中，习惯于栖身在断壁残垣之间。[6]

某种程度上，只有华沙末日的凭吊者，而非华沙末日的亲 5
历者，才能看见这次破坏的真正规模。约翰·瓦尚（John Vachon）当时还是年轻的摄影师，作为联合国战后救济人员来到华沙。1946年1月，约翰在致妻子彭妮的信中描述了他面对华沙废墟时的惊愕反应。

> 这确实是一座不可思议的大城市，我想要描述给你听，但又不知从何说起。这么说吧，这是一座大城市。战前有超过100万人口。大小跟底特律差不多。现在，这里有90%的街区被彻彻底底地摧毁了……无论我走到哪儿，都能看到大片没有屋顶或者没有墙壁的未倒塌房屋，人们就蜷缩在里面。犹太隔离区是个例外，那里就是一块遍布碎砖的大平原，到处散布着歪歪扭扭的床板、浴缸、沙发、相框、树干，数以百万计的杂物散落在砖块之间。我无法想象，怎样才能造成如此破坏……这种景象如此骇人，我简直不敢相信自己的眼睛。[7]

仅仅时隔两年，卡尔旅游指南描述的那座美丽的巴洛克城市就已经彻底消失。

很难找到合适的词语来形容第二次世界大战造成的毁灭。华沙只不过是被毁城市的个别例子，仅仅在波兰境内，同样的例子就有数十处之多。在欧洲范围内，全部被毁或者部分被毁的城市更是数以百计。战后拍摄的照片也许有助于人们理解个别城市的破坏程度，但要人们想象整个欧洲大陆的破坏程度，那确实考验人们的理解能力。在某些国家，尤其是德国、波兰、南斯拉夫以及乌克兰，上千年积淀的文化与建筑精华，仅仅数年之间，就被毁灭殆尽。曾经有不止一位历史学家，将造成这种全面破坏的惊人暴力，比拟为《圣经》记载的末日之战。[8]

那些亲眼见证欧洲城市毁灭的人们，只能尝试接受家园被毁的现实，但即使亲身经历他们的痛苦，也不足以描述这种破坏的严重程度。然而，在我们对这种残破景象表达怜悯之前，有必要记住几个统计数字，因为无论统计数字多么枯燥无味，也依然不可或缺。

作为战争期间绝无仅有的、成功独力抗击希特勒进攻的国
6 家，英国承受了巨大损失。在闪电战期间，德国空军在英国上空投下了将近 5 万吨炸弹，摧毁了 20.2 万所房屋，损坏了超过 450 万所房屋。[9] 英国大城市受到的打击可谓人尽皆知，但对某些小城镇的打击更能说明轰炸的真正范围。对考文垂的残忍轰炸，甚至催生出一个德语新词“coventrieren”（英文 Coventrate），意思是像考文垂那样被炸了个底朝天。克莱德班克是格拉斯哥外围的工业小城镇，在 1.2 万户民宅里面，只有 8 户民宅未遭到轰炸。[10]

在英吉利海峡对岸，战争的破坏没有如此普遍，但更加集中。例如，在 1944 年盟军登陆诺曼底期间，卡昂几乎从地图上被抹去：75% 的城区毁于盟军的轰炸。[11] 圣洛和勒阿弗尔受损更甚，分别有 77% 和 82% 的建筑物被炸毁。[12] 当盟军在法国南部登陆时，马赛有超过 1.4 万栋建筑物被部分炸毁或者全部炸毁。[13] 根据战损索偿和战损贷款的政府记录，战争期间的法国，有 46

万栋建筑物被炸毁，有超过 190 万栋建筑物被损坏。[14]

战争过后，越往东去，破坏越重。在布达佩斯，84% 的建筑物被损坏，30% 的受损建筑物无法居住。[15]在白俄罗斯的明斯克，大约 80% 的城区被炸毁：市内 332 间大型工厂中只有 19 间得以幸存，这仅仅是因为德国军队败退前放置在这 19 间工厂的炸弹被苏联红军工兵及时拆除。[16]在基辅，绝大多数公共建筑物在 1941 年苏联军队败退时被炸毁，余下的公共建筑物则在 1944 年苏联军队反攻时被炸毁。乌克兰东部的哈尔科夫，在战斗中反复易手，以至于最后都没剩下什么可以争夺的了。根据英国记者报道，在罗斯托夫和沃罗涅日，“破坏程度近乎 100%”。[17]这份列表还可以一直列举下去。在苏联，大约有 1700 座城镇和城市被毁灭；仅仅在乌克兰，就有 714 座城镇和城市被毁灭。[18]

那些在战后穿越废墟地带的人们，将会看见一座又一座被毁灭的城市。很少有人尝试描述其总体印象，正好相反，当他们路过每座城市时，他们都致力于描绘当地承受的创伤。例如，斯大林格勒只剩下“断壁残垣、颓垣败瓦、砾石堆积、烟囱伫立”。[19]塞瓦斯托波尔“让人哑口无言”，“即使在郊区……也几 7
乎找不到未塌的房屋”。[20]1945 年 9 月，美国外交官乔治·凯南（George F. Kennan）来到原属芬兰、后属苏联的城市维堡，他写道：“清晨的阳光……洒在毁坏的公寓楼外墙上，瞬间映照出寒冷、苍白的微光。”除了在斑驳的楼道里碰见一头受惊的山羊，凯南似乎已是整座城市里唯一的生灵了。[21]

在连片废墟中，位于中心地带的正是德国，毫无疑问，德国城市受到炮火硝烟的多番洗礼。大约有 360 万所德国公寓被英美空军炸毁，大约占德国民宅总数的 1/5。[22]就绝对数字而言，德国民宅受损数量是英国民宅受损数量的 18 倍。[23]个别城市的受损程度更为严重。根据帝国统计局的统计数字，柏林住宅损失比例为50%，汉诺威为51.6%，汉堡为53.3%，杜伊斯堡为64%，多特蒙德为66%，科隆为70%。[24]

当盟国观察员于战后来到德国时，他们当中的绝大多数人都预期德国的受破坏程度，如同他们在闪电战期间目睹的英国的受破坏程度。尽管英美报刊已经开始刊发相关照片和报道，但当人们亲临其境时仍然会大吃一惊。例如，战后初期代表英国制造业部门派驻德国西部的奥斯丁·罗宾逊（Austin Robinson）在抵达美因茨的时候一度大为震惊：

> 那片废墟涵盖所有街区，大片地区只剩下断壁残垣，工厂几乎被夷为平地，这幅图景让我永生难忘。那些仅仅听说过此地的人，是不可能感受到那种感情或人性的强烈冲击的。[25]

战争结束时，英军中尉菲利普·达克（Philip Dark）同样被汉堡的惨象吓倒：

> 我们向市中心行进，映入眼帘的是一座破败得令人难以想象的城市。我们真的被吓倒了。举目所及，几平方英
> 8 里内，都是建筑物的空壳，扭曲的横梁直指天际，在一堵尚未倒塌的墙壁上，裸露的钢筋四处伸展，如同被钉死在十字架上的翼龙残骸。在墙壁的轮廓中，隐约可见烟囱的丑陋形状。到处弥漫着死寂的气氛……除非亲眼所见，否则难以想象。[26]

1945年，在对德国城市的诸多描述中，大都充斥着伤心绝望的感觉。例如，德累斯顿不再被比喻为“易北河畔的佛罗伦

萨”，而是被比喻为“月球表面”，规划官员认为要“至少耗费70年”才能重建完毕。[27]慕尼黑如此破败，以至于“人们真的相信末日审判不日将至”。[28]柏林“支离破碎，只剩下瓦砾堆堆、破屋处处”。[29]科隆“东倒西歪，花容失色，消失于瓦砾堆里，孤立在废墟丛中”。[30]

大约有1800万～2000万名德国人因为城市被毁而无家可归，这相当于荷兰、比利时、卢森堡的战前总人口。[31]还有1000万名乌克兰人同样无家可归，这一数字超过匈牙利的战前总人口。[32]这些人蜗居于地窖、废墟、洞穴之中，只要有个栖身之所就行了。他们完全被剥夺了最基本的公共服务，比如饮用水、煤气、电力，全欧洲有数百万这样的苦命人。例如，华沙全城只剩下两盏路灯。[33]在敖德萨，只有在自流井里才能打到饮用水，即使是到访此地的达官贵人，每天也只有一瓶水用于洗漱。[34]由于缺乏最基本的公用事业，欧洲城市居民仅仅是勉强维生，一位美国专栏记者写道：“在20世纪的破烂机器中间，人们过着中世纪的生活。”[35]

当人们纷纷关注欧洲城市的破败状况时，农村社区的日子其实同样不好过。由于战争的缘故，欧洲大陆的耕地要么开垦过度，要么兵焚火烧，要么洪水泛滥，要么丢弃荒废。墨索里尼曾经费尽九牛二虎之力，排干了意大利南部的沼泽，但败退的德国军队又故意放水淹没这一地区，由此引发严重的疟疾疫情。[36]德国军队还故意打开荷兰的拦海大坝，导致超过50万英亩（21.9万公顷）的土地被海水淹没。[37]尽管偏远地区远离主战场， 9
但它们也未能在这种败退行动中幸免于难。败退的德国军队还毁掉了拉普兰地区超过1/3的定居点。[38]此举目的在于，让倒戈相向的芬兰军队在冬季无处藏身，但此举也制造了超过 8 万名难民。在挪威北部和芬兰地区，道路布满地雷，电话线路被切断，大小桥梁被炸毁，由此产生的问题将在战后遗祸多年。

越往东去，破坏越重，概莫能外。在德国占领期间，希腊损失了 1/3 的森林，超过 1000 个村庄被焚毁和荒废。[39]在南斯拉夫，根据赔偿委员会的战后统计，有 24% 的果园和 38% 的葡萄园被毁，还有大约 60% 的家畜被屠宰。数百万吨谷物、牛奶、羊毛被掠夺，彻底摧毁了南斯拉夫的农村经济。[40]在苏联，情况更加糟糕：多达 7 万个村庄被毁，同时被毁的还有这些农村社区和所有基础设施。[41]如此严重的破坏，绝非仅是反复战斗和临时掠夺的结果，实际上是系统地、故意地破坏土地和财产的结果。仅仅因为零星抵抗的迹象，大片的农场和村庄就被焚毁。仅仅为了降低受到伏击的风险，道路两旁的大片森林就被砍光。

许多作者提到过德国与苏联在交战时如何残酷无情，但其实德国与苏联在自我防卫时也同样残酷无情。1941 年夏天，当德国军队像潮水般涌入苏联国土时，斯大林发表电台讲话，命令人们在逃亡之前，带走一切可以带走的东西：“一切有价值的财产，包括有色金属、粮食和油料等无法撤离物品，务必予以销毁。在被敌人占领的地区，游击部队……务必焚毁森林、商店和交通工具。”[42]

当攻守形势逆转，就轮到希特勒下令实行焦土政策，不给反攻的苏联军队留下任何东西。1941 年 12 月，希特勒命令德军驻乌克兰部队的指挥官：“无须理会居民，所有房屋务必焚毁，不给敌人留下栖身之所”，“那些仍然完好无损的房屋，稍后由空军摧毁”。[43]后来，当形势变得更为绝望时，希姆莱命令党卫队指挥官摧毁一切：“在我们走后，不留俘虏，不留家畜，

不留粮食，不留铁轨……敌人会发现一个彻底被焚烧和毁灭的 10
国家。”[44]

由于有这样的命令，在乌克兰和白俄罗斯，大片耕地被纵火焚烧了不止一次，而是两次，一同被焚毁的还有无数可能被对手利用的村庄和农舍。当然，工矿企业是首先被摧毁的目标。例如，在匈牙利，500 间大型工厂被拆卸运往德国，余下的工厂超过 90% 被故意焚毁，几乎所有煤矿都被淹没或者炸塌。[45]在苏联，大约有 3.2 万间工厂被摧毁。[46]在南斯拉夫，赔偿委员会估计该国损失了价值超过 91.4 亿美元的工矿企业，占该国工业总产值的 1/3。[47]

或许，受损最为严重的是欧洲大陆的交通设施。例如，荷兰损失了 60% 的公路、铁路、水路。在意大利，多达 1/3 的国家公路网不堪使用，1.3 万座桥梁被损毁。法国和南斯拉夫都损失了 77% 的铁路机车和相当比例的铁路车厢。波兰损失了 1/5的公路、1/3 的铁路（波兰铁路总里程约为 1 万英里）、85% 的铁路车厢、100% 的民用飞机。挪威损失了战前船舶吨位的一半，希腊损失了 2/3 至 3/4 的船舶。当战争结束时，普遍有效的唯一交通方式就是步行。[48]

欧洲所受的破坏，远远不止是普通房屋和基建设施的损失，甚至还不只是数百年来文化积淀和建筑艺术的损失。实际上，真正的破坏在于其象征层面。一位英国军官说道：堆积如山的碎石瓦砾，“是记载人类自我毁灭能力的纪念碑”。[49]对于千万欧洲人来说，这些瓦砾堆每天都在提醒他们欧洲大陆经历过怎样的灭顶之灾，这种痛苦梦魇在其余生都挥之不去。

普里莫·利维（Primo Levi）是奥斯威辛集中营的幸存者，

他认为，德国人在神志清醒的情况下几乎毁掉整个欧洲，简直称得上是超自然现象。对他来说，明斯克附近斯卢茨克一处军事基地的遗址，说明了“破坏的天分，毁灭的本能，与奥斯威辛如出一辙；那里曾经是施行绝育手术的秘密场所，绝非出于
11 战争需要，亦非出于掠夺冲动”。[50]盟军造成的破坏几乎同样糟糕：当利维看见维也纳的废墟时，他深感震撼，“一种沉重的、压抑的强烈罪恶感压倒了我，这种罪恶感无处不在，深藏在欧洲乃至世界的肌体中，为今后的灾难埋下了罪恶的种子”。[51]

正是这种“毁灭”和“罪恶”的潜流，让人们在面对欧洲城镇的废墟时百感交集。在时人留下的种种描述中，虽然未见直白的语句，但都能读出如下含义：物质破坏背后，更为惨重的是精神创伤。华沙废墟中孤零零地伫立的房屋“骨架”和相框，极具象征意义：埋藏在废墟下面的，既有字面含义的创伤，又有隐喻含义的创伤；既是人道意义的灾难，又是道德意义的灾难。

第二章　离丧 12

死亡人数

如果说欧洲的物质创伤让人难以置信，那么，战争的人命损失就更是骇人听闻。对此，任何描写都不足以涵盖其全貌。我还记得，作家汉斯·埃里希·诺萨克（Hans Erich Nossack）曾试图描述 1943 年汉堡大火的后遗症：“哎，每当我回想起汉堡，我就踌躇不前。为什么还要记起呢？为什么还要记载呢？全部忘掉不是更好吗？”[1] 尽管如此，诺萨克本人也承认，虽然未能为这些历史事件赋予任何意义，但目击证人和历史学家有责任记录这些历史事件。

每当落笔描写如此大规模的灾难时，历史学家总是左右为难。一方面，历史学家大可以呈现原始统计数字，留待读者自行想象这些数字的含义。战争结束后，各国政府和援助机构曾经计算冲突各方的相关数字，涉及士兵阵亡人数、平民伤亡人数、轰炸工矿企业造成的经济后果等方方面面。欧洲各国政府都致力于测算、估算、计算，也许正如诺萨克所说的，“试图通过数字手段来制止死亡”。[2]

另一方面，历史学家也可能完全忽略统计数字，只是记录上述事件的普通目击者的亲身经历。例如，在汉堡大火后，让德国民众感到痛彻心扉的不是 4 万人死亡这个抽象数字，而是这些人惨遭横死的痛苦过程。关于火海炼狱的传说，关于火场

13 飓风的传说，以及关于漫天星火点燃人们头发和衣物的恐怖传说，正是这些形象描述而不是原始数字，抓住了人们的想象力。无论如何，当时人们的直觉告诉我们，统计数字是靠不住的。在一座城市里，当无数尸体被掩埋在堆积如山的瓦砾之下，当无数尸体由于高温焚烧而融为尸块甚至化为灰烬时，根本不可能有什么准确的死亡数字。无论人们使用什么方法，最多只可能窥见这场灾难的细枝末节。正如诺萨克所说，所谓信史，其实与“离题万丈……光怪陆离……无从稽考”的道听途说相差无几。[3]

在某种程度上，汉堡大火可被视为战时欧洲的缩影。与欧洲其他地区一样，轰炸让城市成为一片废墟，但总有某些地方风平浪静地、如同奇迹地未受波及。与欧洲大陆其他地区一样，为了逃避战火，郊区人口被彻底疏散，此后数年一直荒废。与其他地区一样，受害者来自许多国家，他们只能艰难度日。

然而，这座城市的命运，与这片大陆的命运，还是截然不同的。尽管汉堡大轰炸如此恐怖，但这座城市的居民死亡人数还不到3%，而欧洲大陆的死亡率比之还要高出两倍。在欧洲，第二次世界大战直接造成的死亡人数的确令人难以置信：3500万～4000万人。[4] 这几乎相当于某些国家的战前人口，比如波兰（战前3500万人）和法国（战前4200万人）。[5] 又或者，换言之，这个死亡人数，相当于每天晚上发生一次汉堡大火，持续整整1000个晚上。

这些总体数字，有时掩盖了国家与国家之间的巨大差异。例如，英国的损失尽管相当惨重，但与其他国家相比相对轻微。在第二次世界大战期间，大约30万名英国人被杀害，大约是第一次世界大战期间死亡人数的1/3。[6] 与之类似，超过50万名法国人被杀害，此外还有大约 21 万名荷兰人、8.6 万名比利时人、将近 31 万名意大利人死于非命。[7] 与之对照，德国有将近 450 万名士兵和 150 万名平民丧生。战争期间，仅仅是死于盟军轰炸的德国人数量，就与死于各种原因的英国人、比利时人、荷兰人总数大致相当。[8]

越往东去，死人越多，概莫能外。希腊在战争中死亡 41 万 16
人，与上述国家相比，希腊的死亡人数似乎不算显眼，但请不要忘记，希腊战前人口只有 700 万，战争杀害了大约 6% 的希腊人。[9] 与之类似，匈牙利在战争中死亡 45 万人，几乎占匈牙利总人口的 5%。[10]在南斯拉夫，超过 100 万人被杀害，占南斯拉夫总人口的 6.3%。[11] 在爱沙尼亚、拉脱维亚、立陶宛，死亡人数大约占波罗的海国家战前总人口的 8% ~9%。[12]作为一个民族国家，波兰的死亡比例最为惨重：每 6 名波兰人中，就有 1 人以上被杀害，总共有超过 600 万人被杀害。[13]

战争期间的绝对最高死亡人数出现在苏联：大约 2700 万人死亡。[14]这个令人不可思议的数字同样掩盖了巨大的地区差异。例如，关于白俄罗斯和乌克兰，并没有可靠的地区统计数字，因为当时国际社会并不把这两个地区视为独立国家，但绝大多数估计都认为，乌克兰的战争死亡人数为 700 万 ~ 800 万。如果这个数字是准确的，那么每 5 名乌克兰人中，就有 1 人在战争期间被杀害。[15]白俄罗斯的死亡比例据说是全欧洲最高的，有 1/4 的人口被杀害。[16]

今天，正如在 1945 年一样，几乎不可能把握这些统计数字的实际意义，而把这些统计数字形象化的尝试都注定要失败。有人可能会说，这个死亡总人数，意味着在长达六年时间里，平均每五秒钟就有一个人被杀害，但这种类比简直令人难以想象。

2.1939~1945年欧洲各国死亡人数
北
挪威
9000人
（700犹太人）
瑞典
苏格兰
北海
英国
300000人
丹麦
3200人
爱尔兰
200人
荷兰
210000人
（106000犹太人）
威尔士
英格兰
德国
600000人
（160000犹太人）
英吉利海峡
比利时
86000人
（24000犹太人）
卢森堡
5000人
（700犹太人）
瑞士
100人
比斯开湾
法国
500000人
（83000犹太人）
意大利
310000人
（8000犹太人）
西班牙
4500人
0
300英里
0
400千米
地中海

1937年边界
苏维埃社会主义共和国
轴心国
芬兰
97000人
爱沙尼亚
51000人
（1000犹太人）
苏联
27000000人
（1000000犹太人）
拉脱维亚
265000人
（80000犹太人）
波罗的海
白俄罗斯
2000000人
（200000犹太人）
立陶宛
380000人
（135000犹太人）
乌克兰
7000000人
（700000犹太人）
波兰
6028000人
（3000000犹太人）
捷克斯洛伐克
335000人
267000犹太人）
匈牙利
450000人
277000犹太人）
罗马尼亚
750000人
（469000犹太人）
黑海
南斯拉夫
1027000人
（60000犹太人）
保加利亚
25000人
（4000犹太人）
阿尔巴尼亚
30000人
土耳其
（中立国）
希腊
410000
（70000犹太人）

即使是那些经历过战争的人、那些目睹过屠杀的人、那些看见过尸山血海尸横遍野的人，也都无法理解战争期间遍及欧洲的屠杀事件的真正规模。

或许，接近真相的仅有路径是不再把欧洲想象成尸体堆积的地方，而是把欧洲想象成痛苦沦丧的地方。当战争结束时，几乎所有欧洲人都失去了朋友或亲人。整个村庄、整个城镇甚至整个城市都被彻底抹去，生活在那里的居民也都不知所踪。欧洲有大片地区，曾经人烟稠密、社区兴旺，此时近乎人去楼空。战后欧洲的气氛，并非表现为死亡，而是表现为离丧，那些曾经生活在欧洲的房屋、商店、街道、市场里的人们，早已离开人世。

17 从 21 世纪遥望过去，我们总会把战争结束视为欢天喜地的时刻。我们曾经看见，在纽约时代广场，水兵为女孩送上热吻；我们曾经看见，在巴黎香榭丽舍大街，各国士兵手挽手高声欢笑。然而，尽管在战争结束时普天同庆，但此时的欧洲其实哀鸿遍野。这种痛失亲人的感觉，既是个人的，也是共同的。当欧洲大陆的城镇和城市沦为废墟时，无数家庭和社区也都已经家破人亡。

消失的犹太人

某些人群承受的离丧之苦肯定超过其他人群，尤其是在东欧，受害最深的无疑是犹太人。在伦敦帝国战争博物馆的口述史访谈中，来自捷克斯洛伐克①的犹太幸存者伊迪丝·巴尼特

① 1938 年 9 月，在英法德意四国签署《慕尼黑协定》后，捷克斯洛伐克被纳粹德国逐步肢解和吞并。1938 年 10 月，纳粹德国占领苏台德区，斯洛伐克建立“自治政府”；1939 年 3 月，斯洛伐克发表“独立宣言”，（转下页注）

（Edith Baneth）从个人角度讲述了这种至今挥之不去的丧亲之痛。

> 每当想起我们失去的家人，我们的心情就永远不可能平复。家人是无可取代的，即使到了第二代、第三代，这种失落感依然存在。当年我们举行成人礼和婚礼的时候，两家来做客的亲友可能多达五六十人。但当我的儿子举行成人礼和婚礼的时候，已经没有亲友来做客了，这就是第二代、第三代感知大屠杀的方式，他们失去了自己的亲人。我的儿子从来没有经历过家族生活，本来他有叔叔、姑姑、爷爷、奶奶，但现在家里却无比空洞。[17]

1945 年，当绝大多数人都在计算战争期间失去多少亲友时，犹太幸存者却在计算还剩下多少亲友，而答案经常是一个不剩。在柏林犹太人的纪念册中，全家殉难的例子比比皆是，从幼小孩童到曾祖父母无一幸免。在纪念册里，名叫阿伯拉罕的殉难者有 6 页，名叫希尔什的有 11 页，名叫里维斯的有 12 页，名叫沃尔夫的有 13 页。[18]完全可以为任何犹太社区制作类似的纪念册，这样的犹太社区曾经遍布全欧洲。例如，1944 年，维克托·布雷特贝格（Victor Breitburg）在波兰失去了所有亲人。“在 54 名家族成员中，我是唯一的幸存者。我曾经回到罗

（接上页注①）请求德国“保护”，纳粹德国随即占领斯洛伐克；与此同时，纳粹德国占领捷克，成立“波希米亚和摩拉维亚保护国”；1945 年 5 月，苏联红军解放捷克与斯洛伐克全境，两地重新合并为捷克斯洛伐克；1993 年 1 月 1 日，捷克斯洛伐克重新分裂为捷克和斯洛伐克两个国家。由于捷克与斯洛伐克曾经几度分合，而西方学者有时亦会以捷克指代捷克斯洛伐克。为忠实于原著，译者在处理涉及捷克与斯洛伐克的专有名词时，一律按照英语原文直译，请读者予以辨别。——译者注

兹，看看能否找到我的亲人，但我一无所获。”[19]

18 当所有失去的亲人被叠加到一起，伊迪丝·巴尼特所说的“空洞”就不仅可以吞没整个家庭，而且可以吞没整个社区。战前的波兰和乌克兰，在数十个大城市里，犹太人都占据了相当可观的人口比例。例如，战前的维尔诺，即今天的立陶宛首都维尔纽斯，就曾经是6万~7万名犹太人的家园。及至1945年年中，也许只有10%的犹太人得以幸存。[20]犹太人还构成了华沙人口的1/3，即总共大约393950人。及至1945年1月，当苏联红军最终渡过维斯瓦河进抵华沙时，他们在华沙市内只发现200名犹太幸存者。即使到1945年年底，当少数幸存者回到华沙时，华沙市内的犹太人也从未超过5000人。[21]

农村地区的犹太社区境况同样糟糕。在白俄罗斯明斯克周边的大片农村地区，犹太人口比例从13%下降到只剩0.6%。[22]在波兰战前最封闭的农村地区沃利尼亚，当地有98.5%的犹太社区居民被德国人及其扶植的地方武装杀害。[23]总体而言，第二次世界大战期间至少有575万犹太人被杀害，这是人类历史上最为恶劣、最有系统的种族灭绝行动。[24]

这些统计数字同样是令人难以理解的，除非人们从更为微观的角度去想象。艾丽西娅·亚当斯（Alicia Adams）是波兰德罗霍贝奇（Drohobycz）的幸存者，她以毫不掩饰的言辞描述了她的所见所闻：

> 不仅我的父母、我的叔叔、我的姑姑、我的兄弟，就连我所有的儿时玩伴、我所有的左邻右里，生活在德罗霍贝奇的全体居民都被杀害了，大约3万人，全部被枪决。我不仅看着我最亲密的家人被杀害，而且看着所有人被杀害。我每天都看见有人被杀，这构成了我童年记忆的组成部分。[25]

对于犹太逃亡者和犹太幸存者来说，回到丢荒废弃的东欧地区，简直是无比绝望的体验。著名的苏联作家瓦西里·格罗斯曼（Vasily Grossman）在乌克兰长大，但在德国入侵期间生活在莫斯科。1943 年年底，当他作为战地记者重返乌克兰时，他发现自己所有的亲友都已被杀害。他可能是最早理解大屠杀的作家之一：

> 乌克兰再也没有犹太人。波尔塔瓦、哈尔科夫、克列 19
> 缅丘格、鲍里斯波尔、亚戈京，哪里都没有犹太人，在这数十座城市、数百处城镇、数千个村庄，你看不到又黑又瘦的小女孩眼泪涟涟，你听不到老妇人痛苦呻吟，你看不到饥饿的婴儿面如菜色。只有一片死寂，只有一片肃杀。整个民族都被残忍地谋杀了。[26]

随着整个种族的消失，欧洲大陆数百年来最为独特的文化也一并消失了。

> 这是对伟大的、古老的精妙文化的谋杀，这种文化在数以千计的能工巧匠家庭和知识分子家庭中世代相传。这是对祖辈传承的日常传统的谋杀，这是对记忆的谋杀，这是对哀怨歌曲和民间诗篇的谋杀，这是对充满喜怒哀乐的生活的谋杀，这是对家园和墓地的破坏，这是一个与乌克兰人共同生活了数百年的民族的消亡……[27]

对于第二次世界大战期间发生在欧洲的滔天罪恶，犹太人是少数几个亲身了解个中真相的族群之一。犹太人能够分析和综合所有事实，从而为他们提供了独特视角：犹太人能够看到，集体屠杀不仅仅是地方个案，而且是发生在整个欧洲大陆的普遍现象。即使是犹太孩子也对此心知肚明。例如，时年 11 岁的塞丽娜・利伯曼（Celina Lieberman）于 1942 年被乌克兰一对信仰基督教的夫妇暂时收养，但她极力尝试保持自己的犹太人身份。每天晚上，她都会为跟随养父母去基督教教堂而向犹太教上帝致歉，因为她真诚地相信自己已经是最后一个活着的犹太人了。[28]

然而，即使是在如此绝望的境况中，也还是有少数几颗希望的种子。塞丽娜・利伯曼不是最后一个活着的犹太人。战争过后，犹太人开始走出藏身之所，有些地方简直让人难以想象。数以千计的人在立陶宛、波兰、白俄罗斯的森林和沼泽中幸存。还有数以千计的人躲藏在好心人家的地窖和阁楼中熬过战争。即使是在被毁灭的华沙，还是有少数犹太人从废墟中走出，如同圣经中的诺亚，重新踏足历经变乱的世界。他们躲藏在阴沟、隧道以及专门搭建的地洞中，从而安然度过大屠杀的浪潮，这些地方就是他们的私人方舟。或许最大的奇迹是欧洲各处集中营里的犹太幸存者，尽管人们对这个奇迹往往浑然不觉。虽然纳粹机关算尽，要用饥饿和劳累杀死犹太人，但当 1945 年盟军解放集中营时，还是有大约 30 万名犹太人得以生还。总体而言，大约有 160 万名欧洲犹太人设法摆脱了死亡。[29]

战争同样造就了某些绝无仅有而且难能可贵的国家行为，尽管面对着纳粹的巨大压力，但某些国家坚持救助犹太人。例如，丹麦从未通过反犹法案，从未剥夺犹太人的财产，从未开除犹太公职人员。当丹麦民众发现党卫队打算围捕丹麦国内的 7200 名犹太人时，人们齐心协力把几乎整个犹太社区秘密疏散到瑞典。[30]意大利民众同样抵制了任何驱逐犹太人的企图，不仅在意大利本土如此，而且在意大利征服的地区也同样如此。[31] 当党卫队要求保加利亚驱逐其国内的4.9万名犹太人时，国王、议会、教会、学者、农民都坚决反对党卫队的措施。实际上，保加利亚农民准备卧轨，以阻止犹太人被转送出境。正因如此，战争期间，保加利亚是仅有的犹太人口有所增加的欧洲国家。[32]

最后，还有某些个人，宁愿冒着生命危险，也要拯救犹太人。他们当中的某些人，比如德国工业家奥斯卡·辛德勒（Oskar Schindler）早已天下闻名；但从1953年起，还有超过21700人被以色列政府确认为救人者。[33] 他们当中的某些人，尽管对犹太人不乏偏见，但还是为犹太人提供庇护。例如，有一位荷兰教士，坦率承认自己非常讨厌犹太人，他认为“犹太人让我受不了……跟我们非常不同，他们是另一个物种，或者说另一个种族”。但他还是因为帮助犹太人逃离纳粹迫害而被逮捕，进而被关进集中营，他对此无怨无悔。战时和战后，希望的种子绝处逢生，不仅为犹太人，而且为全体欧洲人带来了希望。[34]

其他屠杀事件

尽管灭绝犹太人是最为引人注目、遍及欧洲大陆的种族灭绝行动，但与此同时，还有其他地方性的屠杀措施。在克罗地
亚，乌斯塔莎政权试图在全国各地实行种族清洗，为此杀害了 21
59.2万名塞尔维亚人、穆斯林和犹太人。[35] 在沃利尼亚，在灭绝犹太人后，乌克兰民族主义者又杀害了数万名波兰人。在爱琴海北岸，保加利亚军队铁蹄所及之处，保加利亚人大肆屠杀希腊社区居民。在南斯拉夫的伏伊伏丁那地区，匈牙利人同样对

塞尔维亚人大开杀戒。

在欧洲许多地区，那些不受欢迎的族群直接被赶出他们所在的市镇和乡村。第二次世界大战爆发之初，这种情况在中欧和东欧比比皆是，皆因古老的帝国要求索回它们在第一次世界大战中丢失的领土。但最具戏剧性的族群放逐行动发生在 1945 年，在苏联红军的步步进逼下，数百万名德国人被赶出东普鲁士、西里西亚、波美拉尼亚，在他们身后留下一座座空空荡荡的鬼城。当德国东部这些地区被作为战利品移交给波兰时，来到此地的波兰人形容此地了无生气，尽管当地的街道原本相当整洁。在某些房屋里，餐桌上还摆放着食物，仿佛房屋的主人匆匆离去。1945 年春天，兹比格涅夫·奥格罗辛斯基（Zbigniew Ogrodzinski）被任命为接管德国城市斯德丁的首批波兰官员。他回忆道："到处空无一人，当你走进那些房屋，一切摆放如故，书架上还放着书，家居杂物井井有条，就是没有德国人。"[36]

在德国东部的某些农村地区，似乎已经十室九空。1945 年夏天，一位英军少将要与苏联方面谈判物资交换事宜，他描述了途经德国省份梅伦堡时的所见所闻。

> 行程初段是穿越拉宾斯坦菲尔德森林，然后穿越大片农田，之后才到达克里维茨。我从未经历过如此怪异的旅程。我唯一见到的人是老气横秋的苏联红军的士兵和哨兵。田园已经荒芜，粮仓已经掏空，原野上没有牛马，也没有家禽，一片死气沉沉。在前往克里维茨的 18 公里旅程中，我不记得自己还见过什么活物（除了几个苏联士兵）。我没有听到鸟叫，也没有看到任何野生动物。[37]

短短六年间，欧洲的人口分布特征经历了无可挽回的剧变。
波兰人口密度下降了27%，而波兰东部某些地区甚至变成了无
人区。[38]那些历经族群融合的国家，此时经历广泛的种族清洗 22
后，基本上只剩下单一族群。[39]与人口的缺失同时出现的，是社
区的缺失以及多元文化的缺失：欧洲大片地区成为单一族群地
区。这一进程在战争结束后头几个月大大加快了。

如果说对整个社区的全面屠杀让外来者感到惊奇怪异，那么，那些生活在此地的生还者就更不知所措了。例如，法国利穆赞地区的格拉讷河畔奥拉杜尔（Oradour-sur-Glane），始终未能从噩梦中完全恢复过来。1944 年夏天，为了报复当地抵抗组织，镇上所有男人都被围捕和枪决，妇女和孩子则被赶进教堂，然后教堂被付之一炬。战争结束后，当局决定不再重建此地，而是在附近另建新市镇，奥拉杜尔被保留下来，一如大屠杀当天的原貌。此地如今仍然是一座死城。[40]

同样残忍的屠杀事件也发生在欧洲各地无数的地方社区。或许最寂寂无闻的屠杀事件，是发生在捷克斯洛伐克的利迪策（Lidice），为报复第三帝国驻波希米亚和摩拉维亚总督赖因哈德·海德里希（Reinhard Heydrich）遇刺，当地所有男人都被枪决。村庄里的孩子被送往海乌姆诺集中营，然后在那里被毒死；妇女则被囚禁在拉文斯布吕克集中营，充当奴工。村庄被焚烧，被铲平，瓦砾也被清空，好让野草长满曾经建有房屋的废墟。这次屠杀的目的，不仅在于惩戒这个敢于反抗占领的地方社区，也是要彻底铲除这个社区，仿佛这个社区从未存在过。纳粹有计划地破坏这个村庄，以此作为范例，警告其他可能卷入抵抗运动的村庄。[41]

这种彻底抹去整个社区的做法，其心理冲击绝对不可低估。

1945 年，在集中营被解放后，幸存的利迪策妇女返回到她们的村庄。她们根本不知道自己的村庄结局如何，直至遇到村庄周围的捷克士兵。其中一位妇女，米洛斯拉娃·卡利博娃（Miloslava Kalibová），后来说起自己当时的反应：

23 士兵们低下头，许多人眼泛泪光。我们说：“噢不！不要告诉我们更坏的消息……”一名士兵还是告诉了我，我这才知道，三年前所有男人都被枪杀了……就连小男孩都不放过，所有男人都被杀死了……更糟糕的是，孩子们都被毒死了。这对我们来说是巨大的打击。[42]

当她走进村庄，她发现那里“只剩下荒地”。原来的村庄荡然无存，只有在她以及幸存姐妹的脑海中，还留着丝丝痕迹。[43]

这种地方层面的恐怖经历，与大屠杀本身同样具有毁灭性。对市镇和乡村的破坏，不仅是当地幸存居民的损失，而且是整个周边地区的损失，更是整个欧洲大陆的损失。借用安东尼·德·圣－埃克苏佩里（Antoine de Saint-Exupéry）① 的话来说，这剥夺了“一连串记忆……一连串传统”。[44]利迪策，与数以千计的其他村庄一样，如同稍纵即逝的微光，湮没在黑暗之中。

孤儿寡妇

如果说屠杀行为在欧洲社会的编织物上刺出某些“空洞”，那么，另外一种更为隐性的人口缺失，就如同在挂毯上抽走一根丝线。最为显著也最为人所共知的人口缺失，则是男人的缺

---

① 法国作家，《小王子》作者。——译者注

席。欧战胜利日当天，从英国各省份拍回的照片中，只见妇女和孩子在街道上庆祝战争结束，除了老人以及偶尔轮休的士兵，照片上几乎见不到男人。这些照片上的人们充满欢声笑语，因为她们知道男人离开家园只是暂时的。但在欧洲其他地方，人们就不敢如此确定了。绝大多数德军士兵以及来自其他轴心国的士兵，战争结束时都成了俘虏，他们当中有许多人多年以后才能回家。当然，还有数百万名来自欧洲各国的男人再也未能回家。一位英军少将在战后写道："我们在德国走过数千英里，最为突出的事实是，几乎不见 17 ~ 40 岁的男人。这是一片属于妇女、孩子、老人的土地。"[45]

在欧洲许多地方，好几代年轻女子注定孤独终老，因为当 24
地绝大多数年轻男子已经死亡。例如，在苏联，当战争结束时，女人比男人多出 1300 万人。男人的缺失在农村地区最为明显，80% 的集体农庄的劳动力是妇女。根据 1959 年的人口普查数据，在 1929 ~ 1938 年年满 20 岁的苏联妇女中，还有 1/3 尚未婚嫁。[46]

如果说欧洲变成了妇女的大陆，那么它也是孩子的大陆。战争结束后的混乱时期，许多与家人失散的孩子结成帮派以求自保。及至 1946 年，还有 18 万名流浪儿童生活在罗马、那不勒斯、米兰：他们被迫睡在走廊过道上，要靠盗窃、乞讨、卖淫来维持生计。问题如此严重，以至于教皇本人向全世界呼吁，救救意大利的孩子，"他们在市镇和乡村里漫无目的地游离浪荡，被抛弃和暴露在种种危险之中"。[47]在法国，农民经常发现有孩子睡在干草堆里。在南斯拉夫和斯洛伐克东部，游击队员在丛林、洞穴、废墟中发现许多几乎饿死的孩子。1945 年夏天，仅在柏林就有 5.3 万名无家可归的孩子。[48]

英军中校威廉·拜福德－琼斯（William Byford-Jones）在柏林威廉皇帝纪念碑的裂缝里发现了一名女孩。中校问女孩在那里干什么，女孩说这是她能找到的最安全的入睡之处：“没有人能够找到我。这里足够温暖，而且没有人能够爬上来。”德国社会福利署的工作人员来接女孩，但他们花了好几个小时才把她劝出来。[49]

这些故事点出了欧洲这块编织物上的另一处缺口，父母缺席。这个问题在受战争破坏最为惨烈的某些欧洲地区尤为严重。例如，在波兰，有超过 100 万名“战争孤儿”，这个英美官方术语是指那些至少失去父亲或者母亲的孩子。[50]在德国，战争孤儿也可能超过 100 万名：1947 年，仅仅是在英军占领区，登记在册的战争孤儿就多达 322053 人。[51]缺少父爱，或者说缺少任何男性模范，在当时是如此普遍，以至于在孩子眼中也是正常现象。安杰伊（Andrzej C.）是一位来自华沙的波兰人，他在战争结束之初住过好几处难民营，他说道：“我还记得，我只见
25 过一名有父亲的男孩，男人是稀有动物，因为那里几乎没有男人。”[52]按照联合国教科文组织的统计，1/3 的德国孩子失去了父亲。[53]

失去父母以及失去父母监督，有时却会意想不到地让人振作起来。例如，安杰伊承认自己的童年确实艰难，但他还是饶有兴味地回想起，他和其他男孩子在德国南部的难民营玩过的游戏。安杰伊有机会去玩一些今天绝大多数孩子梦寐以求的玩具。

> 我们这些孩子就像野狗一样。当时的生活非常有趣！恐惧全无，阳光普照，乐趣无穷……有一次，我们找到一枚未引爆的炮弹。我们知道这很危险，我们把炮弹放进小

> 溪里冷却一会儿，其实我们也不知道该怎么做……最后我们把炮弹扔进火堆，跑到河谷对面，看看会发生什么事情。结果发生了巨大的爆炸。我们从未想过，如果有人碰巧走近火堆会怎么样，我们完全不假思索。又有一次，我们发现一些德军机枪子弹，数量很多。我们把子弹放进别人弃置在森林的铁炉子里，塞进柴火，点燃炉子。结果非常好玩！炉子开始穿孔，直到被打成筛子！

还有好几次，安杰伊和朋友们用装满汽油的油罐搭起篝火，因为用无烟火药生火而烧掉了眉毛，他们互相投掷迫击炮弹，甚至找到并点燃了一枚反坦克火箭弹："这也很好玩！"他最害怕的不是可能受到严重伤害，反而是母亲可能会发现他如此能耐。

有一次，他甚至走过地雷阵，为的是在德国军队废弃的地堡旁边捡拾野生的覆盆子果实。他解释道："战争过去好几年了，地雷也能看得出来。所以我们认定我们能够走过去，毕竟，我们能够看见，所以我们是安全的……我们是愚蠢的，也是幸运的。如果你没脑子，你就会有运气。那些覆盆子真是美味……"[54]

安杰伊在许多方面都很幸运。他不仅避免了严重伤害，而且他还有母亲在身边。战争结束后不久，他的父亲从波兰第二军团退役，也从意大利战场回来了。对于 1300 万名欧洲孩子来
说，这种幸运简直是种奢侈。[55]有相当多的孩子父母双亡，及至 26
1948 年 9 月，还有大约 2 万名孤儿在等待，看看是否还有任何亲戚可以联系得上。[56]

关于孤儿的心理学研究表明，这些孤儿通常比其他孩子更

加容易感到焦虑和沮丧，这是可想而知的。他们更容易出现古怪行为和反社会行为，更容易自杀，更容易酗酒和滥用药物，他们更不自信，健康状况也更差。[57]对于年幼的孩子来说，父母代表着世界的稳定性，代表着世界的运作方式：一旦父母突然离去，他们就会失去理解世界的根基。除了经历父母离世，这些孩子还要面对这个世界，在他们眼中，这个世界变成了漂泊不定的地方。

战争期间，整个欧洲都在经历同样的过程，可谓影响深远。这种痛失亲人的忧郁气氛，从根本上改变了欧洲大陆的心理特质。不仅数千万人经历过失去朋友、亲人、爱人的创痛，而且许多地区被迫面对整个社区的灭绝，而且所有民族都失去了相当部分的人口。任何稳定感都不复存在了，个人如此，社会亦如此。

如果痛失亲人的个人容易出现古怪行为，那么，整个社区乃至整个民族也将如此。在接下来的章节里，如果读者对我如此连篇累牍地描述战争期间的创伤感到讶异，那么，你们只要记住我这句断语就够了。欧洲也曾经历过许多剧变，但与第二次世界大战相比，几个世纪以来经历的剧变都显得微不足道。第二次世界大战，不仅让欧洲受伤，而且让欧洲迷失方向。

第三章　流徙 27

如果说第二次世界大战是历史上杀死最多欧洲人的战争，那么，它同样是造成世界上最大规模人口流动的原因。1945 年春天，德国境内有大批外籍劳工。战争结束时，德国还控制着将近 800 万名强迫劳工，他们来自欧洲各地，被掳掠到德国的农场和工厂里工作。仅仅在德国西部，联合国善后救济署就照料和遣返了超过 650 万名难民。他们绝大多数来自苏联、波兰、法国，此外还有许多人来自意大利、比利时、荷兰、南斯拉夫、捷克。相当比例的难民是妇女和孩子。第二次世界大战与其他战争有许多不同点，其中包括在传统的军事俘虏行动中俘获大量平民。妇女和孩子，与男人一样，被视为战利品。她们都被贬为奴隶，而从罗马帝国以来，蓄奴现象在欧洲已经绝迹多年。[1]

德国境内的数百万名德裔难民，让德国的情况变得更为复杂。据估计，及至 1945 年年初，德国境内大约有 480 万名国内难民，其中绝大多数来自德国南部和东部，他们都是为了躲避轰炸而逃出城市的；此外还有 400 万名德裔难民，他们来自第三帝国的东部征服地区，因为惧怕苏联红军追击而逃回国内。[2]再加上将近 27.5 万名英美战俘，德国境内至少就有高达 1700 万名难民。[3]这还是相当保守的估计数字，其他历史学家给出的
估计数字还要高得多。[4]有研究表明，战争期间的欧洲大陆，总 28
共有超过 4000 万人被强迫迁徙。[5]

随着敌对状态结束，许多人开始踏上回家的漫漫旅途。1945 年 4 月中旬，英国皇家工兵团的德里克·亨利（Derek Henry）在明登附近开始遇见这样的返乡队伍。

> 我们曾被告知，留意那些德军散兵的口袋，他们随时可能袭击我们，但幸运的是，在我们眼前走过了数千名德军散兵，以及各国难民，都只是径直向西面走去：保加利亚人、罗马尼亚人、俄罗斯人、希腊人、南斯拉夫人、波兰人，不管怎样，他们就在那儿。有些人三三两两，带着可怜兮兮的家当，东西都垒在脚踏车或者手推车上。有些人聚集成群，挤满客车或者货车。人流远远地看不到尽头。每当我们停下来的时候，他们就来纠缠我们，希望能搞点吃的。[6]

后来，美国情报军官索尔·帕多弗（Saul Padover）说道："数以千计，数以万计，最后数以百万计的被释放奴隶，走出农场、工厂、矿井，涌上高速公路。"[7] 面对这庞大的难民队伍，人们的反应各不相同，这取决于见证者的观点和立场。对于与德国人接触不多的帕多弗来说，这也许是"历史上最悲惨的人类迁徙"，而且更加证明了德国人的罪恶。对于当地居民来说，出于可想而知的原因，肯定会为如此众多心怀不满的外国人来到此地而感到不安，这些外国人构成了威胁。一位德国妇女在战后写道："他们看上去就像野兽，人们会害怕他们。"[8] 对于那些应接不暇的军政府军官来说，其职责是确保他们受到控制，他们仅仅是"乌合之众"。[9] 他们塞满道路，但道路毁坏严重，根本无法容纳他们，为了不致饿死，他们只能沿路抢劫商店和农舍。在这个国家，行政系统已然崩溃，地方警察或死或囚，藏身之所无从寻觅，食物供应不再充足，他们成为当地无法承受的沉重负担，同时成为法治秩序的严重威胁。

但这只是旁观者对他们的观感。对于难民来说，自己只是尽力寻找安全感的普通人而已。那些幸运的人，会被英美法三 29
国的士兵集中到一起，转送到西部的迁徙中心。但在多数情况下，盟军并没有足够的人手去照料他们，数十万人实际上只能自生自灭。安杰伊在战争结束时还是个 9 岁大的孩子，他回忆道："周围空无一人。"他和母亲以及妹妹曾经在波希米亚的农场里做强迫劳工。战争最后几周，他们被集中运送到苏台德区的城镇卡尔斯巴德（Carlsbad，今捷克共和国的卡罗维发利），驻守此地的德国守卫最终丢下他们逃之夭夭。"我们发现自己置身于真空地带。那里没有俄国人，没有美国人，没有英国人。那里绝对是真空地带。"[10]母亲决定向西进发，进入美军占领区的地界，因为她认为这总比落入苏联军队之手更为安全。他们在德国的土地上走了几个星期，由于美军逐步退回自己的法定占领区，他们竟然几次穿越美军占领区的边界。安杰伊还记得，这是忧心忡忡的日子，甚至比被德国人囚禁的日子更为压抑。

> 那段日子真的很饿，因为周围空无一物。我们乞讨，我们偷窃，我们无所不为。我们从土里挖土豆……我经常梦见食物。土豆泥搭配着香熏肉，那是美味中的美味。我想不出有什么比那更美妙的了。一大盘金光闪闪、热气腾腾的土豆泥啊！

安杰伊走在难民的洪流中，这道洪流由许多似乎互不相关的独立群体组成。他所属的群体大约有 20 人，绝大多数是波兰人。他们在路上遇见的当地人，似乎对他们的困境漠不关心。

群体里一个男人为安杰伊找到一份牧马人的工作，但一个德国农民咆哮着让他“滚一边去!”还有好几次，他们想讨水喝，但处处碰壁，甚至被当地人放狗驱逐。当地人认为是波兰人发动了战争，造成了德国的种种不幸。考虑到难民遭遇的真正不幸，当地人的无端指责真是让人倍感讽刺。

在为了寻找安全地带而长途跋涉的这个月，安杰伊的所见所闻已经深入脑海。他还记得，当他路过森林中的一处德军野战医院时，看见许多被困此地的缺胳膊少腿的男人，有些人从头到脚都包着绷带，还有些人“浑身恶臭，活活腐烂”。没有
30 人来照顾这些男人，因为所有医护人员都逃命去了。他还记得，当他到达一处波兰战俘营时，尽管营门大开，但营地里的犯人拒绝走出营地，因为他们没有接到离开营地的命令。“他们都是士兵，他们认为总会有人命令他们向何处进发。至于谁下令，至于去哪儿，他们也不知道。他们彻底没了主见。”他看见成群结队穿着睡衣的犯人，在德国平民的看管下在地里劳作。再后来，他走进一处山谷，看见数千名德军士兵围着篝火，安分守己地席地而坐，只有几个美军宪兵在看管他们。

当安杰伊一行最终通过巴伐利亚霍夫的美军检查站时，他们被带到一栋飘着红旗的建筑物前面。他们一阵恐慌，因为母亲以为自己被送到了苏联营地，直到母亲认出那是联合国善后救济署的红底白字旗时，大家才惊魂甫定。他们终于到达安全地带了。

像安杰伊这样的难民，他们所要克服的危险和困难，怎么估计都不为过。尽管在不满 9 岁的孩子看来，危险和困难都是懵懵懂懂的，但对于长辈来说，危险和困难却是显而易见的。德鲁姆（Druhm）夫妇都是柏林人，战争结束时，他们已经 60

多岁了。经历过苏联红军占领期间的混乱局面，他们决定冒险前往易北河对岸女儿的家中，这段路程有 90 英里。这可不是一个轻松的决定，他们的旅程一开始就遇上各种问题，到达柏林郊区后更是麻烦不断。

> 那里还有小规模战斗。我们还听到枪声，经常被迫停下脚步，直到枪声远去为止。在这种偏远地区，士兵不知道战争已经结束。桥梁经常被毁，道路损毁严重，我们被迫走回头路，寻找其他可能的路径……我们遇到许多让人灰心丧气的意外状况，比如走了好几里路，发现此路不通，然后被迫折返。有一次，我们沿着一条废弃的主要公路向前走着。我们看见一块俄文书写的大告示板，我们继续向前走，但心里有点不踏实。突然，有人朝着我们大喊大叫。我们看不到任何人，枪声随即响起，子弹在我耳边呼啸而过，甚至擦破了我的衣领。我们意识到自己误入禁地，只好往回走，绕了好几里路，才到达我们要去的地方。

他们沿路所见的破败景象，依稀可见暴力的痕迹，既有战 31
火的摧残，也有苏军的蹂躏。

> 在树林里，到处散落着沙发、软床、床垫、枕头，这些家具通常开膛破肚、羽毛遍地，甚至连树上都有。树林里还有婴儿车、蜜饯罐，甚至是摩托车、打字机、汽车、马车、肥皂盒，还有从商店里抢来的许多折叠刀和新鞋子……我们还看见死去的马匹，景象恶心、气味难闻……

最后，路上还有其他难民，对于这对年老的德国夫妇来说，这些难民跟苏军士兵一样是个威胁。

> 路上有许多不同国籍的人，与这对德国夫妇朝着相反的方向行进，绝大多数是正在回家的强迫劳工。他们当中有许多人拖儿带女，他们只能偷取任何他们需要的东西，比如从当地农民那里偷来的马匹和马车，有时候马车后面还牵着奶牛，以及锅碗瓢盆。他们看上去就像野兽……[11]

至少，德鲁姆夫妇还能够敲开当地农民的家门，从同胞那儿请求帮助。这些所谓的“野兽”却无可选择，只能从当地居民那里偷东西。他们不受当地居民欢迎，而且无论如何，在被德军守卫残忍虐待多年以后，他们对德国人已经毫无信任可言。

22 岁的波兰女孩玛丽尔卡·奥索夫斯卡（Marilka Ossowska）就是生动的例子。及至 1945 年 4 月，她先后在奥斯威辛集中营、拉文斯布吕克集中营、布痕瓦尔德集中营关押了两年之久，最终在前往捷克斯洛伐克的死亡行军途中逃脱。在见识到苏联解放者的残酷无情后，她和其他狱友认为，向美军占领区前进会更为安全。她同样被路上人满为患的景象所震惊。

> 1945 年的德国如同巨大的蚁穴。人人都在迁移。这正是德国东部的景象。那里有逃避俄国人追击的德国人。那里有战俘。那里还有我们，尽管我们人数不多……真的让人难以置信，无数人都在迁移。[12]

玛丽尔卡和两位波兰朋友跟三位法国劳工、两位英国战俘以及一位美国黑人士兵结伴而行。他们一起向穆尔德河进发，
32 这条河流当时是苏联军队和美国军队的防区边界。在路上，他们向德国农民乞讨，有时会恫吓这些德国农民，好让他们交出某些食物。说到吓人，那位黑人士兵大有用场：玛丽尔卡总是

让他最后出场，美国黑人正好刺激德国人的种族偏见，他故意把自己脱个精光，把小刀叼在嘴里，跳着原始人的舞蹈。见到此种情形，那些家庭主妇无不吓得大惊失色，手忙脚乱地递上食物篮子，只想把他打发出去。然后，那位黑人士兵就会把衣服穿好，继续赶路。

走到萨克森城镇里萨，大约是从德累斯顿到莱比锡的半路上，玛丽尔卡和两位朋友捉弄了两个苏联士兵，从士兵手上搞来了代步工具。玛丽尔卡和朋友碰到两个呆头呆脑的士兵，正在看守从商店里缴获的数百辆自行车，士兵们很快就被女孩们吸引住了。女孩们说："噢，你们肯定很寂寞吧！我们能来陪。而且，我们知道哪里能找到杜松子酒！"大喜过望的士兵们给了她们三辆自行车，好让她们去拿那些根本不存在的杜松子酒，她们当然也就一去不返了。

经过六天骑行，大家终于到达美军占领下的莱比锡。在莱比锡，妇女们坐上卡车，前往汉诺威附近的诺德海姆营地。从诺德海姆出发，玛丽尔卡搭便车前往意大利，最终辗转到达英国，那时已是 1946 年年底了。此后 15 年，她再也没有回过波兰。

在 1945 年春天，上述几个小故事其实可以重复数十万次，这几个小故事只是欧洲大小道路上混乱景象的速写而已。蜂拥而来的难民，说着二十几种不同的语言，被迫适应这个在长达六年的战争期间历经轰炸、爆破、荒废的交通网络。他们聚集在城市里，但城市已被盟军的空袭彻底摧毁，容纳当地居民尚且不足，遑论收留汹涌而来的难民了。此后六个月里，各行其是的军政府和救济机构，竟然能够把大多数难民集中起来，使他们可得温饱、不致冻馁，帮他们打听离散亲人的下落，然后将他们遣送回国，简直是人间奇迹。

然而，遣返回国的迅速行动并不能抹去业已造成的伤害。战争造成的人口流徙，深深地影响了欧洲的社会心理。就个人
33 层面而言，人口流徙不仅对于流徙者来说是悲剧，对于留守者同样是悲剧，那些留守在家乡的人，通常经年累月地探问，心爱之人在异国他乡有何遭遇。就群体层面而言，人口流徙同样是场灾难：强征青壮年劳动力，让社区失去了养家糊口的顶梁柱，让社区在饥荒来临时不堪一击。但越是战争时期，人口流徙对于社区的影响就越是显著。这种有条不紊地根除居民中部分人口的做法，为战后更为广泛的人口流徙提供了示范。战争结束后，全欧洲范围内的族群驱逐行动之所以能够付诸实行，正是因为稳定社群世代定居的观念已经被永远摧毁了。欧洲居民不再安土重迁。欧洲人口此时不再稳定，而是富于流动性，如同候鸟迁徙。

第四章　饥荒 34

战争期间，少数能让欧洲显得协调一致的现象，就包括在欧洲随处可见的饥荒。几乎在战争爆发之初，国际粮食贸易就受到冲击，随着欧洲大陆到处出现军事封锁，国际粮食贸易完全停顿。首先消失的食物是进口水果。在英国，普罗大众尝试以幽默化解困境。水果店橱窗开始出现告示栏，广而告之："是的，本店没有香蕉。"1943 年，电影《众生如我》（*Millions Like Us*）在片头一幕略带讽刺地介绍橙子的定义，好让那些不记得橙子长什么样的人温故知新。在欧洲大陆，最能让人感觉到物资匮乏的无疑是咖啡的短缺，人们只能饮用咖啡的替代品，包括菊苣、橡果以及蒲公英球茎。

然后，更为严重的短缺迅速袭来。食糖首先出现短缺，时鲜食品如牛奶、奶油、鸡蛋、鲜肉也陆续出现短缺。英国首先实行定量配给，然后是欧洲大陆多数地区，最后连美国也要实行定量配给。中立国也未能幸免。例如，在西班牙，即使是基本食品，如土豆和橄榄油，也要严格实行配给；而进口食品的大幅减少，也让 1944 年的瑞士人均营养摄入量比战前下降了 28%。[1] 此后五年，鸡蛋几乎都要做成蛋白粉，以利于保存，天然黄油被人造黄油取代，牛奶只能留给小孩子饮用，传统肉类如羊肉、猪肉、牛肉如此鲜见，以至于人们开始在后花园里饲养兔子，以兔肉作为替代品。对抗饥饿的斗争，确实与军事斗争同等重要，人们同样感觉如临大敌。

35 首先掉落饥饿悬崖的国家是希腊。1941 年年末 1942 年年初的冬季，在轴心国入侵希腊六个月之后，就有超过 10 万名希腊人活活饿死。战争降临让这个国家陷入无政府状态，再加上侵略者限制民众迁徙，最终导致食品分配系统崩溃。农民开始囤积食物，通货膨胀完全失控，失业人口剧烈增长。法律和秩序近乎完全瓦解。许多历史学家指责德国占领军从食品商店征集食物，从而引发了饥荒，实际上这些食品商店经常遭到当地居民、游击队员、散兵游勇的洗劫。[2]

且不论饥荒的起因是什么，饥荒的结果肯定是灾难性的。在雅典和塞萨洛尼基，死亡率上升了 3 倍。在某些群岛，如米科诺斯群岛，死亡率更是上升了 9 倍。[3] 战争期间，希腊有 41 万人死亡，其中 25 万人很可能死于饥饿及其并发症。[4] 情况如此危急，以至于 1942 年秋天，英国史无前例地同意解除海上封锁，允许船只运送粮食前往希腊。英德两国达成协议，在战争余下岁月里，救济粮食可以流入希腊，即使在 1944 年年底，希腊解放后的混乱时期，救济行动也仍在继续。

如果说战争对希腊食物分配造成的冲击相当迅猛，那么在西欧，食物短缺造成的影响要更长时间才能显现出来。例如，在荷兰，直至 1944 年年末 1945 年年初的冬季，人们才感觉到最为严重的饥荒。与希腊不同，荷兰的“饥饿冬季”不是由政局混乱所致，而是由纳粹剥夺某些国家生存权的长远政策所造成的。几乎从 1940 年 5 月德国军队进驻时起，他们就开始征集各种物资：金属、衣物、织物、食物、牲畜以及自行车。许多工厂都被整体拆卸运往德国。一直以来，荷兰都靠进口粮食和饲养牲畜来维持生计，但从 1940 年起，粮食进口停止了，荷兰人只能靠德国人征集物资后剩余的少量粮食来维持生活。战争期间，土豆和面包严格定量配给，人们只能靠甜菜根茎甚至郁金香球茎来填饱肚子。[5]

及至 1944 年 5 月，情况已近乎绝望。发自荷兰国内的报告表明，除非荷兰迅速解放，否则灾难无可避免。再一次，英国 36
解除了海上封锁，允许救济粮通过，但解除封锁的范围非常有限。丘吉尔担心正规渠道的食物援助可能只会落入德国人之手，英军总参谋部则担心德国海军会利用援助船只为指引，通过密布水雷的荷兰海岸。因此，荷兰民众只能等待解放，并且继续挨饿。[6]

及至 1945 年 5 月，当盟军进驻荷兰西部时，已有大约 10 万 ~15 万名荷兰人因为饥饿而患上水肿病。[7] 荷兰之所以免于承受希腊那种程度的饥荒，仅仅是因为战争结束之后大量救济粮终于得以运进荷兰。但对数千人来说，救济粮已经来得太迟。进入阿姆斯特丹的记者们形容这座城市如同“巨大的集中营”，“其恐怖景象可比贝尔森集中营和布痕瓦尔德集中营”。[8] 仅仅在阿姆斯特丹，就有超过 5000 人死于饥饿及其并发症。整个国家的死亡人数为 1.6 万 ~2 万人。[9]

纳粹并非蓄意饿死荷兰人。与对待其他民族的态度相比，纳粹其实对荷兰人颇有好感，荷兰人被视为“日耳曼”民族，必须引领他们“回归日耳曼大家庭”。[10] 问题是德国的粮食供应也是自身难保。甚至早在战争爆发之前，德国领导层就已经相信国内粮食生产面临危机。[11] 及至 1942 年年初，粮食储备已告枯竭，因为缺乏饲料，国内生猪存栏量下降了 25%，面包和肉类的配给定量也被削减。[12] 尽管 1943 年德国迎来丰收，但危机并未远去，配给定量短暂上升，随即再次下降。

要了解德国面对的问题，我们必须考虑德国人口的营养需求。成年人要维持身体健康，每天需要摄入的热量为大约 2500 卡，如果从事重体力劳动，摄入的热量还要更多。关键问题在于，如果要避免水肿病等营养不良疾病，上述摄入量还不能只靠进食碳水化合物来获得，必须同时进食新鲜蔬菜以获得维生素，此外还需要进食蛋白质和脂肪。战争爆发初期，德国平民每天平均摄入的热量为 2570 卡，这个摄入量还算健康。但在此后一年，这个指标下降到 2445 卡，1943 年下降到 2078 卡，在战争结束时下降到 1412 卡。[13] 1945 年 2 月，一位德国家庭主妇
37 写道："饥饿敲打着家家户户的大门，新配给卡从每隔四周发放变成每隔五周发放，人们甚至不知道是否还会发放。我们每天都在数土豆，每人还有五个小土豆，面包变得更为稀缺。我们越来越瘦、越来越冷、越来越饿。"[14]

为了让本国民众免于挨饿，纳粹大肆搜刮占领区。早在 1941 年，纳粹就把挪威和捷克斯洛伐克"普通消费者"的正式配给量减少到每天 1600 卡的热量，而比利时和法国更是只有每天 1300 卡的热量。[15]在上述国家，当地居民如果不想慢慢饿死，就只能在黑市里想办法。本质上，荷兰的处境与比利时和法国没有太大差异：主要差异在于荷兰的解放日期晚了整整九个月。饥荒之所以会发生是因为就连黑市都已经枯竭，而德国国防军的焦土政策更是让这个国家超过 20% 的耕地淹没在海水之下。及至战争结束，在被占领的荷兰，正式日常食物配给量已经下降到只有 400 卡的热量，这个配给量竟然只是贝尔森集中营犯人食物配给量的一半。在鹿特丹，食物已经完全耗尽。[16]

总体而言，战争期间，第三帝国对待东部占领区的态度，

比对待西部占领区的态度要残酷得多。当一位生活在雅典的年轻美国人质问德军士兵希腊的粮食供应为何如此糟糕时，对方回答道："噢，难道你不知道吗，在波兰，每天有 600 人饿死呢。"[17]如果说在荷兰和希腊食物短缺仅仅是战争后遗症，那么在东欧，食物短缺就是德国的主要武器。纳粹并不打算养活欧洲的斯拉夫人。几乎从一开始，纳粹就打算故意饿死斯拉夫人。

入侵波兰和苏联的所有目的，就在于为德国殖民者让出生存空间，为供养第三帝国其他地区，尤其是为供养德国，提供耕地和粮食。按照第三帝国为东部领土制订的原始计划，东方总计划（Generalplan Ost），超过 80% 的波兰人将被逐出家园，乌克兰人的驱逐比例是 64%，白俄罗斯人的驱逐比例是 75%。但及至 1942 年年底，纳粹统治集团某些成员迫切要求"从肉体上灭绝"所有当地人口，不仅针对犹太人，而且针对波兰人和乌克兰人。[18]这次种族灭绝的规模让大屠杀也相形见绌，而其主 38
要武器就是饥饿。

东欧的饥荒从波兰开始。早在 1940 年，波兰主要城市的食物配给量就被确定为 600 卡的热量，战争期间这个配给量有所提高，但仅仅是因为纳粹需要波兰人充当劳工。[19]随着战火向东蔓延，针对平民的饥荒更为严重。入侵苏联后，纳粹计划部门坚持军队必须征集当地所有粮食，以维持军队给养，由此彻底断绝对乌克兰城市的粮食供应。通过这种方式征集上来的多余粮食被全部运往德国本土，与此同时，应该任由基辅、哈尔科夫、第聂伯罗彼得罗夫斯克陷入饥荒。按照这项计划的构想，军事官员开始公开谈论如何通过饥荒饿死 2000 万 ~ 3000 万人。[20]当地居民别无选择，只能到黑市里寻找食物，有时要长途跋涉数百英里。[21]总体而言，农村居民的处境比城镇居民要好些。例如，仅仅在哈尔科夫，就有大约 7 万 ~8 万人被活活饿死。[22]

最后，纳粹饿死东部领土人口的计划停顿下来，最起码是缓慢下来，因为饿死如此众多年富力强的劳工在经济上毫无意义，何况第三帝国严重缺乏劳动力。而且无论如何，这个计划根本不可能实施下去。对乌克兰城市的粮食供应不应被简单切断，因为警察根本无法阻止城市居民逃往农村，而且警察也根本无法取缔黑市。在全欧洲范围内，黑市养活了数千万人口。然而，对于那些无法外出觅食的人来说，等待饿死就是无可避免的悲惨宿命。1941 年冬天，德国军队成功饿死了 130 万 ~165 万名苏联战俘。[23]在犹太隔离区，甚至早在大规模杀戮开始之前，就有数万名犹太人被饿死。在列宁格勒 900 日围城期间，大约有 64.1 万名市民死于饥饿及其并发症。仅仅在列宁格勒这座城市，饿死的人数就几乎相当于希腊全国性饥荒期间饿死人数的 2 倍。[24]

人们可能会以为，一旦战争结束，欧洲粮食供应的困境就会有所缓解，但在许多地方，情况却变得更糟糕。在宣布停战后的几个月间，盟军只能绝望地、气馁地供养数百万欧洲饥饿人口。我曾经提及，战争结束时，德国的标准日常配给量只有
39 1400 卡以上，但在德国的英军占领区，及至 1945 年 9 月，配给量下降到 1224 卡，及至 1946 年 3 月，配给量下降到 1014 卡。在德国的法军占领区，及至 1945 年年底，正式配给量下降到 1000 卡以下，这种状况持续了六个月之久。[25]

在欧洲其他地区，情况也好不到哪里去，有时甚至更糟糕。意大利南部解放一年后，尽管其已经收到 1 亿美元财政援助，

但罗马家庭主妇还是会因为食品价格高昂而爆发骚乱，1944 年 12 月甚至爆发了“饥饿行军”，以抗议食品短缺。[26]战争结束后，根据联合国善后救济署的报告，因为食品短缺而引发的骚动还是遍及全国。[27]在 1945 年大部分时间里，维也纳的正式配给量大约是 800 卡。在布达佩斯，1945 年 12 月的配给量下降到每天 556 卡。[28]在以前的东普鲁士，人们甚至要吞食倒在路边的死狗。[29]在柏林，有人看见孩子们把公园里的青草挖来吃；在那不勒斯，水族馆里所有的热带鱼都被人偷走吃掉。[30]由于普遍营养不良，欧洲大陆到处爆发相关疾病。欧洲南部陆续出现疟疾，而肺结核更是到处蔓延。在罗马尼亚，另一种与饥饿有关的疾病，糙皮病，发病率升高了 250%。[31]

问题不仅仅在于普遍的食品短缺，也在于食品无法正常分配。长达六年的战争，让欧洲的交通设施破坏殆尽。在把粮食运往欧洲各大城市之前，必须首先重建铁路网络、修复大小道路、修补商用船舶。同样关键的是，必须恢复法律和秩序。在欧洲某些地区，救济粮刚刚运到就被抢掠一空，就连救援机构也无法将生死攸关的粮食运到最急需的地方。

欧洲解放后，许多英美部队来欧洲换防，他们都被眼前的情景吓得目瞪口呆。他们本来已经做好准备，肯定会见到满目疮痍的破败场景，也许还会见到某种程度的战后混乱，但他们都没想到物资匮乏到如此程度。

雷伊·亨廷（Ray Hunting）当时是英国陆军的通信军官，他于 1944 年秋抵达解放后的意大利。他在中东已经见惯了乞丐，但他从未见过这么多人聚集在他乘坐的列车周围。在一处 40
公路铁路交会点，他再也受不了人们的哀号之声，他翻遍自己的口袋，将自己剩余的存粮向人群抛去。接下来出现的情景彻底将他吓倒。

> 不加选择地向饥饿的人群抛掷食物，这根本就是个错误。他们马上为列车上抛下来的东西扭打成一团。男人最为粗暴，他们彼此拳打脚踢，就是为了抢到罐头食品；妇女彼此抢夺食物，塞到孩子手中，而孩子们随时都会被粗暴的人们踩在脚下。

列车离开交会点时，人们仍然在为少数残羹冷炙扭打。亨廷从打开的车窗继续朝他们张望，直到旁边包厢的军官探出头来挡住他的视线。那名军官说道："真是浪费，都给了这些蛆虫。难道你不知道，仅凭一两个罐头，你就能得到她们当中最漂亮的姑娘吗？"[32]

战后初期的欧洲，饥荒是最为棘手、最为急迫的问题之一。早在 1943 年，盟国政府就已心中有数，并且把食物分配作为第一要务。但即使是最有先见之明的政治家和管理者，都认为食物只不过是纯粹的物质需求。只有那些亲临前线的人，那些直接接触饥民的人，才会意识到，食物同样是精神需求。

凯瑟琳·休姆（Kathryn Hulme）是巴伐利亚其中一处难民营的代理主任，她对此深有体会。1945 年年底，她非常悲哀地写下人们在维尔德夫莱肯争抢红十字会包裹的情景。

> 我简直无法相信，这些装着肉酱和沙丁鱼的闪亮罐头，几乎在营地里引起骚动。立顿茶包、瓦灵顿屋咖啡罐、维生素巧克力条，引起人们近乎疯狂的追逐。但事实

就是如此。这是欧洲历经破坏的例证，一如法兰克福那荒凉的废墟。这是人心的废墟。目睹此情此景，更让我痛苦万分。[33]

下一个章节，就让我们来探寻这人心的废墟。

41 第五章 堕落

1943 年 10 月初，就在那不勒斯解放后不久，英军第 91 战地保障部队的诺曼·刘易斯（Norman Lewis）开车进入城市外围的一处广场。映入眼帘的是一栋高大雄伟但损毁严重的公共建筑，门前停靠着几辆军用卡车。其中一辆卡车似乎装满了美军补给品，盟军士兵簇拥着领取定量罐头。然后，这些士兵鱼贯涌入市政大楼，手里都拿着罐头。

刘易斯想知道到底发生了什么，就和下属跟着士兵们进去，并且挤到人群的前排。他在日记里记下了所见所闻：

> 那里站着一排女子，每隔一码站一个人，背靠墙壁站着。这些女子衣着得体，从面容来看，都是些喜爱逛街购物和闲言碎语的工薪阶层妇女。每位女子身旁，都叠放着一小堆罐头，显而易见的是，只要再放上一个罐头，士兵就可以选定任何一位女子，在大庭广众之下行苟且之事。那些女子一动不动、一言不发、面无表情、如同蜡像。她们仿佛在卖鱼，只是这里没有鱼市场的喧嚣吵闹。无须拉客、无须暗示、无须挑逗，甚至无须有意无意地裸露肉体。最冲动的几名士兵已经跃跃欲试，手里攥着罐头，拼命挤到前面，但面对面地看着这些因为家里粒米不剩而到这里来的家庭妇女，看着她们那面不改色的麻木表情，士兵们似乎退缩了。再一次，现实击碎了梦想，气氛变得极为尴尬。有人在偷偷发笑，笑声渐渐平息，看得出有人想偷偷

> 溜走。一名酒醉微醺的士兵，在同伴的反复怂恿下，终于 42
> 在一位女子身旁放下罐头，士兵脱了衣服，压在女子身上，动了几下就草草收场。转眼间，士兵站了起来，穿好衣服。看得出来，他也想尽快了结此事。他也许觉得自己像被送上了军事法庭，而不是享受男欢女爱。

毫无疑问，刘易斯觉得此情此景味同嚼蜡，五分钟后，他已经踏上归途。“我的同伴们把罐头扔给路上的行人，人们在我们身后激烈地争抢。在我的卡车上，没有一名士兵想到大楼里找乐子。”[1]

让这个故事显得耐人寻味的，不是意大利家庭主妇的绝望困境，而是刘易斯笔下那些士兵的反应。一方面，他们简直不敢相信自己的好运气：他们可以对这些妇女为所欲为，而门外就停着一辆装满补给品的卡车，这使得他们面对这些妇女时似乎拥有无限的权力。另一方面，这种现实处境又让他们绝大多数人感到良心不安。他们意识到，这种交易不仅侮辱了那些妇女的人格，而且侮辱了自己的人格，甚至辱没了正常的男欢女爱。值得注意的是，没有任何迹象表明，这些家庭主妇会对士兵的羞耻之心产生共鸣。她们已经沦为玩具，了无生气，如同“蜡像”一般。

按照诺曼·刘易斯的说法，在解放后的意大利南部，类似行为日趋普遍。他还记得，一位意大利贵族来拜访过他，询问能否允许自己的姐妹到军队妓院工作。刘易斯解释道，英国陆军不设立任何随军妓院，贵族及其姐妹只好悻悻而去。还有一次，刘易斯调查一桩严重的妨害风化案，该案涉及一位年轻的意大利女孩，女孩的父亲极力向刘易斯求情，因为女孩的父亲希望起码能让女儿有顿饱饭吃。[2]

这种绝望的情形，绝不局限于那不勒斯，甚至绝不局限于意大利。整整一代德国年轻妇女都学会了坦然接受与盟军士兵同床共枕，而代价仅仅是一根巧克力棒。在荷兰城镇海尔伦，美国步兵罗斯科·布伦特（Roscoe Blunt）遇到一位主动接近他的年轻女孩，她“开门见山地问我，想不想‘ficken’（fuck），或者想不想‘kuszen’（kiss）。我脑子一片空白，好一会儿才明
43 白她问什么”。布伦特问女孩多大了，女孩说自己 12 岁。[3] 在匈牙利，有年仅 13 岁的女孩向医院承认自己得了性病。在希腊，性病记录显示，最年轻的患病女孩才 10 岁。[4]

这种道德堕落的状况深深触动了《每日快报》（*Daily Express*）的战地记者艾伦·穆尔黑德（Alan Moorehead），在他看来，这远比他目睹的物质破坏触目惊心得多。当他在那不勒斯刚刚解放时抵达此地，他绝望地写下了自己的所见所闻，他看见男人、女人、孩子为了争抢士兵抛下的食糖而彼此殴打，他看见黑市商人贩卖假酒，他看见皮条客在兜售年仅 10 岁的雏妓，他看见 6 岁的男孩兜售色情明信片，明信片上是姐妹们的裸体，甚至是他们自己的裸体。

> 在我看来，人类种种肮脏污秽的行为，都比不上我在那不勒斯头几个月里看到的一切。我们所看到的其实是人类道德的彻底崩溃。人们不再有自尊或者尊严。动物的生存法则压倒一切。食物，就是唯一的追求。给孩子的食物，给自己的食物，不惜以卑躬屈膝、腐化堕落为代价换取的食物。除了食物之外，但求不冻馁，但求不露宿。[5]

穆尔黑德认为，食物不再仅仅是物质问题，而且是道德问题。在全欧洲，有数百万饥民随时准备为下一顿饭牺牲一切道

德价值。在英国习以为常的事情，在欧洲其他地方就变成权力的体现，因此，一名英国士兵能够让一位德国妇女与其共寝、代其购物、为其缝衣，他说道：“她就像我的奴隶。”[6]

当你读过上述故事，有两件事情是显而易见的。首先，欧洲的道德图景，与欧洲的物质图景一样，早已面目全非。那些习惯生活在废墟中的人们，不再觉得周围堆积如山的断壁残垣有何碍眼。同样，许多生活在战后欧洲的妇女，也不再觉得为了换取食物而出卖身体有何羞耻。只有那些来自欧洲大陆以外的人，才会对他们目睹的堕落景象感到惊讶。

其次，至少对于绝大多数人来说，与生存权相比，性道德
只能退居次席。即使是对生存权的潜在威胁，似乎也足以让人 44
心安理得地抛弃美德，但在生存威胁历历在目、步步进逼的气氛中，所谓的美德似乎也无关紧要了。

抢掠与盗窃

不顾一切地搜寻食物，同样是战时和战后的常见现象，由此掀起了盗窃与抢掠的浪潮。1941 年，许多希腊人抢掠当地商店，因为他们饥肠辘辘，因为他们预计即使他们自己不去盗取食物，这些粮食也会被占领军征用。[7] 在白俄罗斯，游击队员也向当地农民征收粮食以充军粮，而那些不愿意交出粮食的农民则会遭到抢劫。[8] 战争结束前夕，尽管到处可见抢掠将判死刑的告示，但柏林的家庭主妇还是把商店搜掠一空。[9] 毕竟她们随时可能饿死，因此也就没有什么可顾虑的了。

然而，战时和战后，盗窃和抢掠如此频发，不仅仅是由生存压力造成的。值得注意的是，战争提供了盗窃的机会，加大了盗窃的诱惑。进入一处被炸弹气浪冲开门窗的房产，当然比

自己动手打破门窗容易得多。在交战地区，当房产主人离家远去时，人们就更容易说服自己，房产主人将永不复返。早在战争造成物资短缺前，这些空置房产就遭到抢掠。在华沙周边的农村，几乎从战争爆发之初，人们就在搜掠邻居的房子。例如，1939 年 9 月，安杰伊举家逃难，当他们数周后返家时，却发现几乎连房子都被人拆卸完毕了，他的父母只好逐家逐户拜访邻居，讨回他们家的梁子、柱子以及各种家当。[10]

随着战火燃遍欧洲大陆，盗窃和抢掠也随之蔓延，甚至牵连到未被战火波及的国家。例如，在中立国瑞典，1939 年突然
45 出现犯罪浪潮，而且持续到战争结束为止。1939～1945 年，在斯德哥尔摩，盗窃案几乎翻了 4 倍。[11]这简直比法国还糟糕，毕竟战争期间法国的盗窃案才翻了 3 倍。[12]与之类似，在瑞士某些地区，例如巴塞尔州，少年犯罪率同样倍增。[13]为何战争期间中立国犯罪率也会上升，这个问题长期困扰着社会学家。唯一令人信服的解释似乎是，遍及欧洲的战火引起人们严重的焦虑感：社会动荡如同传染病一般，传遍了整个欧洲大陆。

在被占领的欧洲国家，盗窃如此普遍，以至于不再被视为犯罪。实际上，由于当地的宪兵、警察、民政当局都被通敌者接管，盗窃以及其他犯罪经常被称颂为抵抗行为。游击队员从农民家中盗窃财物，是为了替这些农民继续战斗。农民在黑市上出售粮食，是为了让粮食不落到占领者手中。当地商店受到抢掠，是为了防止德军士兵先下手为强。人们可以找到各种理由，为盗窃以及种种不法行为辩护，尤其是为过去的行为开脱，因为这些理由似乎都站得住脚。实际上，人们的道德观念已经完全颠倒：过去被视为不道德的行为，现在被称颂为道义责任。

随着节节胜利的盟军开始解放欧洲，盗窃和抢掠的机会随

之增多。地方上许多宪兵和官员都已逃之夭夭。那些留守的宪兵和官员，几乎从盟军进驻之日起就被撤换，取而代之的是既缺乏经验又不了解当地情况的军政官员。结果到处一片混乱，法律和秩序荡然无存：犯罪浪潮横扫欧洲，让战争期间的犯罪行为相形见绌，这种混乱简直是前所未有。过去的德国行省波美拉尼亚和西里西亚如此无法无天，以至于进驻此地的波兰行政当局称其为“狂野西部”。兹比格涅夫·奥格罗辛斯基是首批前往斯德丁（后来的什切青）任职的波兰官员，他总是随身携带手枪，以防强盗拦路抢劫，而他也经常不得不拔枪应对。当地一位英国医务军官也说道：“谋杀、强奸、抢劫，暴力事件如此常见，人们都习以为常了。”[14]

那不勒斯解放后，迅速成为世界上最大的补给港口，但也成为世界闻名的有组织盗窃中心。1945 年，艾伦·穆尔黑德写道：“军队供应的香烟和巧克力被成批偷走，并且以惊人的价 46
格转手出售。一天晚上就有六七十辆军用车辆被偷走（不总是意大利人干的）。偷窃转售轮胎这样的贵重零件已经形成产业链了。”[15]遍布那不勒斯的临时摊贩，公然出售腐败官员贪没的军用物资，黑手党、土匪强盗、散兵游勇，各路人马相互配合，共同对盟军的补给列车下手。[16]儿童帮派会跳到军用卡车的货斗上，拿走一切他们能够拿走的东西，盟军士兵只能用刺刀划过他们的手，以此威慑他们，结果大批孩子因为手指受伤而请求医治。[17]

按照一位历史学家的说法，战后柏林成了“世界犯罪之都”。战争结束后，柏林市内平均每个月都有 2000 人被逮捕，这个数字比战前增长了 800%。及至 1946 年年初，柏林市内平均每天发生 240 起抢劫案，数十个有组织犯罪团伙日夜威胁着这座城市的社会治安。[18]一位柏林妇女在日记中写道："一切所有权观念都已不复存在。每个人都盗窃，每个人都被盗。"[19]露丝·安德里亚斯－弗里德里希（Ruth Andreas-Friedrich）是另一位柏林妇女，她把柏林的生活称为"交换游戏"，人人都在交换物品，但人人都不知道物品原主是谁。[20]类似感觉在欧洲无处不在，一位匈牙利妇女说道："有时候俄国人偷我们的东西，有时候我们也以彼之道还施彼身。只不过是因果循环……"[21]私有财产观念已经变得毫无意义。

在这波犯罪浪潮中，生存压力无疑发挥了很大作用，但其他事实同样不可忽视。首先，一旦盗窃禁忌被打破，再次盗窃就会变得更加容易。对于某些人来说，经过长达六年的战争，盗窃行为已经变成谋生手段：那些曾经依靠偷鸡摸狗或者投机倒把求得生存的人们，不会因为战争结束就金盆洗手，何况艰难时世还在不断恶化。

然而，更加让人深思的是，战后普遍存在的盗窃现象，其实满足了许多盗窃者的深层次需要。许多人偷盗成性，甚至会去偷窃那些毫无用处的东西。许多经历过难民生涯的人都提到，他们会去偷餐厅的桌布，或者"某些绝对笨拙的目标，例如大花瓶"。[22]玛丽亚·别利茨卡（Maria Bielicka）是一位在监狱和
47 劳动营里熬过四年的波兰妇女，她说她几乎是出于本能去偷东西。战争结束后，美国人在一处德国别墅里暂时收留她们两姐妹，此处离她们原来从事强迫劳动的瓷器工厂不远。

> 我当时就坐在妹妹身边，万达（Wanda）说道："你知道吗，我喜欢墙上那幅画。我想我会拿走它的。我受过那么多苦，我觉得拿一幅画不算什么。"我说道："那里还有些瓷器。我非常喜欢。我们在那间工厂当了那么多年制造

瓷器的奴隶。我会拿些瓷器的。”[23]

翌日早晨，也许是出于羞愧，两姐妹都归还了她们拿走的东西。

黑市

战后最为常见的不法行为，莫过于在黑市上买卖货物。同样，在战争期间，非法交易被人们视为抵抗行为：任何货物，尤其是食物，只要放到黑市上出售，就等于避免落入德国占领者手中。例如，在法国，每年有35万头牲畜未经官方登记而私下屠宰：这些私宰肉都流向法国民众的餐桌，而非落入占领者的肚肠。[24]奶农也经常被迫到黑市谋生：在交通系统严重毁坏的欧洲大陆，根本就不能指望采购商每天上门收购牛奶，所以奶农只好通过非官方的本地网络，确保他们的产品卖得出去。在西欧各地，非官方网络几乎与官方市场同样发达。在东欧，纳粹敲骨吸髓地征集粮食，东欧黑市当然就与西欧黑市同样发达。在东欧，黑市更是生存所必需，甚至成为农民和商人的道义责任：如果没有黑市，还会有数十万波兰人、乌克兰人、波罗的海人活活饿死。

非法交易的问题在于其固有的不公平。定量配给为所有人提供标准食物配额，为重体力劳动者提供额外食品配额，但黑市只为买得起的人服务。法国解放前夕，黄油的黑市价是官价
的5.5倍，鸡蛋的黑市价是官价的4倍。[25]正因如此，鸡蛋和黄 48
油很难在官方市场上买到，只有富裕阶层才买得起鸡蛋和黄油。某些农民和商人利用市场差价一夜暴富，而这种行为却被同胞所唾弃。在希腊，当局面好转粮食价格可能下降时，粮食商人却利用粮食价格上涨的谣言，囤积居奇，限量发售。一位外国

评论员激愤地写道："当全世界都为希腊民众的命运感到揪心时，某些希腊人却靠吸吮同胞的血液来发财致富。"[26]在战后的捷克斯洛伐克，政府因为在战争期间损公肥私而丑闻缠身，某些政府官员因此被判处 5～10 年监禁。[27]

非法交易也许是无可避免的，在战时甚至是不可或缺的，但当敌对状态结束，非法交易却成为难以取缔的恶习。实际上，由于行政管理和交通系统的崩溃，以及法律和秩序的崩溃，非法交易问题变得更加严重。及至 1946 年秋，黑市交易如此普遍，以至于绝大多数民众并未将其视为犯罪。联合国善后救济署驻德国西部主管在致函英国外交部时写道："几乎毫不夸张地说，在西欧，所有男人、女人、小孩，都或多或少地参与了这样或那样的非法交易。实际上，在欧洲的大片地区，若非借助黑市，许多人的生活几乎过不下去。"[28]

当所有人每天都在嘲笑法律时，根本就不可能维护法律的尊严。这无疑会造成道德上的严重后果。即使在英国，人们也能察觉到，道德水平因为诸如此类的行为而有所下降。1945 年在空中运输辅助部队服役的玛格丽特·戈尔（Margaret Gore）说道："在英国，黑市损害了人们的诚信，而且我认为我们置身其中的社会越来越不讲究诚信了……这还仅仅是个开始而已。"[29]

暴力

如果说遍及欧洲的盗窃和黑市是个难题，那么，无所不在的暴力威胁就是个危机。正如我前面提到的，对于许多人来说，
49 极端暴力事件已是家常便饭。战争结束时，德国民众已经对夜以继日的轰炸习以为常：在瓦砾堆里见到死尸也是见惯不怪。

程度稍轻、景象相同的，还有英国、法国北部、荷兰、比利时、波希米亚和摩拉维亚、奥地利、罗马尼亚、匈牙利、南斯拉夫和意大利。再往东去，居民会看到自己的城市被大炮粉碎，就连人类也一同粉身碎骨。对于数百万士兵来说，这同样是家常便饭。

即使在交战地区之外，暴力也同样残酷，而且同样无休无止，尽管这种暴力主要是个人层面的暴力。在全欧洲数千个强迫劳动营和集中营中，犯人每天都会遭到野蛮殴打。在东欧各地，犹太人受到追捕和杀害。在意大利北部，枪毙通敌者往往会引发无休止的报复与再报复，有时这种报复浪潮会演变成家族仇杀。[30]在第三帝国境内，散播谣言者将被逮捕和殴打，临阵脱逃者将被绞死，政见不合者与种族不纯者将被殴打、囚禁甚至杀害。战争结束时，上述暴行都只是例行公事。结果，在欧洲大陆，极端暴力行为不仅未能令人震惊，反而令人麻木。

不难想象，那些曾经遭受暴力对待的人，会更加倾向于实施暴力行为，对此无数心理学研究早已有所证明。1946 年，曾任德国西部联合国善后救济署负责人的中将弗雷德里克·摩根（Frederick Morgan）爵士说过，他很害怕直视那些从集中营释放出来的犹太领袖："这些犹太领袖都是些铤而走险、无所忌惮的人。实际上，所有可能发生在生还者身上的事情，他们都已经领教过了，所以他们根本不把人命当回事。"[31]这段话同样适用于德国境内的奴工。联合国善后救济署对难民进行的心理问题研究结果表明，难民通常表现出"无法无天的攻击性"，此外还有其他心理问题，包括"无用感……痛苦和敏感"。许多难民表现出极端愤世嫉俗的倾向："即使是热心人提供的帮助，也被他们视为别有用心、动机不纯。"[32]

50 如果受害者无处不在，那么，这也意味着施害者无处不在。战争结束时，在对德战争中日趋活跃的游击队，已经控制了希腊多数地区、南斯拉夫和斯洛伐克全境、意大利北部多数地区、波罗的海国家主要地区、波兰和乌克兰大片地区。在法国，抵抗组织独力解放了至少 15 个省份，甚至在盟军抵达巴黎之前，抵抗组织就已控制了法国西部和南部多数地区。[33]在上述许多地区，尤其是在南斯拉夫、意大利、希腊，战争暴力并非针对德国人，而是针对本国的法西斯分子和通敌卖国者。那些实施战争暴力的人，此时已成为当权者。

至于那些代表纳粹及其盟友实施暴行的人，许多已沦为阶下囚，但也有许多混迹于难民之中，或者复归平民生活。这些人同样是成千上万，在很大程度上，这些人与其受害者同样承受着心理创伤。值得注意的是，绝大多数犯下暴行的士兵并非心理变态，他们只是作为普通社会成员开启战端。针对个人的心理学研究表明，战争爆发时，绝大多数士兵都经历过对被迫执行任务的强烈反感，而且许多士兵发现自己已无力继续履行职责。然而，随着执行任务的经历日渐丰富，这种强烈反感也会日渐消退，取而代之的是堕落的畅快感，甚至幸福感，他们的道德底线由此被突破了。[34]

对于某些人来说，杀戮已成嗜好，他们实施暴行时也更加堕落。在克罗地亚，乌斯塔莎成员不仅杀害塞尔维亚人，而且还花费大量时间割掉女人的乳房和男人的睾丸。[35]在希腊东北部的兹拉马，保加利亚士兵用希腊受害者的头颅来踢足球。[36]在海乌姆诺集中营，德军守卫会杀害那些从毒气车里幸存下来的婴儿，在大树上撞破婴儿的头颅。[37]在柯尼斯堡，苏联士兵把德国妇女的脚绑在两辆卡车上，然后卡车朝相反方向行驶，就这样把这些妇女撕成两半。[38]乌克兰游击队只是使用农具，就能把沃利尼亚的波兰人折磨致死。[39]波兰游击队同样反过来折磨乌克兰人。一名乌克兰游击队员说：“我从未看过这样的情景，我的 51
一名战友用刺刀挑起一个婴儿或者小孩，然后扔进火堆，我还看到许多波兰婴儿的烧焦的尸体。但即使我们不这样干，我们之前的所作所为都已是罪孽深重了。”[40]这些人如今也是欧洲大家庭的一分子。

作为注脚，值得提及的是，希姆莱本人其实早已认识到，实施暴行将对其下属造成心理冲击。因此，希姆莱向党卫队各级指挥官发出指示，确保持续杀戮的心理压力不会让党卫队下属变得更加“残忍”。[41]这道指示的道德观念完全是颠倒是非，希姆莱竟然把党卫队下属视为他们一手制造的暴行的“受害者”，希姆莱根本就不在乎那些被他们杀害的民众。

强奸

有一个议题与我们讨论过的许多议题密切相关，并且有助于揭示我们将要探讨的议题。战争期间的强奸现象，集中体现为对无力自卫的平民百姓滥用军事权力和暴力。第二次世界大战期间，这种现象更是空前普遍：在这场战争中，尤其是战争最后阶段，强奸现象比历史上的任何战争都要频繁得多。尤其是在每次战斗结束时，强奸的首要动机在于报复，这种行为通常都能逃脱追究，因为交战各国军队对此习以为常。强奸对人们身心健康的伤害可谓恐怖，在中欧和东欧，由于强奸最为普遍，伤害也最为严重。

强奸总是与战争形影不离：通常，战争越残酷，参战者就越可能强奸敌国妇女。[42]第二次世界大战临近尾声时，最为严重的强奸案例，肯定发生在战斗最为激烈的地区，而且有奇怪的证据表明，妇女也察觉到，激烈战斗过后，她们的处境更加危险。[43]有些亲历者甚至认为，考虑到士兵们置身于残酷的战斗环
52 境，强奸现象是在所难免的。一名俄国军官说："你还能怎样？这就是战争，人人都会变得残忍粗暴。"[44]

最为严重的强奸案例发生在东欧，发生在西里西亚和东普鲁士，那里是苏联士兵最早踏足的德国土地。但随着战火蔓延，强奸的范围并未局限在上述地区。实际上，战争期间，强奸现象到处激增，甚至在战火尚未波及的地方也是如此。例如，从 1939 年到 1945 年，在英国和北爱尔兰，包括强奸在内的性犯罪几乎增长了 50%，引起当时世人的极大关注。[45]

人们很难解释，战争最后阶段及战后，发生在欧洲的强奸现象为何大幅增长，但在欧洲大陆，确实存在某些普遍趋势。比如，同样的问题，在东线远比在西线严重得多。即使平民男子偶尔从事性犯罪，但说到底这还是个军事问题：随着盟军从四面八方涌入德国，性暴力的浪潮以及其他犯罪的浪潮也席卷而来。当地局势越是混乱，强奸现象就越是严重，例如激战过后的地区，或者驻扎部队纪律败坏的地区。而且，值得注意的是，被征服国家比被解放国家的强奸现象又要严重得多。这表明，在 1945 年发生的集体强奸背后，报复心与支配欲都是其重要动机，甚至很可能是主要动机。

有研究表明，在占领部队与当地居民存在巨大文化差异的地区，战时强奸现象会特别残忍、特别普遍，这一理论早已为第二次世界大战期间的一系列事件所证明。[46]驻扎在巴伐利亚的法国殖民部队尤其臭名昭著。克丽斯特贝尔·比伦贝格（Christabel Bielenberg）是住在黑森林附近一处村庄的英国妇

女，她记载道：摩洛哥部队刚刚驻扎下来，就开始“到我们的村庄里到处找人强奸”。后来摩洛哥部队换防，来了撒哈拉部队，他们“于夜间抵达，包围了村庄里的每一栋房屋，强奸了所有 12 岁至 80 岁的女性”。[47]在图宾根，下至 12 岁的女孩，上至 70 岁的老妪，都惨遭摩洛哥部队强奸。[48]这些男人的外国面孔更让妇女感到恐慌，何况这还是在纳粹长年从事种族宣传的德国境内。[49]

文化差异在东线同样存在。许多德军士兵都歧视东方的 53
“劣等种族”（Untermenschen），德军入侵苏联时，这种歧视肯定会令他们以邪恶手法对待落入他们手中的乌克兰妇女和俄罗斯妇女。瓦西里·格罗斯曼（Vasily Grossman）曾经采访过一位被德国军官强奸的女教师。女教师回忆道，如果当时她不肯就范，那名德国军官就要枪杀她六个月大的婴儿。[50]另一位俄罗斯女教师名叫吉尼亚·德米阿诺娃（Genia Demianova），她曾经被十几名德军士兵轮奸，其中一名士兵还用马鞭抽打她，她写道：“他们已经把我撕成碎片，我只不过是一具尸体而已。”[51]

但当形势逆转，苏联红军向中欧和东南欧挺进时，红军官兵同样受到种族观念和文化观念的影响。例如，与其他邻国相比，保加利亚妇女几乎没有受到强奸威胁，这部分是由于进驻保加利亚的部队比其他部队要纪律严明得多，但同样也是由于保加利亚与俄罗斯文化相似、语言相通，而且这两个国家上百年来始终保持着友好关系。[52]当苏联红军抵达保加利亚时，他们受到大多数保加利亚人的衷心欢迎。与此相反，罗马尼亚与苏联语言不通、文化迥异，而且直至 1944 年，罗马尼亚还对苏联进行着非常野蛮的战争。正因如此，罗马尼亚妇女比保加利亚妇女承受了更多痛苦。

在匈牙利和奥地利，妇女的处境还要悲惨得多，在某些地区简直可以说是恐怖。在这里，双方的文化差异同样不可忽视，但与罗马尼亚不同，苏联对匈牙利和奥地利的敌意，是由于当苏联红军抵达时这两个国家还在对苏联作战。在布达佩斯西面的恰克堡，许多妇女遭到了极为严重的暴力强奸，以至于她们在男人的暴力对待之下脊椎骨折。波尔茨·阿莱娜（Alaine Polcz）那年刚好20岁，是来自特兰西瓦尼亚的匈牙利人，她也承受过这种痛苦的损伤，幸好她后来痊愈了。好几个星期里，她反复遭到强奸，有好几次，甚至连一个晚上有多少男人糟蹋过她，她都数不清楚了。她后来写道："这与亲热或性爱无关。这与任何事物无关。我现在才意识到，这只能用一个字眼来形容：侵犯。这就是侵犯。这种事情当时正在全国各地发生。"这让她备受折磨。[53]

54 但在德国，强奸案例最为普遍。在东普鲁士、西里西亚、波美拉尼亚，数万名妇女被以中世纪的暴力方式先奸后杀。玛丽·瑙曼（Marie Naumann）是来自波美拉尼亚比尔瓦尔德的年轻母亲，她被强奸后，兵痞们把她与丈夫一起吊在干草仓里，而她的孩子就被绞死在她脚下。她被几名波兰平民救下来时还没咽气，波兰人问她这是谁干的，她说是俄国人干的，波兰人却说她撒谎，而且还殴打她。她无法承受这一切，想要自沉在附近的溪流里，但未能死去。她浑身湿透，向邻居的寓所走去，结果碰见另一名俄国军官，于是再次遭到强奸。军官刚扔下她，又冒出了四名苏联士兵并"用变态的方法"强奸了她。完事之后，他们把她踢晕。她醒过来时，又有两名士兵闯进房间，"但他们把我扔下了，因为我看上去活像一具死尸"。[54]

数以千计的类似案例，收录于德国口述史计划、教会档案以及德国政府文献。苏联文献也印证了上述说法。俄国军官列夫·科佩列夫（Lev Kopelev）和亚历山大·索尔仁尼琴（Alexander Solzhenitsyn）的回忆录都描述了普遍出现的强奸景象，此外还有几份来自苏联的报告，这些报告于 1945 年由苏联秘密警察机关即内务人民委员部提交。[55]

随着苏联红军穿越西里西亚和波美拉尼亚向柏林进发，强奸现象继续蔓延。在无数案例中，妇女惨遭轮奸，经常是连续好多个晚上被反复轮奸。瓦西里·格罗斯曼曾经采访过一位什未林妇女，她告诉格罗斯曼“今天已经被 10 个男人强奸过了”。[56]在柏林，汉内洛蕾·蒂勒（Hannelore Thiele）被“7 个野兽般的男人列队”强奸。[57]另一位柏林妇女被人从地下室的煤堆后面拽出来，她后来说道：“23 名士兵一个接着一个，我只能去医院缝合伤口。我再也不想跟任何男人发生任何关系了。”[58]卡尔·奥古斯特·克诺尔（Karl August Knorr）是驻扎在东普鲁士的德国军官，他从一栋别墅里拯救出数十名妇女，“每人每天平均要被强奸 60 到 70 次”。[59]类似事件还可以继续列举下去。

1945 年的强奸统计数字确实令人震惊，与战争期间的其他暴力事件相似，强奸案例多得惊人。收藏在科布伦茨的东欧档
案收录了许多案例，其单调乏味的程度一如纽伦堡审判期间对 55
犹太大屠杀的描述，连篇累牍地重复对恐怖事件的描述，让人不忍卒读。在中欧某些地区，强奸不仅仅是个别事件的集合，而且是全体女性居民的集体经历。在维也纳，诊所和医院报告的被强奸妇女多达 8.7 万人。[60]在柏林，情况还要糟糕，据信约有 11 万名妇女成为受害者。[61]在德国东部，尤其是在靠近苏联兵营的地区，这种时刻存在的威胁持续到 1948 年年底。[62]在整个德国，据信将近 200 万名德国妇女在战后被强奸。[63]

匈牙利的统计数字更难收集。战争结束后，德国和奥地利异常细致地统计了被强奸妇女的人数，但在匈牙利，强奸现象始终不被战后建立的共产党当局所承认。直至 1989 年，常规研究才得以开展，而那时许多信息都已湮没无闻。根据医院记录所做的粗略统计，大约有 5 万 ~20 万名匈牙利妇女被苏联士兵强奸。[64]西欧的统计数字尽管低得多，但仍然具有重要意义。例如，1942 ~1945 年，美国军队被指控在北非和西欧强奸了 1.7 万名平民妇女。[65]

战争结束后，性暴力和性奴役造成了严重后果。在德国，尽管每年都有 200 万宗非法堕胎个案，但德国妇女还是生下了 15 万 ~20 万名“外国婴儿”，部分是强奸的结果。在这些孩子当中，许多人都在怨恨母亲的痛苦情绪中度过余生。[66]许多妇女被感染性病，某些地区染病的妇女多达 60%。这些疾病通常是无法治愈的，因为在 1945 年 8 月的德国，注射一次抗生素的价钱可以买两磅货真价实的咖啡。[67]伴随生理问题而来的是情感问题和心理问题，不仅那些受到直接伤害的妇女，就连其他的妇女也会受到影响。当众多妇女沦为铁蹄下的玩物时，所有妇女都不会安全，这个男权支配的世界只是把妇女当成物品而已。在欧洲大片地区，妇女被迫长期生活在焦虑状态中。[68]

56 我们切不可忘记，男性同样受到这种普遍现象的影响。许多男人被迫目睹他们的妻子、母亲、姐妹、女儿被强奸。那些试图阻止的男人经常会被枪杀，但通常德国男人只是呆坐一旁，自此之后终身阳痿。因此，尤其是在匈牙利、奥地利和德国，集体强奸不仅使妇女备受虐待和侮辱，而且这也如同对男人进行集体阉割。即使是那些在解放时离开家园的男人，回家之后也会发现他们的妻子和爱人因历经变故而判若两人。许多无法承受这种变故的男人离弃妻子，由此更加深了妇女承受的痛苦。由于害怕丈夫的反应，许多妇女对自己的经历守口如瓶，许多妇女不敢说自己感染过性病、拿掉过胎儿，或者生下过“俄罗斯婴儿”。[69]由于婚姻关系备受压力，战后德国的离婚率比战前翻了一番。其实，整个欧洲都是如此。[70]

最后，我们必须记得，强奸和奴役妇女的士兵其实是受到纵容的，尤其是大多数士兵都没有受到任何惩罚。结果战后几年强奸事件频频发生，这也驳斥了许多人声称强奸动机仅仅在于报复的说法。实际上，我们面对的事实要严峻得多，许多士兵强奸妇女仅仅是因为他们可以为所欲为。[71]

士兵们当时的言论暴露出他们的想法，即他们有权享受性爱，而且必要时不惜动粗：“我们解放了你们，而你们竟然拒绝我们的小小要求？”“我需要一个女人！我都快爆血管了！”“美国兵和英国兵有香烟和糖果去吸引姑娘，所以他们不需要强奸。俄国兵就没办法了。”[72]在士兵对妇女拥有无限权力的环境中，在几乎不会受到惩罚的环境中，在所有同僚都沉溺于性暴力的环境中，强奸简直是家常便饭。例如，瓦西里·格罗斯曼有一名战地记者同事，强奸了一位因为躲避外面的醉酒士兵而躲进其房间的俄罗斯女孩，这不是因为他生性邪恶，而是因为他无法“抵挡诱惑”。[73]

今天被美国人称为“伟大世代”的那一代人，并非个个都 57
是人们描述的无私英雄：他们当中也有小偷、强盗甚至恶贯满盈的家伙。数十万盟军士兵，尤其是苏联红军的士兵，同时也是强奸犯。正如列夫·科佩列夫当时所说的：

> 不必为此感到羞愧，那些士兵排队在德国妇女身上找点乐子又怎样？他们强奸小女孩又怎样？他们杀死老妇人

> 又怎样？若非如此，他们终究会祸害我们自己的城市，祸害我们自己的妇女和女孩。那将是数百万名潜在的罪犯，那将会倍加危险，因为他们是带着英雄的荣誉回到家乡的。[74]

从军队退役后，这些男人有些会融入欧洲社会，有些会回到加拿大、美国、澳大利亚以及世界各地的其他国家。如果有人想研究这些男人回国之后对待妇女的态度及其影响，这必将是一个有趣的课题。

道德与儿童

考虑到战后欧洲的气氛，也就难怪人们广泛关注当时欧洲孩子的成长环境了。我们都听说过孩子跳过炮弹坑、穿越地雷阵去采摘野果的故事，甚至听说过他们把路边捡来的铁拳火箭弹放在火上烤的故事，他们的人身安全持续受到威胁，但其实他们的道德观念也同样处于危险之中。他们在游戏中承受的心理伤害同样显而易见。当母亲看见孩子玩“空袭”游戏或者“女人来”（Frau komm，俄国士兵强奸德国女人时使用的字句）游戏时，母亲肯定无比失望。[75]在柏林，威廉·拜福德－琼斯中校震惊地看到，在一栋建筑物的三面墙壁上，挂了同一个男人的十五幅画像。根据一位救世军（Salvation Army）孤儿院社工的回忆，他所照顾的德国孩子总是给玩具人偶套上制服，而绝大多数其他孤儿，只要见到穿制服的男人走近，就会惊声尖叫。[76]

58 我曾经提到，孩子很少看见不穿制服的男人，实际上，在欧洲大陆某些地区甚至连男人都很少见。男性模范的缺失以及成人权威的减少，对孩子的行为造成了显著影响。在英国，战争期间的少年犯罪率急升将近 40%，尤其是破门入室、恶意破坏以及小偷小摸（盗窃犯罪增长超过一倍）。[77]在德国，情况也类似，根据马丁·鲍曼（Martin Bormann）统计的数据，1937～1942 年，少年犯罪率增长超过一倍，而 1943 年的犯罪率还在上升。在某些城市，如汉堡，战争期间的少年犯罪率增长了三倍。[78]及至 1945 年年中，在苏联占领区，许多“少年帮派”四处抢掠，有时为了食物和金钱不惜谋财害命：孩子缺乏父母管教，有些孩子甚至没有父母，让他们变成“小野蛮人”。[79]

德国孩子受到最多的关注。有人认为，由于这些孩子的德国血统，德国孩子肯定最受威胁。在挪威，人们要求把所有父亲是德军士兵的孩子驱逐出境，因为他们将来可能成为纳粹的第五纵队。纳粹的优生学原则，曾经让纳粹自命为高等种族，现在则被用来识别德国孩子，他们被认为迟早是个祸害。[80]

在德国境内，盟军更担心的是十来岁的年轻人，而不是小孩子。1945 年的德国年轻人是在纳粹意识形态下成长起来的，无论是 12 年的学校教育，还是强制加入的纳粹青年团体，如德国少女同盟和希特勒青年团，都是这种意识形态的反映。许多人担心这一代孩子已经无可挽救。1944～1945 年参战的英国士兵，经常会有这样的感觉：“德国人越是年轻，就越是骄傲自大、‘目空一切’。”克里斯普（Crisp）少将曾经在《每日快报》（*Daily Express*）上发表过一篇观点奇特的文章，指出之前他遇到的普通德军士兵，已经被十五六岁的狂热军队所取代，他们能力有限但残忍野蛮。

> 在他们身上，你看不到正派、温和、谦逊，却只看到
> 兽性、贪婪、残忍。这一代人被刻意培养成残酷无情的男
> 子汉，以执行一名疯子下达的可怕命令。没有什么正派思 59

想能够触动他们。1920 年以来出生的每一名德国人，都受到这种罪恶的诅咒。他们越是年轻，就越会受到这种邪恶流毒的深度沾染。每个在希特勒统治时期出生的孩子都是迷途的孩子。这是迷途的一代。

这篇报刊文章继续说道，这些孩子死于战火实乃幸事，为了全世界的福祉，剩下的孩子最好也能战死沙场。“但无论你把他们消灭，还是把他们绝育，除非最后一个纳粹分子死掉，否则根本不可能从地球上彻底消灭恐怖的纳粹主义。”[81]

纳粹统治的恐怖阴影，最终在盟军的思想和著作中得到反映。在这家英国主流报纸上，登载的这份被视为道德（moral）解决方案的灭绝计划，跟希特勒在欧洲大陆推行的灭绝计划如出一辙。这种灭绝计划，与戈培尔在《人民观察家报》（*Völkischer Beobachter*）上发表的最为丧心病狂的德语文章毫无二致。其中的差别，而且是巨大的差别，在于存有这种思想观念的人不可能在英国掌握政权，因此，这种计划也永远不可能被付诸实行。但这种思想能够堂而皇之地出现在国家媒体上，说明即使是战争期间未被占领的国家，也出现了道德败坏的迹象。

第六章　希望 60

尽管生命财产的损失极为惨重，但战争结束还是带来了乐观情绪。1945 年 5 月，当欧洲人环视四周，的确没剩下什么足以自豪的资本了。但是，众多变故也并非全然消极。起码独裁统治的消失让欧洲大陆比战前更自由、更安全、更平等，而民主政府也得以建立，即使在东欧，也存在过民主政府。人们普遍感觉到，无论将来如何，起码会比他们刚刚经历过的时代更为光明。

战后几年，人们见证了社会各层面观念与实践的大爆发。艺术、音乐、文学再度繁荣，欧洲大陆创办了数百份报纸杂志。新哲学思想也得以诞生，这种新哲学正在设想乐观的、活跃的世界，在这个世界里，人们能够实现“彻底的坚定与彻底的自由”。[1] 十几个崭露头角的政治运动和政治派别得以成立，其中某些运动和派别将会在接下来的半个世纪里支配人们头脑中的政治理念。[2]

如果欧洲民众完全意志消沉、精疲力竭、腐化堕落，上述变化根本不可能实现。在战后的黑暗气氛中，希望起码是不可或缺的重要因素。正是希望让欧洲大陆恢复元气，并且让欧洲大陆走出泥潭。也正是希望缓解了人们对新政府和新制度的冷嘲热讽，这些新政府和新制度正在古老的土地上生根发芽。在很大程度上，在希特勒垮台后，希望是对权利和自由得以恢复 61
的自然反应。但在某种程度上，希望也深深植根于欧洲社会的需要、渴望甚至偏见。

英雄崇拜

战争结束后，欧洲似乎对于冲突期间的种种故事极为热衷。在某种程度上，欧洲人需要为自己刚刚经历过的岁月寻找意义，但随即涌现的故事类型表明，欧洲人需要的绝非仅此而已。最为脍炙人口的故事都以极端英雄主义为主题，这类故事在欧洲大陆可谓俯拾即是。在几乎所有的故事中，英雄都是当地男女，起码在大众看来，其英勇事迹或牺牲事迹代表着本民族的真正精神。与此同时，战争的罪恶被投射到反面角色当中，反面角色几乎总是外国人，通常是德国人。外国人的邪恶与本国人的高贵，这种强烈反差对于战后重建民族认同极为重要，这也是备受打击的欧洲民族自我疗伤的主要方式。

这种情况以英国最为明显，战后英国尤其需要积极的消遣。1945 年的英国是个自顾不暇的国家。它不仅要自我修复破败的设施和破产的经济，还要为欧洲其他地区承担警察职能，还要在非洲和远东为正在崩溃的大英帝国维持秩序。面对长期的艰难时世和节衣缩食，让英国人略感告慰的仅仅是，他们在战争面前未被击倒，他们在邪恶面前不失高贵，简而言之，英国人是英雄辈出的民族。

作为对海外恐怖经历以及国内悲惨境遇的解药，英国人转而炮制出大量的英雄传说。40 年代末 50 年代初，英国涌现了大量战争故事，比如《胜利大逃亡》（*The Great Escape*）、《残酷之海》（*The Cruel Sea*）、《敌后大爆破》（*The Dam Buster*）、《月光下再见》（*Ill Met by Moonlight*）、《科尔迪兹要塞》（*The Colditz Story*）、《翱翔蓝天》（*Reach for the Sky*），这里列举的只

不过是最著名的几部而已。这些故事的主角，都对正义事业、 62
自身能力、胜利前景深信不疑，尽管他们似乎都要面对无法逾越的障碍。这不仅仅是战时宣传的再次登场，这其实正是战后英国人看待自己时需要的形象。英国人从不绝望、从不动摇、从不抱怨的神话，时至今日仍然令人宽慰，但这种神话经不起战时任何“民意测验”记录的考验。

在战后欧洲，这种讲述本民族积极故事的需要可谓普遍。对于那些曾经被纳粹占领的国家来说，这种故事尤为重要：这些故事不仅能够让人在战争过后的艰难生活中感到宽慰，而且能够让人从对德合作的暗淡记忆中摆脱出来。

例如，在挪威，针对卖国叛徒的清洗行动，与纪念民族英雄的庆祝活动几乎同时进行，而且后者的声势甚至盖过前者。十几场公开演说先后举行，以赞扬抵抗运动的勇敢精神，颁奖仪式也先后举行，以表彰事迹最为鼓舞人心的故事主角。40 年代中后期，一系列战争回忆录被出版，详细记录了挪威士兵、特工以及破袭者的丰功伟绩。延斯·缪勒（Jens Müller）的《三个生还者》（*Tre kom tilbake*），讲述了从空军三号战俘营“伟大逃亡”的故事：缪勒本人是仅有的三名走完全程回到家中的幸存者之一。奥卢夫·奥尔森（Oluf Olsen）的回忆录讲述了纳粹入侵后，自己如何炸毁里萨克大桥，之后如何逃亡到英国，之后如何作为英国特别行动组的特工于 1943 年跳伞返回挪威。克努特·豪克里德（Knut Haukelid）描述了自己以及其他特工如何摧毁纳粹建在尤坎的重水工厂，这次行动后来被拍成英国电影《雪地英雄》（*The Heroes of Telemark*），并由此名垂千古。马克斯·马努斯（Max Manus）的传奇经历包含了一系列的逃脱、密谋、破坏行动。1946 年，马努斯的回忆录在挪威出版，但他的故事迟至2008年才被拍成传记片。当时，此片是挪威有史以来投资预算最大的电影。这也证明了国家战争英雄的故事具有持久的号召力。[3]

当这种重复灌输足够频繁，我们就很容易想象，战时抵抗
63 运动足以成为这个国家大多数人的日常记忆。英雄故事还有其他积极效果：通过反复提及抵抗运动与英国的战时联系，人们就会确信，挪威不仅积极解放自己，而且还积极解放整个欧洲。

正因如此，在所有曾经被纳粹占领的欧洲国家，抵抗故事成为战时经历的主要叙事。荷兰纪念布拉姆·范·德·斯托克（Bram van der Stok）等人的勇敢事迹，他是“伟大逃亡者”之一，并且还是荷兰功勋最为卓著的军人之一。丹麦有莫恩斯·福（Mogens Fog）这样的人物，他是抵抗运动报纸《自由丹麦》（*Frit Danmark*）的创办人，他后来侥幸逃脱盖世太保的追捕，因为正好碰上英国皇家空军轰炸盖世太保在哥本哈根的地区总部。捷克共产主义者有玛丽·库德利科娃（Marie Kudeříková）这样的英雄，一位因为抗议纳粹统治而被处决的学生；与此同时，捷克保守主义者有约瑟夫·马欣（Josef Mašin）这样的著名间谍和破袭者，他的儿子们将会步父亲的后尘，只不过这次他们是与共产党政权对抗。

在每个积极参与第二次世界大战的国家里，这些英雄故事没有数千也有数百。某些故事有所夸大，某些故事有所美化，但在这些平凡人物战胜非凡逆境的直白描述里，我们可以看到整个欧洲的广泛斗争。这些故事不仅鼓舞了整整一代人，尽管这一代人并非人人都能为崇高理想而献身，而且这些故事还提醒人们，无论战后欧洲的生活多么艰难，比起生活在他们曾经推翻的暴君统治下，已经好太多了。

兄弟情谊

英雄主义并不是在战后受到普遍称颂的唯一事物。1945 年 5 月 9 日，南斯拉夫领导人、约瑟普·布罗兹·铁托（Josip Broz Tito）元帅发表了胜利演说，他在演说中赞扬了他在战争期间领导的游击队员的“英雄主义”，他们的“丰功伟绩”将会“激励后人，并且教导后人如何热爱自己的祖国”。然而，铁托演说强调的并非英雄主义，而是国家统一：

> 南斯拉夫人民！ 64
>
> 塞尔维亚人、克罗地亚人、斯洛文尼亚人、马其顿人、门的内哥罗人、穆斯林！
>
> 你们翘首以盼的日子终于到来了！……企图奴役你们的邪恶力量已被击败。德国和意大利法西斯主义者让你们彼此对立，让你们在自相残杀的斗争中自我毁灭。但你们最优秀的儿女，出于对祖国及其各民族的热爱，挫败了敌人残忍的计划。相互仇视、彼此敌对已成过去，今天你们已团结成崭新的、快乐的南斯拉夫……

在随后的演说中，铁托呼吁国人，不仅国内各民族要“亲如兄弟”，而且巴尔干半岛各国、盟国以及盟军，还有联合国各成员国，都要“亲如兄弟”。铁托说道，欧战胜利日是所有人的“共同胜利日”，而且他希望，“在战场上取得伟大胜利后，即使战争已然过去，和平已然到来，联合国各成员国都应该保持和谐与谅解”。[4]

这次演说传递的感情，其实在历经战争的欧洲各国领导人心中都颇有同感。例如，丘吉尔不仅承诺“英联邦和英帝国要更加团结……比其漫长传奇历史的任何时期更加团结”，而且再三强调同盟各国之间的“团结一致、同伴友谊、兄弟情谊”。丘吉尔说道，战争已经胜利，因为“几乎全世界都齐心协力对抗邪恶力量”。[5] 罗马尼亚解放后的首任领导人，康斯坦丁·瑟讷泰斯库（Constantin Sănătescu）提到“全国”的“完美团结精神”。[6] 即便是斯大林，也提到如何“让各民族的友谊观念彻底战胜希特勒的种族仇恨观念”。[7]

“团结”是这一时期的口号之一，以至于夏尔·戴高乐将其作为战争回忆录最重要一卷的标题。团结是万众追求的理想，也是战争造就了团结。在西欧，拥有不同政治信仰的游击队放下分歧，组成了“民族抵抗委员会”。及至 1945 年，几乎欧洲所有民族都组成了“民族团结政府”，所有政党通力合作。战
65 争结束时，在盟国之间团结精神的激励下，50 个国家共聚一堂，为一个崭新的国际机构起草宪章，这个国际机构就是联合国。

对于许多普通人来说，不同民族之间的合作，以及同一民族内部不同阶级、不同政治信仰之间的合作，是战争带来的最鼓舞人心的事物。西奥多拉·菲茨吉本（Theodora FitzGibbon）在回忆录中写道，“尽管经历种种恐怖”，但战争“并非一无是处，战争明显改变了英国人对待彼此的态度。共度时艰的经历造就了友谊，甚至造就了爱，所有陌生人之间的爱”，这种爱无视传统的阶级藩篱和性别藩篱。[8]

理查德·梅恩（Richard Mayne）是一名英国士兵，他曾经与比利时人、挪威人一起服役，曾经与法国人、俄国人、波兰人一起住在战地医院，对他来说，战争成为“一堂欧洲课程”。后来他成为一位欧洲政治家，成为让·莫内（Jean Monnet）和

沃尔特·哈尔斯坦（Walter Hallstein）的同事，成为最为热心的欧洲联盟捍卫者。他后来回忆道：

> 并非所有对欧洲的“伟大预期”都得以实现。但有一条是最为根本的：一种团结意识，一种在战争期间隐约闪现的团结意识。无论你承认与否，这种团结意识让人们竭尽全力去建设更美好的世界、更美好的欧洲、更美好的社会，更多公平、更少成见、更少等级，并且从第二次世界大战所打破的人为障碍中解脱出来。[9]

不幸的是，历史已经证明，普遍团结的期望稍纵即逝。冷战将会在东欧与西欧之间制造鸿沟，两者之间不相往来超过40年。在南斯拉夫以及欧洲其他地方，“兄弟情谊”只是虚有其表，彼此竞争的各族群之间，和平经常是由强迫所造就，而非自愿的结果。“陌生人之间的友谊”将会和人与人之间的敌意或复仇同生共存。

尽管如此，即使是在战后最为昏暗的岁月里，战时形成的理想始终没有破灭。以这些理想信念为根基，欧洲各民族之间的合作关系终于得以延续至今。[10]

勇敢新世界 66

我们必须记得，战争年代的艰难与破坏，对人们的影响是各不相同的。实际上，有些人在战后的生活甚至比他们所能想象的更好。在许多地区，战争彻底改变了社会结构，让新的等级制度、新的权力中心得以形成。

战后自由的最大赢家无疑是欧洲各国的共产党，欧洲大陆的共产党员人数呈几何级数增长。正因如此，尽管战争造成了巨大破坏，但许多左派人士都把战争视为天赐良机。斯拉芬卡·德拉库利奇（Slavenka Drakulić）是来自萨格勒布的新闻记者，她写道："即使对于战后出生的南斯拉夫人来说，战争也不是无谓的流血，正好相反，战争是一段英雄史诗的、意义深远的经历，其价值远比 100 万受害者重要得多。"[11]

战争造成的革命后果，不仅在共产党最终建立政权的国家可以感受得到，甚至在西方都可以感受得到。其中一个国家正是英国，早在战争初始阶段，就能感受到巨大变化。从战争爆发开始，英国就实行配给制度，这正是共产党人梦寐以求的革命措施。几乎所有的基本食品都实行配给，其他必需品如布料和日用品也都实行配给。即使某人比邻居更富有、更尊贵，他也不可能分配到更多的食物，能够得到更多配给定额的是武装部队人员，以及在强体力劳动岗位上工作的人。换言之，食物是按需分配，而非按社会特权或经济特权分配。结果在战争期间，居民健康状况竟然普遍提高：及至 40 年代末，英国的婴儿死亡率稳步下降，由于各种疾病而导致的死亡率也比战前大幅下降。站在公共卫生的立场上，正是战争让英国成为更加公平的社会。[12]

战争期间的英国，还有其他变革产生类似效果，比如针对所有阶层、所有性别的征兵制度。西奥多拉·菲莰吉本写道："社
67 会差异和性别差异被抹去，这一戏剧性改变发生后，再也不可能退回到过去了。"[13]美国战地记者爱德华·莫罗（Edward R. Murrow）同样见证了英国发生的社会变动，他以更加强有力的语调写道："这次战争与上次战争全然不同，战争的象征意义、平民的关注角度，都有所不同。你必须明白，旧世界正在死亡，旧价值、旧观念、旧的权力基础和特权基础，都已一去不返。"[14]

战争期间，类似变化在欧洲大陆也有发生，但方式有所不同。在欧洲大陆，因为更加严重的物资短缺，也因为纳粹及其盟友对欧洲更为严重的压榨，配给制度未能奏效。人们更加依赖黑市，这意味着城市居民经常要到乡间，用仅有的财物交换食物。战争年代，人们见证了财富流出城市、流入乡村的重新分配过程，这扭转了几个世纪以来的普遍趋势。例如，在意大利，城市中产阶级的佣人大多离职，他们宁愿回到农村，起码农村地区的食物供应更为充足。一位生活在意大利北部的家庭主妇抱怨道，农民和店员“现在成了富人”。[15]在捷克斯洛伐克，某些农村社区的变化尤为显著。海达·科瓦利（Heda Kovaly）是战后回国的政治犯，她写道：“农舍的规模比战前大了一倍，厨房里有冰箱，厅堂里有洗衣机。地板上铺着东方地毯，墙壁上挂着原创画作。”甚至捷克农民也愉快地承认这种变化：“无可否认，战争期间我们过得很好。”[16]

对于那些没有能力从战争造成的社会变动中捞取好处的人来说，解放提供了另一次机会。在匈牙利，40%的农民没有土地或者缺少土地，苏联红军的到来启动了某些迫在眉睫的土地改革。按照匈牙利政治理论家比博·伊什特万（István Bibo）的说法，1945年确实称得上解放，尽管也发生了暴力事件和不愉快事件，但也为早已过时的封建制度敲响了丧钟：“起源于1514年的这个僵化的社会制度，终于开始动摇，向更大的自由迈进。”[17]同样，解放也为欧洲工业地区的工人提供了机会，比如在法国和意大利北部。由于所有主要的工矿企业和金融机构的首脑都在战时与傀儡政权合作，因此工人有充分理由接管车 68
间，而这在战前是根本不可能的。

有时候，社会变动是由战争及其反面后果所导致的。尤其是在东欧，战前的精英阶层，首先被纳粹故意绞杀，然后被苏联故意绞杀。消灭犹太人，同样为其他族群在社会上和经济上的崛起铺平了道路。在1944年的匈牙利，人们瓜分了犹太人被驱逐后留下的财产，许多农民第一次穿上了体面的衣服和鞋子。[18]在波兰，犹太人本来构成中产阶级的中坚力量，后来新的波兰中产阶级崛起并取代了犹太人的地位。[19]

无论这些改变如何发生，总有许多人认为改变姗姗来迟。无论你是英国的自由改革家、法国的产业工人还是匈牙利的农民，你都会很容易得出结论，战争及其后果具有某些非常积极的意义。或许并非人人同意，但总有部分人会同意。

战后时期，在社会各层面都出现了政治活动和政治理想的爆发。许多希望和理念是稍纵即逝的，尤其是在那些将要重新建立独裁统治的欧洲地区更是如此。更多希望和理念则受困于政治争论、经济困难、官僚主义。但在经历过最具破坏性的战争后，希望和理念的喷发并非毫无意义。欧洲已经开始迈向经济复兴和精神复兴，接下来的几代人将会见证“奇迹”。

即使当时的人们未能像我们想象的那样，亲身见证“奇迹”的到来，他们起码也普遍感到宽慰；他们起码知道，在欧洲大陆的绝大多数地区，人压迫人的独裁统治已不复存在；他们起码知道，炸弹也将不再倾泻而下；他们起码知道，战争终于结束了。

第七章　乱象 69

近年来，某些西方史学家和政治家倾向于戴着有色眼镜看待第二次世界大战后的欧洲。尤其是21世纪初，由于在阿富汗战争和伊拉克战争后，其战后重建与恢复秩序的进程屡屡受挫，人们就会指出40年代在欧洲的类似计划是如何之成功。尤其是马歇尔计划，更被视为战后经济重建的样板工程。

这些政治家应该记得，欧洲重建进程并非战后立即开始的，马歇尔计划迟至1947年才启动，而且及至40年代末，欧洲大陆在经济上、政治上、道德上仍然处于动荡之中。正如最近在伊拉克和阿富汗，联合国认识到当地领导人必须发挥领导作用。但是，产生当地领导人尚需时日。战后初期，唯一具有道德权威的人，是那些能够证明自己的抵抗功绩的人。但是，这些人只擅长游击、破袭、暴力，他们已经习惯于以严格保密的方式行事，他们不一定适应民主政府的日常运作。

因此，在很长一段时间内，唯一有能力控制大局的权威就
是盟国本身。人们普遍承认，只有盟国官员与纳粹毫无瓜葛，
只有盟国军队有能力、有威望去维持某种法律和秩序，也只有
盟国牵头，才能维持政局稳定，而政局稳定是回归民主的前提
条件。尽管盟国很快就由于逗留太久而不受欢迎，但在当时的 70
欧洲大陆，除了盟国牵头维持局面，的确是别无选择。

不幸的是，面对战后初期复杂而广泛的挑战，盟国毫无准备。难民多达数百万，这些人需要食物、衣物、住所，有些人

甚至需要遣返，盟军士兵和盟国官员根本应接不暇。盟国分发的食物和药物是为数百万当地居民准备的，但由于战争，许多难民无家可归、忍饥挨饿、身心受创。盟国只好重新建立和改进民政机关，在许多情况下甚至从头做起，他们要考虑当地居民的感受，但这些居民的语言和习惯却是绝大多数盟军士兵无法理解的。在陷入混乱、无法无天、武器唾手可得的欧洲大陆，盟军士兵被迫承担警察的职能。无论如何，他们都要为意志消沉的民众振作精神，帮助他们清除碎石瓦砾，帮助他们重建早已支离破碎的生活。

所有重建工作还被迫在愤恨和敌对的气氛中进行。德国人最不受待见，因为他们首先发动战争，因为纳粹发动战争的残酷方式。其他民族之间的仇恨也被点燃，有些民族仇恨就是由这六年的战争重新挑起的：希腊人反对保加利亚人，塞尔维亚人反对克罗地亚人，罗马尼亚人反对匈牙利马扎尔人，波兰人反对乌克兰人。甚至同一民族内部也出现了兄弟相残，起因仅仅是因为人们对战后新社会抱有不同的社会观念和政治观念。这只会加剧邻里之间早已存在的冲突，早在战争期间，人们就以怀疑的目光看待别人的举动。在欧洲大陆，通敌者与抵抗者仍然比邻而居。暴行实施者混迹于居民当中，甚至混迹于从集中营返乡的希特勒的受害者当中。共产主义者与法西斯主义者形影不离，混杂在政治观念温和得多的居民当中，甚至混杂在政治信念荡然无存的居民当中。在无数城市和乡村，施害者与受害者再为邻里。

盟军的出现经常引起当地人的反感，许多人对于军事占领
71 者的观感大有分歧。战争过后，盟军逐渐明白，自己正坐在定时炸弹上。1945 年，在盟军的报告和备忘录中，反复出现如下

句子：赢得战争，输掉和平。

1944 年 12 月，在访问希腊期间，美国助理国务卿迪恩·艾奇逊（Dean Acheson）致函罗斯福总统的特别助理哈里·霍普金斯（Harry Hopkins）。公函中提到，如果未能迅速实现复兴，欧洲随时都有爆发屠杀的潜在危险。艾奇逊写道，那些被解放的民族，“正成为世界上最为易燃的材料。他们好勇斗狠、暴力成性、焦躁不安，他们早已忍无可忍”。如果盟国未能尽力养活他们、安抚他们，未能积极帮助他们恢复其祖国的社会架构和道德架构，那么，旦夕而至的将会是“挫折、煽动、骚乱”，最终“颠覆政府”。这种景象已经出现在南斯拉夫和希腊。艾奇逊担心，这种景象将会蔓延至整个欧洲大陆，引发欧洲范围的全面内战。[1]

就在盟国胜利后数周，教皇庇护十二世（Pius Ⅻ）曾发出警告，欧洲重新建立的和平脆弱无比。在对罗马教廷枢机主教团的演讲中，教皇指出，战争造成“大批无依无靠、不抱幻想、失意沮丧、不抱希望的人们”，他们愿意“投身革命与动荡，即使迎来暴君统治也在所不惜，即使这些暴君比人们刚刚推翻的独裁者还要独裁专制”。尽管教皇并未点名，但众人皆知，教皇言语所指正是斯大林的苏联政权，苏联正在动员共产党员接管若干个中东欧国家。教皇支持这些小国的右派势力，以抗拒苏联在这些国家建立政治和文化新体制，但他也认识到，在各民族之间与各民族内部实现真正持久和平的进程，将会耗费很长时间，“对于翘首盼待秩序和安定的人们来说，这个进程太漫长了”。[2]

不幸的是，西方盟国同样缺少时间。面对如此繁重的任务，他们根本没有能力迅速解决战后问题以避免继续流血。西方盟

国应对战争破坏的措施严重不足，考虑到欧洲大陆的破坏程度，这并不令人感到意外，他们最多只能清理道路、恢复交通，以
72 便把重建物资运遍欧洲大陆。西方盟国应对人道危机的措施同样短缺：此后数年间，欧洲大陆仍然严重地缺衣少食、缺医少药，而难民尤其是“无国籍”的犹太人和波兰人，直至50年代还潦倒地生活在尼森营地的棚屋里。西方盟国面对道德危机的应对措施更加糟糕。在1944～1945年的严峻局面中，西方盟国未能确认所有战争罪行，未能撤换和拘捕所有战时通敌官员，未能搜集罪证进而毫不迟疑地起诉这些官员。

在战争末期到处蔓延的暴力和混乱气氛中，人们难以避免自定法律、自行其是。他们无法修复战争破坏，同样无法修复人性创伤，但他们相信，起码可以纠正某种道德失衡。正如我在本书下一部分将提到的，这种信念只不过是幻想：这种信念要靠寻找替罪羊来支撑，并且把整个族群当成少数罪犯的同谋者。正是如此，在战争造成的道德损害的基础上，又加上了新的罪行：复仇。

第二部
复　仇

我们只剩下两个神圣的字眼。

一个是“爱”；另一个是“复仇”。

——瓦西里·格罗斯曼，1943年10月15日[1]

第八章　嗜血

1944年10月，苏德两国经过两年多的血腥厮杀后，苏联红军终于穿越战线，踏足德国土地。小村庄涅梅尔斯多夫（Nemmersdorf）不幸成为苏军途经的第一处居民点，而村庄的名字很快就成为暴行的代名词。在狂暴的气氛中，苏军士兵杀死了此地所有居民，男人、女人、孩子一概未能幸免，在部队开拔之前，受害者甚至被肢解。瑞士《邮报》（*Le Courrier*）的一位记者声称，在苏军被暂时击退后，他曾经来到这座村庄，他简直无法形容眼前所见的情景。他写道："我还是不要描述田地里尸体被肢解的恐怖情形了，那个场景早已超出人们最为野蛮的想象。"[1]

随着苏军继续前进，类似场景也反复在德国东部省份上演。例如，在柯尼斯堡附近的波瓦延（Powayen），遇害妇女的尸体散落各处：她们都被强奸，然后被残忍地以刺刀或枪托击打头部而死。在大海德克鲁格（Gross Heydekrug），一位妇女被钉死在当地教堂的祭坛十字架上，两边还钉着两名德军士兵的尸体。[2] 在其他村庄，还发生了更多钉十字架事件，妇女们先被强奸，然后被钉死在谷仓门口。[3] 在梅格登（Metgethen），妇女和孩子都被杀死和碎尸。根据负责查验尸体的德军上校的陈述，"绝大多数孩子都是被钝器击打头部致死"，但"个别孩子幼小的身体上有好几处刺刀造成的伤害"。[4]

屠杀妇孺并无军事意义，反而成为苏联军队的宣传灾难，

76 只能激起德国人的殊死反抗。肆意破坏德国的城市和乡村，同样招致反效果。列夫·科佩列夫是目睹焚烧德国村庄的苏军士兵，他指出：焚烧村庄似乎是快意恩仇，“但快意过后，我们去哪儿过夜，我们去哪儿疗伤？”[5] 纯粹以实用主义角度看待这些事件，显然是不着边际。复仇的渴望也许根本就无可避免，这只不过是对过去所受严重伤害的报复而已。实施这些暴行的士兵，本身可能经历过家破人亡的痛苦。1944 年，一位名叫戈夫曼（Gofman）的苏军士兵说：“我已经复仇，还会继续复仇。”戈夫曼的妻子和两个孩子，都在白俄罗斯城镇克拉斯诺波耶（Krasnopol'ye，即原属波兰的克拉斯诺波尔）被纳粹杀害。戈夫曼继续说道：“我曾经见过那些埋着德国人尸体的田野，但这远远不够。到底要死多少德国人才能为他们杀害的孩子讨回公道呢？无论我在森林里还是在地堡里，克拉斯诺波耶惨案的情景时刻浮现在我眼前……我发誓，只要我的双手还能拿起武器，我就会复仇到底。”[6]

其他士兵同样有着痛苦的往事，因此也同样嗜血。萨勒曼·基谢廖夫（Salman Kiselev）在他的妻子和六个孩子死后写道：“我的人生已经完全扭曲。”[7] 苏军少尉、苏联英雄克拉托索夫（Kratsov）的妻子和女儿都在乌克兰惨死于德国党卫队特别行动队之手，他说道：“他们杀害了我的小柳琴卡，我的人生只剩下一样东西：复仇。”[8]

第二次世界大战结束初期，实施复仇的威胁或承诺无处不在。这实际上构成一条线索，贯穿起战后许多事件，从逮捕纳粹战犯及其合作者，到草拟决定欧洲数十年命运的战后条约。从罗斯福到铁托等盟国领导人，都乐于满足其部下的复仇幻想，进而寻求利用民众的复仇渴望来巩固自己的政治地位。所有盟军指挥官对于部下的过火行为也是视而不见，而在混乱中捞取好处的平民，也把混乱视为受害者获取补偿的机会，毕竟他们曾经忍受过独裁者和暴君的长期统治。

在战后初期的所有研究课题中，复仇也许是最为普遍的。
但这个课题很少得到深入分析。许多优秀的研究成果，着眼于
与复仇相关的惩罚问题——也就是合乎法律、被认为是无私地 77
伸张正义的行为——但关于复仇在战后承担的角色，却缺乏整
体研究。即使提及复仇，通常也是泛泛而论、就事论事。在某
些个案中，复仇现象被历史学家刻意淡化，甚至被断然否认；
在其他个案中，复仇现象又被夸大到无以复加的地步。这两种
立场，都有其政治原因和情感原因，我们必须考虑到。失之毫
厘，谬以千里，如果立场偏颇，那么真相难觅。

许多历史学家也以表面价值来看待当时的复仇故事，而不深究事件背后潜藏的动机。涅梅尔斯多夫事件就是典型例子。在长达50年的冷战时期，西方历史学家全盘接受纳粹宣传对涅梅尔斯多夫事件的陈述版本。这是由于纳粹宣传符合他们的需要，他们要把俄国人形容为欧洲妖怪，这同样是由于他们无法接触到苏联档案对此事的不同陈述。最近有研究表明，纳粹篡改了涅梅尔斯多夫的照片，夸大了屠杀的时间跨度和死亡人数。战争结束后，歪曲真相简直是家常便饭，对立双方的暴行都被认为具有宣传价值而被大肆渲染。涅梅尔斯多夫到底发生了什么，也许与传统观点相去不远，但真相已经被掩埋在层垒交叠的陈述当中，我们今天称之为“编织”。[9]

在后面的章节里，我会描述某些最为常见的战后复仇形式，其中既有个人层面的复仇，也有集体层面的复仇。我会说明，

复仇观念的来龙去脉，它与复仇本身同样重要。我会证明，渴望复仇的居民如何被那些老谋深算的、企图加强自身地位的人物所操纵。我还会说明，为何欧洲各新政权只有借助可控的复仇力量，才有可能树立权威。

复仇是战后欧洲重建的重要基础。战后发生的所有事情，以及本书描述的其他事情，都会打上复仇的印记：直至今天，个人、社区甚至整个民族，仍然生活在由复仇造成的痛苦当中。

第九章　解放营地 78

在第二次世界大战的历史垃圾堆中，在暴力和恶行的所有象征中，也许最具强烈震撼力的就是集中营了。集中营及其代表的一切，成为战后报复行为的辩护理由，因此，我们必须了解集中营在当时造成的震撼与冲击。集中营分很多种，但最为人知晓的是“死亡营”。在这种营地里，犯人要么被饿死，要么被处心积虑地送进毒气室毒死，要么被行刑队枪决。

发现

第一个被发现的纳粹死亡营是马伊达内克（Majdanek），邻近波兰城市卢布林，当地于 1944 年 7 月底被苏联红军攻占。及至此时，德国人的战争暴行早已为俄国人所熟知。俄国人早就听说过巴比谷（Babi Yar），以及遍及俄罗斯西部和乌克兰的无数屠杀地点，但正如当时一名新闻记者所说的：“所有这些屠杀地点遍布各地，尽管这些屠杀地点的死亡人数加起来远远超过马伊达内克，但这些屠杀地点的纪念意义，及其难以置信的‘工业化’程度，都无法跟卢布林郊外两英里的死亡工厂相提并论。”[1]

在苏联红军抵达之前，德国人拼命撤离马伊达内克，但他们走得太匆忙，以至于来不及毁灭罪证。当苏联军队开入院墙后，他们发现一系列毒气室以及六个巨大的焚尸炉，还有烧焦的人体残骸散落在周围，附近还有几个巨大的焚尸堆，上面堆

79 满白色的灰烬和人骨。焚尸堆旁边就是大片菜地，苏联方面很容易得出结论：马伊达内克的组织者把人体残骸当成肥料。当时一名苏联记者写道："这就是德国人生产食物的方式，杀死人类，滋养甘蓝。"[2]

马伊达内克以及附近营地的屠杀规模，只有在苏军士兵打开毒气室与火葬场之间某几栋建筑物时，才得以大白于天下。在一栋类似谷仓的巨大的建筑物内，他们发现了数十万双鞋子和靴子。另一栋巨大的建筑物"就像五层楼的大百货公司"：在这里，他们发现了堆满无数个货架的修面刷子、折叠小刀、玩具熊、七巧板以及挂满许多条长走廊的大衣和女装。[3] 建筑物的底层是登记室，逃离此地的纳粹党徒没来得及毁掉这些账目。在这里，苏联官员发现某些最为邪恶的文件，上面记录着后来被称为"大屠杀"（Holocaust）的事件。马伊达内克曾经作为整个灭绝营系统的中央存储仓库：在索比堡（Sobibor）、特雷布林卡（Treblinka）和贝乌热茨（Belzec）被杀害的犹太人，其金银细软将被送到马伊达内克，然后运回纳粹德国，这些财产将被分配给因为疏散和轰炸而无家可归的德国家庭。仅仅在1944年头几个月，就有18节火车皮从这个仓库发回德国。[4] 后来，根据从马伊达内克幸存的苏联战俘的口述，调查人员才得知，1943年11月这里曾经发生过令人毛骨悚然的"收获节"大屠杀。幸存者带领调查员发现了埋葬着1.8万名犹太罹难者的许多个万人坑。[5]

这些发现马上就产生了效果。苏联宣传人员康斯坦丁·西蒙诺夫（Konstantin Simonov）曾被派往马伊达内克，就这座集中营撰写报告文学，并从8月起刊登于《真理报》（*Pravda*）和《红星报》（*Krasnaya Zvezda*）。[6] 外国记者也被邀请到这座集中营，许多俄国士兵和波兰士兵都被安排到这里参观，好让他们将所见所闻传遍苏联红军的所有部队。[7] 据说，在得知马伊达内克被完整占领后，希特勒大为震怒。希姆莱曾经竭尽全力拆毁和夷平主要屠杀中心，以此掩盖大屠杀的痕迹，但马伊达内克的发现成为第一份确凿证据，足以证明来自波兰的屠杀报告 80
句句属实。[8]

此后数月间，在此前由纳粹控制的领土上，陆续发现由无处不在的奴工营、战俘营、灭绝营组成的庞大网络。发现马伊达内克之后不久，人们又发现特雷布林卡，集中营逃亡者与被逮捕的守卫都描述过这座人间“地狱”。在这里，有 90 万名犹太人被杀害，他们的尸体被推入焚尸炉，而焚尸炉“就像许多座巨大的火山”。[9] 六个月后，苏联红军抵达奥斯威辛（Auschwitz），在这里，有将近 100 万名犹太人，还有超过 10 万名波兰人、吉卜赛人、苏联战俘，被毒死、射杀或者劳累至死。[10]尽管苏联早已建立起自己的劳动营系统，即古拉格，但他们还是为如此高速、高效、复杂的杀人机器感到震惊。[11]

值得补充说明的是，人们过去经常说苏联从不提及这些死亡营的绝大多数受害者是犹太人。[12]这种说法并不确切。1944 年 12 月，伊利亚·爱伦堡（Ilya Ehrenburg）在《真理报》上发表文章，他写道：

> 如果问一名被俘的德国人，为何他的同胞要杀害 600 万无辜者，他会回答：“他们是犹太人。他们是黑头发或者红头发的。他们血统不同。”……这一切都起源于愚蠢的玩笑、顽童的吵闹、路牌的标示，结果却是马伊达内克、巴比谷、特雷布林卡，是填满沟渠的孩童尸体。[13]

《真理报》上另一篇关于奥斯威辛集中营的文章，同样特别提到这里的犹太受害者。[14]然而，绝大多数俄文报刊、演讲以及后来的回忆录，都指希特勒的受害者仅仅是“苏联公民”。即使在死亡营被世人发现后，克里姆林宫还是决定，不把纳粹的种族灭绝描述为针对犹太种族的罪恶，而是描述为针对苏联国家的罪恶。

当这些事件迅速占据苏联各大媒体的版面时，英美方面的反应却要沉寂得多。早在 1942 年 12 月，英国人就知道，数十万名犹太人“在劳动营里慢慢劳累至死”，甚至被“故意集体杀害”。但是，英国政府不愿意大范围公布真相，以免公众要
81 求政府有所作为。[15]英国情报部门仍然根据之前发布的指令行事，在战争时期，“对于这些恐怖事件……必须谨慎对待，确保这些事件只与毫无争议的无辜者有关，不能与暴虐的敌对阵营有关，不能与犹太人有关”。[16]因此，英国民众对德国暴行的了解，远远不如同时期的苏联民众。

美国政府似乎也不愿意承认犹太人比其他受迫害群体更为悲惨。尽管早在 1940 年就有定期报告指出欧洲犹太人所受的威胁，尽管在 1944 年 3 月罗斯福就已毫不含糊地宣告“大规模地、有系统地谋杀欧洲犹太人……是人类历史上最黑暗的罪行之一”，但美国人似乎还是不愿意相信大屠杀真的发生过。[17]即使是在罗斯福政府内部，人们也对大屠杀持怀疑态度，资历深厚的国防部部长亨利·史汀生（Henry Stimson）及其助理约翰·麦克洛伊（John McCloy）认为这是犹太人的“诡辩”。这种态度倒不一定与反犹主义有关。我们不要忘记，第一次世界大战有许多暴行传说最后被证明子虚乌有，如人们“发现”的

用人体脂肪制作肥皂的工厂，他们也不确定，关于死亡营的信息，有哪些足以采信。[18]

某些媒体也对死亡营有着类似的怀疑。《星期日泰晤士报》（*Sunday Times*）的记者亚历山大·维尔斯（Alexander Werth）曾经在马伊达内克解放后不久到过此地，亲眼看过毒气室、万人坑、焚尸堆。但当他把这条新闻提交给英国广播公司（BBC）时，对方却拒绝播发，因为“他们认为这只不过是俄国人的宣传伎俩”。[19]《纽约先驱论坛报》（*New York Herald Tribune*）同样对这条新闻有所保留，对方声称：“即使我们认为纳粹残酷至极，这件事情听上去也太不可思议了。”[20]

只有当西方盟国开始发现类似的集中营时，人们的态度才有所转变。在西欧发现的第一座集中营是阿尔萨斯的纳茨韦勒－斯特鲁霍夫（Natzweiler-Struthof）集中营，1944 年 11 月 23 日，法国军队进入此地。纳茨韦勒－斯特鲁霍夫是其中一座主要的夜雾（Nacht und Nebel）集中营，这种机构设立的目的，是让被怀疑为抵抗运动战士的人消失在“夜雾之中”。在这里，法国人发现一座小型毒气室，犯人的手腕被挂在铁钩上，然后剧毒的齐克隆－B（Zyklon－B）被泵进毒气室。许多受害者死在斯特拉斯堡大学的解剖台上，奥古斯特·希尔特（August 82
Hirt）博士在此收集犹太人骨架，企图通过解剖学研究证明犹太人比较低劣。除此之外，绝大多数吉卜赛人还从奥斯威辛被送到此地，在集中营里被用于医学实验。[21]

1944 年 12 月初，《纽约时报》记者米尔顿·布拉克（Milton Bracker）来到这座集中营。布拉克留意到，尽管许多美国军官已经参观过这座集中营，但他们仍然无法接受恐怖的规模和细节。许多军官似乎怀疑自己亲眼看到的证据，布拉克称之为

“双重视觉”，即他们看到此情此景，却看不到德国人犯下的暴行的结果。按照当时的其他记录，美军士兵这种拒绝相信的态度，让当地居民感到愤怒，因为当居民们描述德国人的罪行时，换来的却是美军士兵的怀疑甚至嘲笑。[22]

及至4月，这种“双重视觉”终于走向终结，当时美军解放了奥尔德鲁夫（Ohrdruf），这是布痕瓦尔德（Buchenwald）集中营的附属集中营。奥尔德鲁夫的地位尤为重要，因为欧洲盟军总司令德怀特·艾森豪威尔（Dwight Eisenhower）将军于4月12日到访此地，就在这座集中营被发现一周之后。陪同艾森豪威尔到访的还有奥马·布雷德利（Omar Bradley）和乔治·巴顿（George Patton）两位将军，艾森豪威尔坚持看完这座集中营的“每个角落”，“因为从那时起，我感觉到，我的职责是亲自验证此事真伪，以免在国内有人认为或者以为纳粹暴行仅仅是宣传而已”。[23]在这里，他们观看了几种刑具，看到一种用于从死人嘴里敲打金牙的屠宰工具，看到一间堆满尸体的房间，还看到一个大坑里被焚烧过的数百具尸体，他们仿佛看见了“食人族巨人的烧烤炉”。[24]巴顿在战场上见过许多恐怖场面，但当他看见尸坑，“绿色脏水里散落着断臂、残肢、尸块”，他也忍不住躲到土坡后面呕吐。[25]

在发现奥尔德鲁夫之后不久，美军又发现了诺德豪森（Nordhausen）。在那里，美军发现3000名奴工的尸体被随意堆放，这些奴工曾经在生产V1火箭和V2火箭的地下工厂里劳动。同一天，在布痕瓦尔德集中营发现2.1万名奄奄一息的犯人，此地就在魏玛以北数英里处。许多男人、女人、孩子曾经
83 被迫从东部营地走到此处，他们到达时已经精疲力竭、孱弱不堪、疾病缠身，后世称这次迁移为“死亡行军”。美军心理战

部门估计，战争期间，大约有5.5万名男人、女人、孩子死于这座奴工营。[26]

随着这些发现广为人知，美国军队对德国人愈发反感。佛瑞德·博姆（Fred Bohm）是一名在奥地利出生的美军士兵，他曾经参与解放诺德豪森，绝大多数与他同行的美国大兵“曾经对跟德国人交战没有什么特别感觉”，他们曾经相信，自己听说过的许多故事“要么并不真实，要么有所夸大”。只有在他们抵达诺德豪森后，纳粹暴行的真相才终于“尘埃落定”。[27]也正是从那时起，艾森豪威尔下令，附近所有未承担战斗值班任务的部队，都要来参观奥尔德鲁夫和诺德豪森。艾森豪威尔将军说，即使是从来不知“为何而战”的普通士兵，现在起码也知道自己“对谁作战”了。[28]艾森豪威尔还邀请英美两国政府官员来参观这些新近解放的集中营，同时受到邀请的还有世界各地的媒体。这些参观者带出的新闻拷贝，最终于5月1日在美国的电影院放映，深深震撼了整个美国。[29]

由美国军队的发现引发的怒潮，于4月29日达到顶峰，此时离欧洲战事结束仅仅剩下9天，当天45师攻入达豪（Dachau）。在这里，他们发现了最为恐怖的场景，包括“像成捆木材”那样堆积如山的赤裸尸体。[30]在铁路支线上，他们发现一列装载东部犯人的疏散列车。当他们打开那39个货运车厢时，他们发现2000名犯人已经全部丧生。[31]

与其他集中营不同，达豪集中营是由正在参加主要战斗的部队解放的。某些美军士兵，尽管早已准备浴血沙场，但也无法平静地接受在这里目睹的暴行，他们决定亲手为受害者讨回公道。157团一位连长，威廉·沃尔什（William P. Walsh）中尉，把4名向他投降的党卫队员带到一节铁路车厢里，然后亲手向他们射击。沃尔什的一名部下、列兵艾伯特·普鲁伊特（Albert C. Pruitt）爬上车厢顶部，用步枪将这 4 名党卫队员全部了结。沃尔什与另一位军官杰克·布希赫德（Jack Bushyhead），后来下令把隶属国防军与隶属党卫队的德国战俘
84 甄别开来。党卫队士兵在附近的煤场里一字排开，一个机枪队向他们开火，至少打死了 12 人。后来在就此事提交质询的正式报告中，沃尔什、布希赫德、普鲁伊特以及营长费利克斯·斯帕克斯（Felix L. Sparks）中校，都被点名指控。亲临现场的医官霍华德·比克纳（Howard E. Buechner）中尉，同样因为未对德军士兵提供任何救助而受到批评，某些当事人至今仍然健在。[32]

在营区边界的一座瞭望塔里，17 名党卫队员在试图投降时同样被射杀。在营区的其他地方，还有 25～50 名党卫队员被愤怒的犯人杀死，犯人通常得到美军士兵的帮助。其中一名美国大兵杰克·哈莱特（Jack Hallett）目睹过这些杀戮，他后来回忆起这些可怕的仇杀是如何发生的：

> 我们看到集中营的情景后，一切就失控了，士兵故意打伤集中营守卫，然后将守卫交给犯人处置，让犯人可以任意复仇。实际上，你也看过照片的，一名士兵把自己的刺刀给了一名犯人，然后看着犯人把守卫的头颅割下来。场面相当血腥。许多守卫被士兵开枪打伤腿部，然后动弹不得，然后……这就是我所能说的了……[33]

尽管关于这些事件形成了一份报告，但没有一名美军士兵因为违反《日内瓦公约》（*Geneva Convention*）中的战俘权利条款而受到审判。

英军也开始发现希特勒集中营系统的意义。4 月 15 日，当英军抵达贝尔根 - 贝尔森（Bergen-Belsen）时，完全被那里的景象、故事、挑战所惊呆。在比较文明地接受集中营指挥官约瑟夫·克莱默（Josef Kramer）的投降后，英国军官在集中营指挥官的亲自指引下巡视这座集中营。然而，英国军官在集中营的所见所闻却远远称不上文明：牢头跳到犯人身上，踩踏毒打犯人，犯人“骨瘦如柴、面如土色、满身溃烂”，人们就在空地上甚至牢房里便溺。[34]再一次，最令人不安的是堆积如山的尸体，有些尸体散落各处，有些尸体堆积在房间里，有些尸体堆积在空地上。德里克·辛格顿（Derrick Sington）是第一批进入 85
集中营的军官之一，他说道，我们似乎看见“一间库存过多的肉店”，“在人类的面孔上可以看到僵尸的表情，在人类的骨架上可以看到畸形的姿势，尸骨散落遍地，你可以设想，当你走在那片光线迷离的桦树林里，那种感觉是多么难以形容”。[35]

在接下来的日子里，最让英军感到震惊的是，绝大多数幸存犯人麻木不仁地生活在尸骨堆里，似乎这种景象已经见惯不惊。一名被吓倒的医官描述了几个场景：

> 一位妇女太过虚弱，以至于无力从尸体堆旁边站起来，我们给她一些食物，她就在那里露天煮食；男人也好，女人也罢，就在露天的地方拉肚子，他们正饱受痢疾折磨；一位妇女赤身裸体地用肥皂擦洗身体，她洗澡的水来自贮水池，里面还漂浮着一具孩童的尸体。[36]

到处都是腐烂的尸体，根本数不胜数。威廉·埃梅里希（Wilhelm Emmerich）是负责清点犯人数目的党卫队军官，按照他的说法，在英军抵达之前，两个月里就有 1.6 万人丧生，但其他人估计，仅仅在 3 月，就有 1.8 万人丧生。[37]贝尔森的小型火葬场根本无法处理这么多尸体，由于燃料缺乏，也不可能在露天坑道里燃烧这么多尸体。

当英军询问这里的犯人时，他们才揭示这里发生过的恐怖情形。斑疹伤寒和痢疾在营地里到处肆虐。犯人的食物只有清汤寡水的甘蓝汤，犯人都饿到骨瘦如柴。饥饿如此严重，以至于许多犯人试图靠吃人肉来保存性命。一位名叫扬·贝卢涅克（Jan Belunek）的捷克犯人告诉英国军官，他曾经看见许多尸体的心脏被挖出来，他曾经看见另一名犯人“蹲在一具尸体旁边，嘴里正吃着肉，我毫不怀疑这是人肉”。这件事情得到另外两名在医务室工作的犯人的证实，他们分别是来自德累斯顿的医生弗里茨·里奥（Fritz Leo）以及捷克医生兹德涅克·维斯纳（Zdeněk Wiesner）。他们都提到尸体的肝脏经常被偷走，维斯纳（Wiesner）医生甚至见过有人吃尸体的肝脏。里奥医生
86 提到集中营里的 300 宗吃人个案，他经常看见有人吃人肉，甚至“烹煮性器官”。[38]

犯人同样提到无数暴行、谋杀、医学实验、集体处决，无论是在这里，还是在帝国境内的其他集中营，这些情况比比皆是。1945 年 4 月 27 日，一份关于贝尔森集中营的初步报告断定，“设立集中营的目的就在于毁灭部分人口”，报告还反复提到，“设立集中营的目的不仅仅是关禁闭，而是或迟或早的人口毁灭”。至于贝尔森集中营，尽管是按照“疾病营”（Krankenlager）来设计的，“但根本就不是什么医疗营，因为犯人在这里根本就没有康复的可能”。[39]

英军士兵并没有像解放达豪的美军那样，对德军守卫采取狂暴的报复行动，但两者的环境相去甚远。与达豪不同，英军

进入贝尔森时并未预计会发生战斗，他们只是来看看是否需要承担医疗、管理、守护方面的责任。与达豪不同，这里的德军并没有抵抗迹象，实际上，他们欢迎英军进驻，双方的第一次接触相当诚恳。但随着集中营的恐怖真相被揭露，英军士兵与集中营守卫之间的关系也迅速恶化。英军让党卫队员埋葬死者，强迫他们在烈日之下穿上全套制服从事体力劳动。党卫队员被迫徒手搬运腐烂的尸体：那些想用破布条保护双手的人，马上会遭到枪托击打。许多集中营犯人也来看党卫队员干活，还会围在万人坑周围，辱骂那些曾经的施害者。4 月 22 日，一名英军医官写道："其中一件让我感到快乐的事情，就是看着党卫队员被迫干活。"

> 他们收拾尸体和被感染的衣物，用手推车把这些东西集中到万人坑（每个坑埋了 5000 人）。我们全副武装的士兵每时每刻都在辱骂他们、踢打他们、威胁他们，让他们片刻不能停歇。考虑到他们犯下的惊人罪行，他们曾经是多么令人恐惧啊，这些党卫队员！他们没有宿舍，他们知道，干完活只能老老实实到仓库里待着。[40]

另一位士兵是 369 炮兵团的桑德森（Sanderson），他提到英军的报复行为偶尔也会更加极端。

> 我们只给党卫队员提供食不果腹的给养，让他们连续 87
> 不断地干脏活累活。我们毫无顾忌，用枪托击打他们，用刺刀猛刺他们，迫使他们干双倍的活。有一次，一名奄奄一息的党卫队员被扔进万人坑，尸体的臭味几乎让他窒息而死。他尽力想爬出来，却被子弹打伤。后来，人们把他

> 扔回埋尸坑里，就像他当年对待犯人那样对待他。[41]

在几乎 70 年后，我们很难弄清楚，到底这些事情是确实发生过，还是其只是英军士兵的主观愿望。我找不到任何证据可以证明一名党卫队员在贝尔森被活埋，但这些故事到处流传并非毫无意义。这些故事会产生重要的心理效应：英军士兵需要感觉到，某些罪大恶极的党卫队暴徒，已经因其罪行而得到了报应。

在贝尔森，不仅集中营守卫受到严厉对待，就连所有在集中营里供职的人，包括技术人员和神职人员，都跟被俘虏的党卫队员一样受到严厉对待。来自策勒（Celle）以及邻近市镇的德国平民也被迫到贝尔森来，让他们亲眼看看以德国的名义犯下的罪行。一名英国工兵奉命传召当地的市镇官员，工兵及其战友不必进入营地，以免感染斑疹伤寒，但被他们传召来的德国人就没有这份幸运了。当那些德国人回去时，英军士兵要让德国人见识“我们的愤怒”，英军士兵故意把枪托撞在地上，试图砸伤那些德国人的脚趾头。许多平民似乎对他们目睹的一切感到相当震惊。“有些人恶心呕吐，有些人假装哭泣，有些人目瞪口呆，表示难以置信。”[42]

正如俄国人在马伊达内克所做的，英国人也认识到贝尔森是宣传素材。随军摄影师马上被派到此地，新闻记者和摄影行家也应邀来到此地。但最具影响力的是 4 月 23 日播出的英国有声电影新闻，此时距离发现这座集中营仅仅过去 8 天。很快，万人坑和尸体堆的影像就出现在英国的电影屏幕上，后来又传播到其他国家。

88 在这些令人难以释怀的影片中，人们可以看到孩子在尸体堆上玩耍，骨瘦如柴的行尸走肉无法站立，推土机把数百具尸体推进万人坑，由此永远形成了世人对纳粹德国的印象。这些历历在目的证据，让人们无法再用所谓的敌国宣传来为德国的暴行辩解。更为重要的是，这些影片表明，整个德意志民族都难脱干系。斯波蒂斯伍德（Spottiswoode）上校是军政府指挥官，他曾经向参观贝尔森的德国平民发表电视讲话，借用他的话来说，这种集中营的存在，“是德意志民族的耻辱，这个民族的名字，必须从文明国家的名单上划去”。不仅犯下这些罪行的人应该受到惩罚，整个国家都应该受到惩罚：“你们必须以劳作和汗水补偿这一切，补偿你们的孩子犯下的罪行，补偿你们未能阻止的罪行。”[43]

集中营的发现，不可逆转地改变了道德情境。似乎在战争期间，盟国做什么都是正义的了：轰炸德国城市，坚持德国无条件投降，以及让欧洲众多地区陷入饥荒的经济封锁。这也为盟国之后几个月所做的一切提供了理由。从此以后，无论承受多少痛苦，德国人都无法为自己博取同情：针对德军士兵和德国平民的不公待遇将被无视，比如达豪事件，比如苏联军队在德国东部的强奸行为。正如我们看到的，有时候，盲目的复仇会受到权威的鼓励。正如一位历史学家所说的，发生在马伊达内克、达豪、贝尔森的暴力行为和堕落行为，“可以牵涉到任何人，甚至牵涉到解放者本身”。[44]

犹太犯人之复仇

如果说解放集中营的士兵想要对纳粹复仇，那么，被士兵解救的犯人也会有同样的想法。以色列·古特曼（Israel Gutman）曾经在马伊达内克、奥斯威辛、贡斯基兴（Gunskirchen）待过，但最终得以幸存，他写道，“在集中营生活的最后最艰难的阶段”，“复仇渴望”是让集中营犯人活下去的“希望”。[45]

89 绝大多数历史学家都宁愿对集中营幸存者的报复行为绝口不提，同样，当时的盟军士兵也宁愿对报复行为视而不见：比起犯人经历的苦难，这些报复行为简直微不足道。他们正确地指出，比起某些民族主义者挑起的劫难，犹太人的报复行为可以忽略不计。1947 年，美国军政府首长卢修斯·克莱（Lucius Clay）亲口承认：“尽管对德国人有着天然仇恨，但（犹太难民）还是很好地克制了自己，避免与德国居民发生严重事件……在我心目中，他们维护法律和秩序的表现，堪称我在德国两年多以来见证过的显著成就。”[46]

然而，尽管只有极少数犹太人沉溺于报复行为，但报复行为也许比人们通常认定的范围要广泛得多。绝大多数集中营幸存者似乎都目睹过某种形式的报复行为，尽管他们自己并未参与其中。首先的报复目标是集中营守卫，由于绝大多数守卫在盟军士兵抵达前就已逃之夭夭，因此，在找不到集中营守卫时，犯人就会将矛头指向那些为纳粹充当帮凶的人，即牢头。如果无法向造成自身痛苦的直接责任人复仇，犯人就会把愤怒的情绪转向其他德国人，尤其是党卫队员、德军士兵、纳粹官员，如果找不到这些人，那么找到任何德国人都行。

男人、女人甚至孩子，都可以从事报复行为。例如，在捷克斯洛伐克的特莱西恩施塔特（Theresienstadt）被解放后，本·赫尔夫戈特（Ben Helfgott）看见两名前往莱布尼茨的犹太女孩正在用手推车袭击一名德国妇女。他劝女孩们停手，但被女孩们拒绝，直至他亲自介入。后来在营地里，他看见一群人将一名党卫队员殴打至死。数十年后，他说道：“我目睹这一切，我感到一阵恶心。我并不愤世嫉俗，但我痛恨暴民。当人们成为暴民时，他们就不再是人类。”[47]

恰斯基尔·罗森布卢姆（Chaskiel Rosenblum）同样在特莱西恩施塔特被解救，他没有杀死任何德国人，但这并不是在道德上有所顾忌，仅仅是因为他无能为力。然而，他知道，有一名 10 岁的男孩曾经目睹双亲被杀害，“于是他杀死一个又一个纳粹分子”。[48]平库斯·库尔涅茨（Pinkus Kurnedz）看见一名在特莱西恩施塔特当过牢头的男人被暴民杀死，暴民当中包括目
击者的朋友，他们发现这个男人藏匿在附近的村庄里。“他躲 90
在一间谷仓里，我们把他拖了出来。小广场里有两辆俄国坦克。俄国人也来帮忙。我们确实把他活活打死了。”[49]

由于显而易见的原因，很难找到那些亲口承认报复行为的犹太人，但也有少数勇敢者公开谈论自己从事的报复行为，这或者由于他们想确保历史记录尽量真实，或者由于他们仍然对报复行为无愧于心，并且相信这是正当行为。例如，1988 年，一位名叫斯穆列克·贡塔兹（Szmulek Gontarz）的波兰犹太人在伦敦帝国战争博物馆录制访问片段时，承认自己和朋友曾经在解放期间报复德国人，并且在很长一段时间里一直如此。

> 我们都有参与。这是快乐的经历。我唯一感到遗憾的是我未能做得更多。例如，把他们扔出火车。无论在哪里可以殴打德国人，我们都会去。在奥地利，有一次特殊经历。我们待在马厩里，那里还藏着一名德国军官。我们把他揪出来，以其道治其身：我们把他绑在树上，然后对他射击。如果你现在让我这么干，那当然不行，但在当时，这很快乐。我很喜欢。在当时，没有什么比这更令人心满意足了。现在我还会对你说：我很怀疑，任何人处于类似

境况中，还会拒绝快意恩仇……也许只有这件事情，值得我们熬过战争，能让我们熬过战争。那种满足感真是太巨大了。[50]

阿尔佛雷德·克内勒（Alfred Knoller）是一位在贝尔森被解救的奥地利犹太人，他还记得，在英军士兵的明确批准之下，他们袭击当地农场以获得食物。有一次，在谷仓旁边的院子里的几个麻袋后面，他和朋友发现了一幅希特勒画像。在谷仓里面，他们还找到一些枪支。出于愤怒，他们捣烂了那幅希特勒画像，然后，尽管农夫及其妻子声称自己反对纳粹，他们还是射杀了那对夫妇。

我知道，我们做的某些事情很不人道，但恐怕这就是我潜意识里一直想做的事情。我们想要与德国人战斗。我们并未与他们战斗，但我们还能退而求其次……我们想要复仇。一直都想复仇。这绝对是报复行为。这必然会发生。

91 他们对自己的行为毫不内疚，似乎还找到了急需的情感宣泄。“我们对此毫不隐瞒。我们还告诉所有人。当我们返回营地时，我们感到欢欣鼓舞。”[51]

最初，许多袭击事件被忽视甚至得到盟军士兵的鼓励。集中营的幸存者普遍感觉到，在一段有限的时间内，他们得到自行其是的全权委托，但由于法律和秩序的存在，袭击德国人终将被禁止。例如，阿雷克·赫什（Arek Hersh）提到，“俄国人给了我们 24 小时，允许我们对德国人为所欲为”。[52]哈里·施皮罗（Harry Spiro）是另一位在特莱西恩施塔特被解救的幸存者，他也记得，俄国人告诉他们，他们有 24 小时“可以为所欲为，甚至杀死德国人”。[53]马克斯·德绍（Max Dessau）是一位在贝尔森被解救的波兰犹太人，他提到，英国人也会“给你一段时间，让你随意复仇”，但“当他们说够了，复仇就得停止”。[54]美国人同样乐意让犯人自行其是。库尔特·克拉普霍尔茨（Kurt Klappholz）是一位在强迫行军期间被解救的波兰犹太人，他被一名美军中尉带到一名党卫队士兵面前，那名党卫队士兵已经被美军中尉打得鼻青脸肿，“美国人含糊地告诉我，‘这就是有份折磨你的人，你可以自己讨回公道’”。[55]这些人都没有利用别人给予的机会，但很明显，还是有许多人愿意利用这些机会。

自然而然，随着时间流逝，绝大多数被释放犯人的情绪开始软化。当他们看见那些自封的所谓“优等民族”可怜兮兮的样子时，他们的复仇渴望也就消解了。例如，彼得·弗兰克（Peter Frank）曾经在诺德豪森被解救，战争结束时体重只剩下4英石①。他唯一的愿望就是“消灭整个德意志民族，这样就可以避免再发生同样的惨剧”。但当别人看见他身体过于虚弱、无力独自行走而把一名德国战俘分配给他作为“坐骑”时，他的怒火似乎变成不屑，最终变成怜悯。“可以说，他被分配给我，他是我的财产。他曾经向我抱怨，战争给他带来多少不幸，但他很快就学聪明了。我想说，他是个可怜的家伙，没理由向他报复……一旦你开始面对个人，他们在很大程度上跟你一样是受害者，你就释然了。”[56]阿尔佛雷德·胡伯曼（Alfred Huberman）是布痕瓦尔德和雷姆斯多夫的幸存者，他也同意弗
兰克的看法。“当我刚刚被解救时，我认为德国应该从地图上 92
被完全抹去。随着时间流逝，如果我遇到一个德国人，我会跟

① 约为25公斤。——译者注

他说什么呢？我不会说同情他，我会说请你凭良心做人。”[57]

然而，也有人的怒火无法迅速平息。他们认为，如果不对德意志民族采取认真的复仇，犹太人将永远不得安宁。有一个团体被称为“复仇者”，由前犹太游击队员阿巴·科夫纳（Abba Kovner）创立。这个团体暗杀了超过100名战争嫌疑犯，也曾经在一个关押党卫队员的监狱放置炸弹，炸死80名犯人。他们的行动哲学包括有意识地、无差别地袭击大量德国人，他们的复仇具有非人道性质，就是为了反衬犹太人在大屠杀期间遭受的非人道待遇。他们的口号是“一命抵一命”，按照团体成员加比克·塞德利斯（Gabik Sedlis）的说法，这句口号要表达的含义是“杀死600万德国人”。为了达到目的，他们策划了一次密谋，在五座德国城市的供水管道里投毒，但科夫纳本人因为试图把毒药从巴勒斯坦带回欧洲而被逮捕，这次密谋最终受挫。[58]纽伦堡附近的俘虏收容所关押着1.5万名党卫队员，另一个后备计划就是在这1.5万人食用的面包里下毒，这个计划更加成功。至少有2000名德国犯人砷中毒，尽管我们不清楚最终死了多少人，甚至不知道有没有人因此而丧命。[59]

这些计划依赖于战后初期的混乱局面。大批难民的集体涌入，为这些复仇者提供了极好的掩护（正如难民潮为逃脱的战犯提供掩护一样），法律和秩序的严重缺失，意味着谋杀者不会被告发、不会被调查，甚至经常不会被注意到。然而，情况终究会改变，即使是“复仇者”也放弃了他们的复仇之梦，转而为将来在巴勒斯坦建立犹太独立国家而斗争。[60]

或许，这能在某些方面解释为何犹太人的报复行动未能在更大范围内开展起来。在大屠杀结束之初，绝大多数幸存犹太人病弱不堪，根本无法考虑任何积极的报复行动，活下来本身

就已经算是反抗行动了。更重要的是，报复行动是由那些想要
恢复某种道德平衡的人来从事的。对于许多犹太人来说，也许 93
对于多数犹太人来说，他们对此并不感兴趣。他们决定彻底告
别欧洲，逃往其他道德平衡更有保障的地区：美国、英国，最
重要的是巴勒斯坦。因此，他们的报复心象征性地表现为集体
离开欧洲，1945 年年底，一位犹太作家解释道：

> 我们通过轻蔑、摒弃、谴责、疏远来报复我们的敌人……只有彻底远离这些谋杀者……我们才能在本质上满足我们的复仇渴望：结束我们在欧洲的放逐之旅，在以色列的土地上建立我们的家园。[61]

巴勒斯坦给了犹太人希望，他们希望在那里建立犹太国家，从此不受迫害，因为他们能够做自己的主人。因此，他们千方百计地逃出欧洲大陆，加入到犹太兄弟的队伍中，试图在以色列建立新家园。长远来说，犹太人已经对报复德国意兴阑珊，也对麻烦盟国心怀愧疚，毕竟盟国曾经让他们免于灭顶之灾。因此，复仇大任只能留给其他被纳粹迫害过的族群来完成。当然，欧洲并不缺少这种待机而动的族群。

94 # 第十章　有限复仇：奴工

不难理解，考虑到犹太人经历过特别毛骨悚然的历史，集中营解放之后，犹太人肯定会置身于这出历史悲剧的舞台中央。但是，许多历史学家已经指出，我们今天所理解的“大屠杀”（Holocaust）在很大程度上是追溯性的建构物。[1] 在当时，起码在盟国之间，对种族群体的区分并不严格，实际上，盟国经常故意混淆各族群，宁愿以其国籍来区分希特勒的受害者群体。面对这种普世劫难，像联合国善后救济署这样的救济机构，最初并未把犹太人视为特殊类别，而是把波兰犹太人与其他波兰人归为一类，把匈牙利犹太人与其他匈牙利人归为一类，以此类推。直至 1945 年 9 月，犹太人才赢得聚族而居的权利，并且由专门的犹太救济机构予以照顾。[2]

对于当时的许多盟军士兵和救济人员来说，他们开始时并未觉得犹太人比其他许多族群更加痛苦。毕竟，苦难无处不在。在遍布第三帝国的庞大的剥削和灭绝网络中，集中营只不过是其中的一种类型。战俘营星罗棋布地分布于东欧，在那里，数百万名苏联战俘只能被活活饿死。奴工营附属于所有主要的工厂、矿山、农场、工地。（例如，达豪集中营经常登上英法美三国报纸的头版头条，但达豪集中营只不过是一个系统中心，这个系统为巴伐利亚南部 240 个附属营地提供各国犯人。）此外，还有许多中转营地，据说只有在把犯人从一处移往另一处时才会被投入使用，但在战争末期，这些中转营地变成堆积被

拘留者的场地。实际上，这些被拘留者被遗弃在带刺的铁丝网
后面，缺少食物，缺乏照顾。还有关押孤儿和少年犯的特别营 96
地，关押刑事犯和政治犯的惩罚营地。把这数千个由带刺的铁丝网包围的营地结合起来，就构成了一位历史学家所描述的“恐怖图景”。[3]

值得一提的是，人们在这些营地的待遇可谓千差万别。英美战俘经常收到红十字会寄来的包裹，能够得到合理的伙食，允许从事文化活动，意大利和苏联战俘则经常遭受毒打、过度劳累、饥饿至死。与之类似，法国劳工在“义务劳动服务”中偶尔会有报酬，通常伙食充足，波兰的“东方民工”（Ostarbeiters）则经常劳累至死，只留下累累白骨。即使在集中营内部，苦难也是分等级的，雅利安犯人承受的虐待，通常远远少于所谓的“劣等种族”，如犹太人和吉卜赛人，承受的虐待。

有人说，德国民众并未意识到这些外国人的存在，或者并未意识到这些外国人承受的困境，尽管许多德国人在战争结束初期还在狡辩，但这纯粹是胡扯。在高峰期，外国劳工构成德国20%的劳动力，在某些工矿企业，如兵工厂和飞机制造厂，这个比例经常达到40%，甚至更多。[4] 德国人跟这些外国人一起劳动，目睹这些外国人的待遇，实际上有许多德国人向这些外国人偷运食物，有些是出于好心帮助，有些则是为了顺手发财。

及至战争末期，绝大多数德国人对此心知肚明，而且他们害怕，一旦这数百万外国人被解放，就会找德国人算账。1944年年底，汉堡成立了一支特别紧急护卫队，以防范外国工人起义。在奥格斯堡，有传言说，新来的工人私藏武器。[5] 在柏林，有

95

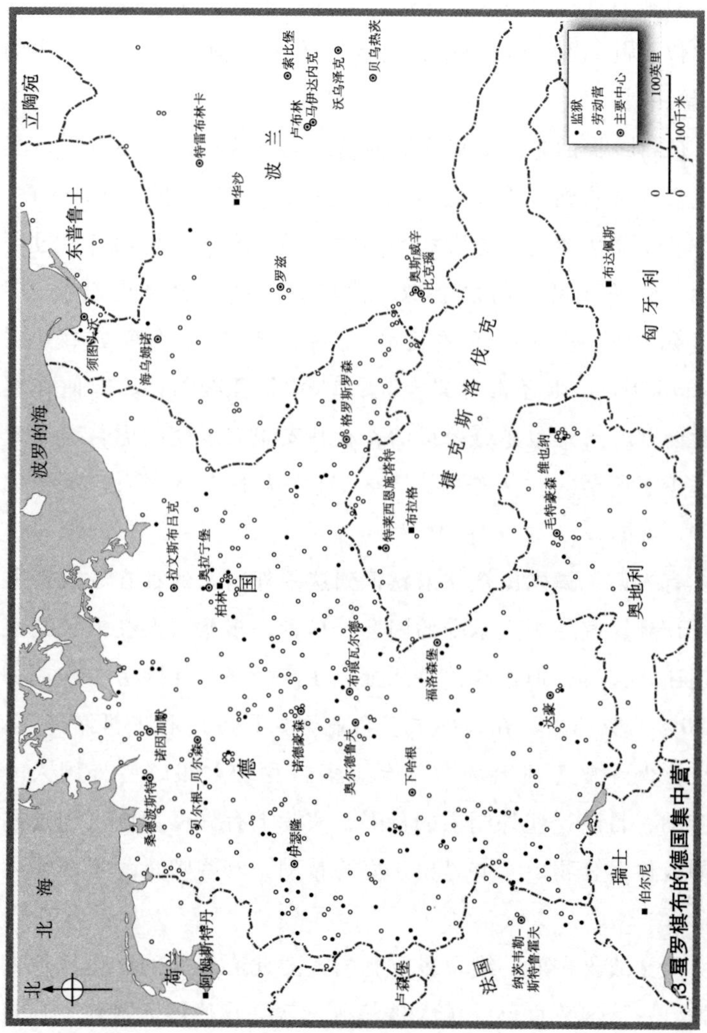

3.星罗棋布的德国集中营

谣言说，外国人正在向敌人传递消息，将会成为德国境内的“特洛伊木马”。[6] 许多外国工人故意鼓动这种恐慌：法国战俘自嘲为进攻部队的“先遣伞兵”，波兰工人嘲笑德国人，胜利之后将会列出杀死哪些德国人的“名单”。[7] 考虑到存在于德国人与外国工人之间的害怕与怨恨的气氛，双方出现严重对抗只不过是时间问题。

奴工之复仇 97

几乎从盟军进入德国时起，反击就开始了。最初几天，进驻德国的英军、法军、美军都在报告中提到，被解放的外国人从事抢劫和骚乱等行为，但驻地部队无力制止。1945 年 4 月初，英军民政事务委员会官员渡过莱茵河，其中鲁宾·塞登（Reuben Seddon）上尉说道：“当地抢劫甚为猖獗。俄国人、波兰人、法国人以及当地平民都有生存权，抢劫活动必须停止，越早越好。”[8] 越往东去，情况越糟。派驻梅伦堡什未林镇的新任军政府首长说道：“难民数千人成群结队，谋杀、强奸、抢劫，一句话，离开主要街道，法律荡然无存。”[9]5 月，在柏林，一个由上百名难民组成的帮会甚至在安哈尔特火车站抢劫了一列似乎从西边开来的火车。[10]

许多人将类似行为归于诸种因素，心情亢奋、发泄忧郁、痛恨纳粹等。[11]但被解放劳工的野蛮狂欢，让德国居民和盟国都感到害怕。多年以来，这些劳工备受虐待、脱离异性、食不果腹、滴酒未沾：许多人现在正好通过暴饮暴食、追求性爱来弥补逝去的时光，而不问代价为何。多年以来，劳动营都是男女分居，但很快就变成“大染缸”，人们“到处便溺”，开始公开“在营房里通奸”。[12]4 月 11 日，一位名叫德里克·亨利（Derek Henry）的工兵被调往明登郊外邻近诺德海默恩（Nordhemmern）的一处废弃劳动营，以维持法律和秩序，他描述了目睹的场景：

> 那里有男犯人和女犯人，当我们进入营房，他们围住我们。他们绝大多数人都在喝自制伏特加，个个都醉醺醺，他们还想灌我们喝，有些人正在通铺上公开做爱，有些人则是又唱又跳。他们极力想让我们加入，幸运的是我们手里还有步枪……这些难民住在肮脏污秽的环境中，他们的营房臭气熏天，但我们还不得不品尝他们的自制伏特加，他们把酒倒在桌上，然后点火燃烧，证明这些酒有多烈。

98 按照亨利的说法，后来，一位波兰犯人“把他的女伴让给我过夜，我婉言谢绝了这番好意”。[13]

在解放后出现的混乱中，酒精要承担很大一部分责任。在哈瑙，数百名俄国人喝了工业酒精，结果至少 20 人中毒身亡，超过 200 人半身瘫痪。[14]在沃尔夫斯堡，数百名曾经在该市大众汽车工厂工作的劳工，先后闯入城市兵工厂和当地的苦艾酒厂。一名美军连长奉命来到此地，协助解除暴民武装，他回忆道：“某些人酩酊大醉，站在堤坝上或者屋顶上开枪，然后倒地不起。”[15]当记者艾伦·穆尔黑德（Alan Moorehead）开车进入威悉河谷斯特耶贝格村时，他碰见村民和难民正在抢劫一处酒窖，里面放着“我见过的最好的葡萄酒”。那些人绝大多数喝到“疯疯癫癫”，他们打烂酒瓶，直至酒窖里遍地碎玻璃，流淌在地板上的 1891 年拉菲城堡红酒“淹到脚脖子”。[16]

某些最为野蛮的场景发生在汉诺威。在解放造成混乱的时候，数万名曾是强迫劳工的暴民洗劫城市、抢劫酒店、焚烧房屋。当残余的德国警察试图干预时，警察被暴民淹没、殴打，最终被吊死在城中的路灯柱上。[17]某些曾是强迫劳工的暴民包围德国平民，迫使德国人去做前几个星期他们被迫去做的事情，如掩埋被党卫队枪决的200名俄国军官，当德国人干活时，他们“就用棍子和枪托敲打德国人”。[18]其他暴民则在城市里到处寻找妇女，在这些妇女的家里甚至街上强奸她们。一名驻扎此地的英国炮兵军官提到，一队喝醉的俄国人“找到一门被丢弃的88毫米炮，他们把炮拖出来，为了取乐，任意射击他们感兴趣的目标，比如高大的建筑，比如阻挡他们去路的房屋”。[19]

1945年6月，在盟军控制汉诺威10周后，英国战地记者伦纳德·莫斯利（Leonard Mosley）来到此地，发觉汉诺威仍然处于半混乱状态。新组建的军政府致力于恢复供电、供气、供水，从瓦砾堆中清理道路，招募一名德国市长，组建一支临时警察部队，但还是无法恢复任何法律和秩序。“问题太大了。面对超过10万名多年以来第一次尝到自由滋味的外国奴隶，没有任 99
何临时拼凑的警察部队能够维持秩序。”[20]

问题到底有多严重，当军政府首长开车把莫斯利从市政厅送到数英里外的住所时，就能看得清清楚楚。在路上，车子被充斥街道的暴动者截停五次，即使是军政府首长兰姆（GvH. Lamb）少将也只能靠反复向天鸣枪来脱身。他反复告诉莫斯利：“这就是每天都在发生的事情，抢劫、斗殴、强奸、谋杀，真是个鬼地方！”[21]

在汉诺威，许多抢劫和暴力事件的发生，简直可以说是为暴力而暴力。在其创作的一篇最有现场感的对战后混乱的报道中，莫斯利描述了发生在城市外围一处仓库的一次疯狂抢劫：

> 曾经有人告诉我，当一个男人因为打家劫舍而脑子发

> 热时，他会为了抢到东西而不惜杀人伤人，即使那件“东西”根本不值钱，在汉诺威，我终于证实了这种看法。我们看见一群人闯进仓库；这群大喊大叫的乌合之众，既有德国人，也有外国人；他们打破门窗闯进去，当他们出来时，手上竟然捧着很多门把手！这是一家卖门把手的商店，在这座半数门板不复存在的城市里，这些人抢来的东西真是让我无言以对；然而，他们不仅抢这些门把手，而且还为这些门把手大打出手。他们又踢又抓，还用铁棍敲打那些拿着更多门把手的人。我看见一名外国工人绊倒一名女孩，从她手上抢过门把手，然后反复踢打她的面部和身体，直到女孩倒在血泊之中。然后，他冲到了大街上。走到半路，他似乎意识到什么；他低头看着自己抢来的东西，然后做出一个弃之如敝屣的动作，把那些东西全部扔掉。[22]

在解放后的最初几天，这种景象简直是家常便饭。由于绝大多数德国警察要么已逃亡，要么被罢免，当地居民别无选择，只能向盟军士兵寻求帮助，但只是巡逻根本没用。在汉诺威，军政府让盟军战俘临时充当警察部队，但这些人对于警务工作毫无经验，而且他们本身也对当地的德国人充满敌意。[23]所有的德国大城市都在招募德国警察，但招来的新人同样毫无经验。
100 由于显而易见的原因，盟军不允许德国警察携带武器，结果，与发起暴动的难民相比，与日益壮大的外国武装帮派相比，德国警察根本没有还手之力。[24]

一名英军中尉告诉我们的故事，足以说明，盟军士兵在面对当时高度紧张的局势时是何等软弱无力；足以说明，在曾经被纳粹侵犯的人与从未被纳粹侵犯的人之间，存在多么巨大的道德鸿沟。1945 年 5 月，雷伊·亨廷（Ray Hunting）在韦瑟尔（Wesel）市附近一条宁静的乡间小路上行进，他目睹的一件事情，让他终生难忘。

> 我看见前面有两个人：一个正在前往韦瑟尔的俄国人，一个年老的拄着拐杖的德国人，老人正在缓缓向车站走去。当我们走近时，这两个人都停了下来，那个俄国人似乎在打听时间，因为老人正在从背心口袋里掏出怀表。那个俄国人动作连贯地夺过怀表，把一柄长刀捅进德国老人的胸口。老人踉踉跄跄地跌入沟渠。当我们停下时，老人已经两脚朝天，裤管卷起，露出瘦弱惨白的小腿。
>
> 当我用左轮手枪顶住俄国人的肋骨时，他已经把刀抽出来，若无其事地用老人的大衣擦干刀上的血。当俄国人举高双手站在马路上时，我把手枪递给帕特里克，然后我跳进沟渠去帮助受害者。老人已经死了。那个俄国人，那只笨口拙舌的野兽，看着我跪了下来，但他面无表情，亦无悔意。
>
> 我拿着刀和怀表，把他塞进货车后车厢，我坐在他对面，拿左轮手枪指着他。我们前往军政府办公室，想把他交给格鲁布上尉，但上尉出去了。我们把犯人带到兵营，让他接受苏联法律的裁决。
>
> 我揪住犯人的衣领，将其扔进领导办公室，提出谋杀指控，同时出示刀和怀表。其中一位自称行政长官（这个词的俄文意思与英文完全对应）的领导走上前来。
>
> 他笑着问我："你说这个男人杀了一个德国人？"我向他出示凶器。他走向一名同僚，从同僚的帽子上摘下红星帽徽，然后把帽徽别在谋杀者胸前，还亲吻了谋杀者的脸

101 频！这个杀害老人的杀人犯，戴着装饰品溜出房间，消失在数百座营房中。我再也没见过这个人。[25]

针对难民的军事管制

为了终止这种无政府状态，盟国军政府被迫在各自的占领区内推行激进措施。首先要做的事情是把尽可能多的新近释放的囚犯和劳工集中起来，并且在严加看管的前提下将其遣返回国，此举一出，马上导致那些本来只想回国的人们的愤怒和恐慌。严格的宵禁开始实行，在某些区域开始时间甚至早至傍晚六点，任何夜间离开营地的人都将被逮捕甚至枪决。武力威慑经常是恢复秩序的唯一手段。例如，穆恩（A. G. Moon）少将在接管布克斯泰胡德军政府时，他马上通知当地难民中心的居民，任何人因为抢劫被逮捕，都会被枪决。结果，这个地区很少麻烦。[26]后来，在8月，派驻德国西北部的英国军政府将枪决抢劫者定为官方政策。[27]派驻黑森的美国军政府同样发出警告，任何因为食品短缺而发动暴乱者，都会被判处死刑。[28]这些公告与纳粹当年发布的公告相差无几，实际上，就连确保公告得以实施的控制手段都似乎是一脉相承的。[29]

由于仍然滞留在德国的外国难民对法律和秩序构成明显威胁，盟国开始尽快遣返这些难民。关于优先遣返程序，当时引发了许多争议。英美战俘以及抵抗组织成员有权要求特别待遇。同时还要考虑苏联当局遣返苏联公民的迫切要求，毕竟还有数千名被解放的盟军战俘被捏在苏联手中。还有人说，那些最不守规矩的难民应该首先被送回家，以重建法律和秩
102 序。在已被摧毁殆尽的欧洲铁路系统上运送这些人，后勤保障就足以让人头痛，何况还有许多难民根本就不想回国。许

多犹太人、波兰人、波罗的海人把自己视为无国籍人士，因此无家可归。其他族群，特别是俄罗斯人、乌克兰人、南斯拉夫人，也不想被遣返，因为他们害怕自己一旦回家就会受到惩罚。许多人承受了难以想象的艰难困苦，尽管战争已经结束，但前路茫茫。

在等待遣返时，难民会被转送到大型留置中心，像过漏斗一样根据不同民族属性分配到遍布德国、奥地利和意大利的难民营。这些营地要么曾经是军营，要么是城镇的某个隔离区。某些营地专门为收容难民而建造，但其他营地就是以前的劳动营甚至集中营。在房屋奇缺的欧洲大陆，盟军只能把所有能够找到的建筑物都派上用场。对于许多曾经当过囚犯的人来说，当他们被赶去驱除虱子、剃光毛发，当他们被送回他们最近刚刚逃出的集中营，他们自然会有些焦虑。[30]

无论是在当时的官方报告，还是在普通士兵写下的许多回忆录和日记中，我们都可以清楚见到，盟国当局对待难民比对待德国人更为警惕。在之后几个月里，他们开始担忧难民的怨恨和绝望情绪，毕竟这些难民还未被真正解放，他们继续生活在流放中，被严加看管，被军人统治。8 月，英国开始在波兰难民中招募警察，以确保波兰难民遵守秩序，因为根本就没有足够的盟军士兵去控制难民，而且德国警察又不被尊重。[31]及至 11 月，英美两国都考虑要在“难民活动构成威胁”的地区重新武装德国警察。[32]一份联合情报委员会的报告提到了在即将到来的冬季盟国面临的威胁，报告以平实的字句阐明盟国的担忧：“如果严寒的冬季影响难民的生存状况，难民很可能会比德国人制造更多的麻烦，与德国人不同，难民聚集在营地里，甚至拥有相当数量的武器。”[33]

103

4.德国、奥地利以及意大利北部的流民营地
北
北 海
波罗的海
英国占领区
荷兰
波兰
苏联占领区
德
国
卢森堡
法国占领区
捷克斯洛伐克
美国占领区
法国
法国占领区
奥地利
匈牙利
瑞士
意大利
南斯拉夫
利古里亚海
亚得里亚海
0
100英里
0
100千米

这种报告也许有点危言耸听。联合国善后救济署派驻德国西部的负责人确实认为："联合国善后救济署管辖下的难民（并不）比其他平民更具有暴乱迹象。"[34]许多关于难民抢劫的所谓证据，事实上是德国人杜撰的。[35]实际上，官方报告显示，即使在大批难民被遣返后，当地的犯罪率仍然长期高企。[36]借用一名军政府军官的说法："难民是无家可归者，所有麻烦都被栽到难民头上。"[37]此时战争已然结束，难民很可能被视为新的敌人。 104

"解放综合征"

考虑到难民解放后的处境，难怪他们最初的幸福感会迅速让位于幻灭感。玛尔塔·科尔文（Marta Korwin）是最早关注德国境内的大批难民的观察者之一，她是一位波兰社工，于1945年4月跟随英国军政府工作组进入博霍尔特（Bocholt）。根据她当时的对话和评估，许多人之所以能在战争中幸存，是因为：

> 要抵消这种极端艰难甚至卑鄙可怕的时世，只能靠回忆过去的美好幻想，直到他们确信，等到被解放后，他们将会寻回战前那个幸福美丽的世界。他们过去所有的苦难都会被忘记，自由将会使他们重回那个毫无错误的世界……那是一个人人为善的天堂……到处都是美丽的家园。

但他们未能返回"天堂"，他们"被领进营地，在许多个案中，他们的境况甚至还不如解放之前"。更糟糕的是，长期关押让他们有机会反思，他们曾经梦想的天堂是否已不复存在：在废墟环绕中，他们只看到"对美好未来的渴望已经毁灭"。[38]

玛尔塔的观察结果被国际机构更大范围的研究结果所证实。

1945 年 6 月，联合国善后救济署监督下的国际 - 盟国心理研讨
105 会提交了一份难民心理状况报告。报告提到，许多难民在被解
救时远远说不上高兴，而是气愤难平、敏感易怒。许多盟军士
兵以为这些难民会心怀感激，但这种期待同样落空：正好相反，
难民“坐立不安”“无动于衷”“麻木不仁”，而且“对任何权
威……心存疑虑”。实际上，许多难民变得如此愤世嫉俗，以
至于“任何人的热心帮助都备受怀疑”。这种态度被某些盟国
军官称为“解放综合征”。[39]

对于这种综合征的产生，盟国军队亦非无可指责。尽管在此前两年英美军队已经大力投入救济工作，但绝大多数军官还是把难民问题视为技术问题而非人道问题。他们把大批民众视为需要被管理、除虱、穿衣、喂养的对象，只要把这些民众按照国籍分类、分配有用工作、最终遣返回国，就算完成任务。及至 1945 年，所有盟国军队在处理这类工作时可谓得心应手。然而，他们并不擅长处理“人情世故”。当他们按照流程处理难民时，他们经常忘记自己面对的是深受精神创伤的人类。

人道工作者经常对军人处理难民问题时的愚蠢做法感到错愕。有一次，联合国善后救济署的一名英国雇员看见一名美军中尉在未做任何说明的情况下命令大批妇孺移动位置，她当场被激怒。她喝止那名中尉，她说道：“我讨厌军队。为什么你不去打仗？为什么你对着平民百姓呼呼喝喝？他们跟你不同，你以为你能够命令母亲、婴儿、病人移动位置，就像你在战时调动几个连或者几个排那样吗？为什么你就不能只插手你真正懂得的东西呢？”[40]

当难民人困马乏、无动于衷时，军队总是依靠强硬铁腕的武断手法让他们听命。例如，面对兰斯贝格犹太难民营的肮脏

状况，一名美国军官建议“以强制训练手段”推行卫生规章制度。[41]这些军官似乎无法理解，军事纪律可以把征召而来的士兵塑造成军人，却无助于使大屠杀幸存者从长期的被侮辱和虐待中恢复身心。

与之类似，1945 年 9 月，在对维尔德弗莱肯的波兰难民营进行过几次突击检查后，美国将军下令在营地执行军事纪律。 106
从此以后，任何在大街上扔垃圾、在大树上晾衣服、在房子里收垃圾的难民，都会马上被关禁闭。任何拒绝工作的波兰人都会被逮捕，营地里所有妇女都要马上接受性病检查。民主选举的波兰营地委员会应被解散，每两星期遣返 1500 名波兰人，必要时可动用武力，遣返程序应马上启动。[42]

不用说，这种法令肯定会引起强烈反感：多年以来，纳粹就是这样对待这些难民的，他们最不愿意得到的就是这种待遇。维尔德弗莱肯一名营地负责人嘲讽道：“军队从事救济工作的能力，很难说得上是一流啊。”[43]

善后与救济

盟国政府很早就认识到，军事组织并非从事这类工作的合适主体。正因如此，对难民进行日常照顾的责任从军队手中移交到战时成立的国际人道机构手中，这个机构就是联合国善后救济署（United Nations Relief and Rehabilitation Administration，UNRRA）。这个机构成立于 1943 年，负责在欧洲绝大多数解放地区协调和分配食品及药品援助。最初，其援助范围仅限于巴尔干半岛居民，及至 1945 年春天，其援助范围扩大到欧洲其他地区，特别是东欧地区。其中一项最为重要的任务，就是为遍及欧洲大陆的难民协调福利。

1945～1947 年，联合国善后救济署侧重于照顾数百万难民的需要，他们暂住在遍布德国、奥地利和意大利的难民营中。难民不仅有物质需要，还有精神需要、社会需要、情感需要。联合国善后救济署的核心观点是，难民不仅需要食物、住所、药物，还需要咨询、教育、娱乐，甚至需要政治生活。这不仅是为了将难民的精力引向正途，而且希望通过这些行动，重塑他们的人格，重拾他们的尊严。

联合国善后救济署的职员全心全意地支持这个“自助助
107 人”计划。[44]首要任务就是在绝大多数难民营中建立学校。这不仅是为孩子提供他们曾被剥夺的教育，而且是为他们提供一种建设性的、常态化的感觉，有些大孩子甚至还是第一次上学。根据一份美军的报告，1946 年 4 月，难民学校的出勤率甚至高达 90%。童子军组织和青少年俱乐部同样大为普及，因为这些组织能够让孩子远离遍及某些营地的不健康的、侵略性的、不道德的氛围。[45]

职员们还鼓励难民建立自己的教会和教团，以免人们误入歧途，同时为意志消沉的男女提供更为急需的精神抚慰。官员们不遗余力地提供新闻纸，让难民能够发行自己的报纸，联合国善后救济署对这些报纸不进行任何审查。文化活动如音乐和戏剧都受到鼓励，成人教育也受到鼓励。难民制订了自己的学徒计划，甚至在慕尼黑开办了一所难民大学。[46]

从一开始，盟国军队和联合国善后救济署就尝试鼓励难民营自治，绝大多数营地都举行了选举，难民还建立了自己的法庭和警察部队，以应对不稳定因素。这些营地机构也不总是值得信赖。例如，在维尔德弗莱肯的波兰人营地，联合国善后救济署职员留意到一个极具讽刺意味的场景，营地议员正在“慷慨激昂地发表演说，承诺取缔贩卖烈酒、牛肉、鸡肉的黑市”，但他们就围坐在一张桌子旁，上面摆满了烧烤的牛肉、鸡肉以及白兰地酒瓶。[47]某些营地成立的极端组织也让人担忧，尤其是民族主义者的政治团体。但营地职员认识到，控制犯罪和极端行为几乎总难奏效，重要的是赋予难民某些他们在苦难中丢失的东西：正义感和自尊心。

不幸的是，联合国善后救济署的慷慨总是被滥用。难民经常利用联合国善后救济署提供的物资，把营地变成黑市交易的中心。在维尔德弗莱肯营地，因为卷入腐败行为，波兰警察部队被彻底解散和轮换，而且在最初的18个月里，它不止被解散一次，而是被解散五次。[48]盗窃、敲诈、私酒如此普遍，以至于
人们开始把联合国善后救济署的首字母缩写（UNRRA）戏称为 108
“你从不真正救济任何人”（You Never Really Rehabilitate Anyone）。[49]

正因如此，这个机构开始被认为是不切实际的社会改良者。批评声此起彼伏。派驻德国的英国军政府首长、陆军元帅伯纳德·蒙哥马利（Bernard Montgomery）一开始就认为联合国善后救济署“非常不称职”，他之所以愿意移交照顾难民的责任，只是因为军政府无力继续承担英军从事的财政救济工作。美国政治家同样怒不可遏，毕竟他们为联合国善后救济署划拨了几乎3/4的财政预算，但这个组织的挥霍、浪费、腐败令人忍无可忍。某些政治家甚至指责这就是“一出国际闹剧”，其主要目的不是救济难民，而是为共产党这样的“政治军事团体提供养分”。[50]

尽管有诸多不足，但联合国善后救济署还是得到了难民的衷心喜爱。联合国善后救济署职员通常是这些难民遇见的第一

批非暴力的外国人，他们还提供了许多难民最渴望得到的东西：同情。这个组织知道，友好和共鸣，有时同样能够阻止昔日的强迫劳工走上复仇之路，也许这是军人不会明白的。

最容易明白这种道理的也许是孩子，正是在联合国善后救济署管理的难民营里，许多孩子第一次感觉到光明的未来。在欧洲大陆，许多孩子都害怕看见身穿制服的男人，但法国孩子看见联合国善后救济署制服时的表现就很能说明问题。伊薇特·鲁宾（Yvette Rubin）是一位 13 岁的犹太女孩，她曾于 1942 年被送往德国。三年后，在目睹许多恐怖事件包括母亲被残忍杀害后，她回到了巴黎。回到家中，她向家人讲述自己的恐怖经历，只有在注意到叔叔穿着的衣服时，她的双眼才重现光彩：

> 叔叔，你不是士兵。你是联合国善后救济署的职员。我知道他们。在被英国军队解救后，我跟他们生活了超过两个星期。他们很好。他们拯救了我的生命。我当时患上斑疹伤寒，是他们治愈了我。他们给了我食物，还给了我现在穿的这身衣服……我很爱他们。他们是我第一次碰见的好人。[51]

109 个人权力问题

很难弄清楚，怎样才能最好地概括战后德国境内那些被解放的强迫劳工的行为。在一定程度上，他们的行为只不过是席卷欧洲大陆的不法行为的极端形式。然而，他们的动机不仅仅是犯罪。经过多年压抑，他们把暴力、酗酒、放荡视为自我表达的合法而迟到的方式。他们的行动也有强烈的愤怒因素。许多人相信，一定数量的抢劫甚至暴力可被视为讨回公道的方式。他们渴望集体报复，也许更准确的描述是“复仇”。

在彼此冲突的情绪混乱中，所有这些动机纠结在一起，甚至难民自己也未能理解。人道组织如联合国善后救济署的有识之士认识到，这些动机都可以归结为个人权力问题。在战争苦难中，许多强迫劳工被侮辱、被虐待：他们生活的方方面面都受到严厉管束，这种管束有时长达数年。他们长期被剥夺任何形式的权力，而解放让这种状态走向另一个极端：在短暂的时间里，他们不仅自由自在，而且被允许为所欲为。如果说当时他们失去了自制力，那么这经常只是因为他们能够如此，重新发掘的权力意识使他们欣喜若狂。借用联合国善后救济署心理学报告的说法：“刹车已然松开。”[52]

当某些军事机构试图重新以强力手段遏止这种暴力能量时，联合国善后救济署的官员宁愿还给这些人某种平衡。他们的政策是让难民自己管理自己，毫无疑问，这种方法要开明得多：付出无限时间，划拨无限预算，宁愿救济个人，而非强调纪律。在战后的混乱状况中，这也有点理想主义。营地居民流动频繁，以至于看不到这些计划的成果，个人深受创伤，职员照顾不来。在许多个案中，特别是在战后初期的个案中，把权力
还给难民只会增加他们复仇的机会。结果，在授予难民责任与 110
约束难民行为之间，联合国善后救济署职员只能艰难地走钢丝。

在解放初期过后，如果被解放奴工的报复行为并未大范围发生，那主要是因为德国境内的难民从未真正地掌握权力。如果像欧洲其他地区那样，让难民负责管理营地，让德国人成为囚犯，情况可能会有所不同。

事实上，唯一能够真正支配德国、在某种环境中实际拥有绝对权力的，是盟国军队。在战后，比难民更有机会复仇的，正是占领国的军队。

从那时起，盟军士兵及其指挥官如何对待这种复仇机会，就已成为具有争议性的话题。

第十一章　德国战俘

战时最为恶劣的暴行，通常并非发生在战斗期间，而是发生在战斗之后。一名士兵可能会因为替战友报仇而勇猛作战，但面对已被打败的、解除武装的、任人发落的敌人，他可能会更加凶残。当一名士兵负责看管战俘时，他可以为所欲为，而他的敌人只能坐以待毙。

为了防止士兵滥用权力，国际社会于 1929 年草拟了《第三次日内瓦公约》（*Third Geneva Convention*），公约不仅禁止虐待和羞辱战俘，而且规定战俘应被收容、喂养、照顾。然而，在第二次世界大战期间，冲突各方都对这些规定置若罔闻，以至于公约成为一纸空文。德国军队处决、羞辱、饿死战俘，在东线更是如此，而当攻守形势逆转时，对方渴望以同样的手法对待德国战俘，就不足为怪了。

在温斯顿·丘吉尔的多卷本战争回忆录里，他提到的一段往事能够说明当时对待战俘的普遍心态，由此可知复仇倾向甚至触及最高领导层。这件事情发生在 1943 年年底，“三巨头”在德黑兰第一次会面时。会议第二天，丘吉尔与斯大林和罗斯福共进午餐，斯大林提出祝酒，预祝铲除“至少 5 万名，也许 10 万名德国军官团成员”。丘吉尔清楚地知道，战争初期，苏联曾经在卡廷（Katyn）集体枪决波兰军官，丘吉尔对这句祝酒词感到恶心，因此直言不讳地提出英国人从不容忍集体处决。当斯大林再三坚持“必须枪毙”5 万人时，丘吉尔终于忍无可

112 忍，他说："我宁愿自己被拖出花园枪决，也不愿意我自己以及我的国家为此蒙羞。"

罗斯福试图缓和气氛，但明显不得要领，罗斯福插话道，或许可以少枪决一些人，例如只枪决 4.9 万人。很明显，罗斯福以为这只是个笑话，但考虑到罗斯福同样知道斯大林的斑斑劣迹，这句插话显得很不得体。丘吉尔还未回答，罗斯福的儿子埃利奥特（Elliot）马上接过了话头。埃利奥特当晚也出席了晚宴，他急于打圆场。埃利奥特对斯大林说："您看，我们的军队开始从西线推进，而你们的军队正在从东线推进，我们终究会解决所有问题，不是吗？俄国、美国、英国的士兵将会在战场上解决这 5 万人，而且我希望，不仅这 5 万战犯会被解决掉，而且数十万纳粹党徒都会被解决掉。"

听到这句话，斯大林显得兴高采烈，拥抱了埃利奥特，并且与他碰杯。丘吉尔面露不悦，他说道："埃利奥特，我也同样爱你，但我无法原谅你发出如此懦弱的声明。你怎么能说这番话呢！"丘吉尔起身告辞并大步走出房间，把斯大林及其外交部部长维亚切斯拉夫·莫托洛夫（Vyacheslav Molotov）晾在那儿，丘吉尔以此表明自己太过较真，而在座诸君都"太过儿戏"。[1]

这段轶事被许多历史学家反复传诵，并且从中引出各种解读，比如斯大林的冷酷无情、罗斯福的天真幼稚，以及丘吉尔与另外两位领袖相比愈益软弱无力。[2] 罗斯福总统的言论最能说明问题，因为他最为漫不经心。罗斯福似乎真的被处决 5 万名德国俘虏的念头迷住了，因为一年以后，当三巨头在雅尔塔再次聚首时，正是他首先提出这段旧话。[3] 如果人们按照字面意思来理解罗斯福的言论，再考虑到众所周知的总统对德国人的偏见，那么他已经开始表现得与斯大林一样冷酷无情了。

1945 年对德国战俘的处理方案始终具有极大争议，因为它动摇了盟国声称为之而战斗牺牲的那些价值观念。斯大林、罗斯福、丘吉尔讨论的话题与所谓的解放完全背道而驰：数百万的欧洲人不是被释放，而是被禁锢；成千上万的欧洲人不是被拯救，而是被引向死亡。丘吉尔总是高瞻远瞩，深知此事不可 113
轻率。这个决定，不仅对于被释放的、要复仇的奴隶至关重要，而且对于世界上最有权势的领袖同样至关重要。

战争结束后，德国俘虏的命运完全取决于谁将他们俘虏。无论他们的无助是会博得同情、招致轻视，还是换来冷眼，都不只是运气的问题，它取决于不同盟军、不同军阶的普遍态度。

美军管辖的战俘

战争期间，超过 1100 万名德军士兵成为盟军的俘虏。考虑到俄国战线一系列战役的巨大规模，人们可能会以为，绝大多数俘虏都是苏联抓获的，实际上，苏联红军抓获的俘虏只占 1/3，即 315.5 万人。更多俘虏是被美军（大约抓获 380 万人）和英军（抓获 370 万人）抓获的。甚至法国军队都抓获了将近 25 万人，尽管法国军队参与抓俘虏还不到一年，而且法国军队的规模相对较小。[4]

这些悬殊的俘虏数字，与其说是因为苏军不够英勇，不如说是因为德军害怕苏军。在战争的最后阶段，德军士兵想方设法避免成为苏联红军的俘虏。许多作战单位在本该投降的情况下，还是坚持作战了很长时间，因为他们害怕，如果落在苏军手中，还不知道会有什么下场；其他作战单位则是竭尽全力逃离东线，只求向英军或者美军投降。对于德国军队来说，就连投降都有优先选择，已是全军上下的共识：德军总参谋长阿尔佛雷德·奥古斯特·约德尔（Alfred August Jodl）将军在抵达艾森豪威尔的司令部签署投降协议时，他还故意拖延了两天，好让德军部队抓紧时间向西杀出一条血路。[5] 在南斯拉夫，德国人和克罗地亚人拒绝了于5月8日投降的指令，向奥地利边境边打边退，又坚持了一个星期之久。[6] 于是，在战争末期，有数量
114 惊人的士兵向西方盟军投降，仅仅在1945年4月和5月，美军就俘虏了大约180万人，而在东线，俘虏人数并没有相应地增长。[7]

大批德军士兵向西方盟军投降，让英军和美军感到极为意外。作为临时措施，英美盟军把这些俘虏收容在德国西部的16个大型关押区，统称为“莱茵牧场营地”（Rheinwiesenlager）。绝大多数营地都可以容纳10万人，但在当时，由于俘虏太多，许多营地都被迫严重超员。例如，超过11.8万人勉强被塞入辛齐希（Sinzig）关押区，而雷马根（Remagen）关押区的人数很快超过13.4万人，某些规模更小的营地就更加拥挤了。例如，波尔（Böhl）关押区能够容纳1万人，但收容了超过3万人。[8] 显而易见的是，盟军必须尽力应对，盟军指挥官之间大批的往来备忘录都提到需要尽快提供额外资源。[9]

学术机构和德国政府于战后收集的老照片和口述史，让我们得知这些俘虏的状况。[10] 这些营地并非传统意义上的“营地”，因为那里几乎没有帐篷或者棚屋：那里只是带刺铁丝网环绕的荒郊野地。俘虏没有栖身之所，而且只能日复一日地生活在野外。一名俘虏在莱茵堡（Rheinberg）关押区用厕纸写下了大量日记，他写道：“我通常就躺在地面上。”

> 天热的时候，我就爬进地洞。我穿着大衣和靴子，并把便帽拉下来遮住耳朵；我的战地背包里装着汤匙和叉子，并把背包当枕头用。在一次暴风雨期间，地洞边的土墙倒在我身上。我的大衣和袜子都湿透了……我们在这种没有住所、没有毛毯、没有帐篷的日子里还要过多久呢？曾经，每名德军士兵都有遮风挡雨的住所。就算是狗，下雨时也有个狗窝可以爬进去吧。我们唯一的愿望就是，在被关押了六个星期之后，能够有瓦片遮头。就算是原始人都比我们住得好。[11]

在缺乏住所的同时，他们还缺乏毛毯或衣物。俘虏只能
穿着他们被俘虏时的衣服，在绝大多数情况下，他们还被剥 115
夺了标准的随军装备。他们通常“身无长物，没有大衣，没有帽子，没有夹克，在许多情况下，只穿着平民的衣服和普通鞋子”。在海德斯海姆（Heidesheim），有许多 14 岁的孩子，只能穿着睡衣。他们也曾经在半夜被抓去充当“狼人”（Werewolves），即最后的狂热抵抗者，然后还穿着睡衣就被送进了营地。[12]

如果说缺乏衣物和住所已经足够可怕，那么，缺乏卫生设施也同样可怕。俘虏没有地方洗漱，只有少数地沟用来充当厕所。按照那些被关押在莱茵堡的俘虏的说法，营地“只有一条大阴沟，大家都蹲在阴沟旁边拉屎”。巴德－克罗兹纳赫（Bad Kreuznach）营地有些角落是“名副其实的小便海洋”，德军士兵还被迫在那里睡觉。厕纸如此短缺，以至于俘虏经常使用德国钞票来擦屁股，对于这种做法，没有多少俘虏会大惊小怪，因为已有传言说德国货币将不再流通。[13]

他们最担心的是缺乏食物。俘虏过分集中意味着如果按照

雷马根营地最初的每日定量，那么每25个人才能分得一条面包。这个定量后来提高到每10个人一条面包，但还是不足以维持生命。在巴德-克罗兹纳赫，面包断供长达六个星期，所以当面包最终运抵时引发了一场骚动。在此之前，那里的每日定量只是“三匙蔬菜、一匙鱼、一到两片西梅干、一匙果酱、四到六片饼干”。在巴德-赫斯菲尔德（Bad Hersfeld），俘虏每天只靠800卡路里的热量维持生命，最后每5个人就有1个人“骨瘦如柴”。为了补充这点可怜兮兮的热量，俘虏被迫在营区里寻找可以食用的杂草，还有人借助营区里随处可见的点点营火焚烧荨麻和蒲公英来熬汤。许多人靠罐头壳在地里挖芜菁，他们挖出来就生吃，结果营区里爆发了痢疾。[14]

缺乏水源才是更大的问题。坦克修理工乔治·韦斯（George Weiss）说道：“在长达三天半的时间里，我们完全没水用。”

> 我们只好喝自己的尿。味道很难闻，但那又怎样？有些人趴在地上舔地面，就是为了湿润一下喉咙。当我们得到一点点饮用水时，我已经太过虚弱，跪在地上起不来了。
> 116 我想，如果没有那点水，我可能已经死了。但是，莱茵河就在铁丝网外面。[15]

在巴德-克罗兹纳赫，只有一个水龙头，却要供5.6万人饮用，盟军只好每天用卡车把水运到营地各处。在布德瑞（Büderich），五个水龙头供7.5万名俘虏饮用，但只在每天晚上放水一小时。当营地的美军指挥官被人问道，为何俘虏要承受如此不人道的待遇时，据说他如此回答：“这样他们就会永远失去当兵的乐趣。”[16]

毫不令人意外的是，这种营地里死亡率甚高，尤其是那些在战斗中受伤未愈、筋疲力尽的人死亡率更高。但至于死亡率到底有多高，则始终充满争议。在极具争议的著作《其他损失》（*Other Losses*）中，詹姆斯·巴盖（James Bacque）认为罗斯福那个无聊又无趣的、杀死德国人的玩笑，表明了充斥美国行政当局的复仇风气。巴盖声称，有 80 万名德军俘虏死于美军关押期间，这个数字足以让美军的复仇行为与苏联和纳粹的战争暴行相提并论。与巴盖的其他研究成果一样，由于数字高得惊人，好几个国家的学术机构都不予采信。[17]官方数字只不过是巴盖数字的 1/160：按照埃里希·马施克（Erich Maschke）为主席的德国政府委员会的说法，估计只有 4537 人死于莱茵牧场营地。[18]其他学术机构估计实际死亡人数可能会更高，尤其是在考虑到时局混乱根本不可能有精确记录的情况下。但人们普遍同意，死亡人数不可能超过 5 万 ~6 万人。[19]

这并不意味着巴盖描述的大范围死亡从未发生，而只能说明巴盖在错误的舞台上展现了这些数字。一如既往，真正恐怖的事情，不是发生在西方，而是发生在东方。

苏军管辖的战俘

如果说被西方盟军关押的俘虏处境糟糕，那么，在东线被关押的俘虏处境简直糟糕透顶，实际上，糟糕到东西方之间的对照几乎毫无意义。关押在莱茵牧场营地的战俘经历过的一切，
在苏联建立的战俘营里也同样发生，只是范围更大、时间更长。 117
此外，德国俘虏通常被迫走向关押地。这种“死亡行军”经常持续一周甚至几周，在此期间，俘虏通常得不到食物和水。

苏联在战时抓获了 300 万名俘虏，超过 1/3 死于关押期间。

在南斯拉夫，情况还要更糟糕：大约8万名俘虏被处决、被饿死，或者因为缺医少药和强迫行军而死，大约每5名俘虏就会死掉2名。只要看看表1（见本书第140页），就能明白，为何德军士兵如此害怕落入苏联红军或者红军游击队手中。在东线被抓获的俘虏与在西线被抓获的俘虏，前者比后者死亡率高出90倍。

东线战俘死亡率如此之高，有几方面的原因。首先是资源更为短缺。战争期间，苏联及其盟友严重依赖西方国家供应的食物和物资，可想而知，他们会把这些紧缺资源用于自己的同胞，尤其是自己的军队，最后才会把剩余的少量物资用于喂养俘虏。若论交通设施和基础设施的破坏程度，东线也比西线严重得多，而且在东线，行进距离也要遥远得多。数以万计的轴心国俘虏就死在穿越辽阔的苏联和东欧土地的路上。只要人们想想俄国的冬季多么严寒，就能理解为什么在苏联营地里死于露天的俘虏会比西线营地多得多。但是，这些都不是主要原因。如此众多的德军俘虏死于苏联关押期间，主要原因是看管他们的人根本不在乎他们的死活。

对德国以及德国人的绝对仇恨，已经成为战时苏联社会的一大特色。早在1945年春天，苏军士兵就已接受最为尖锐的仇恨宣传，这种宣传极尽所能妖魔化德国以及德国人。苏联军队报纸《红星报》刊发了阿列克谢·苏尔科夫（Alexei Surkov）的诗歌，标题为《我恨》，最后一行写着“我想勒死每个德国人”。[20]《真理报》印发了康斯坦丁·西蒙诺夫（Konstantin Simonov）的诗歌，标题为《杀死他！》。这首诗发表在攻陷伏罗希洛夫格勒①当天，它劝告俄国士兵：

---

① 如今的卢甘斯克。——译者注

> ……杀死一个德国人，尽快杀死德国人，只要看见德国人，就去杀死德国人。[21] 118

其他作者如米哈伊尔·肖洛霍夫（Mikhail Sholokhov）和瓦西里·格罗斯曼（Vasily Grossman）也都写过尖刻辛辣的故事和报告，以求增长苏联国内对德国所有事物的仇恨。但在苏军士兵心目中，正是伊利亚·爱伦堡（Ilya Ehrenburg）占据了特殊位置。爱伦堡在《红星报》上发表的颂歌被反复印行，以至于绝大多数士兵都能熟记于心。

> 德国人，非人类。于我而言，从此时起，“德国人”，如同诅咒。从此时起，“德国人”，伤我至深。我们不应振奋。我们应行杀戮。如果你一天未能杀死至少一个德国人，那么你就浪费了这一天……如果你不能用子弹杀死德国人，请你用刺刀杀死德国人。如果你的战线沉寂，如果你在等待战斗，请你杀死德国人……如果你已杀死一个德国人，请你再杀死一个德国人——人生最痛快之事，莫过于让德国人的积尸成山。[22]

在爱伦堡笔下，德国人并非人类，是永恒的主题。早在1942年夏天，他就写道：

> 人类可以承受任何痛苦：瘟疫、饥饿、死亡。但人类受不了德国人……只要这些灰绿色爬虫还活着，我们就无法生存。今日，世上无书；今夜，天上无星；今天，只存一念：杀死德国人。杀光德国人，埋入地底下。[23]

这里所说的“灰绿色爬虫”，有时会指蝎子、传播瘟疫的老鼠、疯狗甚至细菌。[24]正如纳粹宣传曾经把斯拉夫人贬斥为“劣等种族”一样，苏联宣传也把所有德国人贬斥为害虫。[25]

这种作品的嗜血腔调，与其他国家的类似作品并无明显差异，如菲利普·维阿内（Philippe Viannay）也极力催促人们在沦陷的法国杀死德国人、通敌者、伪警察。[26]但与绝大多数法国人不同，苏联人有能力将自己的言语大举付诸实行。经常有人指出，这种宣传是苏联红军进入德国后“杀戮狂欢”的主要原
119 因。[27]但在很大程度上，这还是应该归咎于被俘德军士兵在战时的所作所为。因为德国人对待俘虏毫无人性，俄国人就认为自己有权“以彼之道还施彼身”。无数德国人刚刚投降就被射杀，尽管上级下达的命令是禁止射杀俘虏，但还是有无数德国人被醉酒的苏联红军士兵杀死，他们认为复仇也是庆祝胜利的方式。有时候，苏军士兵随手射击德军俘虏以取乐，一如德军在1941年对待苏军俘虏的做法。[28]在南斯拉夫，德军俘虏同样会因为微小过失而被射杀，杀人的理由还包括想要俘虏的衣服和装备，想要复仇，或者想要练练手。[29]

我们应该记住，不仅德军士兵为此付出了代价，尽管德军俘虏肯定数量最多，苏联红军还俘虏了7万名意大利人，他们当中许多人有去无回。[30]在东线，超过30.9万名罗马尼亚士兵下落不明，至于有多少人活下来最终成为俘虏，至今不得而知。[31]并非所有俘虏都是战斗人员，实际上，官方统计经常分不清平民与士兵。战争结束后，至少60万名匈牙利人被苏联红军掳走，其中既有平民又有士兵，而理由仅仅是他们生不逢地，他们都被送到了遍布苏联各地的劳动营。[32]

这些无助的俘虏承受的屈辱，与纳粹德国的强迫劳工经历

的屈辱同样糟糕。发生在他们身上的第一件事情就是被抢劫。苏军士兵最看重手表、结婚戒指以及其他贵重物品，但成群结队的抢劫者夺走了俘虏的装备甚至军装。托特·佐尔坦（Zoltan Toth）是一名匈牙利医生，1945 年 2 月，布达佩斯被攻陷后他成为俘虏，他写道："穿马靴的人最倒霉，如果俄国人发现俘虏穿着有用的靴子，他们就会让俘虏站出队列，向俘虏头部开枪，然后扒下俘虏的靴子。"[33]

抢劫俘虏仅有的财物只不过意味着剥夺时期的开始，他们最终会有 1/3 的人死于非命。更有甚者，这种剥夺经常是刻意为之。如果说美军管辖的俘虏得不到足够食品定量通常是因为供应不力，那么，恰成对照的是，苏军管辖的俘虏经常被故意断供食物和水，无论是虏获他们的作战部队、转送他们的看守人员，还是管理他们的营务人员，做法都相差无几。最典型的 120
例子是汉斯·舒尔茨（Hans Schuetz）的经历，他是战争最后阶段在德国东部被苏军俘虏的士兵。在前往东方的路上，许多当地人给他们带来一盒盒面包和一罐罐牛奶。"然而，看守严令我们不得触碰任何东西。他们向坛坛罐罐和三明治开枪。牛奶和水渗入地面，三明治被烧成灰烬。我们不敢触碰任何东西。"[34]

如果说美军管辖的俘虏不得不排队取水，那么苏军管辖的俘虏有时不得不偷水，在冬季还得设法吃雪。[35]当美军无法提供足够的药物以应对疾病暴发时，苏联医生有时会拒绝为俘虏提供药物，有人甚至指出，苏联医生把提供药物作为敲诈勒索的手段。[36]在美军管辖的营地，俘虏至少不需要捕食猫狗，但在苏联的古拉格，俘虏甚至用面包为诱饵捕食老鼠。[37]苏军管辖的营地的饥饿状况，比任何美军管辖的营地都要严重得多，而且这种饥饿不是持续数日、数周，而是持续数月之久。1946 年，托特·佐尔坦在一座临时古拉格的医务中心工作，他经常看见停尸间的尸体被切开，内脏被偷走，估计是被偷去吃掉，一如在贝尔根－贝尔森集中营。当他向主管医生报告此事时，他的热心只换来冷言冷语，主管医生说道："要是你看见一年前在这儿发生的一切……"[38]

有些幸运的战俘早在 1947 年就被遣送回家了，但绝大多数战俘在苏联的古拉格被关押到 1950 年，当时斯大林发布"大赦令"，让那些堪称"劳动模范"的德国人可以回家。[39]然而，有些人还是未能摆脱麻烦，那些被认定为政治犯的俘虏，一直被关押到 1953 年斯大林去世、赫鲁晓夫再次发布大赦令为止。最后被赦免的俘虏直至 1957 年才返回德国，那时战争已经过去 12 年了。在苏联偏远的矿山、森林、铁路、皮革厂以及集体农庄和工厂劳动多年以后，许多人已经熬成老弱病残。海因里希·冯·爱因西德尔（Heinrich von Einsiedel）伯爵后来提起与他一同回国的最早一批人，他说道："那些火车装载的货物啊！都是些饥饿、瘦弱的骷髅；人们因为食物不足而患上痢疾：骨瘦如柴、手脚发抖、面如土色、眼神模糊，只有在看到面包和纸
121 烟时，才会两眼放光。"爱因西德尔曾经是虔诚的共产主义者，但当他看见这番景象时，他的信仰严重动摇了。他说道：这里每一名俘虏，都是"对苏联的生动控诉，对共产主义的死刑判决"。[40]

劣迹之代价

苏军管辖下的德国战俘，比美军管辖下的德国战俘，其处境要糟糕得多，这不仅被国际上普遍接受的伤亡人数所证明，

而且被数以百计俘虏的证人证言所证明。然而，这并不足以阻止某些作家发表不同意见。1989 年，詹姆斯·巴盖出版《其他损失》，他试图向全世界证明，是美国人而非俄国人，要对数十万名德军俘虏的死亡负责。巴盖坚信美国领导层要为这些所谓的死亡数字负责，巴盖指责美国领导层执行故意复仇的政策，然后再以捏造的统计数字隐瞒“真相”。巴盖的言论，不仅让美国人关于道义战争的坚固信念成为疑问，实际上也是控诉美国领导人犯下的反人类罪行。

这是典型的阴谋论，更加不要提此书出版时引起的争议了。世界各地的学术机构竞相贬损巴盖的历史研究方法，他错误引用文献，他的研究方法杂乱无章，最重要的是，他完全误解了统计数字。[41]与此同时，某些曾经在战后担任监狱看守的美国退役老兵却为巴盖辩护。他们指出，在他们驻守的营地，状况一度非常糟糕，而且在他们中间，的确存在过不问生死甚至坐等复仇的风气。即使是巴盖的贬低者，也不能否认这种状况的真实存在。

如果这种论战气氛持续下去，数十年后，这将成为一段历史公案，因为巴盖的言论总是包含着真相的种子。或许巴盖最应该受到批评的地方，不是他误读真相，而是他转移了人们对
真相的注意力。巴盖发掘的往事也许不如他想象的那样耸人听 122
闻，但仍然使人震惊。

1962 年，德国政府建立马施克委员会，以调查德国战俘的命运。根据马施克委员会提供的官方数字，美国军政府以及法国军政府的确需要对此做出解释。美军管辖的营地的死亡率，虽然不像苏军管辖的营地的死亡率那么高，但还是比英军管辖的战俘营的死亡率高出 4 倍。法军管辖的营地更加糟糕，尽管

关押人数比英军管辖的营地的关押人数少 1/3，但死亡记录却几乎高出 20 倍（共 24178 人）。我们必须记住，这些都是保守数字：即使是官方历史学家，都承认可能有数以千计的死者未被记录在案。

表 1　战俘死亡情况[42]

关押国家	战俘人数	死亡人数	死亡率(%)
英国*	3635000	1254	<0.1
美国*	3097000	4537	0.1
法国*	937000	24178	2.6
苏联*	3060000	1094250	35.8
南斯拉夫	194000	80000	41.2
波兰	70000	5400	7.7
捷克斯洛伐克	25000	1250	5.0
比利时、荷兰、卢森堡	76000	675	0.9
合　计	11094000	1211544	10.9

注：带*号的数字包含欧洲大陆营地。

法军管辖的营地的高死亡率，起码还可以用法国当时的食品短缺危机来解释。及至 1945 年秋天，食品供应状况是如此恶劣，以至于国际红十字会发出警告说，如果状况再无改善，俘虏当中可能要饿死 20 万人。于是，救济行动得以展开：美军提供的给养被转送到法军管辖的营地，提高食品定量，以免出现饥饿，更为严重的灾难由此得以避免。[43]

然而，英军管辖的营地与美军管辖的营地的死亡率差异，更加难以解释。就连英军都能为战俘提供给养，美军不可能做
123 不到。实际上，在所有的盟国军队中，美军在实施补给方面最为得心应手。有人认为，美军管辖的营地有更多俘虏死亡，是

因为美军负责管理那些条件更差的莱茵牧场营地，但这还是无法解释为什么这些营地比其他营地更难完成补给，而且某些营地在战争结束后很快就移交给英军管辖。[44]在战争刚刚结束的关键时期，美军比英军看管更多的俘虏，但比例并不悬殊：美军看管259万人，英军看管212万人。如果再比较英美两军的相对规模，人们就会发现，按照士兵与俘虏的平均比例，英军还要看管更多的俘虏。[45]

英美两军唯一的实质差异是释放俘虏的速度。1945年秋天，当英军已经释放超过80%的俘虏时，美军还关押着绝大多数的俘虏，直至当年冬季才开始放人。[46]原因在于罗斯福曾经坚持，想方设法审讯德军士兵的战争罪行，就连基层士兵也不放过：美军关押的俘虏不得不在营地里停留更久以接受审查。[47]

或许我们发现了为何美军看管的俘虏的死亡率高于英军看管的俘虏。我们曾经提到，美国政府对待德国人的态度比英国政府对待德国人的态度更为严厉。在德黑兰会议上，当英国提出把战败的德国分为三个行政区时，罗斯福还想进一步瓜分德国。罗斯福说道："如果把德国分成107个省，德国对文明世界造成的危险会小得多。"[48]在1944年英美魁北克会议期间，美国财政部部长亨利·摩根索（Henry Morgenthau）提出拆卸德国所有的工业设施的计划，这实际上是要把德国赶回中世纪。罗斯福赞成这个计划，迫于美国的压力，英国只能随声附和。[49]英美两国一致同意，战后很长一段时间，把俘虏当成强迫劳工，其实英国提出的期限比美国提出的期限更长，但美国（以及法国）还提出让俘虏去清理雷区。[50]

这种政策当然会导致更高的死亡率，但绝大多数相关政策其实从未实施：最后，英美两国对待俘虏的政策非常接近。然

124 而，官方立场与官方政策一样，都会影响战俘的状况。从上文的尖锐字句中可以得出如下印象，越是基层官兵，对虐待俘虏就越是纵容甚至鼓励。如果任由敌视俘虏的风气蔓延开来，俘虏最终必然会被虐待。在极端的环境中，这种风气能够导致暴行，但即使是在温和的环境中，这种风气同样能够导致苦难，毕竟由于战败，俘虏可能已经筋疲力尽了。

美军对待德军俘虏的态度与德军俘虏的死亡率是否相关，至今还是悬而未决的问题，还需要更深入的研究。这种研究同样适用于法军。如果詹姆斯·巴盖仅仅致力于调查研究，而非虚构投机取巧的理论，他的著作可能更能得到学术界的接受。在这种研究得以展开之前，我们不能排除这样的可能性，罗斯福关于杀死战俘的笑话，尽管似乎是个玩笑，但可能引发了实际后果。

第十二章　无限复仇：东欧 125

如果说复仇是权力的功能，那么，只有在施害者与受害者角色完全逆转时，真正的复仇才有可能实现。受害者必须变成施害者；无权者必须变成全权者；之前承受的不幸必须设法转换为对方承受的痛苦。

在德国境内，这种情况并未大规模发生，毕竟盟国在阻止这种情况发生。被释放奴工不能反过来奴役他们之前的主人，集中营幸存者不能成为德国俘虏的看守。但在其他国家，无论是在个人层面还是在社区层面，这种翻天覆地的情况的确存在。

在波兰和捷克斯洛伐克，这种情况尤其明显，但在匈牙利、罗马尼亚、南斯拉夫、波罗的海国家甚至俄国，情况也相差无几，这些国家都有大批长期侨居于此的德语居民，被统称为德裔。战争期间，这些人获得各种特权，现在却成为众矢之的。他们被迫逃离家园，他们食不果腹、尊严扫地，因为他们的所在国都在仿效纳粹战时的措施。数十万人被强征为奴工，在各地区的工厂、煤矿、农场里劳动，一如纳粹当年对待他们的邻居那样。其余的人要么被送进监狱，要么被赶进中转营地，等待被逐回德国。

这一章是关于数百万德语平民的故事，他们被塞进欧洲各地的禁闭营、中转营、集中营，而这些营地才刚刚把战时关押的犯人全部清空。某些营地可与最臭名昭著的纳粹集中营相比。
必须澄清的是，最初发生在这些营地的暴行，论规模无法与纳 126

粹的战争罪行相比，但同样必须承认的是，暴行的确发生过，而且相当野蛮。

施虐狂的极端行径总是令人难以容忍，且不论受害者是谁，但在这里，受害者换成了德裔，这引起我们另一种不安。在欧洲每个国家，实际上在全世界，德裔都被视为暴行实施者，而非承受者。世人更愿意相信，即使战后有某些复仇措施，那也是德裔咎由自取，而且我们也愿意相信，考虑到当时的环境，德裔遭受的报复无论如何都是相当温和的。人们认为，德裔以令人恐惧的折磨和羞辱对待别人，不仅纳粹党徒如此，就连普通男人、女人、孩子都如此，那么，我们的同胞就有权以彼之道还施彼身。这是盟国的主流风气，也是回避责任的方便理由。

如果我们试图得知过去的真相，或者真正了解我们生活的世界，就应该对这些往事进行考究。最近数十年，过激论者和阴谋论者对这些往事颇感兴趣，而我们只是将其看成罪恶的秘密。新造的传言和夸张的言辞开始生根发芽，其中某些观点相当危险。因此，尽管会引起不安，我们还是很有必要让这些令人不悦的真相、传言滋生的土壤重见天日。

捷克斯洛伐克的德意志人

在欧洲，对德裔平民最具敌意的，就是那些德裔与其他民族比邻而居的国家。捷克斯洛伐克首都布拉格就是典型例子。数百年来，布拉格曾经是德意志人与捷克人的共同家园，两个社群的矛盾可以追溯到奥匈帝国时期。[1] 如果不把维也纳计算在内，布拉格就是纳粹占领的第一座外国首都，也是最后被解放的外国首都，因此，捷克公民比欧洲其他国家的民众承受了更
127 久的占领之苦。许多捷克人都把他们的德裔邻居视为叛国者，

正是这些叛国者为1938年德国的入侵铺平了道路。

因此毫不奇怪，当布拉格居民在战争最后一周奋起反抗纳粹时，长期积压的怨恨终于演化成暴力。他们抓住德军士兵，群起殴打，淋上汽油，将其焚烧。[2] 数十人被吊在城市的路灯杆上，血肉模糊的躯体上被刻上纳粹万字符。游击队员冲进地窖，把躲藏在里面的德裔男人、女人、孩子拖出来，人们被殴打，妇女被强奸，有时甚至被杀害。[3] 数以千计的德意志人被赶出家园，被关押在学校、影院、营房，许多人受到残忍审讯，审讯者试图深究其政治立场。[4]

在这几天里，城市里弥漫着浓厚的恐惧气氛。一些布拉格居民后来提到，那种“会传染”的恐慌让他们想起第一次世界大战期间德军战壕里的岁月。一名德裔公务员形容当时的布拉格满大街都是“街垒和受惊的人”。当他试图回家时，他好几次误入人群，到处都是怒气冲冲的男人、骂骂咧咧的暴民、惊声尖叫的女人、屈膝投降的德军，还有许多贩卖捷克国旗和徽章的年轻人。他后来写道：“每间屋子里都传出枪声。”

> 许多捷克年轻人，手里拿着左轮手枪，要求查看路人的证件。我躲进一间房子的门廊；楼上传来让人头发倒竖的尖叫，然后传来一声枪响，然后就是一片死寂。一个长着猛禽面孔的年轻人走下楼梯，手脚麻利地把什么东西塞进左边的裤兜。一个老人，看得出是看门人，高声叫道：“那个德国婊子，你让她得到应得的下场了吗？这就对了，他们都得死！”

这座城市的德意志人，要么躲在地窖里，要么躲在捷克朋友和熟人家里，以避开愤怒的暴民。[5]

1945 年 5 月 5 日，起义开始时，大约有 20 万德意志人生活在布拉格，其中绝大多数是平民。[6] 根据捷克的统计报告，起义期间，只有数百名德意志人被杀，包括数十名妇女和至少八名儿童。这肯定是低估的数字，尤其是考虑到城内城外暴力行为的范围和性质，更不要说官方企图掩盖针对平民的暴力行为了。
128 例如，后来在布雷诺夫（Břevnov）郊区发现的集体墓穴，就收殓了 300 名德意志人的尸体，他们都是“在西面的战斗中被杀的”。受害者多数穿着平民服装，但捷克的统计报告仍然断定他们当中有 3/4 的人是士兵，并且将其纳入军人死亡名单而非平民死亡名单。[7] 考虑到统计报告如此不可靠，再加上数目不详的德裔受害者并未入册，人们根本不可能判断布拉格起义期间德裔平民的确切死亡人数。

战争结束后，还有数千名德意志人被关押在布拉格，首先是在临时拘留中心，然后转到大型聚集中心，如斯特拉霍夫（Strahov）运动场，最后转到城市外围的关押营地。根据目击者证词，这些拘留中心的德裔犯人通常会被殴打，偶尔会未经审判就被处决。例如，一位名叫库尔特·施密特（Kurt Schmidt）的平民工程师，5 月底从布尔诺被强迫走到布拉格，然后被关押在斯特拉霍夫。他后来声称：“饥饿和死亡统治着这片营地。”

> 在营地里，我们被迫在大庭广众之下围观处决，他们以此提醒我们死亡会随时降临。任何在营地里发现的党卫队员，都会被公开处决。有一天，六名年轻人被殴打到动弹不得，他们被水泼醒（德裔妇女被迫去打水），然后继续被殴打到断气为止。血肉模糊的尸体被故意展示在厕所旁边，长达数天之久。一名 14 岁的男孩与父母一起被枪

决，原因据说是他曾经试图用剪刀刺伤一名革命卫兵。这只是每天发生的处决案例的个别例子，而处决方式通常是枪决。[8]

按照施密特的说法，营地里的食物供应时有时无而且始终不足，最近捷克的研究确证了这一说法。[9] 卫生状况极为原始，装载食物的桶夜晚会用于“其他用途”。营地里痢疾流行，因为疾病和饥饿交迫，施密特失去了 15 岁的儿子。卫生设施缺乏，食品定量不足，在战后所有关押地中可谓家常便饭。

在斯特拉霍夫，妇女尤其难熬，她们不断受到捷克卫兵和
俄国士兵的侵犯。施密特解释道，他与其他男人都无力保护 129
妇女：

如果男人试图保护自己的妻子，他很可能会招来杀身之祸。俄国人以及捷克人，甚至懒得把女人带走，他们就在孩子和营地所有犯人面前强奸女人，所作所为如同禽兽。在夜里，人们能够听见这些可怜女人的呻吟和呜咽。到处都在执行枪决，子弹就在我们头上擦过。人流密集，噪声不断。黑暗的夜空被探照灯和俄国人的枪火划破。我们的神经日夜不宁，我们仿佛坠入地狱。[10]

为了逃避这种状况，许多德意志人自愿到外面工作，尤其是因为城市里修理工的需求很大，包括拆除起义期间起义者修筑的街垒。但如果以为他们在外面的待遇会比在监狱的待遇更好，那就大错特错了。施密特经常被围拢在工地周围的群众殴打、吐痰、投石。他的描述得到一位妇女的证实，那位妇女关押在另一处营地，她战时曾经在布拉格的德军女子通信兵部队

服役。

> 街头暴民的行径（比监狱看守）还要恶劣。尤其是年长妇女，更加擅长用铁杆、铁棍、狗带等工具当武器。我们有些人惨遭毒打，甚至倒地不起。其他人，包括我自己，不得不到桥上的街垒藏身。捷克警察在我们的工地外围警戒，但暴民突破警戒线，我们再次惨遭虐待。我有些被打的同伴拼死跳入莫尔道河①，他们马上朝河里开枪……其中一个捷克人拿着一把大剪刀，挨个儿剪我们的头发。另一个捷克人往我们头上泼红油。我被打落四颗牙齿。他们强行从我们肿胀的手指上摘下戒指。其他人则看中我们的鞋子和衣服，我们最后几乎被剥个精光，即使是内衣也被剥去。男孩和男人踢我们的肚子。我完全绝望，我也试图跳进河里。但我被拖回来，再次受到毒打。[11]

130 这就难怪有些德意志人宁愿自杀也不愿受辱了。例如，在布拉格的潘克拉克（Pankrác）监狱，两位年轻的德裔母亲勒死自己的孩子，然后试图自杀。她们被救活时说，之所以要杀死孩子，是因为看守威胁要“挖掉孩子的眼珠，折磨他们，杀死他们，就像德国人对待捷克孩子那样”。[12]关于战后初期的自杀人数，没有任何可靠的统计数据，但 1946 年捷克官方报告列出 5558 名在波希米亚和摩拉维亚自杀的德意志人。再一次，真实数字肯定比统计数字多得多。[13]

布拉格市内德意志人的处境，大体上代表了捷克其他地区的状况，尽管在很多地区最糟糕的日子要到夏末才到来。或许

① 捷克人称伏尔塔瓦河。——译者注

最著名的屠杀发生在拉贝河畔乌斯季（Ústí nad Labem，德语旧称为奥西希），7 月底有超过 100 名德意志人被杀害，深感震惊的目击者后来将死亡人数夸大了 10 倍乃至 20 倍。[14]更为严重但更不为人知的屠杀发生在波希米亚北部城镇波斯托洛普尔季（Postoloprty），一支狂热的捷克陆军分遣队执行了“清洗”当地德意志人的命令。根据德国文献，有 800 人被残忍杀害。捷克文献也能印证：事件发生两年后，捷克当局在城镇外围的集体墓穴发现了 763 具尸体。[15]在陶斯（Taus，捷克人称为多马日里采），120 人在车站后面被枪杀，然后埋在集体墓穴里。[16]在摩拉维亚城镇普热罗夫（Přerov）附近的霍尔尼莫斯泰尼采（Horní Moštěnice），一位名叫卡罗尔·帕祖尔（Karol Pazúr）的捷克军官拦下一列满载斯洛伐克德意志人的火车，表面上是为了搜查前纳粹党徒。当天晚上，他的士兵射杀了 71 名男子、120 名女子、74 名孩子，最小的孩子是八个月大的婴儿。再一次，他们被埋在集体墓穴里。帕祖尔后来为杀死孩子狡辩道：“我杀了那些孩子的父母，还能拿那些孩子怎么办？”[17]

这种行为绝对不可能得到捷克新政府的授权，捷克新政府还经常谴责这种过火行为。[18]然而，这并不意味着捷克新政府与这种行为毫无干系。回国复任捷克斯洛伐克总统的爱德华·贝奈斯（Edvard Beneš）签署了一系列惩罚德意志人的法令，包括充公土地、没收财产、取消国籍以及解散所有德语高等学府。贝奈斯以及新政府其他高官的言论无异于火上浇油。例如，在 131
贝奈斯从流亡地回到布拉格后发表的第一次演讲中，他并未单独从道德上指责纳粹的战争暴行，而是指责整个德意志民族，声称他们活该“被全人类唾弃”。[19]贝奈斯政府后来的司法部部长普罗柯普·德尔提那（Prokop Drtina）走得更远，他公然声称“没有好德国人，只有坏德国人和更坏的德国人”，他们是“我们体内的溃疡”，而且“整个德意志民族都要为希特勒、希姆莱、汉莱因、弗兰克的罪行负责，整个德意志民族都要为犯罪接受惩罚”。[20]在1945年7月，后来担任捷克总统的安东尼·萨波托茨基（Antonín Zápotocký）在《劳动报》（*Práce*）发表文章，要求当局在惩治通敌嫌疑犯时不应受法律约束，因为“当你砍树时，肯定木屑横飞”（一句捷克谚语，类似于“你不可能煎蛋而不打破鸡蛋”）。[21]类似的观点还可见诸总理日德内克·聂杰德利（Zdeněk Nejedlý）、议长约瑟夫·大卫（Josef David）、司法部部长雅罗斯拉夫·斯特兰斯基（Jaroslav Stránský）的相关言论。[22]

如果说政府官员的言论充斥着对所有德意志人的恶毒咒骂，那么他们也是在为捷克人的复仇行动开脱。在战后一周年的一部法律中，写明了所有复仇行动都是对纳粹当局及其帮凶的“合理报复”，尽管类似行为在平时会被视为犯罪。值得注意的是，这种赦免不仅适用于战时的报复行为，而且适用于1945年5月9日至10月28日的报复行为。[23]

很难说清楚，到底有多少德意志人死于捷克斯洛伐克战后的混乱局面中，但肯定数以万计。此事仍然极具争议，让德捷双方情绪尖锐对立，而所有关于死亡人数的统计数据又彼此矛盾。德国文献列出18889名在捷克斯洛伐克驱逐行动期间死亡的德意志人，其中5596人死于暴力事件，上述数字还不包括那些未被记录在案的死亡人数。[24]苏台德区的德意志人经常声称真实死亡人数高达25万，但这个数字明显夸大了。[25]正好相反，某些捷克历史学家声称，所有战后暴力事件都是德意志人为了索取赔偿而虚构的故事。[26]最为可靠而且公正的统计数字由捷克历

史学家托马斯·斯坦内克（Tomáš Staněk）汇编而成，他谨慎地
估计，死于捷克斯洛伐克战后混乱期间的德意志人，为 2.4 万～ 132
4 万人。[27]不过，这个数字并未包括那些因为健康受损而在此后
数年间英年早逝的人。

斯坦内克也给出了战后被囚禁的德意志人的人数。早在捷克官方大肆驱逐德意志人之前，官方记录的德裔囚犯人数就高达 96356 人，斯坦内克认为真实的数字至少还要多出 2 万。实际上，1945 年 8 月中旬，在波希米亚和摩拉维亚所有囚犯中，超过 90% 是德意志人。表面上是因为这些德意志人对捷克构成威胁，实际上也许有多达 1 万名囚犯是未满 14 岁的孩子。[28]

毫无疑问，囚犯当中某些人的确罪有应得，导致所有囚犯集体受过。但他们之所以被长期关押在营地里，许多人直至 1948 年才被释放，是因为他们被当成免费劳动力，尤其是农业部门和工矿企业的重要劳动力。

原则上，征召德裔劳工也是欧洲其他地区的惯常做法，甚至在英国也是如此，及至 1948 年年初，还有 11 万名德国战俘在英国工作。[29]实际上，使用德裔强迫劳工，是由三巨头在雅尔塔和波茨坦根据国际协议认可的。但在英国，被用作强迫劳工的仅限于战俘，而在捷克斯洛伐克，被征召的绝大多数是平民。更大的差异在于劳工待遇。在英国，按照国际红十字会的规定，德国劳工饮食与英国工人相同的，遵照相同的安全条例。在捷克，红十字会经常无法接近犯人，许多犯人每天得到的食物的热量少于 1000 卡路里，这还不到足以维持健康所需之一半，他们被迫从事所有危险工作，包括清除地雷。[30]

捷克斯洛伐克的强迫劳工通常会被羞辱，一如当年纳粹对待犹太人的做法。他们被迫戴上纳粹万字符、白臂章或者涂上

字母“N”（Němec，指德国人）的补丁。[31]当他们走出关押营地去上班时，他们经常被禁止搭乘公交、光顾商店、进入公园，甚至不得走上行人道。[32]在他们被殴打或者被施以其他“惩罚”时，仿佛可见纳粹主义的幽灵在飘荡，尽管营地看守本身就是纳粹暴行的受害者。例如，一名德裔公务员还记得加害者的叫嚣：“我终于逮住你们了，你们这些婊子养的！四年来，你们在集中营里折磨我，现在轮到你们尝尝滋味了！”[33]

133 **维诺赫拉德的市民们！**

布拉格第12区本地民族委员会常委会，已经决定解决德国人、匈牙利人以及叛国者问题，措施如下：

1. “德国人”这个单词及其所有变体，只能以小写字母书写，“匈牙利人”这个单词亦然。

2. 今后将对德国人、匈牙利人以及叛国者实施以下规定——

a. 所有年满14岁且被认定为德国人、匈牙利人、叛国者或通敌者的人，将要在左臂佩戴明显的白色帆布标识，尺寸为长宽各10厘米，上面涂抹纳粹万字符以及个人编号。佩戴此标志的人，将不得领取定量口粮卡。措施同样适用于登记证书第6栏（民族栏）标注为“D”① 的人。

b. 佩戴纳粹万字符标识的人，平时不得搭乘有轨电车，只有在上班路上才可搭乘，搭乘时必须站在后车斗，而且不得使用座位。

c. 佩戴纳粹万字符标识的人，不得走人行道，只能走机动

① Deutsche的首字母，意为“德意志”。——译者注

车道。

d. 佩戴纳粹万字符标识的人，不得购买、订阅、阅读报纸，该措施同样适用于上述人等的房客。

e. 佩戴纳粹万字符标识的人，不得逗留或穿越公共花园、公园、森林，不得逗留或光顾理发店、餐厅、各种娱乐场所，尤其是戏院、影院、讲堂等地；同样，他们不得光顾洗衣店、干洗店、油印店。他们光顾商店的时间，限定为上午11点至下午1点、下午3点至下午4点。无视此时间限制的买卖双方将同时受到处罚。他们到所有政府部门办事的时间，限定为早上7点半至早上8点半。

f. 佩戴纳粹万字符标识的人，晚上8点后不得离家。

g. 所有年满14岁且登记证书标注为“D”的人，务必在两天内向布拉格第12区本地民族委员会管制和登记委员会报到，以制作证章和登记入册。那些未能在规定时间内报到的人，以及未佩戴上述证章的人，将会受到严厉惩罚，惩罚措施参照纳粹当局曾经采取的做法。惩罚措施同样适用于那些帮助和结交上述人等的人，且不论其方式和目的为何。

h. 所有登记证书标注为“D”的人，务必马上现身，且不论其是否曾经收到上述调查委员会通知，且不论其是否曾经收到允许自由行动的临时证书。与此同时，他们（必须）递交所有财产清单，同时上交所有贵重物品，接收部门为第12区民族委员会民族财产信托公司，如有银行存折、银行账户以及其他储蓄，亦一并提交；他们必须报告，是否持有任何形式的资本利益，同时提交合法证据；而且，他们必须交出所有无线电设备及其证书。任何财产转移将被禁止并被宣布无效；德国人不得享用烟草配给，不得在公共场合或工作场所抽烟。

市民们、工人们、苦力们！按照政府规定的原则，我们将会在本区内执行清洗、建立秩序。此举将让你我的维诺赫拉德成为民族的、我们的市区。

上述措施只是临时措施，直至所有上述人等被驱逐出境后即行终止。

1945 年 6 月 15 日发布于布拉格
布拉格第 12 区本地民族委员会
主席奥德里奇·哈拉斯

1945 年 6 月张贴在布拉格一个区的告示。[36]

134 有一位名叫汉斯·冈瑟·阿德勒（Hans Guenther Adler）的犹太人，曾经被囚禁于特莱西恩施塔特。按照他的说法，他遭受的待遇，与德意志人战后在同一处营地遭受的待遇，相差无几：

> 在他们当中，有些人在占领期间无疑是有罪的，但其他大多数人只是少年儿童，他们之所以被关押，仅仅因为他们是德意志人。仅仅因为他们是德意志人……？这句让人毛骨悚然的话听起来太熟悉了；只不过是把“犹太人”换成“德意志人”。德意志人被迫穿上打着纳粹万字符补丁的衣服。人们饥饿难耐、饱受虐待，他们的待遇不会比德国集中营好多少。唯一的差异是，在这里，通过劳动实施的复仇，并非建基于由党卫队运营的大规模灭绝系统。[34]

阿德勒的道德观点让人无可辩驳：虐待无辜的德意志人，与虐待无辜的犹太人，同样是错误的。然而，他不应该缩小两者在规模上的差异。他同样忽略了一个事实，德意志人所受的痛苦都是由个人造成的，他们所受的折磨和谋杀，从来就不是政府的正式政策：捷克当局仅仅要求驱逐德意志人，而不是灭绝德意志人。当然，正是这种差异造就了全然不同的世界。

然而，还有其他人主张彻底灭绝德意志人，即使在特莱西恩施塔特没有发生这种灭绝事件，在其他地方也肯定会发生。1945 年秋天，当数百万贫病交加的难民涌入德国时，他们也带来某些恐怖故事，内容无非关于“地狱营”“死亡营”“灭绝营”。他们说，在这些地方，德意志人通常会劳累至死、冻馁至死，甚至被集体处决。营地看守虐待人的方法，与党卫队在奥斯威辛虐待人的方法相差无几，甚至犹有过之。据说在某些营地，“只有大约 5%”的犯人得以生还。[35]

这种关于营地的陈述，得到德国政府的极端重视，而且得 135
到大量居民的全盘接受，他们宁愿把自己视为受害者，而不是暴行实施者。这种信念将会产生长久的政治效应，其影响从 20 世纪延续至今。

这些营地中最为臭名昭著者，并非在捷克斯洛伐克，而是在波兰，正因如此，我们接下来要关注波兰。

新“灭绝营”

1945 年 2 月，苏联红军攻入德国领土后，在如今波兰西南部外省小城希维托赫洛维采（Świętochłowice）附近的兹哥达（Zgoda）发现了一座被废弃的劳动营。出于报复心理，波兰准军事部门公共安全部（UBP）将其重新开放，改为“惩罚营”。[37]当地数千名德意志人遭到逮捕，并被送入营地服劳役。当地居民被告知，兹哥达仅仅是收容纳粹党徒和德国帮凶的营地，实际上几乎所有人都可能被送进去。与前纳粹犯人同时被逮捕的，还有德国运动俱乐部的成员，罪名是没有合法证件，甚至有时候根本就不需要罪名。

当这些犯人抵达营地时，可能会猜想自己的命运。营地被高压电网环绕，电网上挂着骷髅头标识，上面写着“危险勿近”。[38]按照好几位目击者的说法，当他们看到挂在电网上的几具尸体时，这些警告语显得更加触目惊心。[39]犯人会在大门口见到营地负责人所罗门·莫雷尔（Salomon Morel），他告诉犯人，他会“让他们知道奥斯威辛意味着什么”[40]；有时他会取笑犯人，“我的父母兄弟在奥斯威辛被德国人毒死，我会不知疲倦地工作，直到所有德国人得到应有的惩罚”。[41]战争期间，兹哥达曾经是奥斯威辛的附属营地：为了强化两者的联系，甚至有人在大门上写着“劳动使人自由”①。[42]

折磨很快开始，尤其是对任何纳粹组织的嫌疑犯，折磨更快降临。希特勒青年团成员被勒令躺在地上，任由看守从他们身上踩过，他们还被迫唱纳粹党歌，即《霍斯特·威塞尔之
136 歌》（*Horst Wessel Song*），同时举高双手，任由看守用胶棍敲打他们。[43]有时候，莫雷尔会命令犯人叠罗汉，直至他们叠成巨大的金字塔；他会用凳子殴打犯人，或者命令犯人彼此殴打，以此为看守取乐。[44]有时候，犯人会被送进惩戒室，那是个地下室，犯人被迫在深及胸口的冰水里站立几个小时。[45]特别的场合意味着额外的毒打。例如，希特勒生日当天，看守会进入7号牢房，那是关押纳粹嫌疑犯的牢房，看守会用椅子殴打犯人。[46]欧战胜利日当天，莫雷尔会从11号牢房提出一批犯人，进行另一场庆祝性的殴打。[47]

---

① Arbeit macht frei，奥斯威辛集中营大门标语。——译者注

犯人的生活环境被故意弄得不宜人居。营地从建造时起，就只能容纳 1400 名犯人，但及至 7 月，营地已经容纳了超过 3500 人。最高峰时，这里关押了 5048 人，只有 66 人不是德国人或德裔。[48]他们被塞进 7 座住满壁虱的木结构牢房，在那里，他们得不到足够的食物，也没有标准的盥洗设施。食品定量通常会被贪婪的营地职员克扣，而营地外亲人送来的食品包裹则会被没收。[49]2/3 的男人每天被送去当地煤矿，有时他们会在那里劳累至死。[50]第 7 号牢房的纳粹嫌疑犯不用去工作，但在营地里受到公共安全部看守的严密监视。流行性斑疹伤寒暴发时，染病的犯人没有被隔离，而是被迫滞留在过度拥挤的牢房里。结果死亡率急剧上升，一位负责掩埋尸体的犯人后来提到，每天都有将近 20 人死去。[51]

任何试图逃出这座地狱的人，马上会受到特别惩罚。格哈德·格鲁施卡（Gerhard Gruschka）是营地里一名 14 岁的德裔男孩，他目睹了一名不幸被重新抓获的逃犯遭受的惩罚。逃犯名叫埃里克·范·卡尔斯特伦（Eric van Calsteren）。当他被押回牢房时，一队看守群起对他拳击棒打，其他犯人则被迫围观。格鲁施卡说，这是他曾经见过的最为残忍的毒打。

> 埃里克……突然挣脱民兵包围，爬到一张木板床上。
> 四个民兵从后面围住他，把他拖回牢房中间。他们明显被 137
> 这种反抗激怒了。一个民兵从牢房的角落里抽出一根铁棍，这根铁棍平常用来搬运我们的食物桶。当桶里装满食物时，用铁棍穿过桶边两个手柄，会比较容易搬运。然而，此时铁棍成为折磨人的工具。暴怒的民兵用铁棍敲打埃里克的双腿。当埃里克倒地时，他们拳打脚踢，然后把埃里克抓起来，再用铁棍殴打。在绝望中，埃里克只好求饶：“枪

> 毙我吧，枪毙我吧！”但他们打得更起劲。这是兹哥达最恐怖的夜晚之一。我们都相信，我们的狱友这次必死无疑。[52]

奇迹般地，卡尔斯特伦总算熬过了这次毒打。就像格鲁施卡那样，他才 14 岁。他还是荷兰公民，因此根本就不应该被关押在波兰。

这就是每天发生在兹哥达的事情。难怪这里经常被比作纳粹集中营，特别是因为营地指挥官本人似乎有意识地重现奥斯威辛的气氛。就连当时的旁观者也能做出这种类比。一名当地牧师向派驻柏林的英国官员传递了这座营地的信息，这名英国官员转而上报伦敦的英国外交部。英国的报告写道：“集中营并未被废止，而是被新主人接管。在希维托赫洛维采，未被饿死或未被打死的犯人，被迫夜复一夜地仰起头站在冰水里，直至死去。”[53]被释放的德裔犯人也把兹哥达比作纳粹集中营。一位名叫君特·沃尔尼（Günther Wollny）的男人相当不幸，他在奥斯威辛和兹哥达都被关押过，他后来说道：“我宁愿在德国集中营待十年，也不愿在波兰集中营待一天。”[54]

在兹哥达所有折磨人的手段中，食物短缺和伤寒流行是两大杀手。然而，对于那些幸存者来说，瘟疫无异于救赎。伤寒暴发的详细情形被披露在波兰报纸上，波兰政府部门终于决定接管监狱和营地。莫雷尔因为任由营地状况恶化以及任意对犯人动用武器而受到正式训诫，其中一名营地高级管理员卡罗
138 尔·扎克斯（Karol Zaks）因为克扣食品定量而被解雇。[55]当局着手释放犯人，或者将犯人转送到其他营地。及至 1945 年 11 月，在犯人答应对自己的经历守口如瓶后，多数犯人被释放，营地也同时被关闭。

按照官方数字，在大约6000名先后被关押在兹哥达的德意志人中，有1855人死亡，死亡率几乎达到1/3。尽管在正式表述中把惩罚营改称为劳动营，但某些波兰和德国的历史学家还是断定，兹哥达营地的功能，就是通过故意断供食物和药物，让德裔犯人步入死亡。[56]

人们也许乐意把兹哥达事件理解为个别残忍的营地指挥官的个人复仇，但其实类似状况在波兰其他营地和监狱比比皆是。例如，在特雷泽比卡（Trzebica，德语称特雷比尼茨）的波兰军事监狱，看守为了好玩而经常殴打德裔犯人，而且经常放狗吓人。一名犯人说道，当看守用带齿铁棍打他时，他只能卑躬屈膝地在牢房里跳来跳去。[57]在格利维采（Gliwice，德语称格利维策），监狱交给犹太大屠杀幸存者管理，他们用扫帚、棍棒、甩棍让德裔犯人招供。[58]克沃兹科（Kłodzko，德语称格拉茨）监狱的幸存者提到，犯人“被橡胶棍打到眼珠迸裂”，那里还上演各种暴行，包括直截了当的谋杀。[59]

女人跟男人一样，承受了巨大痛苦。在波图利采（Potulice）劳动营，妇女通常会被强奸和殴打，成为营地职员的性虐待对象。或许更糟糕的是，她们与孩子骨肉分离，孩子只能在周日见到母亲一两个小时。有证人声称，这种做法体现了将德裔儿童波兰化的做法，正如纳粹在战时企图让波兰儿童德国化那样，不过，这份证言可能只是证人对与孩子分离一年半的痛苦的宣泄。[60]波图利采其他犯人声称，她们被迫赤身裸体去工作，甚至被扔进粪坑，甚至有证人声称，一名看守抓住一只癞蛤蟆，将其塞进一名德裔犯人的喉咙里，直到这名犯人窒息而死。[61]

然而，最为臭名昭著的波兰营地也许是瓦姆比诺维采（Łambinowice），德语称拉姆斯多夫（Lamsdorf），这是德国占
139 领者使用的称谓。1945 年 7 月，这座曾经用作战俘营的营地重新开放，成为收容德裔平民的强迫劳动营，在波兰国界变动后，这些平民正在等待驱逐出境。强迫劳动营由时年 20 岁的切斯瓦夫·根博尔斯基（Czesław Gęborski）管理，“他是个形貌猥琐的波兰人，全靠踢打犯人来下达命令”。[62]

按照一名早期犯人的说法，暴行几乎是突如其来。就在他们抵达当晚，他和其他 40 名犯人被叫醒，然后被赶出牢房，到营地的院子里集中，他们被迫躺在地上，民兵跳到他们背上。然后，他们被迫绕着院子跑步，同时还被鞭子和枪托抽打。任何人不支倒地，马上就会被民兵群起攻之。证人声称：“第二天早上，我们埋葬了 15 个人。之后几天，我都要强忍住剧痛才能挪动身体，我的尿里都是血水，我的心跳也不规律。但还有 15 个人被埋在地底。”[63]

数天后，随着大批犯人被转送至此，暴行继续蔓延。不仅波兰民兵肆意打人，而且他们的德裔走狗也打人，尤其是“牢头”，一个来自卢布里尼克（Lubliniec，德语称卢布里尼茨）的名叫约翰·富尔曼（Johann Fuhrmann）的德裔犯人。“就在我眼前，他打破一个婴儿的头颅，婴儿的母亲只是想为孩子讨点热汤而已，在拉姆斯多夫，热汤是供应给最小的孩子的。然后，他追着那个女人，在院子里鞭打她，而那个女人臂弯里还抱着血肉模糊的婴儿尸体……然后，他带着他的‘跟班们’回到房间里，喝光那些本来给孩子准备的肉汤。”[64]

按照同一位证人的说法，营地看守越来越喜欢变换花样折磨人。为了取乐，营地指挥官强迫一个男人爬上院子里一棵树，

然后让那个男人大喊“我是一只大猴子”，营地指挥官和看守哈哈大笑，然后开枪射击，最后那个男人终于从树上掉到地上。或许这位证人做出的最为令人作呕的陈述，是关于邻近乡村格吕本（Grüben，如今波兰的格拉宾）的妇女的遭遇。那些妇女被派去挖掘一处在营地附近发现的万人坑，万人坑里有数百具苏军士兵遗体，都是当年战俘营里的死者，被纳粹掩埋于此。那些妇女没有手套或者其他防护服。当时正值盛夏，尸体早已高度腐烂，散发出难以忍受的恶臭。

> 由于尸体暴露在野外，妇女和女孩被迫面朝下方捡拾 140
> 这些黏黏糊糊的、不堪入目的尸体。波兰民兵用枪托击打受害者的脸，让她们埋首在腐尸堆里。通过这种方式，人体残骸被灌进她们的口鼻。64 位妇女和女孩死于波兰人这种“英雄史诗般的”行为。[65]

类似证言的正确性几乎无法核实，而且证言本身很可能有所夸大。然而，发掘现场的照片得以保留，即使波兰历史学家也承认，妇女们被迫在没有手套和防护服的情况下发掘尸体。[66]许多详细情况也得到营地其他幸存者的证实。一位女犯人提到，她的儿子雨果被迫徒手发掘尸体，尸体严重腐烂，以至于黏黏糊糊的东西浸透了他的鞋。[67]

不可否认的是，在瓦姆比诺维采，的确存在任意虐待犯人的风气。好几位证人都亲眼看见有人被殴打致死，或者因为试图逃跑而被枪决。[68]绝大多数微不足道的过失都肯定会招致惩罚，如想要逃到德国境内的美军占领区（据说一位年轻人因此被打死），或者对异性讲话。[69]一位妇女提到，当她在营地里发现丈夫还活着时，她欣喜若狂，结果因为大喊大叫，她和丈夫在面朝太阳的位置被绑了三天，作为对她的惩罚。[70]

随着暴力风气蔓延，犯人被迫忍受最为恶劣的生活条件。与其他营地一样，他们只能得到很少的食物，通常是一日两餐，每餐两个水煮土豆，午饭就是寡淡如水的所谓肉汤。卫生设施付之阙如，就连被单都是回收再用的裹尸布，医院里的草席也是一样。[71]一名营地掘墓人提到，由他掩埋的尸体，上面覆盖的虱子有时“厚达两厘米”。[72]难怪这里与其他营地一样，两大杀手分别是疾病传播和营养不良。根据波兰文献，这里 60% 的死亡个案是由斑疹伤寒所致，许多是由斑疹热、痢疾、疥疮以及其他疾病所诱发。[73]

对于那些营地生还者来说，这段记忆如同地狱的幻象。等到他们被释放、被转送到德国时，他们已经失去家园、失去财
141 产、失去健康，有些人甚至体重减半，但丧失亲人的心理痛楚才最为沉重。一名妇女在历劫数年后解释道：

> 在营地里，我失去了我 10 岁的女儿、我的母亲、我的姐姐、我的哥哥、两个嫂子、一个姐夫。在我临近死亡的时候，我带着儿子和另一个女儿，设法爬上了开往西德的列车。我们在营地里待了 14 个星期。我们村里过半的人都死了……我们满怀渴望，终于等到我的丈夫。1946 年 7 月，我们曾经收到噩耗，说他也死在地狱营，我们分别后真是经历太多事情了……[74]

这些往事从那时起成为德国的集体记忆。以此为题材的著作可以塞满整个图书馆，结果我们对波兰劳动营的观点仍然停留在主观印象层面。接下来我会说明，尽管德国政府竭尽全力收集数据、实物、个案，但要准确弄清楚如下事实绝非易事：

到底有多少人关在这些营地里，到底有多少人死在这些营地里？

数字的政治

1945 年 10 月其中一座营房起火，是发生在拉姆斯多夫的最为著名的事件之一。谁也不知道火灾因何而起，但接踵而来的混乱事件都被记录在案。按照德裔目击者的说法，营地看守借机大开杀戒。看守不分青红皂白随意开火，杀死许多试图救火的人，然后把犯人扔进火堆。火灾结束后，犯人被迫挖掘集体墓穴。病房里那些病号的尸体也在此时被埋：某些病人先被射杀，但也有许多病人被打晕后活埋。[75]

1965 年，当波兰共产党政府面对这些事件时，他们断然否认。在他们看来，大火是犯人发起暴动的机会，波兰看守被迫武力镇压。波兰政府坚决支持营地指挥官切斯瓦夫·根博尔斯 142
基，声称在所有针对他的指控中，他都是清白无辜的。甚至，波兰政府声称，这些事件只是德国政治势力的宣传，目的是败坏波兰的名誉，迫使波兰归还 1945 年《波茨坦协议》授予波兰的土地。[76]

关于火灾时和火灾后的死亡人数，同样是争议不断。最低死亡人数只有 9 人（来自一名埋尸人的证言，甚至得到战后波兰共产党政府的承认）。[77]然而，有德裔证人声称，这是个大为缩减的数字。德裔营地医生海因茨·埃瑟尔（Heinz Esser）声称，根博尔斯基故意让他把尸体转移到三个相互隔开的地点，以免尸体数目得到确切统计，妇女和孩子的尸体要在正式墓地之外另行挖坑掩埋。埃瑟尔保存着一份火灾遇难者的秘密名单，分为如下几类：死于火灾者、死于火场外围枪击者、火灾后被活埋者、火灾后伤重不治者。他提供的最终死亡人数是 581 人。遗憾的是，这个数字与埃瑟尔在数年前提供的数字明显自相矛盾，他曾经声称只有 132 人死亡。[78]考虑到一手资料的讹误、正式文献的缺乏以及战后高度紧张的政治气氛，我们几乎不可能弄清楚当天到底有多少人死于拉姆斯多夫。9 人死亡与超过 500 人死亡，差异极为巨大（在 2000 年对营地指挥官的审讯中，火灾死亡人数据说为 48 人）。[79]

争议同样出现在营地开放一年期间的总体死亡人数。根据海因茨·埃瑟尔提供的数字，1945～1946 年，共有 6488 名犯人死于拉姆斯多夫。波兰共产党当局再次反驳，声称拉姆斯多夫只关押了 4000 名犯人，因此埃瑟尔提供的数字根本不可能。[80]根据波兰最新研究成果，那里大约关押了 6000 名犯人，大约有 1500 人死亡，其中 1462 人名字可考。[81]

这种数字争议不仅仅是学术争论，当中还夹杂着强烈的情绪，既有个人情绪，也有民族情绪。9 人意外死于火灾，还算是不幸，但大批人，也许是数百人，被故意烧死和活埋，那就
143 是暴行。数百人死于斑疹伤寒，还算是难免的悲剧，但数千人被故意饿死和断药，那就是反人类罪行。数字是最重要的，因为数字本身就能说明问题。

如果把争议放大到国家层面，德国提供的数字与波兰提供的数字可谓差异悬殊。1974 年，德国被逐者、避难者与战争受害者事务部向德国国会提交了一份研究报告，报告提到，有 20 万人被关押在战后波兰劳动营，包括拉姆斯多夫、兹哥达、梅斯沃维采（Mysłowice），以及位于托谢克（Toszek）的苏联内务部监狱。总体死亡率估计为 20%～50%。这意味着大约有 4 万～10 万人死于这些营地，而报告也提到“肯定有超过 6 万人死

于当地”。[82]相比之下，波兰公共安全部的一份报告声称，只有6140名德意志人死于劳动营，就连报告编写者也知道，这个数字肯定是大为缩减的，即使在当时也太明显了。[83]德国提供的数字几乎是波兰提供的数字的10倍。

又一次，数字对双方都至关重要。对于波兰人来说，这是重获道德制高点的机会。第二次世界大战是德波两国20年紧张关系的顶点：在纳粹（后来还有苏联）毁灭和分割波兰后，可想而知，波兰人肯定不愿意因为战后的暂时混乱而被视为罪人。因此，站在波兰人的立场上，这些令人尴尬的数字肯定是越低越好。甚至有更露骨的公然伪造政府文件的事例，在这些文件中，死亡率低得令人难以置信。

相比之下，德国则成为夸大数字的既得利益者。关于波兰反人类罪行的故事，不仅满足了德意志人在战时形成的种族偏见，而且有助于减轻民族负罪感：这种故事说明，德意志人不仅是暴行实施者，同时也是暴行受害者。德国本身越是悲惨，就越是能够摆脱自身罪恶，在某种程度上，东欧德意志人承受的罪恶，部分“抵消”了他们自己对犹太人和斯拉夫人犯下的罪恶。尽管这从来不是德国的主流思想，但时至今日，仍然有德国政治团体反对承认大屠杀，因为德意志人在东欧也承受了 144
“同样的痛苦”。[84]这是极端危险的观点。诚然，波兰劳动营存在某些虐待德意志人的恶心事例，但没有任何证据证明，这是官方灭绝政策的结果。实际上，波兰当局向营地指挥官下达了严格命令，再三强调殴打和侮辱犯人是违法行为，任何人违反命令都会受到惩处。[85]那些虐待犯人的当事人都已受到惩戒（虽然处罚轻微），并且被调离岗位。无论是就性质还是就规模而言，把发生在拉姆斯多夫或者兹哥达的暴行，与纳粹大屠杀相提并论，都是荒谬绝伦的。

这个话题之所以长久没有定论，是因为战后禁闭营地的犯罪当事人几乎都没有受到审判。切斯瓦夫·根博尔斯基是拉姆斯多夫营地的指挥官，1956 年曾经受到共产党当局的审讯，但最终无罪释放。1989 年共产党统治结束后，拉姆斯多夫事件重启调查，2001 年，根博尔斯基在奥波莱（Opole）出庭受审。然而，由于根博尔斯基与控方证人的健康状况同样糟糕，审判一再推迟，最后在 2005 年宣判。根博尔斯基于一年后死去。

所罗门·莫雷尔是兹哥达－希维托赫洛维采营地的指挥官，他同样设法逃脱了审判。共产党统治结束后，他移民到以色列，然后在此定居。波兰司法部申请将他引渡回国，但以色列只能驳回申请，因为根据以色列的时效法，犯罪时间已经超出了追诉期。[86]

这两个人以及其他数百名当事人，都应该在 20 世纪 40 年代受到起诉，但他们都侥幸过关，因为当局另有打算。波兰民族与其他承受过纳粹占领的民族一样，更加关注恢复民族权力，而非关注德裔平民的权利。这或许令人愤怒，但绝不令人意外。无论如何，战后的公正是高度主观的公正，很少会在我们如今习以为常的法律体制内行事。

无论是在波兰还是在东欧，这些事情都并非孤例。正如我将要说明的，同样的问题在欧洲大陆普遍存在。唯一不同的是，受罚者不是德意志人，而是与德意志人合作的人。

第十三章　内部敌人

在战火最猛烈时，德国在欧洲直接或间接控制着超过 12 个国家，并且对其中超过 6 个国家拥有巨大的影响力。考虑到这些国家的军事能力，纳粹不可能在没有合作者的情况下控制这些国家，而合作者的数量可能多达数万人，甚至数十万人。无论战后初期欧洲人多么痛恨德国人，他们更痛恨的还是那些与纳粹合作的通敌者。德国人起码还有借口，毕竟他们是外来文化、外来势力，相比之下，通敌者是叛国者。战后欧洲弥漫着浓烈的爱国主义气氛，通敌叛国便是不可饶恕的罪行。

在战后欧洲，通敌者遭受的非人待遇，远非现代人所能理解。在欧洲媒体上，通敌者被描绘成“害虫”“疯狗”，甚至是需要从社会中“清除”出去的“秽物”。[1] 在丹麦和挪威的民间艺术中，通敌者被描绘成老鼠；在比利时，通敌者也确实如过街老鼠被人人喊打，在英国观察者看来，比利时人对通敌者的仇恨已经近乎“宗教式狂热”。[2] 在这种气氛下，也难怪有人对通敌者暴力相向。彼得·武特（Peter Voute）是荷兰抵抗组织的医生，他在战后写道：

> 对通敌者的刻骨仇恨，对复仇的强烈渴望，在当时如此普遍，以至于滥用私刑在所难免。尽管人人都有这种想法，但没有人知道应该如何报复。当时有谣言提及“刀斧之日”，暴民将会亲手执行法律。[3]

146 “刀斧之日”，法国人称为“肃清野蛮人”，在每个欧洲国家重复上演。肃清名单似乎永无止境：不仅包括战时领导人和政治家，而且包括地方市镇长官和行政官；不仅包括欧洲极右军事组织成员，而且包括参与镇压民众的普通警察和宪兵；不仅包括承包纳粹工程而大发横财的著名实业家，而且包括服务德军士兵而挣点小钱的咖啡店店主和零售店店主。因为从事纳粹宣传，记者、播音员、制片人声名狼藉；因为慰劳德军部队，演员和歌手饱受攻击。曾经为法西斯分子提供救助和鼓励的牧师，曾经为德军士兵提供服务的妓女，甚至曾经对德国人报以微笑的妇女和女孩，也都一并遭殃。

在捷克斯洛伐克和波兰用于报复德国人的手段，同样用于欧洲各国的通敌者和法西斯分子。在解放后的混乱中，荷兰和比利时的通敌者被当场处决，他们的房屋被烧毁，“警察对此不闻不问，甚至予以认可”。[4] 在意大利，法西斯分子的尸体被晾在街头展示，路人可以踢打和唾骂，甚至墨索里尼的尸体也照此办理，被悬挂在米兰洛雷托广场的加油站的屋顶上。[5] 在匈牙利，极右组织“箭十字党”的成员被迫在酷暑天气挖掘犹太人的集体墓地，当地人朝他们身上投掷树枝和石块。[6] 在法国，人们设立秘密监狱，通敌嫌疑犯在那里受到各种虐待，包括截肢、强奸、强迫卖淫甚至花样各异的折磨。[7]

新政权以及盟国也对此感到震惊，甚至抵抗运动本身也认为这些行为令人作呕。1944 年 10 月 29 日，《维瓦罗伊斯地区报》（*La Terre Vivaroise*）报道了“恐怖的情形”：

> 我们正在重复使用盖世太保使用过的最为可耻的手段；纳粹主义似乎迷惑了许多人，让他们相信暴力总是合法的，他们可以对那些被他们视为魔鬼的人为所欲为，人人都有

> 权夺走别人的生命。如果我们模仿野蛮人、变成野蛮人，那么我们战胜野蛮人又有什么意义？[8] 147

显而易见的是，不能允许这种状况持续下去。盟军不能允许战线后方出现无政府状态，毕竟战争仍在进行中。新政府也不允许当地人自行执法，因为这会挑战新政府的权威。1944 年 8 月，夏尔·戴高乐返回巴黎时声称："公共秩序是生死攸关的问题。"在面向民众的电台广播中，戴高乐坚称临时政府（Provisional Government）拥有全权："所有非正式权力机关必须马上停止运作。"[9]

西欧各国新政府立即从几个方面着手解决问题。首先，承认问题是由于民众对警察缺乏信任所致，竭尽所能支持警察部队，让警察成为捍卫法律和秩序的中坚力量。在某些地区，特别是意大利和希腊，只能靠大批盟军士兵来提供支持。但在其他地区，只能靠清洗警察部队中的嫌疑分子来解决问题。例如，在法国解放后的一年间，每 8 名警察就有 1 名受到怀疑，每 5 名侦探就有 1 名丢掉工作。[10]其他国家同样照此办理：在挪威和丹麦，清洗警察部队同样令人印象深刻，尽管清洗力度可能不如其他西欧国家。重要的是恢复警察的司法权威，让他们能够勇敢对抗那些控制了许多城镇及其邻近地区的自卫团体。

其次，新政府试图着手解除前抵抗组织的武装，正是这些人犯下了绝大多数暴力行为。不过，说起来容易做起来难。例如，在巴黎，爱国民兵公然无视政府命令，继续进行武装巡逻。在瓦朗谢讷（Valenciennes），他们保留了巨大的秘密军火库，包括手榴弹、防空机枪、反坦克枪等。[11]在布鲁塞尔，政府允许"秘密军"成员在两周内解散，结果抗议示威演变为小型骚乱：警察开枪了，打伤 45 人。[12]在意大利和希腊，数千名游击队员拒

148 绝交出武器，原因很简单，他们不信任政府，因为即使在浴血解放后，新政府仍然容纳了无数与旧政权有关的人。

为了劝说前游击队员回归平民生活，许多国家都公布大赦令，赦免以解放名义犯下的罪行。例如，在比利时，当局对德国人被驱逐后 41 天内发生的、几乎任何抵抗活动视而不见。在意大利，大赦令涵盖战争结束后 12 周内发生的报复屠杀行为。在捷克斯洛伐克，大赦期达到惊人的 5 个半月。[13] 如果说在解放的热烈气氛中发生的激情犯罪可以宽大处理，那么，随着政府权力的巩固，后来发生的犯罪都会受到极端严厉的惩处。例如，在法国，1944 年年末 1945 年年初的那个冬季，政府逮捕了许多前游击队员，这被普遍解释为政府在警告抵抗组织，是时候结束私刑处决了。[14]

然而，上述措施无异于胡乱用药。私刑处决如此泛滥，真正的问题、主要的原因，在于许多人相信复仇是讨回公道的唯一手段。英国驻法国巴黎的大使达夫·库珀（Duff Cooper）曾经就法国私刑写过几份报告，借用他的话说："只要人们相信罪恶会得到惩罚，人们就会寄希望于法律，但当人们开始心存疑虑，人们就宁愿亲手执行法律。"[15] 战争结束后，这种疑虑随处可见。终止报复袭击的必由之路，是让民众相信国家有能力实现比利时报纸所说的"简单快捷的正义"。[16]

于是，欧洲各国新政府都在改革法律及其司法机关。设立新法庭，任命新法官，兴建新监狱和关押地，以应对突然涌入的被捕者。关于叛国罪，也颁布了新法律，以取代过时的、落伍的旧法律。因为通敌者人数众多，新司法观念的设计和应用因此也具有追溯性。在西欧，"民族贬斥"成为惩戒轻微罪行的新惩罚，包括剥夺通敌者的部分公民权，包括投票权。更为严重的罪行则适用死刑，丹麦和挪威虽早已取消死刑，但此时重新引入死刑。[17]

在欧洲某些地区，这种示范性做法更加容易奏效。在比利 149
时、荷兰、丹麦、挪威，抵抗组织总体上乐于把通敌者交给行政当局，与当局合作良好。然而，在法国的部分地区、意大利和希腊的大部分地区、东欧的绝大部分地区，游击队员以及平民百姓更加倾向于自行执法。这有多方面的原因，许多是政治原因，后文还会有所澄清，但最重要的原因是对当局缺乏信任。在经年累月的法西斯统治后，欧洲人不太指望政府捍卫“正义”。

或许这种不信任的最佳例子是意大利。这个国家当然是个极端个案：欧洲其他地区的通敌时期并不太长，而许多意大利人对法西斯分子的怨恨已经积压了 20 年。意大利的解放进程比任何其他国家都要漫长得多，持续了几乎两年，这两年间意大利北方还爆发了激烈的内战。欧洲其他地区发生过的许多事情，在这里有过之而无不及。结果，意大利提供了明显的例证，足以说明为何欧洲大陆普遍存在不信任。

清洗意大利

1945 年，意大利是一个分裂的民族。战争最后两年，这种分裂是地理上的：南方被英美两国占领，北方被德国占领。但分裂也是政治上的，尤其是在北方。一方是法西斯党徒，德国入侵后，法西斯党徒针对民众的暴行有增无减；另一方是反对派，许多人是共产党，许多人来自其他党派，他们只是由于对墨索里尼及其党羽的共同仇恨才团结起来。

1945 年 4 月，当法西斯党最终被击败时，游击队员开始猛烈复仇。任何与法西斯党有染的人都会成为攻击目标，不仅包括黑色旅（Black Brigades）或者戴奇玛·玛斯（Decima Mas）部队的战斗人员，还包括妇女辅助部队（Women's Auxiliary
150 Service）的队员，甚至包括法西斯共和党（Fascist Republican Party）的普通书记员和管理员。根据意大利文献记载，皮埃蒙特区、艾米利亚－罗马涅区、威尼托区是最为暴力的地区，每个地区都发生了数千起枪击案。[18]英国文献表明，欧战胜利日前夕，在米兰大约有 500 人被处决，在都灵更有 1000 人被处决，但负责向英国驻罗马大使报告的联络官说道："被枪决者都是罪有应得。"总之，这些数字可能被低估了。[19]

盟军显然无力干预这种大屠杀，起码在早期是如此。据说在都灵，盟军代表团团长约翰·史蒂文斯（John Stevens）上校告诫当地解放委员会主席佛朗哥·安东尼切利（Franco Antonicelli）："主席，听好了，两三天内，最迟第三天，我不想再看到大街上有死人。"[20]许多普通游击队员同样声称，盟军允许他们自己决定讨回公道的方式。一位前游击队员战后说道："美军允许我们这样干，他们看着我们，允许我们稍微折磨犯人，然后他们再把犯人带走。"[21]

结果，在意大利北部发生的战后暴力，比西欧任何地方都严重得多。统计数据足以说明问题。解放期间，在比利时被杀的通敌者大约是 265 人，在荷兰大约只有 100 人。[22]在法国，解放进程更漫长、更暴力，在这几个月中，被杀的维希政权支持者大约是 9000 人，尽管只有少数人是在解放后被杀的。[23]在意大利，最终死亡人数甚至更高：大约在 1.2 万人至 2 万人之间，取决于你相信哪一个数字。[24]

换言之，在每个国家的每 10 万人当中，荷兰只有 1 名通敌嫌疑犯在复仇行动中被杀害，比利时有超过 3 名，法国有超过 22 名，而意大利大约有 26～44 名。

在意大利北部的复仇行动中，最令人震惊的不是杀戮的规模，而是杀戮的速度。根据意大利内政部于 1946 年的统计，仅仅在 1945 年 4～5 月，就有大约 9000 名法西斯党徒及其同情者被杀。[25]某些历史学家将其描述为暴力狂欢，或多或少处于失控
状态；但在激情犯罪随处可见的同时，还存在不带情绪、有所 151
计划的有组织犯罪。某些特定个人被全副武装的战斗队员搜寻和处决，在某些个案中，游击队员甚至在举行简短的临时审判后再处决犯人。

就像西欧绝大多数国家的绝大多数抵抗组织成员那样，这些游击队员没有等待盟军到达，也没有将他们手上的犯人交付司法，而是自觉决定自行执法。这是因为他们认为，如果交由意大利法庭审判，法西斯党徒将不会得到应有的惩罚。罗伯托·巴塔利亚（Roberto Battaglia）曾经是游击队指挥官，他说道："我们必须现在实施清洗，因为解放后再无可能，因为战争期间你还能开枪，战争结束后你不能再开枪。"[26]

广泛流传的、针对意大利司法品质的笑话是有根据的。意大利北部的游击队员早已预见到将会迎来怎样的清洗，毕竟在过去的 18 个月里，他们已经看到意大利南部发生的一切。在南方，在佩特罗·巴多格里奥（Pietro Badoglio）的腐败领导下，前法西斯党徒继续统治社会各阶层。在某些地区，盟军曾经坚持开除法西斯党徒的公职，但随着解放区被移交给意大利当局，这些人又马上官复原职。警察继续袭击共产党人，甚至袭击所有左派同情者，而在公众场合高唱法西斯歌曲仍然相当普遍。

1944 年，在卡拉布里亚区出现法西斯主义回潮，甚至发生短暂的法西斯恐怖行动和法西斯破坏活动。解放一年多以后，意大利南部许多社区仍然由原来的市长、警长、地主统治，使用同样的暴力和压迫手段镇压民众，一如法西斯统治的年代。[27]

及至意大利北部解放时，意大利南部失败的清洗早已完成。问题在于法西斯党徒本身从未被视为罪犯，实际上也不可能被视为罪犯，因为意大利法西斯政府早在战争爆发前很久就已得到国际承认。然而，北方的情况稍有差异。在北方，以萨洛（Salò）为基地的法西斯党徒仍然骑在民众头上作威作福，尽管
152 早在 1943 年他们就已失去了全国政权。更为重要的是，他们支持和帮助德国占领意大利。结果，任何曾经在萨洛共和国担任政府职务的人，都有可能成为控告对象，因为他们既是法西斯党徒，又是通敌者。

从表面上看，在意大利北部进行真正的清洗，其前景远比在意大利南部更为光明。然而，在实际上，这种政治意愿从一开始就错过了时机。盟军到达时，许多政府官员和民政官员都成功保住了自己的职位：在解放后的混乱局面中，他们的经验有助于控制局势。同样，许多警察和宪兵被留用，因为可想而知的原因，盟军担心警察权力落入游击队手中。曾经通敌的商号被允许继续营业，以免工人失业；商号老板和经理被允许继续留任，以免破坏经济。实际上，除了在游击队强行改变的地区，那些未被触动的职务维持了原有的权力架构。

当清洗真正来临时，已经交由法庭负责，但首先并未进行任何司法制度改革。尽管有了新法律、新法庭、新法官以及新的法律人士，但司法架构内部的总体气氛是继承而非改革。某些新法律被付诸实行，但 1930 年制定的《法西斯刑法典》

（*Fascist Penal Code*）未被废除，实际上被沿用至今。审理通敌案件的新法庭成立完毕，即立法会议特别法庭（Extraordinary Courts of Assize），但其主要成员还是墨索里尼执政时期的法官和律师。因此，意大利许多通敌者在出庭受审时，荒唐地发现主审法官也干净不到哪里去。当犯人被宣判有罪时，刑罚也微不足道。当法官自己的角色很成疑问时，他们很难做出不利于其他民政官员的判决。[28]

尽管犯下许多错误，立法会议特别法庭起码判决了暴力犯罪，比如臭名昭著的黑色旅对平民的谋杀和折磨。但这些判决也可以被推翻，只要向意大利的最高法院即罗马上诉法院（Court of Cassation）请求申诉就可以了。上诉法院法官都是厚颜无耻的法西斯主义同情者，明显倾向于为旧政权的所作所为辩护。通过反复宣告特别法庭判决无效，通过赦免、驳回、掩 153
盖黑色旅犯下的某些最为严重的罪行，上诉法庭有组织地推翻所有将法西斯罪犯绳之以法的尝试。[29]

战后一年内，官方组织的清洗就已沦为闹剧。及至 1946 年 2 月，在 39.4 万名接受调查的政府雇员中，只有 1580 人被解职，而且其中绝大多数旋即复职。在意大利被关押的 5 万名法西斯党徒中，只有极少数人真正长期服刑：1946 年夏，所有低于 5 年的徒刑都被取消，犯人当场释放。尽管见证了西欧某些最为恶劣的暴行，意大利法庭却比欧洲其他任何法庭都做出更少的死刑判决，在战后 4500 万人口中，死刑判决不超过 92 宗。按照比例，这只是法国处决人数的 1/20。[30]与他们的德国盟友不同，没有意大利人因为在意大利境外犯下的战争罪行而受审。

面对如此失败的司法，难怪平民百姓深感挫败。一旦民众认定当局不可能进行任何清洗，唯一捷径就是自行执法。战后几个月，又一波暴力浪潮席卷意大利全国，民众不信任官方组织的清洗，他们冲进监狱处决犯人。这种事情在艾米利亚－罗马涅区和威尼托区极为普遍，但同样出现在北方其他地区。[31]最为著名的事例发生在维琴察省的斯基奥（Schio），前游击队员冲进当地监狱，屠杀了55名犯人。从部分参与民众的言论中可知，人们多么痛恨当时失败的清洗。一位平民说道："如果他们举行两三场审判，如果他们试图做点什么，也许就足以抚平民众心中的郁结。"另一位平民在50年后说道："我始终支持这次行动，因为对我来说，杀死他们就是讨回公道……我绝不同情他们，即使他们已经死去。"[32]

154 **欧洲清洗行动之失败**

意大利的情况仅仅是欧洲各地相似情形的极端例子。起码在一定程度上，战后清洗在所有国家都是失败的。例如，在法国，这个被盟国称赞为"彻底""得力"地从事清洗的国家，人们对法庭的失望情绪随处可见。[33]在法国，在31.1万宗立案调查的个案中，只有大约9.5万宗个案做出定罪判决，只占立案调查总数的30%而已。在定罪者当中，不到一半的人，即只有4.5万人，被判处监禁或者更重的刑罚。最普遍的惩罚是剥夺公民权，如投票权或者出任公职权。然而，绝大多数惩罚都因为1947年的大赦而被取消，大多数囚犯亦被释放。1951年另一次大赦后，只有1500名罪大恶极的战争罪犯仍被囚禁。在1.1万名于早期清洗期间被解除职务的公务员中，绝大多数人在此后六年内相继复职。[34]

在荷兰，有一半受到惩处的人只是失去投票权，另一半受到惩处的人绝大多数只是被判监禁，他们的刑期通常很短。在比利时，惩处略为严厉，做出了 4.8 万宗徒刑判决，2340 人被判无期徒刑，但这也只占立案调查总数的 12% 而已。比利时法官还做出 2940 宗死刑判决，其中只有 242 宗得到执行。[35]

欧洲大陆许多民众都把这些判罚视为无可救药的假慈悲，他们当然要宣泄自己的挫败感。1945 年 5 月，比利时全国各地爆发了一系列游行示威，通敌者被当场处死，其家人遭到羞辱，其房屋被洗劫。[36]在丹麦，几乎不存在严重的通敌行为，但还是有大约 1 万人走上奥尔堡（Aalborg）街头，要求严厉惩处通敌者，甚至发起总罢工。丹麦其他地方也发生了小规模游行示威。[37]在法国和意大利，暴民多次尝试冲进监狱，私刑处死在押囚犯。[38]

或许唯一让民众对清洗感到满意的西北欧国家就是挪威了。在挪威，审判迅速而有效率，惩处也相当严厉。在 300 万 155
人口中，9 万宗个案被立案调查，超过一半个案做出定罪判决。换言之，超过总人口 1.6% 的人在战后受到某种惩罚；这还不包括针对妇女和孩子的非正式惩罚，这将是下一章的主题。[39]

事实上，法律裁决在不同的国家之间差异巨大。个人最可能被立案调查的国家，毫无疑问是德国，去纳粹化进程必然导致整个德意志民族被妖魔化。然而，更加令人意外的是，个人最可能被囚禁的国家是比利时，紧随其后的是挪威。同样令人意外的是，个人最可能被处决的是保加利亚，该国做出了超过 1500 宗死刑判决。（然而，与其他东欧国家相似，许多死刑判决与共产党夺取政权有关，而非与惩处实际犯罪有关。）

最能说明不同国家对待通敌者采取不同做法的，也许是中欧国家。奥地利和捷克斯洛伐克虽然是邻国，但在清洗时有着天壤之别。在奥地利，通敌通常被视为轻微罪行，惩罚通常是罚款或者剥夺投票权。超过 50 万人受到这种惩罚。然而，这种惩罚并未长期实施：1948 年 4 月的大赦，恢复了 48.7 万名前纳粹分子的公民权，其他前纳粹分子也在 1956 年得到赦免。大约 7 万名公务员被解职，与其他国家一样，这种解职只不过是走走过场而已。[40]

相比之下，在捷克，通敌的后果就要严重得多了。捷克法庭对战争期间犯下的罪行做出了 723 宗死刑判决，而且由于捷克独有的判决三小时内执行死刑的政策，死刑实际执行率比欧洲任何国家都高，大约 95% 的个案，即 686 人被执行死刑。尽管绝对处决人数与法国相差无几，但不要忘记，捷克人口只有法国的 1/4，那么捷克的死刑判决率就是法国的 4 倍。捷克处
156 决通敌者的比例是比利时的 2 倍，挪威的 6 倍，东面的斯洛伐克同胞的 8 倍。但与奥地利相比，最能说明问题。在奥地利做出的 43 宗死刑判决中，只有 30 人被实际执行，这使奥地利成为通敌者在欧洲最安全的避难所之一。捷克处决“战争罪犯”的比例是其奥地利邻居的 16 倍。

当然，这两个国家的差异，可以归结为文化、政治、种族等原因。捷克人想要为当年国破家亡复仇，想要为当年捷克境内的德意志少数民族排斥捷克人复仇，甚至在审判进行的过程中，捷克人就已经开始驱逐德意志少数民族了。相比之下，奥地利人相当欢迎 1938 年的德奥合并，他们对讲德语的同胞有着天然的亲近感，他们对奥地利是希特勒“首要受害国”的官方说法嗤之以鼻。正是因为奥地利的通敌行为如此普遍，当局感到无法正常惩处通敌行为。

至于这两个国家对通敌者的不同处理方式是否公平，那就

是另一回事了。从超越国家的角度观察，根本不可能同时判断一个国家的严厉与另一个国家的宽容。

表 2　针对西欧各国通敌者的司法裁决[41]

	挪威	丹麦	比利时	荷兰	法国	意大利	捷克斯洛伐克	奥地利
1945 年人口	310 万	400 万	830 万	930 万	4000 万	4540 万	1050 万	680 万
死刑*	1	0.7	3	0.4	3.8	0.2	6.5	0.4
徒刑*	573	33	582	553	110	110	208	200
轻罚*	1083	—	378	663	188	—	234	7691
合计*	1656	33	963	1216	309	—	449	7892

注：带*号数字为每 10 万人受罚人数。尽管上述某些数字甚为精确，但由于确切数字仍有争议，还是应该将其视为概略数字。然而，通过国与国的比较，还是能看出大致精确的图景。

不同国家对通敌者的不同处分，仅仅是战后欧洲追求正义 157
的其中一个障碍而已。欧洲各国的法庭对穷人和年轻人的裁决都更为严厉，他们没有关系、不善言辞，更加请不起昂贵的律师。（在共产党借助清洗行动实现自身政治目的之前，东欧的情况也大致如此。）在清洗行动早期，法庭对受审者的裁决也更为严厉，因为此时主观情绪仍然强烈：1944 年足以判处死刑的罪行，战后可能只判处数年监禁。[42]对不同类型的通敌行为，处分也有所不同。例如，军事通敌者、政治通敌者以及出卖机密者，所受惩处通常比较严厉。那些在新闻媒体工作的通敌者，所受惩处可能最为严厉，虽然他们的罪行相对轻微，但他们的罪行白纸黑字俱在，而且处分他们有杀鸡儆猴之效。[43]相比之下，经济通敌者很少受到惩处，起码在西欧确实如此。这不仅因为针对商人的绝大多数指控难以取证，而且因为商人更有能力聘请律师，律师极力拖延审判，直到当事人被判无罪。此外，当时也缺乏审判商人的政治动因：战后欧洲情况如此糟糕，意味着无论商人多么不得人心，欧洲社会还是需要商人。

人们不能一味指责法庭，说法庭让事情发展到这个地步。放下民众的情感诉求不谈，法庭本身也陷入棘手的困境中。例如，围绕何谓“通敌”这个问题，就不可能有清晰的司法定义。例如，如果被告人深信自己的行为是为了国家利益而委曲求全，那么这还是叛国行为吗？许多政客和官员都声称，他们不得不附和纳粹，因为这样总比团结抵抗从而引起大规模镇压要好。与之类似，经济通敌者经常声称，如果他们的工厂停止生产商品，人们就会挨饿，工人就会被征召为强迫劳工并被带到德国。通过与德国人合作，他们让自己的国家避免了更为糟糕的命运。也有人指出，针对通敌行为的新法律，是秋后算账
158 的新法律，换言之，因为他们的行为并不违反当时的法律，他们的行为怎能被视为犯罪呢？如果某人在胁迫之下被迫“通敌”，他们怎能对自己的行为负责？战后当局怎能声称极右政党成员为不法分子？因为这同样是秋后算账。与此同时，战后当局不是还拥护自由结社的普遍权利吗？

在法国、斯洛伐克、匈牙利、罗马尼亚、克罗地亚，公诉人面临的额外问题是，整个国家都在与德国合作。当这些国家的领导人因为替德国人卖命而被起诉时，绝大多数普通官员又怎么可能与德国或者纳粹毫无关系？如果一个人仅仅是遵循所谓合法政府的指示行事，又怎能称其为叛国者？[44]

如此精妙的法律辩论，只能屈服于悠悠众口，民众不太关心冷静的司法程序，更关心自己的情感需要宣泄，他们想看到某些人被惩罚。无可避免的，某些审判纠缠于细枝末节而停滞

不前。审判远非“简单快捷的正义”，而是经常缓慢得令人麻木和痛苦。例如，在比利时，解放6个月后已有18万宗案件被立案，但只有8500人被提审。一位盟军观察员啼笑皆非地评论道：“如果这种慢吞吞的节奏持续下去，至少要10年才能让所有案件过堂了。”[45]

提升速度的办法是做出简短裁决，或者在案件提审之前销案。最后，比利时也确实照此办理。在11万宗经济通敌指控中，只有2%的案件最终提审。[46]同样的，在欧洲其他国家，大多数案件在提审之前就已销案。

便利神话之建构

欧洲清洗行动最终雷声大雨点小，主要是因为没有强烈的政治动因。严厉而缜密的惩处并不符合任何民族的利益。例如，在战争期间的绝大多数时间里，戴高乐的流亡政府都把法兰西民族描绘成团结一致对抗德国人和一小撮维希分子的群体。戴高乐在解放后接管权力时，他没有必要放弃这个团结神话，因 159
为法兰西显然已经团结一致追随他。此外，法国必须团结一致，只有这样才能自我重建。战争结束后，通敌者和抵抗者只能比邻而居。挑起他们之间的仇恨，只会为将来留下麻烦。

欧洲其他政府以及抵抗组织也是照此办理。挪威、荷兰、比利时、捷克的流亡政府，同样把各自的民族描绘成团结一致对抗纳粹的群体，以此弥合民族内部的紧张关系。战争结束后，抵抗运动成员乐见自己的战争事迹被反复传颂，尽管这会给人们留下错觉，仿佛他们的抵抗行为而非日复一日的屈辱合作，才是当时的常态。尤其是共产党倾向于营造人们团结一致站在他们一边的错觉，因为这能增强他们在东欧夺权的合法性。对于所有政府来说，团结的假象比清洗重要得多。因此，总体而言，只有在除掉那些妨碍团结的对象时，例如在为驱逐敌对种族找理由时，或者在战后东欧排斥直言不讳的政治反对派时，人们才会努力展开清洗。

这种对团结的坚持，造就了战后最具说服力的神话，即所有战争罪恶都是由德国人造成的。如果只有“他们”对“我们”施加暴行，那么，欧洲其他民族就能洗脱自作自受的嫌疑。[47]甚至，欧洲各国都能分享对德国的“胜利”。因此，战争结束后，所有欧洲人对德国和德国人的憎恨，就只是对德国所作所为的反应，这也有助于欧洲各国治愈自己的创伤。

作为战败国，德国别无选择，只能背负骂名。毕竟，正是德国发动了战争。正是德国奴役了欧洲各国数百万名强迫劳工，并且发动了大屠杀。然而，即使在德国境内，还是有可能逃避这些罪行的。在很大程度上，德国人反复为战争道歉的典型形
160 象，是 20 世纪 60 年代的创造：在此之前，德国人只是像其他任何民族那样，否认个人和集体要为 1939～1945 年发生的事情负责。多数德国人把自己视为受害者而非施害者，包括纳粹主义的受害者、战败的领导人的受害者、轰炸的受害者、盟国复仇的受害者、战后短缺的受害者，诸如此类。责任由此得以摆脱。

总体而言，去纳粹化审判与其他地方的清洗一样难以为继。在德国，某些地区比其他地区更加致力于清洗纳粹；某些类别的犯人比其他类别的犯人受到更严厉的惩处；许多臭名昭著的纳粹党徒得以逍遥法外，而他们的“同路人”却受到惩处。[48]

在众多审判中，最为引人注目的是 1946 年针对纳粹领导人的纽伦堡审判。与审判同时进行的公共宣传则是为了教育德意

志民族，让他们知道纳粹主义的恐怖，但这也给人们留下了这样的印象，即德意志民族的罪恶仅仅由这些受审者承担。一旦审判结束，人们很容易以为正义已经得到了伸张。

此后数年间，根除纳粹影响的行动引起了普遍愤恨，尤其在美军占领区更是如此。这次行动持续到 1949 年，到德国西部建成新的联邦共和国为止。与欧洲其他地区相同，清洗行动正式宣告结束，曾经给予前纳粹党徒的惩罚正式被撤销或推翻。1949 年 9 月 20 日，联邦德国新任总理康拉德·阿登纳（Konrad Adenauer）在第一次国会演讲中宣布，是时候“告别过去”。[49] 为了将来的新梦想，战争噩梦将会被刻意遗忘。

想象出如此这般的战后神话，其实也是用心良苦。如果团 161
结的神话能够造就团结的现实，那么何乐而不为？如果忘记战时罪恶和通敌行为能够让欧洲迈步前行，并创造更美好的未来，这难道不是最好的选择吗？然而，不幸的是，这种特效药带有严重的副作用。试图在西欧恢复政治右派的地位，最终只是粉饰太平：荒唐的是，在某些情况下，这种做法导致极右派把自己描绘成受害者政党。

随着这个神话把德国定义为唯一需要负责任的国家，对通敌者的严厉处分就显得不合时宜了，仿佛从简易判决变成对无辜者的大屠杀。在法国，及至 20 世纪 50 年代，大众媒体开始出现数以百计的可怕故事，绘声绘色地讲述游击队员如何折磨和虐待平民。在所有这些故事中，受害者的所谓无辜，要么是假装的，要么是夸张的。许多故事以妇女的遭遇为主题，她们被剥光衣服、剃去毛发、饱受凌辱，她们被铁棍毒打，惨遭猥亵和强奸。这种事情在战后确实发生过，但大众媒体上的故事经常是道听途说，并非事实，而且往往有所夸大。[50]

与这些故事同时出现的是捏造的数据。在 20 世纪 50 年代，许多作者声称，在解放后几个月内，有大约 10.5 万名通敌者被法国抵抗组织处决。这个数字来自 1944 年 11 月时任内政部部长阿德里安·迪克西埃（Adrien Tixier）的信口胡言，但迪克西埃死于 1946 年，没有任何档案证据可以支持这个数字。经过政府机构和独立学术机构反复核实的真实数字，还不到这个数字的 1/10。[51]

同样，在意大利，政治右派也迫不及待地把自己粉饰为受害者。自 20 世纪 50 年代以来，他们就把战后初期描绘成浴血时代，有多达 30 万人被谋杀。[52]这种彻头彻尾的荒唐说法，如果被反复宣扬，也会营造出有板有眼的气氛。更有甚者，他们诡称战争期间被法西斯杀害的游击队员只有 4.5 万人，仿佛抵抗分子才是更加穷凶极恶的恶棍。[53]实际上，战争结束后，被游击队杀死的人根本不可能是 30 万人，实际数字还不到这个数字的 1/20。[54]

右派无辜的神话，在法国和意大利同样流行。实际上，最近几年更加流行。21 世纪初，在意大利引起最大争议的著作是詹保罗·潘萨（Giampaolo Pansa）的《成王败寇》（*Il Sangue dei vinti*），此书通过详细描述解放前后游击队杀人的场景，攻击意大利抵抗运动的英雄主义。潘萨大费周章地论述许多被杀者清白无辜，经常引用法庭的“无罪”判决作为佐证。这本书引起左派极大愤慨，因为作者从不援引其他文献，它们更多地
162 考虑到这些杀人事件发生的时代背景，即人们对法西斯主义的普遍愤怒，以及人们对法庭判决缺乏信任。但最让左派感到愤怒的是，这本书竟然到处流传，出版第一年就卖出 35 万册。[55]潘萨

利用了意大利新右派志得意满的心态，右派也乐于利用他挑起的争论，再加上其他立场暧昧的历史学家的作品，这成为右派重新粉饰过去的手段。

20 世纪 90 年代初，随着欧洲共产主义退潮，右派政党随之崛起，欧洲各国都出现了类似的情况。曾经受到普遍谩骂的数字又被翻出来，因为这些数字可以映衬共产主义和苏联“更大的邪恶”。在大众想象中，战时独裁者如墨索里尼或者罗马尼亚的扬·安东内斯库（Ion Antonescu），由于他们的所谓美德，他们犯下的罪行都有了理由，甚至被视而不见。匈牙利、克罗地亚、乌克兰以及波罗的海国家的极端民族主义者，他们曾经在战时和战后任意杀害犹太人、共产党人以及自由主义者，现在也被视为民族英雄。这已经不是用心良苦的神话：他们在危险地歪曲事实，而事实已经湮没无闻。

我们可以理解战时专制统治下普遍存在的通敌行为，但这不意味着我们应该容忍这种行为。当通敌者的行为逾越道德底线，我们不能以那些通敌者与我们重归和谐的政治前景而原谅他们。同样，我们也不应该容忍游击队在战后的残忍复仇，但我们也不能用现代标准来评判他们的行为。不公已然发生，无辜者已然被杀害。但是，对欧洲人来说，经历这么多年的镇压和暴行，大家都变得残忍粗暴，要求他们不要采取过激行为，无异于与虎谋皮。

163 第十四章　报复妇孺

在西欧绝大多数地区，针对通敌者的复仇通常是小规模事件。复仇通常由个人或者少数游击队员执行，并且有特定的复仇动机。集体复仇则由整个城镇或者整个村庄的人共同执行，这实际上相当罕见，通常发生在解放过程特别惨烈的地区。总体而言，正如前文所述，西欧社群或多或少都愿意把通敌者交由当局处理。但在人们不信任当局的地区，人们会试图自行执法，而警察或者盟军则会迅速介入以恢复秩序。

唯一的例外情形，而且是西欧随处可见的例外情形，则是人们对待那些与德军士兵同床共枕的妇女的态度。这些妇女通常被视为叛国者，借用法国俗语，则是“躺卧通敌者”，这些妇女可能并未犯下任何触犯法律的罪行。战争结束后，当这些妇女所在的社区将矛头指向她们时，没有多少人愿意为她们辩护。偶尔在场的警察或者盟军士兵几乎总是袖手旁观，任由暴民为所欲为。实际上，在某些城镇，当局甚至鼓励人们侮辱这些妇女，因为市政官员将其视为民众发泄愤怒的减压阀。[1]

在西欧所有针对通敌者的报复方式中，侮辱妇女是最公开、最普遍的做法。妇女被单独挑选出来作为侮辱对象，有许多原因，不仅仅是因为她们的所谓叛国行为。妇女所受的惩罚，以
164 及她们的孩子所受的对待，值得我们仔细审视，因为这很能说明战后欧洲社会如何看待自身。

欺凌妇女

1944 年秋，一位来自法国约讷省圣克莱芒的年轻女孩因为与德国军官“有染”而被逮捕。当她被警察盘问时，她公开承认一切。她说道：“我成了他的情人。我父亲生病时，他偶尔会来我家帮忙。他离开时，他留下了他的军邮号码。我给他写信，让其他德国人给我捎信，因为我不能使用法国邮政。我给他写了两三个月的信，但我再也找不到他的地址了。”[2]

欧洲许多妇女是在战争期间与德国人扯上关系的。她们在为自己辩护时都会说“这是因为爱情”“真爱无罪”“真爱无关政治”“爱情是盲目的”。[3] 但在旁人看来，这都不成理由。性，如果与德国人有关，那就是政治。性，象征着欧洲大陆被彻底征服：一个法国的、丹麦的或者荷兰的女人，为一个德国男人而心醉神迷。同样重要的是，正如我在第四章已经提及的，性，还象征着欧洲男人被阉割。这些男人，已经在对抗德国军事力量的斗争中证明了自己软弱无力，现在又因为自己的女眷与德国人有染而受到集体羞辱。

战时与德国人有染的欧洲妇女，人数之多令人震惊。在战时的挪威，在 15 ~ 30 岁的妇女中，有德国男友的妇女多达 10% 。[4] 如果同时统计这些妇女为德军士兵生下了多少孩子，结果也可想而知：在西欧各国，与德国男人同床共枕的妇女恐怕多达数十万人。[5]

在被占领国家，抵抗运动为本国妇女和女孩的行为罗列出各种理由。他们形容，与德国人同床的妇女无知、贫穷，甚至心智有问题。他们声称，妇女被强奸，或者仅仅迫于生计而与 165
德国人同床。这种案例当然存在，但近年有研究表明，与德军士兵同床的妇女来自各行各业各阶层。总体而言，欧洲妇女与德国人同床，并非由于他人强迫，亦非由于缺乏性爱，更非由于急需糊口，仅仅是由于她们发现德军士兵强壮如同“武士”，这种形象极具魅力，相比之下，本国男子太过软弱。例如，在丹麦，战时民意调查令人震惊地表明，51%的丹麦妇女公开承认，德国男人比本国同胞更有吸引力。[6]

维希政权领导人弗朗索瓦·达尔朗把“她”的房间钥匙抛给德国人

166 没有什么地方比法国更能体会这种需要。在这个国家，由庞大的几乎全部由男性群体构成的德国人，正好弥补了法国男人的缺失，200 万法国男人，要么被关押在监狱里，要么在德国做苦工，难怪占领本身也带有性学含义。法国已经沦为“娼妇”，向德国卖身投靠，维希政府就是这个娼妇的皮条客。[7]让-保罗·萨特（Jean-Paul Sartre）在战后写道，尽管通敌卖国者企图把法德关系视为结合，“但在这种结合中，法国总是承担妇女的角色”。[8]

即使是那些满腔热血的爱国志士，面对此情此景，也不得不承认其屈辱。1942 年，安东尼·德·圣-埃克苏佩里写道，所有法国男人都摆脱不了战争期间妻女侍奉他人带来的屈辱，但他们不应任由屈辱感摧毁其爱国心：

> 难道身为丈夫，还会挨家挨户上门哭诉，说自己的妻子是个娼妇吗？这样就能保存他的颜面吗？不能，因为他的妻子是这个家庭的成员。不能，因为他不能靠诋毁妻子来重拾尊严。让他回家面对妻子，让他消去怒火吧。因此，我不会说战败与我毫无关系，尽管这次战败让我时时感到屈辱。我是法国的一部分，而法国也是我的一部分。[9]

法国男人经历的这种情感波动，所有被占领国家的男人都经历过。作为自由法国飞行员，圣-埃克苏佩里至少为解放自己的国家付出过努力。对于那些困守家中、无力还击的男人而言，这种挫败感更是难以承受。

国家解放给了人们反击的机会。一旦再次拿起武器，人们就开始入侵自己的国家，法国男人终于有机会在女人面前、在世人面前重拾尊严。这或许能够解释为何夏尔·戴高乐成为法国在战时的重要象征。与维希政权的摇尾乞怜截然不同，戴高乐

从未放弃斗争精神，他顽固地拒绝屈从任何人的意志，甚至对盟友也绝不屈服。他在英国广播公司发表的广播演说，充斥着 167
雄赳赳的字句，包括“战斗法国”“自豪、勇敢、伟大的法国人民”“法国的军事力量”以及“我们种族的战斗天赋”。[10]诺曼底登陆前夕，在阿尔及尔，在协商会议的演讲中，戴高乐热情地赞扬道：

> 我们伟大部队的丰功伟绩……我们的部队准备投入伟大战斗时的热情；我们的海军舰队的精神；我们的空军中队的英勇；还有游击队员的英雄气概，他们没有军装，几乎没有武器，就靠纯粹的战斗热情动员起来……[11]

类似字句经常被将军们用来提振士气。但这些字句在这里具有特殊含义，与维希政权关于法国军事斗争前景的“阴阳怪气”的失败主义论调恰成对照。

重振法国男子气概的尝试最早开始于 1944 年 8 月登陆日之后，当时戴高乐及其“自由法国”部队终于打回了法国。此后数月间，他们赢得了一系列军事胜利。首先是解放巴黎，这是在菲利普·勒克莱尔（Philippe Leclerc）将军指挥下由法国部队单独完成的任务（美国曾经试图制止勒克莱尔，以便美国部队组织更为协调的进攻行动）。然后，8 月 15 日，法国部队抵达普罗旺斯，他们一路挺进阿尔萨斯，最终突入德国，占领斯图加特。在路上，他们解放了里昂，这是法国第二大城市，他们同样没有借助美国的力量。缓慢地、坚定地，他们开始重拾 1940 年军事惨败时所丢失的尊严。

然而，也许法国人最为自豪并大肆宣扬的是英美两国没有的部队，一支活跃在法国境内的独立部队，他们在法国境内奋起与德国人交战。法国内地军（FFI），又被称为“菲菲”（les fifis），这个称呼带点亲切，也带点轻蔑，这是一支混合部队，集合了所有最为重要的法国抵抗部队，接受皮埃尔·柯尼希（Pierre Koenig）将军的统一领导。1944 年夏，他们夺取了许多城镇，经常与英美部队并肩作战。他们在没有外部援助的情况下几乎解放了整个法国西南部，还为从马赛北上的盟军部队肃 168
清了里昂以东的地区（详见地图 8）。

法国内地军的爆炸式发展，给法国人尤其是法国年轻男人提供了巨大的道德心理优越感，他们蜂拥加入法国内地军：1944 年 6 ~ 10 月，法国内地军人数从 10 万激增至 40 万。[12]当老战士出于习惯保持低调时，这些新招募者却迫不及待地炫耀自己的男子气概。盟军士兵经常报告说，看见这些人“满身绑着子弹带”或者“满身挂满手榴弹”，“在大街上到处招摇”。[13]朱利叶斯·尼夫（Julius Neave）是英国皇家装甲兵团少将，在他看来，这些人成事不足、败事有余：“他们开着民用汽车，一路叫嚣、彼此碰撞，他们打起仗来胡乱开枪，打自己人，打我们，也打德国佬。”[14]甚至某些法国村民也说他们：“这些小兔崽子……戴着法国内地军的护身符到处炫耀，摆着英雄的姿势。”[15]他们似乎太过急于证明自己，但这只是因为他们与英美盟军不同，多年以来，他们一直没有机会拿起武器对抗德国。此时，他们第一次有机会堂堂正正地去战斗，像个男人那样去战斗。

不幸的是，这种重新焕发的男子气概也有其黑暗面。大批年轻男子突然涌入抵抗组织，让许多更有经验的女战士被边缘化了。例如，在圣马塞尔（Saint-Marcel），让娜·博厄（Jeanne Bohec）曾经是一位广受尊敬的女爆破专家，但她突然发现自己成了局外人。“我被礼貌地告知，请不必介怀。当如此众多男子加入组织，女性就不必去战斗了。但我仍然确信，我比许多法国内地军志愿者更善于使用冲锋枪，而他们只不过刚刚上手而已。”[16]在德国占领法国的最后一个冬季，妇女逐步退出抵抗组织的舞台，共产党游击队（FTP）更是接连发布全部清退妇女队员的命令。这与意大利和希腊等国家形成鲜明对照，在意大利和希腊，妇女继续在前线为游击队战斗，直到战争结束。[17]

如果说“好”女人被突然再现的法国男子气概逼得靠边
169 站，那么，“坏”女人曾经使民族蒙羞，就只能等待更为苛刻的待遇了。解放后不久，法国内地军就把矛头指向这些“躺卧通敌者”。在绝大多数案例中，作为惩罚，这些妇女被剃光头发，而且经常是在大庭广众之下进行，以便在最大程度上羞辱这些妇女。解放后，剃头仪式出现在法国的所有省份。

一名英国炮兵军官描绘了一次典型的仪式，他描述了自己战后在法国北部的见闻：

> 在圣安德烈德绍菲尔（St André d’ Echauffeur），有人在我们路过时送上鲜花，还有人递上美酒，但在当地市场，却上演着残酷的场景，惩罚一名通敌者，一个所谓的坏女人。她被摁在椅子上，一名剃头匠给她剃了半个光头，她吸引了许多旁观者到场，我后来得知，旁观者包括几名游击队员和一名自由法国军官。这位妇女的母亲也在场，目睹剃头匠剃去女儿的头发，母亲捶胸顿足、胡言乱语，对着旁观者大喊大叫。这位妇女倒也挺有骨气。当她被剃光头发时，她跳起来高呼“德国人万岁”，于是某人捡起砖头把她打翻在地。[18]

英国皇家工兵部队的理查德·霍尔博罗（Richard Holborow）中尉在迪耶普（Dieppe）附近一处小镇见证过类似的场景："许多暴民从早到晚庆祝解放，绝大多数人喝得酩酊大醉。"大约有 18 名妇女和女孩被押上临时搭建的舞台，坐在当地的剃头匠面前：

> 剃头匠从口袋里掏出刮脸刀，打开刀刃，抓起一位妇女的头发，熟练地划过几下，就把剃下的头发抛向人群。当剃头匠把妇女彻底剃光时，她开始尖叫，然后，她被提起来，向叫嚣嘲笑的人群公开展示。

这还不是妇女所受折磨的终结。数日后，当霍尔博罗中尉的部队离开这座城镇时，他见证了惩罚妇女的第二阶段，当时他被另一群高声歌唱的人堵在了主干道上。

> 他们兴高采烈地围观一群被剃光毛发的妇女，所有妇
> 女的脖子上都挂着告示板，被迫徒手捡拾路上的马粪。每 170
> 当粪桶被装满时，就有人踢翻粪桶，整个过程又得重新开
> 始。显而易见的是，这座城镇的妇女还在报复那些与德军
> 士兵有所勾搭的女孩。[19]

在许多城镇里，妇女被迫半裸或全裸地承受折磨。1944 年 9 月，《马赛曲报》（*La Marseillaise*）上刊登了一篇文章，在昂杜梅（Endoume），一群年轻男子强迫一名女子"全裸在街道中穿行，在正于房屋外玩耍的天真儿童面前走过"。[20]同样，在特鲁瓦（Troyes），法国内地军包围妇女，剥光她们的衣服，把她们示众，同时剃光她们的头发。当地行省解放委员会的一份文件上记录着如下内容：

> 她们几乎一丝不挂，身上打着纳粹标志，浑身涂满黏稠的沥青，她们的头发被剪得乱七八糟，最后会以特别的方式被剃光，看上去就像奇特的囚犯。从前一天晚上开始，这种残忍的捕猎行动持续到第二天整个白天，许多当地人兴高采烈地围拢到街道两旁，看着这些妇女戴着德国国防军的帽子游街示众。[21]

法布里斯·维吉尔（Fabrice Virgili）也许是相关领域最为权威的专家，按照他的说法，在法国各地，至少有 50 座城镇发生了妇女被剥光衣服的事情。[22]

这种情景绝非法国独有。类似事件发生在欧洲各地。在丹麦与荷兰，被伤害的民族自豪感，夹杂着对当地妇女行为的性妒忌，造成数千名妇女被剃光头发。[23]在海峡群岛，这个不列颠群岛中唯一被德国侵占的角落，也发生了好几宗与德军士兵上床的妇女被剃光头发的个案。[24]在意大利北部，人们甚至唱着歌谣，歌词的内容有关于与法西斯党徒上床的妇女被剃光头发。在威尼托，游击队员唱着这样的歌谣：

> 你们这些美丽女子啊，
> 却与法西斯党徒勾勾搭搭。
> 你们这把美丽长发啊，
> 迟早会被剃成短发。[25]

171 这种极为流行的惩罚，以及围绕惩罚而进行的仪式，似乎迎合了人们的深层次需要，被解放的人们急于表达他们对通敌行为的厌恶之情。历史学家彼得·诺威克（Peter Novick）是客观研究这一时期法国历史的领军人物，他指出，剃光这些妇女的头发，让当地社区得到了情感宣泄，从而避免了对罪孽更为深重的通敌者的普遍屠杀，这些妇女仿佛成为“替罪羔羊”。[26]通常在解放后的最初几个星期，这种在市集广场上剃光妇女头发的仪式会明显缓解当地的紧张气氛，从而减少其他通敌者的流血事件。[27]与此同时，某些历史学家也质疑这种说法，即剃光妇女头发肯定可以团结社区——作为一种相对安全的、非永久性的暴力，这是人人都能参与其中的简单报复行动。[28]这种做法现在被视为欧洲历史上的耻辱时期，但在当时却是人人弹冠相庆。1944 年的抵抗组织报纸形容这种剃发仪式带有狂欢节气氛，人们自发唱起爱国歌曲。至少在法国的一个地区，当地人把这种动用小刀和剃刀的仪式视为生活的“纪念”。[29]

现在看来，所谓的爱国复仇显然只是这个故事的一个方面。这种剃光妇女头发的仪式并非新现象，甚至早在战前，它就已是历史悠久的、针对通奸妇女的惩罚方式了，但在欧洲历史上，这种惩罚从未如此大范围地普遍实施过。而且值得注意的是，这些因为与德国人上床而被惩罚的法国妇女，绝大多数并未结婚：她们的“通奸”行为并非背叛夫婿，而是背叛国家。因此，通过一种微妙的方式，法国从阴柔、顺从的实体，重新变成阳刚、好斗的实体。

这种仪式的性特征同样值得注意。在丹麦，在剃发仪式期间，妇女经常被剥光衣服，胸部和臀部被涂上纳粹标志。[30]在法国的许多地区，妇女经常被扒光裤子打屁股，胸部被涂上纳粹标志。[31]实际上，这种在市集广场或者镇公所台阶上举行的仪式，向整个社区传递了非常清晰的信息：法国内地军把这些妇女的身体没收作公共财产。他们同样也把这些妇女的身体没收作男性财产，从数百张拍摄于惩罚期间的照片可以看出，惩罚几乎都是由男性执行的。

172 某些法国妇女也意识到自己被当成象征物利用。她们同样感到愤怒，因为她们的个人行为本来与战争毫无关系，却要因此受到谴责。1945 年，当法国女演员阿尔莱蒂（Arletty）因为战时与德国军官有染而被判监禁时，她在法庭上为自己辩护："我的心属于法国，但我的阴道属于我自己。"[32]毫无疑问，法官对这种抗议充耳不闻。根据近年的研究，大约有 2 万名法国妇女因为通敌行为而受到剃发惩罚，其中绝大多数都曾与德军士兵上床。[33]

时间已过去 70 年，现在很难判断这些妇女是否罪有应得，或者应该换种惩罚，或者完全无罪。盟军士兵和行政官员并不认为自己有资格去判断：当时的英国外交大臣安东尼·艾登（Anthony Eden）说过，那些没有经历过"占领之恐怖"的人，"没有资格对一个被占领过的国家说三道四"。[34]然而，无可否认的是，这些妇女是替罪羔羊：剃光她们的头发，不仅象征着剃去她们的罪过，而且象征着剃去整个社区的罪过。借用法国记者罗伯特·布拉西亚克（Robert Brasillach）的话，整个西欧"都跟德国同床共枕"，西欧做了无数事情让德国占领西欧成为可能；但在许多西欧社区，只有妇女与德国人上床，只有妇女因此受到惩罚。[35]

唯一让这些妇女感到些许宽慰的，是情况本来可能更加糟糕。我们已经知道，在东欧，让民族重振雄风的其中一种做法就是普遍强奸。在西欧，剪断妇女的头发，代表着温和得多的性暴力，尽管其政治目的是一样的。

排挤儿童

如果说遍及欧洲各地的"躺卧通敌"行为需要证据，那

么，因为“躺卧通敌”行为而诞生的孩子就是证据。在丹麦，
有 5579 个孩子的法定父亲是德国人，毫无疑问，还有许多人隐
瞒了父亲的真实身份。[36]在荷兰，大约有 1.6 万 ~5 万个孩子的
父亲据信是德国人。[37]在挪威，这个人口只及荷兰人口的 1/3 的 173
国家，有大约 0.8 万 ~1.2 万个类似的孩子。[38]在法国，这个数
字大约是 8.5 万甚至更高。[39]在被占领的欧洲，到底有多少孩子
的父亲是德军士兵，总数仍然是个谜，但估计介乎 100 万个至
200 万个之间。[40]

可想而知，这些婴儿降生时是不会受到所在社区的欢迎的。一段轻率的关系可能会被忽略、掩盖、遗忘，但一个孩子将会成为一名妇女挥之不去的耻辱标记，进而成为整个社区的耻辱标记。被剃光头发的妇女，可以安慰自己说头发很快会长出来。相比之下，一个孩子却无法回避。

在某些案例中，德国国防军士兵在当地留下的孩子，会被视为一种尴尬，最好被干净利落地处理掉。例如，在荷兰，许多目击者知道，许多孩子刚一出生就被弄死，通常是被这些误入歧途的女孩的父母弄死。据推测，这种做法是为了保全家族“颜面”，但偶尔是公开的政治行动，由家族以外的人士执行，以恢复整个社区的名誉。例如，根据佩特拉·鲁伊格鲁克（Petra Ruigrok）的记载，在荷兰北部，有一个婴儿被抵抗组织成员从摇篮中抢走，摔在地上摔死了。[41]

幸亏这种情形相当罕见，但这也反映出欧洲社会的强烈感觉，即战争期间德国父亲留下的当地孩子将会成为所在民族的负担。这种强烈感觉集中体现在《路佛特邮报》（*Lufotposten*）的社论中，这是一份挪威日报，它的 1945 年 5 月 19 日的社论写道：

> 所有这些德国孩子，肯定会成长和发展为挪威民族当中一个杂种少数民族。因为他们的出身，他们肯定会好勇斗狠。他们没有民族，没有父亲，只有仇恨，这就是他们仅有的遗产。他们不可能成为挪威人。他们的父亲是德国人，他们的母亲在思想上和行动上是德国人。允许他们留在这个国家，相当于合法培养第五纵队。混杂在纯粹的挪威居民当中，他们将会永远构成动荡不安的因素。对挪威也好，对孩子也好，最好的办法是，让他们生活在他们本来所属的国家的天空下。[42]

174 研究挪威人对这些德军士兵留下来的所谓“战争儿童”的态度，其实大有文章可做，与其他国家不同，挪威在这方面的文字记载甚为丰富。战争结束后，挪威当局设立了战争儿童委员会，以考虑这些孩子何去何从。[43]因此，一时间，这个问题在挪威得到公开讨论，这在欧洲各国当中可谓绝无仅有。这个课题最近也得到详细研究。2001 年，迫于战争儿童团体的政治压力，挪威政府资助了一项研究计划，考证这些孩子在战后被如何处理，处理方式对这些孩子的人生有何影响，以及如何弥补当年因为潜在不公所造成的伤害。这项研究计划的成果，成为时至今日欧洲各国针对战争儿童的最为完整的研究。[44]

战后初期，挪威人对某些妇女和女孩的行为深感痛心。1945 年初夏，数千名妇女被指控与德国人上床，她们遭到逮捕，被送入监狱和营地，光是在奥斯陆就关押了大约 1000 人。[45]正如我们所知，她们当中许多人在解放时被剃光头发，有些人还被暴民公开羞辱。然而，或许更令人担忧的是，人们呼吁当局剥夺这些妇女的挪威国籍，将她们遣送到德国。这种行动很难说是正当的，因为与德军士兵上床并不违反法律。无论如何，负责审判战犯和叛国者的国家机构已经明确宣告，剥夺国籍不应成为惩罚方式。[46]结果，放逐与德国人有染妇女的呼声渐趋平息。

然而，那些与德国人结婚的妇女，就没那么容易逃脱厄运了。1945 年 8 月，挪威政府重新启用一条 20 年前制定的法律，妇女与外国人通婚者，自动跟随丈夫国籍。为了限定这条法律，挪威还通过了修正案，规定这条法律只适用于与敌国公民通婚的妇女，实际上就是指德国人。与挪威所有司法原则不同，这条法律具有追溯性。因此，几乎一夜之间，数以百计甚至数以千计的妇女丧失了挪威国籍，尽管她们认为自己奉公守法。她们此时被称为“德国人”，因此她们可能会被遣送到德国，就 175
连她们的孩子也一并遭殃。[47]

决定德军士兵孩子去留的标准甚至更为简单。按照这条法律，战争儿童的国籍跟随其父亲。即使没有这条法律，这些孩子都会被举国上下的公众舆论直接视为德国人。结果，这些孩子也面临被遣送到德国的前景。有许多人，包括政府官员，都认为遣送行动不必考虑孩子的母亲是否被允许留在挪威。

自然而然，这种计划带来各种各样的道德问题和政治问题。没有多少人愿意反对遣返“德国”孤儿，但驱逐这些生母还在挪威的孩子，实在难上加难。1945 年 7 月初战争儿童委员会成立时，委员会就奉命调查哪些法律需要改动，以驱逐这些孩子及其母亲。如果这种措施并不可行，委员会就要考虑其他措施，既能保护孩子免受充满敌意的社会的侵害，又能保护社会免受具有潜在危险的儿童群体的侵害。

直至 1945 年年底，战争儿童委员会花了五个月的时间认真考虑这个问题，但委员会的调查结果仍然极具争议。一方面，委员会建议政府发起一场公众运动，呼吁当地社区接纳这些孩子；另一方面，委员会建议，如果当地社区坚持己见，那么孩子就应与母亲分离，被送往挪威其他地区，甚至被送往国外。委员会同样建议，孩子及其母亲都不应被强制遣送；但委员会主席英厄·迪贝斯（Inge Debes）据说想把 9000 名战争儿童移交给一个奥地利移民代表团，显而易见的是，他根本不考虑孩子母亲的想法。（这次移交最终因为不合情理而被搁置，而且奥地利人最终决定，奥地利同样不想要“德国”孩子。）[48]

因为政府似乎越来越难以遣送这些孩子，委员会开始考虑
176 把这些孩子留在挪威境内的后果。最让挪威人感到担心的是，这些孩子可能智力低下。与其他国家类似，挪威举国上下普遍相信，任何被德军士兵引诱的妇女都可能心智不健全。与之类似，德国人选择这样智力低下的伴侣，那么德国人自身也可能心智不健全。按照这种循环逻辑，难免会得出这样的结论：这些孩子肯定也有同样缺陷。为了评估这个问题的严重性，委员会委托知名心理学家厄尼尔夫·厄德高（Ørnulf Ødegård）出具一份战争儿童心智状况的评估报告。在选取数十个样本后，厄德高指出，在 9000 名战争儿童里面，多达 4000 名儿童可能智力发育迟缓，或者带有其他遗传缺陷。尽管委员会并未完全接纳这份评估报告，但委员会并未阻止其成员在报纸上发表文章，声称这些母亲及其孩子都具有智力缺陷。

结果，许多战争儿童都毫无根据地被打上了智力发育迟缓的标记，其中某些孩子特别是那些生活在老旧德语孤儿院的孩子，被迫在孤儿院度过余生。20 世纪 80 年代，一位负责照顾这些儿童的医生指出，如果这些孤儿像其他“非德国人”那样得到公平对待，这些孤儿很可能过上正常人的生活。[49]实际上，

战争儿童委员会的确建议，所有战争儿童都应该接受心理评估，以确定他们的精神健康状况，但评估从未进行，因为人们认为评估花费太大了。

被自己的民族、社区甚至老师打上智力缺陷的标记，实际上是给这个已经无比脆弱的群体施加另一重迫害。有人后来回忆往事时说，还记得当年在学校总是被同学嘲笑，被排除于战争结束周年庆典之外，被禁止与“纯粹”的挪威孩子玩耍，课本和书包上还被涂上纳粹标志。许多人受到家族嫌弃，家族成员认为他们让家族蒙羞。他们的母亲改嫁时，他们还受到继父在言语上、精神上、肉体上的虐待，继父痛恨他们，因为他们是“敌人的孩子”。[50]

有人甚至受到母亲的嫌弃，母亲把他们视为自身痛苦的根源。例如，托弗·莱拉（Tove Laila）六岁那年正值战争期间，她被纳粹党徒从母亲身边带走，预计被培养为德国女孩，1947 177
年，她返回挪威的家，但那时她只会说德语。她的母亲和继父设法让她在三个月内忘记德语，然后就是无休止的虐待、羞辱、恐吓。如今在挪威，社会服务被视为理所当然，但在当时付之阙如，这个不幸的女孩，在其余下的童年中都被自己的母亲称为“该死的德国猪”。[51]

战争儿童最普遍的共同经历是对父亲的情况讳莫如深。这种沉默同时存在于国家层面与个人层面。考虑到战争儿童的命运，尤其是看到掩盖历史的可能后，挪威政府推行了新政策，试图抹去这些孩子身上的德国痕迹。政府不再要求德国父亲赡养孩子，实际上也不鼓励德国父亲与孩子联系。如果孩子有德语发音的名字，政府就声称有权将其改为更加符合挪威传统的名字。[52]

在个人层面，这种沉默甚至更具毁灭性。孩子的母亲通常拒绝谈论孩子的父亲，也禁止孩子谈论自己的父亲。有些孩子根本不知道父亲的国籍，直到他们在学校操场上被人嘲笑才恍然大悟。这种沉默似乎不能保护孩子，让他们免受外人的言语伤害。[53]

这种饱受嫌弃的遭遇给这些孩子造成的灾难后果，直到最近才公之于世。2001 年，由挪威政府资助的研究表明，与其他挪威居民相比，战争儿童死亡率更高，成年后离婚率更高，健康状况也更差。与其他挪威人相比，他们受教育程度更低，赚取收入也更少。与同龄人相比，他们的犯罪率更高。1941 ~ 1942 年出生的人死亡率最高，研究人员认为，战争结束时，这些孩子已经到了懂事的年龄，知道自己经历了什么。战后初期，正是这些孩子最为艰难的岁月。[54]

此后数十年，战争儿童在挪威仍然受到排挤。在某些关键领域，他们的待遇甚至还不如他们的母亲。1950 年的新的《国
178 籍法》，允许嫁给德国人的妇女重新获得挪威国籍；相比之下，战争儿童直至 18 岁才能获得这项权利。直至 20 世纪 60 年代，这些孩子及其监护人每年都要低三下四地向当地警察局申报，请求获得留在挪威的批准。

一般而言，挪威战争儿童的经历，在相当程度上代表了西欧战争儿童的经历。拥有德国父亲的孩子，在其出生地饱受威胁、嘲弄、冷落。有时候他们在肉体上受到虐待，但更多的是言语上受到伤害，各种贬义绰号包括“德国婴儿”（bébés boches，法语）、“德国孩子”（tyskerunger，挪威语；moeffenkinder，荷兰语）。每个国家的战争儿童，都受到其他孩子、老师、邻居甚

至家族成员的欺负。他们在班级里被忽略，在社区里被冷落。

一如在挪威，一种讳莫如深的习惯一直与这些孩子形影不离，无论是在私人生活还是在公共领域。例如，丹麦战争儿童后来声称自己生活在“痛苦、羞耻、谎言的气氛中”。[55]那些想要打听德国父亲下落的丹麦人，经常遇到重重阻碍。[56]欧洲各国政府一贯低估了国内“德国”孩子的人数。实际上，在波兰，战争儿童的官方数字为零：对战争儿童现象的严肃估计，不利于重新营造“普遍抵抗”德国占领的民族神话。[57]

当然，这并非事实的全部，也有许多孩子并未受苦，或者并未因为自己的德国父亲而受到歧视。实际上，在卑尔根大学的研究中，几乎有半数接受访谈的战争儿童都认为，自己并未因为自身背景而遇到问题。然而，这仍然意味着超过半数的战争儿童确实遇到了问题。[58]

在绝大多数案例中，没有人为这些孩子挺身而出，只有孩子的母亲为孩子出头，而母亲自己也饱受歧视。我们只能为一位勇敢的法国母亲鼓掌喝彩，当老师称呼她的女儿为“德国杂种”（batard du Boche）时，她回应道：“女士，我的女儿没有跟德国人睡觉，是我。当你想辱骂某人时，冲我来，不要侮辱无辜的孩子。”[59]

179 第十五章　复仇动机

战后初期的复仇行动，受到了许多责难，但鲜有人研究。我们现在可以用各种方式谴责复仇，但我们同样应该承认，复仇有几个目的，并非全然消极。对于胜利者来说，复仇等于强调德国及其合作者的失败，并且毫无疑问地执掌了战后权力。对于希特勒的受害者来说，复仇恢复了某种道德平衡感，尽管复仇要以放弃道德制高点为代价。对于整个欧洲社群来说，复仇起码宣泄了人们自纳粹统治以来形成的挫败感。

复仇行动无疑给个人和社区带来一种感觉，即他们不再是被动消极的旁观者。无论孰是孰非，暴民在布拉格街头私刑处死德军士兵，在米兰街头私刑处死黑色旅成员，这都让其感到心满意足：他们不仅狠狠打击了法西斯主义，而且凭借自己的双手夺回了权力。同样，数百万名在德国拘留营被释放的奴工，通常喜欢到德国人家中盗窃食物和财物，偶尔还虐待当地的德国家庭。多年以来，他们备受饥饿和虐待，他们将盗窃视为理所当然的权利。

在欧洲某些地区，人们对维持法律和秩序的机关早已丧失信心，通过复仇，起码能让人们感觉到某种程度的正义尚有可能。在欧洲其他地区，不太暴力的复仇形式也被认为有助于社
180 会团结。在西欧，最为普遍的复仇形式就是剃光妇女的头发，这在当时被认为有助于减少暴力，有助于曾被占领的市镇和乡村重新获得自豪感。尽管我们现在认为这些事件应受谴责，但

无可否认的是，这些事件能够团结社区，起码让社区感到安全。承认这些事实，并不意味着我们必须容忍复仇，但如果未能承认这些事实，我们将永远不可能适当理解，在这个混乱时期，在暴力驱使下发生的一系列事件。

第二次世界大战结束后，复仇始终是极具争议性的话题，而且时至今日仍然成为政治上踢皮球的道具。最为形象的做法是反复使用伪造的统计数据。种种夸大其词、言过其实的描述，既来自战后真正受苦受难的人群，也来自某些想从苦难中捞取资本的群体。例如，法国右派作家数十年来总是声称，在解放时和解放后，超过 10 万名通敌嫌疑人被抵抗组织谋杀，这个数字基本等同于战时被杀害的抵抗者。被杀通敌者的真实数字可能只是这个数字的 1/10，而且只有一两千人真正死于报复性袭击。法国右派实际上是企图转移视线，以让人们不再注意他们战时的角色，甚至是为了博取同情而捏造这些数字。

同样，战争末期被逐出家园的德国人也经常夸大发生在东欧的著名暴行。他们声称，在奥西希（Aussig）有 2000 名平民被杀害，在兰姆斯多夫拘留营有 6500 人被杀害（实际上，这两个数字分别可能是 100 人和 1500 人）。类似于“种族灭绝”和“大屠杀”这样的字眼也频频被使用，试图以此强调德国人也是受害者。为了达到目的，甚至反复陈述最为耸人听闻的故事，尽管许多都是道听途说。这种夸大毫无必要，而且产生了反效果：真实的数字、确切的故事，本身已经足够恐怖，不必人为加以渲染。

对于我们的普遍质疑，历史学家有时也拿不出求证的办法，这既因为缺乏可靠的资料来源，在某些案例中还因为夸大数字

181 恰好迎合我们自己的政治观点。这是困扰战后历史的问题，正如这也是二战历史本身的问题一样。（再举一个例子，今天发表的著作和论文都声称 1945 年德累斯顿大轰炸的死者多达 10 万人，尽管在过去 10 至 15 年间最为权威的资料早已公布，包括 2009 年德国政府委员会的纪录，都记载死亡人数大约是 2 万人。）这些夸大的数字，在接下来的章节里还会反复出现。

然而，如果说某些人夸大了战后复仇的范围，那么，也有人反其道而行之。许多犹太人就指出，复仇实际上并不普遍。拜赖克·奥布乔夫斯基（Berek Obuchowski）从特莱西恩施塔特被解救出来后说道："我们不能复仇，否则我们就与他们毫无差别，在所有幸存者当中，我怀疑到底有没有 5% 的人对德国人复仇。"[1] 即使在当时，犹太人也已经明确宣告，不寻求复仇。1945 年 5 月，扎尔曼·格林贝格（Zalman Grinberg）医生在达豪向参加集会的犹太同胞发表演讲，他说道："如果我们复仇，就意味着我们掉进过去 10 年德意志民族的道德深渊。我们不能屠杀妇女和儿童！我们不能焚烧数百万人！我们不能饿死数十万人！"[2]

绝大多数历史学家都同意，复仇曾经只是极少数人的行为。在欧洲许多地区，普通士兵、游击队员、被释犯人都表现出明显的克制，法治仍然存在。例如，在挪威和丹麦，战后很少发生暴力事件。但即使在这些与南欧和东欧相比更少受到物质和精神伤害的国家，还是发生了复仇，尤其是针对与德军士兵上床的妇女的复仇。实际上，尽管这是相对温和的复仇形式，但这仍然是复仇。

同样，与战后欧洲其他群体相比，犹太人在复仇方面也许更少犯下罪过。但那些选择复仇之路的人，也同样衷心承认，

他们在拿自己的生命和无辜者的生命冒风险。实际上，格林贝
格医生在达豪演讲中再三强调这一主题，正好反映了在犹太人
当中复仇渴望多么强烈。正如我们所知，这种渴望在达豪被付 182
诸行动，营地犯人和美军士兵都参与其中。

犹太复仇行动仍然是高度敏感的话题。在当时，绝大多数犹太人果断放弃复仇诱惑，原因一如格林贝格医生在演讲中阐明的，犹太人不想陷入纳粹党徒的道德泥潭。然而，时至今日，犹太人对复仇行动轻描淡写，理由却略有不同：他们担忧世人会误解他们的行动。持有其他信仰的人，可能无法理解犹太人对自身形象的担忧。数百年来，犹太人饱受反犹歧视以及犹太阴谋论之苦，1933～1945 年纳粹煽动的仇恨情绪只不过是这种痛苦的顶点，可想而知，犹太人只想避免任何无谓的争议。研究表明，无论何时引发任何争议，如关于以色列问题，欧洲各地传统的反犹主义就会迅速沉渣泛起。在 2006 年，当以色列在南黎巴嫩采取军事行动后，犹太人马上就受到疾风暴雨般的袭击。[3]

因此，毫不奇怪，20 世纪 90 年代，记者约翰·萨克（John Sack）发表的关于犹太复仇行动的著作在犹太社区引发了轩然大波，美国犹太社区更是一片哗然。萨克采访了好几位在战后波兰拘留营系统中颇有名气的犹太人，他们承认自己折磨过德国犯人。萨克的著作尽管风格耸人听闻，但有档案证据支持，而且所有访问都已录音并且公之于世。然而，萨克的经纪人拒绝推荐这本书，萨克的美国出版商，尽管已经对萨克支付了版税，最后还是决定取消出版计划。同样，一本已经购买连载版权的杂志，最终还是在出版前两天抽回了萨克的文章。尽管萨克自己就是犹太人，但他还是被指控在出版物和电视上否认反犹主义和大屠杀。萨克的著作在欧洲也引起了类似争议，他的

波兰出版商因害怕此书滞销而取消了出版计划，他的德国出版商也类似，收回销毁了6000套已经印刷的复本。尽管如此，该书的基本内容已经得到了其他具有国际声誉的历史学家的反复认可。

对于任何历史学家来说，承认战后复仇都非常令人不快，即使不涉及民族情绪或宗教情绪，这个话题都很容易得罪其他人。
183 首先，人们担心如果复仇被视为报复行动，那么，这就等于历史学家部分认可其合法性。例如，如果苏军士兵强奸德国妇女被形容为报复行动，那么，强奸就变得情有可原，甚至理所当然。以此类推，德国妇女跟德国男人一样，构成纳粹政权的一分子，那么，被强奸也是她们咎由自取。这是当时许多苏联人的说辞。

相反，如果复仇行动被描述得如此恐怖，就会掩盖背后的原罪：援引同样的例子，在现代读者看来，发生在德国境内的集体强奸如此令人恶心，这也会让人忘记许多被强奸的女人曾经是这个邪恶政权的一分子。在我们心目中，以纳粹主义名义犯下的暴行，甚至恶劣如大屠杀那样的暴行，起码在一定程度上被战后德国人承受的痛苦所“抵销”。例如，1992年，突破性的关于集体强奸的档案文献被公布出来在德国出版界掀起轩然大波：愤怒的时事评论员认为这些档案文献永远不应流传于世，因为如果德国人开始把自己视为暴行受害者，他们就会对自己作为加害者的事实视而不见。[4]

为了避免在这两种极端状况中左右摇摆，许多历史学家只能自欺欺人。例如，绝大多数关于第二次世界大战的历史著作都对战后复仇只字不提；同样，绝大多数著作在描述战后强奸和谋杀德国人时，对战时发生在东欧的暴行只是一笔带过，但正是这种暴行最早激起了难以抑制的复仇渴望。把复仇与更为广阔的背景割裂开来，让人无法理解为何人们在战后如此行事。从现代政治观点来看，这种做法还造成了谁是受害者的争议。

争论迟早会因为民族界限和政治立场而闹得不欢而散。可想而知，当历史学家开始谈论德意志人承受的痛苦时，波兰人和捷克人会愤愤不平，因为他们曾经被迫忍受长达数年的野蛮占领，那些德意志人也难脱干系。当右派作家夸大其词时，法国共产党人会怒不可遏，因为正是法国右派抓捕、折磨、处决
了数万名共产党抵抗战士。为了消解战后虐待罗马尼亚平民和 184
匈牙利平民所引起的愤怒，俄罗斯人声称罗马尼亚和匈牙利本来就不该进攻苏联。余者类同。

真相是，战争造成的道德困境谁都不能幸免。所有民族群体、所有政治信念，尽管有着天壤之别，但都兼具受害者和施害者的双重身份。尽管历史学家仍然努力关注事件的灰色地带，从中寻找确切的理解，但在当时，也许绝大多数人对战争的理解仍然流于表面，只能看见非黑即白的事实。时至今日，政治对立和民族对立仍然偶尔可见，在 1945 年，政治对立和民族对立更是无比强烈而且无处不在。

事实上，关于战后暴力的讨论，只要涉及种族或者政治，就经常陷入困境，这并非偶然。这说明在战时和战后初期，还潜藏着更深层次的课题。且不论欧洲各地的人们在思想上和动机上如何渴望复仇，这本身并不足以解释战后欧洲发生的暴力，肯定还有其他更加意识形态化的力量在驱动。有时候，暴力并非对战争带来的巨变的反应，而是巨变的延续。有时候，复仇本身并不是目的，而是达成更激进的目标的工具。

对这些目标的追寻，以及在此背后的严重的种族歧视，将会是下一部分的主题。

第三部 185

种族清洗

你应该创造某种局势……某种他们自己极力避免的局势。

——约瑟夫·斯大林[1]

第十六章　战时选择

第二次世界大战从来就不仅仅是领土争端，它还是一场种族和族群的战争。这场战争中的某些标志性事件与赢得和维持领土毫无关系，而是在已经占领的土地上打上自己的族群烙印。针对犹太人的大屠杀、西乌克兰的种族清洗、针对克罗地亚境内塞尔维亚人的灭绝企图：人们带着巨大的热情投入这些屠杀事件，一如他们的战争狂热。大批民众被故意消灭，受害者多达1000万甚至更多，这种杀戮毫无道理可言，仅仅是因为受害者碰巧属于错误的族群或者种族。

对于那些投入种族战争的人们来说，棘手的问题在于，个人的种族或者族群属性并非总是清晰可辨，在东欧那些经常彼此通婚的社区更是如此。碰巧长着金发碧眼的犹太人，也许就能摆脱搜捕的罗网，因为他们并不符合纳粹想象中的犹太种族特征。吉卜赛人也能够伪装成其他族群，只要他们乔装打扮就可以了。匈牙利境内的斯洛伐克人、塞尔维亚境内的波斯尼亚人、乌克兰境内的罗马尼亚人，还有其他例子也是如此。要辨别族群敌友，最普遍的方法是看他们说什么语言，但这种方法也并非总能奏效。那些在各族混居社区长大的人能说好几种语言，并且能视对话者的身份转换语言，在战时和战后最黑暗的岁月里，这种技巧拯救了许多人的性命。

为了对欧洲居民进行分类，纳粹坚持对每个人发放身份证，并以证件颜色区分族群。纳粹创造了庞大的官僚机构，以便根

据种族对全体居民进行分类。以波兰为例，人为设计的种族等
188 级，把出生在帝国境内的德国人放在顶端，境外德裔人紧随其后，然后是拥有特权的少数民族如乌克兰人，垫底的是波兰人、吉卜赛人、犹太人。分类并未到此为止。例如，境外德裔人还有更多细分等级：血统最为纯正的可以成为纳粹党员，血统足够纯正的可以成为帝国公民，那些受到波兰血统或者波兰文化沾染的人等而下之，最后那些仅仅因为长得像德裔而被归类为德裔的人再等而下之。[1]

那些未被归类为优选种族的人就只能自求多福了，但这并非易事。许多人有多重选择，或者因为他们有混血的父母或者祖父母，或者因为他们认为当中并无矛盾，比如在波兰出生、拿立陶宛国籍的德裔人。当被迫做出选择时，他们的决定经常是欠缺考虑的，也许是出于父母、配偶甚至朋友的原因而做出决定。那些有所盘算的人，则会视乎某种身份带来的好处而选择身份。例如，声称自己是德裔人，能够豁免摊派劳役，能够减免部分税收。另外，这也意味着服从军事征召：去俄国前线，还是去劳动营，这是个让人煎熬的决定。

人们对于自身族群属性的选择，将会影响他们在战后的命运。1945 年 5 月，当欧洲的敌对状态正式结束时，各种各样的种族和族群冲突将会延续好几个月甚至好几年。有时这些冲突发生在气氛紧张的地区甚至个人之间，因为生活在小镇和乡村的人们都知道邻居的族群属性，并且据此采取行动。然而，冲突也逐渐上升到地区甚至国家层面。战后，全体居民都被迫离开他们生活了几个世代的家园，仅仅是因为他们填写在战时身份证上的个人信息。

法西斯主义对种族纯化的着魔态度，蔓延于德国占领区内

外，对欧洲人的种族立场造成巨大冲击。它让人们对种族属性有所认知，而在此之前他们浑然不觉。它迫使人们选择阵营，无论人们是否愿意。而且，在人们几个世纪以来彼此和睦、比邻而居的社区里，法西斯主义让种族成为问题。实际上，正是法西斯主义让种族问题成为亟须解决的问题。

一如战争给人们的教训，某些解决问题的方法，同样是激进解决，甚至是最终解决。

189

第十七章　犹太难民

1945年5月初，一位时年18岁的、名叫罗曼·哈尔特（Roman Halter）的波兰犹太人被俄国人解救。他以及另外两名犹太人在从一次死亡行军中逃脱后，被德累斯顿附近一对德国夫妇收留。哈尔特曾经在好几处劳动营中死里逃生，其中包括奥斯威辛，此时他极度虚弱、骨瘦如柴，但他总算是活下来了，而且知道自己实属侥幸。

在被解救后，哈尔特辞别了那对收留过他的夫妇。他近乎绝望地寻找其他家庭成员的消息，想知道他们是否在纳粹大屠杀中幸存，因此他找了一辆自行车，在自行车握把上绑了几个玻璃罐子，装着他在废弃的农场里找到的腌肉，踏上了回归波兰之路。

哈尔特没有走多久就遇到一名俄国解放者，对方骑着摩托车。哈尔特非常感激俄国人，因为俄国人解救过他。他认为俄国人是犹太人的朋友、解放者、“好人”，他甚至还能说一点俄语，这是他孩提时代的记忆。不幸的是，他将会发现，他的这种兄弟情谊并没有得到回报：

> 我很高兴见到他……我还记得我从父母那儿学来的俄语单词。我说：“俄国人，我爱你。”然后又加了一句：“你好，朋友。”他惊奇地看着我，然后以极快的语速说了一溜俄语。我笑了笑，用波兰语告诉他，我听不懂他说的话。他上下打量着我，然后看着我的自行车说：“给我手

表。”我明白了。他撩起衣袖，露出前臂上戴满的手表，然后又重复了一遍：“给我手表。”

我瞥见他的双眼，他的眼神严厉而冷峻。我开始跟他 190
说波兰语。我告诉他，我没有手表，而且把我两条瘦削的胳臂亮给他看。他指着我自行车握把上鼓鼓的毛毯，说了几句俄语。我上前打开一个罐子，并且递给他看。我说：“同志，这是肉。”透过玻璃罐子也看得见这是肉。他看着罐子，然后看着我。我说：“朋友，这是你的，拿走吧，享用吧。”

他把玻璃罐子举过头顶，端详了几秒钟，然后把玻璃罐子摔到地上。玻璃和肉末四处飞溅。我看着这名俄国士兵，内心感到一阵恐惧。我该说什么才能让他放过我呢？在那瞬间，我感到手足无措。他用俄语说：“脱掉你的裤子。”我站在那儿瑟瑟发抖，不太明白他说什么。他重复着他的命令，手里还比画着，让我明白他要我怎么做。

……我小心翼翼地把自行车放到地上，以免打破口袋里的玻璃罐子，然后开始脱裤子。我在想：为什么他要我这样做呢？或许他以为我在裤腰带上绑着手表。我必须告诉他，我不是说波兰语的德裔人。所以，当我脱掉裤子，让他看见我没有裤腰带和手表时，我慢慢地用波兰语告诉他，我是犹太人。我知道这个单词怎么说。我重复着：“我是犹太人，我是你的同志。”

此时，我站在他面前，腰部以下脱个精光，我的本能告诉我，我可不能脱掉我那装饰精美的靴子，如果他拿走我的靴子，我就得打赤脚了。我可不能光着脚走到霍代奇（Chodecz）。所以，我就让裤子和底裤摊在我的袜子和靴子

> 上。我再次瞥见他的双眼。当他看见我赤裸的身体时，眼中带着轻蔑。我在他眼中看见了杀人者的空洞眼神。
>
> 他从手枪皮套中取出左轮手枪，指着我的脑壳扣动了扳机。我能听到响亮的击锤撞击声。他不再跟我费口舌，启动摩托车绝尘而去。我在那里呆立良久，裤子和底裤还摊在地上，我看着他消失在远方。[1]

在哈尔特的余生中，这段记忆时常萦绕心头。这是一种不祥的预感。尽管他们都受到过德国人的迫害，尽管希特勒无意中让他们站在同一阵线，但这位不知名的俄国人却像党卫队军官对待犹太人那样对待他：首先从你有没有割过包皮来判断你
191 是不是犹太人，然后把枪顶住你的脑袋。至于哈尔特大难不死是因为对方手枪卡壳，还是因为没上弹药，他就永远不得而知了。

之后几个月里，类似情景反复在欧洲上演。各种国籍的犹太人会发现，德国统治的结束并不意味着迫害的结束。（迫害）远远没有结束。尽管犹太人受尽诸般苦难，但在欧洲许多地区，反犹主义在战后不减反增。针对犹太人的暴力行为到处上演，即使在从未被占领的地区，如英国，也同样如此。在欧洲某些地区，暴力行为是终结性的、决定性的：就是为了永远清除犹太社区，纳粹做不到的事情，将由当地人来完成。

选择回国

战争结束后，欧洲犹太人开始从亲身经历中吸取教训。某些犹太思想家相信，战前和战时犹太人太过引人注目，因此招致杀身之祸。他们认为，要在将来避免类似灾难，唯一的办法是让自己不再引人注目，即完全融入他们生活的各种社区。

然而，犹太复国主义者声称这是胡说八道：即使是高度同化的犹太人，也依然被希特勒的走狗辨认出来，并且与其他犹太人一样惨遭杀害。他们认为，要确保他们的安全，唯一的办法是全体离开欧洲，建立自己的国家。

还有人认为，这两种方法都不可行。他们相信，他们的责任是回归各自的祖国，竭尽所能重建犹太社区。[2]

绝大多数幸免于难的欧洲犹太人最初倾向于最后一种观点，这并非出于任何特殊的信念，只是因为他们已经在流放和监禁中经历数年，做梦都想回到家乡。在理智上而非情感上，绝大多数人都已意识到，他们所离开的社区已经不复存在。但大多数犹太人还是回去了，部分是由于故土难离，部分是由于渴望 192
重建家园，这是他们唯一知道的生活前景。无论如何，他们还是满怀希望，希望自己回到家乡后能够受到欢迎。

在犹太人看来，战后欧洲是个混乱之地。德国战败后，许多事情有所改观，但许多事情还是一如旧貌。一方面，迫害犹太人的组织被帮助犹太人的组织所取代。美国犹太人联合救济委员会（American Jewish Joint Distribution Committee）带来了价值数百万美元的食物、药物、衣物，并且在欧洲大陆帮助重建犹太会堂和犹太文化中心。非犹太援助组织，如联合国善后救济署和红十字会也提供了有针对性的帮助，比如建立专门的犹太难民营，帮助寻找亲友。各国新政府也开始改变对待犹太人的态度，如废除所有反犹立法。

另一方面，持续数年的纳粹宣传，不可能在数周或者数月内消除，公开的反犹主义仍然到处存在。有时候，这种反犹主义的表现令人相当震惊。例如，1945 年，犹太人返回希腊城市塞萨洛尼基，他们有时会遇到这样的问候：“啊，你还活着？”

甚至是："真遗憾啊，你们还没被做成肥皂。"[3] 在埃因霍温，回国的犹太人在登记身份时，官员竟然说出这样的话："又是犹太人，他们怎么没把你们全毒死。"[4] 在德国城市加米施（Garmisch）和梅明根（Memmingen）电影院的新闻片提到600万犹太人被杀害时，却只换来一阵喧嚣："他们还没被杀够呢！"随之引来震耳欲聋的掌声。[5]

让回国的犹太人最为恐慌的是，尽管各国政府和援助组织已经采取种种措施，但根深蒂固的反犹主义还是从未绝迹。经验告诉他们，民主制度、表面上的平等权利、他们自身的爱国主义，都不能保护他们免遭迫害。他们面临的最大挑战，并不是把每件小事都视为"未来爆发的迹象"或者"新的集体屠杀即将来临"的证据。[6] 如果他们想要克服挑战，他们就必须得到所回归社区的帮助。

193 因此，在回家这件事情上，犹太人最需要的就是保证。如果他们想要重建生活，他们所需要的就不仅仅是食物、住所以及医疗照顾，随着难民回归，这些东西总会慢慢建立起来的。他们最需要的是欢迎。

有些犹太人，比如普里莫·利维，的确回到了"朋友环绕、温饱无虞、工作稳定、回首往事"的状态。[7] 还有许多犹太人奇迹般地与亲人团聚的故事，还有许多陌生人自发地为犹太人提供食物和住所的故事，还有许多人倾听他们讲述自己的故事。然而，不幸的是，这种故事并不如想象中普遍，许多人的经历与此相去甚远。

回国：荷兰

战争期间，有11万荷兰犹太人被送进集中营，只有大约

5000 人得以回国。他们混杂在 1945 年回国的 71564 名荷兰难民当中，绝大多数人正在前往阿姆斯特丹的路上。[8] 回到中央车站，他们就被面谈、登记，然后领取配给卡和布票。有时候，他们还会得到建议，在何处栖身，去何处求助；但有时候，各种援助组织的桌子都忙不过来。欢迎仪式虽然高效，但令人寒心，没有旗帜或者鲜花，没有管弦乐队，只有一排桌子和一堆问题，然后就是迅速地把人们指派到市中心的大街小巷。[9]

从一开始，在回国者当中就存在着微妙的差别。然而，这不是为了再次辨别犹太人，而是为了辨别回国者当中的通敌者。曾经自愿在德国工作的志愿者，回国卡上会被贴上字母“V”：这样他们就得不到食品包和食品票，实际上还会被他们今后接触到的所有机构拒之门外。

唯一受到热烈欢迎的是抵抗组织成员。抵抗组织成员所得到的优待也是立即兑现的。他们通常会被送到环境奢华的疗养 194
中心，包括威廉明娜女王（Queen Wilhelmina）宫殿的一翼。他们受到媒体舆论、官方声明、街谈巷议的一致颂扬。“如果你来自抵抗组织，那么一切皆有可能！”一名前抵抗组织成员卡雷尔·德·弗里斯（Karel de Vries）说道，“你可以向任何人要钱。例如，所有建筑材料都很紧缺，但只要你说一声‘我是从集中营回来的抵抗战士’，那么很好，马上兑现！”[10]后来，他们甚至被授予特别养老金，以褒奖他们在抵抗组织中的贡献。

回国的犹太人很快发现，荷兰人唯一感兴趣的是通敌者与抵抗者的差别。所有其他类别的群体，包括犹太人，都无甚差别。荷兰并非特例。当意大利流亡者回到意大利时，他们都被笼统地归类为“政治犯”，无论他们是犹太人、苦工还是战俘。[11]同样，法国的回国者也被笼统地归为一类。实际上，时至今日，绝大多数最为流行的历史著作依然如此。[12]并不存在针对犹太人的歧视，但这几乎同样糟糕：他们似乎被完全忽略了。一位从集中营幸存的荷兰人说道："当需要被怜悯的时候，我只遇到麻木不仁的、难以接近的、令人反感的、不可理喻的官僚部门。"[13]

尽管回国的犹太人需要和渴望特殊的帮助，但为何荷兰当局并未给予这种帮助呢？原因有多个方面。首先，荷兰当局接受盟国的领导，尤其是接受英国的领导，英国的官方政策是并不把犹太人视为特殊群体。在回国者当中，犹太人只占较小的比例，因此不被认为具有优先地位。当局在迎接回国者时准备工作也较为仓促，因为荷兰是最后被解放的欧洲国家之一。

如果当局考虑得更为周到，他们就会更加重视犹太人，并且给予特殊待遇，包括道德上和人道上的照顾。在荷兰社会中，犹太人承受了比其他群体更为惨重的痛苦：在第二次世界大战中，荷兰有 21 万名死难者，其中半数死难者是犹太人，尽管犹
195 太人仅占荷兰战前人口的 1.5%。[14]在绝大多数地区，犹太社区被完全抹去，即使在阿姆斯特丹，犹太社区也是幸存者寥寥。当其他回国者受到所在社区的欢迎时，许多犹太人已经失去了自己的社区，甚至失去了自己的家庭。

不仅"官僚部门"忽略这些事实，普通人也同样麻木不仁到令人吃惊。历史学家丁克·洪迪厄斯（Dienke Hondius）曾经收集了一系列普通荷兰人如何对待回国犹太人的案例。例如，曾经有熟人如此向丽塔·库普曼（Rita Koopman）打招呼："你该庆幸你不在这里，我们都快要饿死了！"当阿布·卡兰萨（Ab Caransa）回到以前的岗位时，他的雇主完全无视他在奥斯

威辛的痛苦经历：“由始至终，你起码有地方住、有东西吃！”绝大多数犹太人并未试图解释他们的经历的恐怖，比如格哈德·德拉克（Gerhard Durlacher），只是通过倾听别人的故事来“获取接纳”，并且对自己的困境保持“谨慎的沉默”。另一位荷兰犹太人解释道：“人们不理解，或者不相信。”[15]

许多类似的议论产生于纯粹的无知。在东欧，纳粹大屠杀就在人们的眼皮底下发生，而与东欧不同，在西欧，许多人对犹太人被驱逐后遭受的苦难一无所知。在关于集中营的新闻片放映之前，关于工业化集体谋杀的故事会被视为夸大其词；但即使在这些新闻片在电影院放映后，人们也完全不理解这段经历对幸存者来说意味着什么。

然而，比人们的无知更为重要的是这种故事难免会引起的不安感觉。按照弗兰克·凯泽尔（Frank Keizer）的说法，荷兰人对其关押在特莱西恩施塔特的经历回应道：“我不想知道。那都过去了，很高兴你还活着。”[16]回到其他国家的犹太人也有类似的遭遇。在法国，按照奥斯威辛幸存者亚历山大·科恩（Alexandre Kohn）的说法，“存在着普遍的漠视”，犹太人被迫对自己的经历缄默不语。[17]在匈牙利，如果回国的犹太人胆敢声称自己比其基督徒邻居承受过更多的痛苦，他们肯定会被殴打。[18]甚至在美国，移居至此的犹太幸存者也经常遭受不耐烦的对待：“战争已经过去了，‘已经受够了’！”[19]

我们必须记得，战争期间普通欧洲人也同样承受了恐怖的 196
痛苦，尤其是在战争结束那年，当他们认为人人承受同样的痛苦的时候，他们起码会感到些许宽慰。解放后，整个欧洲大陆开始构建痛苦共同体的神话。这种神话适合所有人，从那些渴望回归社群的通敌者，到那些渴望忘记战争的筋疲力尽的公众，再到那些想要重建民族自豪感的政客。甚至在国际层面上，那种欧洲各民族共同承受纳粹主义之苦的观念，也有助于重建交战各国之间的兄弟情谊。但是，犹太人的出现是对这种神话的讽刺。犹太人不仅承受了远远多于任何人的痛苦，而且其他群体从未对他们施以援手：那种欧洲人曾经“同呼吸、共命运”的心安理得的想法，被证明是一派胡言。

一对肚满肠肥的法国夫妇对一位从集中营回来的囚犯说：“你知道吗，我亲切的孩子，我们也曾经饱受不自由的痛苦啊。”（《马赛人报》，1945 年 6 月 3 日）

这或许解释了，为何回国犹太人的痛苦遭到普遍忽视， 197
不仅在荷兰如此，在整个西欧都是如此。当抵抗运动的故事让人们自我感觉良好，让人们分享到英雄主义的荣光时，犹太人的故事却有着反效果。这些故事提醒人们，这个社会曾经多么失败。犹太人的出现已经足以引起不安，似乎他们随时都有可能揭示令人局促不安的秘密。因此，更加简单的做法是，假装降临到犹太人身上的苦难与发生在别人身上的事情并无不同。犹太人并未受到欢迎，他们遭到忽视、限制、禁言。

犹太财产争夺战

有时候，犹太人之所以不被欢迎回国，还有着更为黑暗的原因。战争结束后，在匈牙利流传着一则笑话。大意如此：一位集中营幸存者回到布达佩斯，碰见一位基督徒朋友。朋友问道："你还好吧？"犹太人回答道："不提也罢。我从集中营回来，除了你身上穿着的衣服，现在我已一无所有。"[20]

同样的笑话适用于任何一座东欧城市，在西欧也差不多，人们心领神会。战争期间，掠夺犹太财产，发生于每一个国家，发生于每一个阶层。这种掠夺的范围有时相当惊人。例如，在阿姆斯特丹的老犹太区，房子被拆得只剩窗框门框。[21]在匈牙利、斯洛伐克、罗马尼亚，犹太人的土地和财产经常被穷人瓜分。[22]有时候，人们甚至在犹太人被驱逐之前就已经动手了。在波兰就有这样的例子。战争期间，熟人碰见犹太人时会说道：
"反正你都是要死的，为什么不让别人得到你的靴子呢？为什 198
么不把靴子给我，起码我还会记得你呢？"[23]

战争结束后，当少量犹太人开始回国时，他们的财产有时候会毫无争议地得到归还，但这只是特例而不是常例。这一时期的欧洲历史，充斥着犹太人试图收回自己的合法财产，但最终失败的悲惨故事。[24]那些曾经答应帮助犹太人在离家时看管财物的邻居和朋友，经常翻脸不认人：几年之间，这些人已经把犹太人的财产据为己有。战争期间耕种犹太人土地的村民，不认为自己有必要把土地归还犹太人，因为村民们认为犹太人无权享有村民耕作的成果。从战时当局手中分配到空置公寓的基督徒认为这些公寓就是自己的合法财产，而且他们还有文件证明。所有这些人都在不同程度上讨厌和诅咒犹太人，所有犹太人在战争期间“消失”了，他们的东西就不该收回去。

有一个例子能够充分说明，在战争期间，犹太财产如何被瓜分以及这种瓜分会带来多么可怕的后果，事情发生在匈牙利小镇昆马达拉什（Kunmadaras）。战争开始时，有 250 名犹太人生活于此，而当地总人口大约为 8000 人。1944 年 4 月，所有犹太人都被驱逐，有些被送去奥斯威辛，有些被送去奥地利，只有 73 人幸存。犹太人离家期间，他们的财产被地方官员“充公”，他们首先中饱私囊，但也分配给穷人。在当局的默许下，有些住宅和商铺被社区抢夺。其他房产则被路过的各支军队占领，家具陈设则被分配给当地社区。当苏联红军到达时，他们反过来抢掠上流社会和中产阶级的住宅，许多贵重物品也被抢走。苏联红军抢到的财产，有些被用来交换食物，有些则在军队开拔时就地丢弃，于是，经过流转，这些财产落入当地农民手中。到了这个复杂网络的最终环节，初来乍到的共产党人征收了这些财产，或者自用，或者交公，偶尔用于地方贸易。[25]

经过一系列充公、掠夺、盗窃、转手，犹太人的财产随之
199 散布于城镇的各个角落。在布达佩斯这样的大城市，这种混乱

状况让回国的犹太人根本不可能追查到自己的财产。但在昆马达拉什这样的小城镇，找回自己的财产并无难度，但让财产的新主人交还财产才是难题。有些人当场拒绝，并且把犹太人的出现视为奇耻大辱和潜在威胁。有些人在警察的命令下归还了财产，但即使是自觉服从命令的人也很不情愿，并且对此感到愤怒。穷人尤其伤心，特别是他们要把财产还给曾经更加富有的犹太人。当地报纸采访时，一位妇女说道："犹太人回来时一无所有，但现在他们吃着白面包，尽管我在田地里埋头苦干，但我还是一无所有。"[26]

从 1945 年冬到 1946 年春，在昆马达拉什开始形成紧张的反犹气氛。这种气氛于 1946 年 5 月走到尽头，一群妇女在昆马达拉什市场袭击了名叫库蒂·费伦茨（Ferenc Kuti）的犹太鸡蛋商贩，在他面前打碎了所有鸡蛋。带头袭击的妇女名叫埃斯特·托特·考鲍伊（Eszter Toth Kabai），她以血腥的传说为自己的行为辩护，即犹太人在宗教仪式上以基督教儿童献祭的古老传说。荒诞不经的谣言传遍了整个地区，说犹太人诱拐和杀死儿童，并且出售"人肉香肠"。当考鲍伊用木鞋殴打库蒂时，考鲍伊开始叫嚷："我姐妹的孩子被犹太人拐走了。"有些非犹太商贩跑来帮助库蒂，但当其他商贩也受到袭击时，库蒂丢下摊子逃回了家中。[27]

库蒂的家很快被暴民包围。开始时人们还不敢进入库蒂的家，因为他们害怕库蒂可能有枪。但当警察进入屋内，发现库蒂并无武器并且错误地向人们宣布时，暴民一拥而入。库蒂向闯入者乞求饶命，但他被一位名叫卡尔曼·鲍拉日（Balázs Kálmán）的男人杀死，此人用铁棍将库蒂殴打至死，同时还叫嚣道："谁让你用匈牙利孩子的肉做香肠！"[28]

袭击库蒂·费伦茨标志着一场集体屠杀的开始，至少还有一名犹太人被杀害，15 名犹太人身受重伤。[29]犹太人的住宅被破门而入、抢掠一空，犹太商店也受到抢掠。在屠杀期间，
200 诱拐儿童的谣言和血腥传说被反复提及，暴民们喊出各种各样的口号，大意无非“我们必须殴打犹太人，因为他们会偷走我们的孩子！”然而，骚乱背后的真正动机，显然是为了抢夺犹太人的财产，当人们冲入一家服装店时，人们要求店主交出三个据说被囚禁于此的孩子，但人们并没有寻找失踪的孩子，而是自己动手抢夺衣服。犹太妇女罗森贝格太太遭到名为凯赖派希·萨拉（Sara Kerepesi）的妇女的袭击，她对罗森贝格太太怀恨在心，因为她曾经在法庭上被迫归还罗森贝格太太的财产，罗森贝格太太还记得袭击者在打人时的叫嚣：“为了我的鸭绒被！”[30]

发生在昆马达拉什的暴行，只不过是战后欧洲各地类似现象的冰山一角。不仅回国的犹太人难以取回自己的财产，而且遍及欧洲大陆的反犹主义让犹太人比任何群体都更加容易遭到袭击。在匈牙利某些地区，法庭裁定那些从犹太农场抢走的马匹和其他牲畜留在“保有”者手中。[31]在意大利，当局不仅不愿意把犹太商店物归原主，而且还企图为战争期间“看管”这些财产征收“管理费”。[32]在波兰，任何曾经属于犹太人的“无主”财产，都被当地政府控制。换言之，当地政府拥有特殊利益，促使他们在犹太人战后回国时将犹太人再行驱逐。[33]几乎每一个欧洲国家都可以找到这种例子。

战争期间，犹太人曾经成为人们竞相追逐的猎物，犹太财产曾经被视为人们竞相瓜分的财源。显而易见的是，有许多人，以及某些政府，即使在战争结束后，也依然作如是观。

犹太人是资本家，犹太人是共产党

昆马达拉什屠杀，仅仅是战后匈牙利许多类似事件中的个案。反犹暴力包括抢掠住宅和商店［例如在矿业城市欧兹德（Ózd）］、私刑和谋杀［例如在密什科尔茨（Miskolc）］、焚烧 201
诸如犹太会堂等犹太建筑［例如在马科（Makó）］。除了暴力以外，犹太人还被迫承受所有非暴力形式的反犹主义：歧视、恐吓、谩骂等。种族仇视如此高涨、如此普遍，明显不能只以财产纷争来解释，还存在某些更深层次的原因。

首先，投身此种暴行的人们通常也承受过难以忍受的困苦。1946 年，整个地区的经济已经濒临崩溃，但匈牙利的情况尤其糟糕，通胀率已经高达每天 158486%。[34]在作家法卢迪·哲尔吉（György Faludy）的记忆中，这对普通人意味着如下事实：当出版商印行其著作的新版本，法卢迪可以得到 3000 亿彭格的稿酬，在 1938 年，这个数额相当于 600 亿美元。然而，在收到稿酬后，他必须直奔市场，因为他知道，在他冲往市场的路上，货币至少会贬值 90%。他把所有钱用来买了一只鸡、两升橄榄油、一把青菜。[35]这种程度的通胀率，对普通人的生活造成了灾难性的后果，人们被迫用物品换取食品。工人们经常在工厂饭堂里吃饭，因为他们的工资一文不值。最终，某些雇主完全放弃了货币，用食品支付工资。

一般来说，在这种情况下，会有两种人受到指责。首先是苏联人，因为正是他们造成了民生凋敝，因为正是他们到处抢掠，到处索取惩罚性的战争赔款。共产党人也受到牵连，在人们心目中，共产党人几乎普遍被视为犹太人。匈牙利并非特例，在整个东欧，共产党都被视为“犹太党”，而且这种看法不无道理。[36]由于共产党人受到普遍憎恨，人们对犹太人的观感也不会好到哪里去。例如，当犹太裔的共产党领导人拉科西·马加什（Mátyás Rákosi）来到密什科尔茨就经济形势发表演说时，工厂墙壁上出现的涂鸦把他称为“犹太国王”，正是他“把国家卖给俄国人”。[37]

202 因为匈牙利近乎绝望的经济形势而受到指责的第二种人是黑市商人和投机分子，他们囤积食品、哄抬价格。人们也普遍认为这些人都是犹太人。例如，当昆马达拉什妇女开始在市场上殴打犹太鸡蛋商贩时，人们安在他头上的罪名就是他的鸡蛋价格贵得离谱。犹太人普遍遭到坑害顾客、利用萧条、囤积食品、囤积黄金的指控。这些说法由来已久，几个世纪以来，犹太人都被视为守财奴。[38]

共产党人渴望摆脱“犹太党”的形象，把后一种偏见视为赢得人心的机会。1946 年夏天，他们开始在反对黑市的演说中把犹太人谴责为“投机分子”。当他们张贴相关海报时，“投机分子”被夸张地描绘成犹太人的形象：实际上，这些海报与纳粹统治时期关于“犹太寄生虫”的海报无甚差别。甚至有证据表明，共产党人在密什科尔茨对犹太人动用私刑，试图以此转移群众的愤怒。[39]

在 1946 年的政治经济混乱中，匈牙利犹太人没有多少回旋余地。赖因茨豪尔德·莫尔（Mór Reinchardt）是来自亚诺什豪尔马（Jánoshalma）的犹太人，他在 8 月写给匈牙利犹太事务局主席的信中总结了犹太人的困境：

> 遗憾的是，在密什科尔茨事件以及其他类似事件后，犹太人显然同时受到共产党和小农党的憎恨。一方的口号和海报写着“打倒共产党和犹太人！”，另一方的口号和海

> 报写着“打倒小农党和犹太人!”。犹太人受到普遍憎恨，所有党派都准备消灭每一个犹太人，无论此人有罪还是无辜……在我看来，别无选择，只有向占领军寻求保护。我们需要寻求他们的帮助。在这里，在匈牙利，犹太人已经无法立足。因此，我们需要离去。我们需要移居国外。我们需要请求苏联军事当局允许我们离开这个国家……当我们移居国外时……苏联红军应该继续占领这个国家，以便保护我们。[40]

这封信充分表达了欧洲各地成千上万犹太人的心声，他们 203
相信，欧洲大陆已不再是他们安身立命之地。

凯尔采大屠杀

如果说战后匈牙利的反犹主义甚嚣尘上，那么，波兰的情况就更加糟糕。1945 年夏天，从一系列纳粹劳动营中死里逃生后，时年 16 岁的本·赫尔夫戈特和表兄弟从特莱西恩施塔特返回波兰。然而，当他们在琴斯托霍瓦（Częstochowa）换乘火车时，他们被两名全副武装、身穿制服的波兰人拦了下来，对方要求他们出示证件。在看过文件后，对方要求这两个男孩到警察局接受例行检查。两个男孩没有发现当中有什么不妥，就跟对方进了城。在此期间，赫尔夫戈特试图与这两个陌生人说话，但其中一个人恶狠狠地对他说：“闭上你的臭嘴，你这个该死的犹太人。”两个男孩马上知道自己遇到麻烦了。

这两个人并没有把男孩带到警察局，而是带到一处黑暗的公寓，在那里，男孩被迫打开行李箱。在拿走所有值钱的东西后，这两个人把男孩带出了公寓，当时已经入夜，他们再次声称要把男孩带到警察局。当然，男孩不再相信他们，但由于这两个人有武器，男孩别无选择，只能顺从。男孩被带到城镇的废弃角落，这两个人掏出左轮手枪，告诉男孩走向最近的墙壁。本·赫尔夫戈特马上开始哀求他们，恳求他们看在爱国主义的份上，看在大家都是战争期间受苦受难的波兰同胞的份上，看在战争结束后互相帮助的份上，饶过两个男孩的性命。最后，其中一个人动了恻隐之心，对同伴说："放过他们吧。他们还是孩子。"这两个人收起左轮手枪，大笑着走开，留下这对表兄弟自己寻找回到火车站的路。[41]

战争结束后，波兰成为犹太人最容易遇到危险的国家。从德国投降到1946年夏天，至少有500名犹太人被波兰人杀害，绝大多数历史学家认为受害者人数大约是1500人。[42]根本不可能
204 得到确切数字，因为本·赫尔夫戈特所描述的个别事件，很少形成报告，更少留下记录，假如这两个男孩最终遇害，结果就可想而知了。犹太人被扔下火车，被洗劫财产，被带到森林里射杀。当地民族主义团体写信警告犹太人，要么离开，要么被杀。被遗弃的尸体口袋上写着这样的纸条："所有还活着的犹太人，都是这个下场。"[43]

一如在匈牙利，居心险恶的古老血腥传说被反复提及。在热舒夫（Rzeszów），有谣言说"那些从集中营回来的嗜血的犹太人"执行了仪式性的谋杀。这些谋杀据说包括杀害一名9岁的名叫布罗尼斯瓦娃·门敦（Bronisława Mendoń）的女孩，1945年6月，她的"血被吸干，以用于宗教仪式"。在这些谣言引起的骚动期间，有犹太人被毒打，犹太财产遭到掠夺，还有一到两名犹太人可能被杀害。[44]在克拉科夫，在传出一名基督教儿童在犹太会堂被杀害的谣言后，市里爆发了一场全面的屠杀。波兰警察和民兵混杂在暴民当中，拆毁犹太会堂，在城镇

里到处追杀犹太人。在接下来的暴行中，数十名犹太人受伤，可能有五名犹太人被杀。那些到医院求诊的犹太人再次遭到殴打，护士对此袖手旁观，还说“犹太渣滓活该被射杀”。[45]

然而，战后最著名，可能也是最恶劣的屠杀，发生在波兰中南部的凯尔采。[46]这次屠杀开始于1946年7月4日早上，当时人们诬称一位8岁的名叫亨里克·布瓦什奇克（Henryk Błaszczyk）的男孩被一名当地犹太人诱拐，并囚禁在普兰特街7号犹太委员会大楼的地下室里。那名受到男孩指控的犹太人马上遭到逮捕和毒打。准备动用私刑的暴民群起冲进大楼，救出了其他据说要被用于献祭的孩子们。谣言迅速传遍整个社区，都说孩子们被绑架了，而且犹太人已经“杀死了一名基督教儿童”。犹太委员会的首领试图平息事态，但波兰人对他的劝告充耳不闻。

一小时后，当警察来这座可疑的大楼搜查的时候，他们发现里面没有任何基督教儿童，实际上那里甚至没有地下室。他们让那个说谎的孩子出去，并且把他送回家中，但伤害已经造成。此时，大批群众聚集在大楼外面，开始朝窗户扔石头。此 205
后有超过100名士兵到达，试图恢复秩序，但在一声枪响过后（不知道是谁开的枪），这些士兵加入了警察的行列，共同冲击大楼，抓住里面的男男女女，强迫他们走到大楼外面大声叫嚣的武装暴民当中。

巴鲁克·多尔夫曼（Baruch Dorfman）当时在大楼的三楼，他和另外20人躲在一个房间里。

> 他们开始朝房门射击，我们当中有一个人受伤，后来伤重不治。他们冲进房门。他们是穿着制服的士兵，当中夹杂着几个平民。然后我就受伤了。他们命令我们出去。

> 他们让我们排成两列纵队。楼梯间里面已经站满了平民，当中还有妇女。士兵们用枪托击打我们。平民包括男男女女，都在殴打我们。我穿着一件类似制服的马甲，也许正因如此，他们当时没有打我。我们来到广场上。其他与我一起被带出来的人受到刀刺和枪击。人们朝我们扔石块，但我当时仍未受到伤害。我穿过广场走到出口，但肯定是我的面部特征让他们认出了我是被带出大楼的犹太人，因为一个平民尖叫道："犹太人！"他们那时候才开始攻击我。石块朝我飞来，我被枪托击打，我跌倒后失去了知觉。过了一会儿，我恢复知觉，他们又用石头和枪托打我。当我躺在地上时，一个人想要射杀我，但我听到另一个人说："不要开枪，他反正都要咽气了。"我再次晕了过去。当我醒来的时候，有人拖着我的脚把我扔上卡车。这可能是另一名士兵，因为当我再次醒来的时候，我已经躺在凯尔采医院了。[47]

有目击证人记得，犹太人被掷出窗外，扔到楼下的街道里。犹太委员会的首领被射杀在大楼后面，当时他正要打电话求救。后来，又有 600 名来自卢德维科夫（Ludwików）铸造厂的工人于午后到达，大约 15～20 名犹太人被人用铁棍打死。还有人被石头砸死，或者被警察或士兵射杀。死者名单中包括 3 名犹太士兵，他们刚刚赢得波兰的最高战斗奖章，还有 2 名被误认为犹太人的普通波兰人被打死。当天还有一位怀孕的母亲被杀害，还有一位妇女和她的新生婴儿一起被射杀。总共有 42 名犹太人
206 在凯尔采被杀害，还有多达 80 人受伤，此外还有大约 30 人在当地铁路沿线的相关袭击中被杀害。[48]

这场大屠杀最令人震惊之处在于，整个社区都参与了屠杀，

包括男人和女人，包括平民，也包括警察、民兵、士兵这些本来应该维持法律和秩序的人。血腥传说的种族神话挑起了这次屠杀，但天主教会并没有驳斥这些传说，也没有谴责屠杀。实际上，波兰红衣主教奥古斯特·哈龙德（August Hlond）声称屠杀并非出于种族动机，无论如何，如果在波兰社会中曾经存在某种反犹主义，那在很大程度上也是犹太人的过错，因为“波兰人如今在波兰政府中占据要职”。[49]

地方党委和中央党委领导人勉强发挥了一点作用，起诉了屠杀事件的某些主要参与者，并且为一趟运送伤员离开罗兹的专列提供保护，但在事发当天，他们都保持沉默。当地党委书记给出了理由，他“不想人们认为（党）是犹太人的辩护人”。[50]内政部部长雅库布·贝尔曼（Jakub Berman）本身就是犹太人，当他得知此事时屠杀仍在发生，但他拒绝采取任何激烈措施制止暴民。于是，甚至波兰最高当局也不能够或者不愿意施以援手。一如在匈牙利，波兰共产党人甚至波兰共产党中的犹太人，都希望与犹太人保持距离，撇清关系。

迁徙

人们对东欧反犹暴行的反应极具戏剧性。许多战后返回波兰的幸存者此时却回到德国，因为置身于这个最早开始迫害犹太人的国家，远比置身于祖国安全得多。他们现身说法，劝告其他人不要重蹈回家的覆辙。迈克尔·埃特金（Michael Etkind）给出这样的建议：“无论你做什么都好，就是不要返回波兰，波兰人正在杀害所有从集中营回来的犹太人。”[51]哈里·鲍尔萨姆（Harry Balsam）也提出同样的说法：“他们告诉我们，现在想回去简直是疯了，波兰人正在屠杀波兰犹太人

了……他们告诉我们，波兰人正在做德国人想做都做不到的事
207 情，他们能够活着回来已是万幸。”[52]早在1945年10月，联合救济委员会（Joint Distribution Committee）的约瑟夫·莱文（Joseph Levine）就已经致信纽约方面：“人人都发回波兰人杀人和抢掠的报告，所有犹太人都想离开波兰。”[53]

幸运的是，对于许多波兰犹太人来说，以及对于来自其他几个东欧国家的犹太人来说，逃亡路线是早已设计好的。战争结束后，有几个当机立断的犹太人群体建立了一个被称为“迁徙”的组织，这个组织早已开始保障一系列的安全房屋、交通工具，以及遍布波兰、捷克斯洛伐克、匈牙利、罗马尼亚的非官方过境点。开始时，他们还是一个非常隐蔽的秘密组织，但从1946年起，他们在东欧各国政府间获得了半官方地位。1946年5月，波兰总理爱德华·奥索博卡－莫拉夫斯基（Edward Osóbka-Morawski）公开表示，他领导的政府，不会在犹太人移居巴勒斯坦的道路上设置障碍，在凯尔采大屠杀后，他又重申了这一声明。[54]屠杀结束之后，在华沙犹太人起义领袖之一伊扎克·“安泰克”·楚克曼（Yitzhak ‘Antek’ Zuckerman）与波兰国防部部长马里安·斯佩哈尔斯基（Marian Spychalski）的协商之下，一个正式过境点得以开放。其他与“迁徙”组织有关的头面人物也与匈牙利、罗马尼亚以及美国驻德国行政当局进行谈判，开放类似的过境点，而捷克方面也同意提供特别列车，以让犹太难民穿越国境。[55]

逃向西方的犹太人数量相当可观，而且从凯尔采大屠杀后开始激增。1946年5月，“迁徙”组织从波兰迁出了3502人。6月，迁出人数增长到大约8000人。及至7月，屠杀结束后，该数目翻了不止一番，达到1.9万人，8月几乎又翻了一番，

达到35346人，9月回落至12379人。这些数字还不包括通过其他方式逃离波兰的一两万人，他们多数是通过投机分子和偷渡分子找到门路的。此外，联合救济委员会派驻布拉迪斯拉发的机构回报，在凯尔采大屠杀后三个月内，大约1.4万名匈牙利犹太人取道捷克斯洛伐克逃亡。总体而言，在1946年7～9月，大约9万至9.5万名犹太难民逃离东欧。[56]

战后两年间，逃往西方的犹太人总数大致如下：20万人逃 208
离波兰，1.8万人逃离匈牙利，1.9万人逃离罗马尼亚，也许还有1.8万人逃离捷克斯洛伐克，最后，这个群体被迫离开并非因为他们是犹太人，而是因为捷克人把他们视为德国人。[57]同样值得注意的是，1948～1950年，大约4万名犹太人逃离上述国家，我们由此得出总体数字，大约30万人因为反犹迫害而被迫离开上述国家。这已经是相当保守的估计了。[58]

这些犹太人去往何处？短期之内，他们打算前往德国、奥地利、意大利的难民营，讽刺的是，正是这些前轴心国义无反顾地为他们提供了救助。从长期来看，他们打算彻底告别欧洲大陆。许多人想要前往英国，或者大英帝国的海外领地，许多人想要前往美国，但绝大多数人更想前往巴勒斯坦。他们知道犹太复国主义者正在那里建立一个犹太国家，他们认为只有在那里，他们才能真正逃脱反犹主义的迫害。

为了达成此目的，犹太人几乎获得了所有国家的帮助，除英国之外。苏联非常乐意其境内的犹太人离开欧洲，没有为他们的逃亡之路设置障碍，甚至为他们开放边境出口，但只有犹太人才有这个待遇。正如我们所见，波兰和匈牙利用尽各种手段，让犹太人在其境内过得不舒坦，再次鼓励他们通过任何方法离开。罗马尼亚、保加利亚、南斯拉夫、意大利、法国都为犹太人提供了登船前往圣地的口岸，很少为他们设置障碍。但是，美国出力最多，这并非允许犹太人进入美国，而是帮助犹太人前往英国控制下的巴勒斯坦。美国向英国施加外交压力，迫使英国在巴勒斯坦接纳10万名犹太人，但美国仅仅正式批准12849名犹太人进入美国，而且这还是杜鲁门总统关于迁徙人员特别指令的结果。[59]

英国是唯一试图阻止犹太人从东方涌入的国家。英国方面指出，绝大多数涌入者都不是希特勒集中营的幸存者，而是战
209 争期间待在哈萨克斯坦以及苏联其他地区的犹太人。因为他们现在回国似乎是“安全”的，英国方面认为，没有必要为他们提供庇护，苏联以及东欧国家也应该承担相应责任。英国乐意在德国境内为希特勒的受害者提供避难所，但英国的底线是不欢迎与战争无关的新犹太难民潮涌入。与美国驻德国行政当局不同，英国拒绝这些新来的犹太人进入英国控制下的难民营。

英国错误地认为，新犹太难民潮不是由于恐惧反犹主义而形成的，而是由以色列前往东欧的犹太复国主义者煽动起来的，目的是招募新人投入他们的事业。平心而论，“迁徙”运动的绝大多数成员，的确是巴勒斯坦犹太复国主义者，但英国完全错误地假定犹太人渴望逃往巴勒斯坦是由于“迁徙”运动。历史学家耶胡达·鲍尔（Yehuda Bauer）早已断言，逃亡的动机完全来自难民自身，犹太复国主义者只不过为他们提供了一处目的地。[60]

英国还满怀热情地认为，“迁徙”在道德上是站不住脚的，尤其是在纳粹大屠杀之后，允许欧洲犹太人前往巴勒斯坦更是如此。按照英国外交部的说法，这“无疑是令人绝望的建议……实际上这等于承认纳粹是对的，纳粹坚持犹太人在欧洲没

有立足之地”。英国外交秘书欧内斯特·贝文（Ernest Bevin）坚信：“犹太人在欧洲大陆的重建工作中承担着关键角色，如果犹太人不能留在欧洲，那么，我们打第二次世界大战还有什么意义。”[61]

在道德哲理的呼吁之外，英国方面不甚乐意的真正原因还是政治因素：英国不想在中东的阿拉伯人与犹太人之间造成爆炸性的政治形势。但是，由于缺乏任何欧洲伙伴的强力合作，英国未能真正阻止逃向西方的浪潮继续蔓延。英国阻止犹太人前往巴勒斯坦的努力略为成功，在英国皇家海军的护送下，搭载着数万犹太移民的地中海船只，转道前往塞浦路斯的特别难民营。

但这完全是徒劳无功，英国最后也无能为力。1946 年夏 211
天，犹太复国主义者开始对英国派驻巴勒斯坦的机构发动恐怖袭击（主要起因是战后英国反犹主义崛起）。一年后，英国开始减少耶路撒冷的驻军。1947 年 11 月底，在犹太复国主义者的强力游说后，联合国投票通过将巴勒斯坦部分地区授予犹太人，让他们建立自己的国家。最终，在 1948 年，在犹太人与巴勒斯坦阿拉伯人之间势均力敌的内战后，以色列国得以巩固。犹太人可以无拘无束地在世界上一个小小角落找到自己的家园。

此处不宜展开讨论以色列人与阿拉伯人之间从那时开始的残酷冲突，这种冲突至今充斥着我们的报纸版面。我们只能说，犹太人当时抓住了一个千载难逢的绝好机会。考虑到他们在近代史上的经历，人们很难指责他们自主建国的愿望，借用巴勒斯坦历史学家的说法，阿拉伯人“实在想不明白，自己为什么要为纳粹大屠杀付出代价”。[62]无论如何，大批欧洲犹太人最终找到了一个自己当家做主的国家，在那里，他们不会受到迫害，

210

5.犹太人逃往巴勒斯坦的路线

在那里，他们可以遵循自己的生活方式。以色列不仅是应许之地，还是希望之地。

然而，作为这一过程的结果，犹太人一度生活于此的欧洲地区发生了不可逆转的变化。在战争爆发前，波兰曾经是文化与族群的大熔炉，但此时已经面目全非。从某种程度上来看，整个东欧都是如此。

及至 1948 年，许多地区都达到了甚至超过了希特勒时代的设想，犹太人不复存在。

212 # 第十八章　乌克兰与波兰之种族清洗

战争结束后，犹太人并非被逐出家园的唯一民族。犹太人也并非暴民、警察、武装民兵的唯一受害者。如果说纳粹大屠杀的幸存者坚称自己是战争期间的主要受害者，那么，在战争结束后，这种说法就再也站不住脚了。正如我所指出的，犹太人的确受到虐待，但在解放后，民族主义暴力的真正焦点开始转向其他少数民族。

我们只要比较凯尔采大屠杀与同年发生在波兰其他地区的类似事件就足够了。1946 年 1 月底，在斯坦尼斯拉夫·普鲁托上校带领下，波兰第 34 步兵团的士兵包围了扎法德卡－莫罗绍夫斯卡（波兰语 Zawadka Morochowska，乌克兰语 Zavadka Morochivska），这是波兰东南部萨诺克（Sanok）附近的村庄。村民都是乌克兰裔，而村民的族裔血统就是接下来这宗事件的唯一原因。按照目击者的说法，军队到达此地，预示着一场与战争年代同样血腥的屠杀：

> 军队于黎明时分抵达村庄。男人们开始逃进树林，逃不出去的人试图在阁楼和地窖里找到藏身之所，但人们无处可躲。波兰士兵到处搜索，确保没有一个地方被遗漏。每当士兵抓到男人，男人就当场被杀；如果士兵找不到男人，他们就殴打妇女和孩子……我父亲藏在阁楼里，波兰士兵命令我母亲爬上梯子找我父亲。这些命令还伴随着枪托的重击。当母亲开始攀爬时，楼梯突然断裂，母亲摔到

> 地上，摔断了胳膊，他们用重重的军靴踢打母亲。我和我 213
> 四岁的女儿跑到我母亲身边，想要保护我母亲，但士兵开始殴打我和我的孩子。我瞬间失去知觉，当我醒来的时候，我的母亲、我的孩子，都已经被杀了，整个村庄被付之一炬！[1]

第二天，乌克兰游击队来到此地，他们发现此地已彻底荒废："什么都没有剩下，只有冒着烟的废墟，还有几个晃动的影子，但那更像是山羊的身影，而不是人的身影。"[2] 除了掠夺村庄、盗窃牲畜，波兰士兵还杀害了数十名村民，绝大多数都是妇女和孩子。比谋杀更加恶劣的是他们从事谋杀的方式。许多人被活活打死、开膛破肚、扔入火堆。有些妇女被割去乳房，有些妇女被挖眼、削鼻、割舌。按照其中一名参与屠杀的波兰士兵的说法："我们当中某些人很享受这次屠杀。"[3]

关于这次屠杀，绝大多数史料来自乌克兰方面，他们绝对有兴趣描绘波兰人的残忍，甚至允许在一定程度上渲染这桩无可否认的恐怖事件。事情并未由此结束。两个月后，军队回到扎法德卡－莫罗绍夫斯卡通知所有幸存村民收拾行李，穿越国境前往苏联的乌克兰。除了学校和教堂，所有残余建筑都被付之一炬，为了警告村民不得在此停留，又有 11 名男子被射杀。最终，4 月，在更多村民被杀害后，教堂和学校都被毁掉了，所有居民都被集合起来并强行驱逐出境。在这些行动期间，大约 56 人被谋杀，还有许多人身受重伤。这个村庄被从地图上彻底抹去。[4]

扎法德卡－莫罗绍夫斯卡大屠杀与凯尔采大屠杀的不同之处在于，前者是由军队执行的，而不是由桀骜不驯的暴民执行的。折磨和谋杀波兰犹太人，是反犹主义背景下的普遍现象。这不是

政府行为的结果，而是政府不作为的结果：反犹主义者随意袭击
214 犹太人，因为他们确信自己不会受到惩罚。好几名参与凯尔采大屠杀的罪犯都受到了审判，甚至因为其罪行而被处以死刑。相比之下，在扎法德卡－莫罗绍夫斯卡屠杀乌克兰语居民，则是直接授意于政府政策。军队被调遣至波兰东南部，目的就是清除那里的乌克兰裔居民。与犹太人不同，犹太人仅仅是被“鼓励”逃亡，乌克兰人则是被刻意驱逐，当他们拒绝离开时，要么惨遭杀害，要么被强制驱离。和在扎法德卡－莫罗绍夫斯卡一样，如果说军队这次的行动有些过火的话，那么他们总体上没有受到惩罚。最为重要的是，在政府看来，军队成功执行了任务。

扎法德卡－莫罗绍夫斯卡只不过是冰山一角。迫害和驱逐少数民族发生于欧洲各地，尤其是欧洲大陆中部和东部。但是，发生在波兰的事件尤为重要，部分是由于波兰是种族清洗最为广泛的地区，也是由于波兰/乌克兰问题对欧洲其他地区产生了巨大影响。正是在这里爆发的民族主义紧张局势，最终让苏联决定利用民族主义，使其服从于苏联自身的目标，不仅在波兰如此，而且在整个东欧集团都是如此。正是波兰人和乌克兰人彼此驱逐，为欧洲大陆的种族清洗提供了模板。[5]

然而，在我们真正理解扎法德卡－莫罗绍夫斯卡事件之前，我们有必要追溯事情的起因。许多历史学家曾经指出，波兰的种族清洗并非孤立事件，而是大战的后果。波兰人并非心血来潮驱逐乌克兰人：只有大战期间的重大事件，才让这种激烈的行动变得可欲而且可能。[6]

波兰/乌克兰种族暴力之起源

战争期间，波兰东部边境被入侵了不止一次，而是三次：

首先是苏联，然后是纳粹，最后又是苏联。生活在这个多元文
化地区的不同种族群体，对每次入侵的反应都是不同的。绝大 215
多数波兰裔居民既抵抗纳粹也抵抗苏联，并且希望波兰能够恢复到战前的国境线。相比之下，乌克兰裔居民的意见要复杂得多。绝大多数人都害怕并憎恨俄国人，因为在20世纪30年代，俄国人以残忍的方式统治了苏联乌克兰地区；但许多人欢迎德国人，把德国人视为解放者，起码最初是如此。与此同时，犹太人不知应该相信谁。许多人希望，苏联入侵能够帮助他们摆脱波兰和乌克兰的反犹主义；后来，有人似乎希望，德国入侵能够让他们摆脱苏联迫害。及至1943年年底，当这片地区遭受第三次入侵时，为数不多的幸存犹太人已经对任何外来者丧失信心了，且不论外来者国籍为何。

苏联和纳粹都在挑动这些种族群体彼此敌对。纳粹尤其希望利用乌克兰的民族主义情绪，以便镇压其他居民。早在入侵之前，纳粹就已与乌克兰极右翼政治势力建立了联系，尤其是与乌克兰民族主义组织（OUN）建立了联系。这是一个非法的极端民族主义运动，类似于克罗地亚的乌斯塔莎或者罗马尼亚的铁卫军，热衷于以暴力达成目的。纳粹抛出乌克兰独立的诱饵，乌克兰民族主义组织便与纳粹通力合作。在这个声名狼藉的组织中，绝大多数有实力的宗派从未相信德国人的动机，但其他宗派热切盼望被纳粹利用，这既是因为他们认为纳粹会满足他们的欲望，也是因为他们与纳粹同样动机不纯。[7]

在乌克兰民族主义组织与纳粹之间，最为可耻的合作方式就是共同铲除犹太人。多年以来，乌克兰民族主义组织一直叫嚣种族纯化，呼吁建立“乌克兰人的乌克兰”，鼓吹革命恐怖的好处。在最终解决方案的执行过程中，尤其是在沃利尼亚

(Volhynia) 地区，乌克兰民族主义组织成员的行径说明，这些口号不仅是说说而已。这些发生在众目睽睽之下的屠杀，为当地后来所有种族清洗提供了模板。最初令人不可思议的事情，此时变得尤为可能。

1941～1942 年，大约 1.2 万名与纳粹紧密勾结的乌克兰警
216 察杀害了超过 20 万名沃利尼亚犹太人。作为通敌者，他们参与了这些行动的策划过程。他们对当地居民提供保证，让居民产生安全的错觉。他们会突然包围犹太村庄和居民点，甚至亲手参与屠杀。屠杀犹太人让他们在后来的屠杀中驾轻就熟。[8]

1942 年年底，德国人败局初现，这些乌克兰警察纷纷弃职潜逃。他们拿起武器，加入乌克兰民族主义组织新近成立的武装游击队，即乌克兰起义军（Ukrainian Insurgent Army）。他们利用从纳粹那里学来的技能，对付他们的种族敌人，不仅包括当地残存的犹太人，还包括大批波兰居民。

他们开始屠杀波兰人的地区，其实就是乌克兰警察当年参与屠杀犹太人的地区：沃利尼亚。种族清洗从这里开始，有许多方面的原因：当地有广阔的森林和沼泽，特别适合游击队活动，孤立的波兰社区比其他地区更加容易遭到攻击，但之前的反犹行动也发挥了作用。禁忌已被打破：当地的乌克兰青年男子已经接受过杀人训练，而且对集体屠杀习以为常。1942 年年底，当他们开始清洗这个地区时，他们就已经天不怕地不怕了。

在之后几年的疯狂屠杀中，波兰社区被全部消灭，从老弱妇孺到新生婴儿无一幸免。例如，在 1943 年复活节一次存心恐吓波兰居民的行动中，奥勒克西塔（Oleksięta）村被付之一炬。[9] 在韦索茨科－韦兹纳（Wysocko WyAżne），13 个孩子被锁在天主教堂里，然后被活活烧死。[10] 在沃拉－奥斯特罗韦茨卡

(Wola Ostrowiecka)，全体波兰社区居民被集中到当地学校操场。当男人们每五个人为一组，在旁边的谷仓里被砍死时，妇女和儿童则被赶进学校，学校被手榴弹炸毁，然后被付之一炬。[11]

在普德卡米恩（Podkamień）村，在一场针对偏僻农场和边远村庄的夜袭中，村民们被赶出家门。最初，他们睡在荒郊野 217
地，以免遭到突然袭击，最终，他们在当地的修道院里寻求庇护。然而，1944 年 3 月 12 日，就连修道院也被乌克兰起义军包围了。除少数人跳窗逃生外，全体社区居民，包括僧侣，都被杀害了。他们的尸体被倒吊在修道院周围，以此警告其他波兰社区，如果他们留在此地，这就是下场。[12]

这里列举的只是少数例子，1943 ~ 1944 年，数以百计的波兰村庄遭到种族暴力的波及。按照波兰、德国、苏联的史料，乌克兰游击队热衷于对其受害者实施斩首、钉十字架、肢解、开膛破肚，经常有意展示尸体，企图以此恐吓残存的波兰社区。他们烧毁住宅和教堂，夷平村庄，抢走所有能够带走的东西。这种事情发生在波兰东部和乌克兰西部。任何乌克兰人试图保护其波兰邻居，都将一同被杀。[13]

即使在乌克兰起义军的报告中也提到他们的目标就是，要像消灭犹太人那样彻底消灭波兰人，在许多地区，他们的目标都已经达到。乌克兰起义军其中一名总指挥德米特罗 · 克利阿查基夫斯基（Dmytro Kliachkivs'kyi）建议其下属各级指挥官，“杀掉所有 16 岁至 60 岁的（波兰）男性居民”，而且命令道，“森林里面和森林附近的村庄，应该被夷为平地”。扎韦克霍斯特（Zavykhost）地区的指挥官尤里 · 斯捷利马修克（Iurii Stel'mashchuk）承认，他曾经接到一条命令：“在乌克兰所有西部省份，从肉体上彻底消灭波兰居民。1943 年 8 月，为了执行乌克兰民族主义组织领导人下达的命令，由几支乌克兰起义军部队组成的队伍，屠杀了超过 1.5 万名波兰人。”[14]

作为应对措施，有些当地波兰人开始建立自己的武装组织，以求自我保护。波兰地下组织也开始减少对德国占领者的抵抗，以便把资源用于保护波兰社区，使其免遭乌克兰起义军的侵害。有些沃利尼亚波兰人转而向德国人求职，希望在成为警察后有机会复仇。（德国人显然非常乐意招募他们，新一轮通敌浪潮由此产生。颇具讽刺意味的是，招募警察是为了对以前的通敌
218 者大开杀戒。）1944 年，当苏军抵达时，许多波兰人加入苏联红军或者苏联内务部，这一次同样是为了复仇。乌克兰村庄被纵火焚烧，数以千计的乌克兰农民被杀，这就是对乌克兰起义军所作所为的种种报复。[15]

顺理成章的，这些报复行动又成为乌克兰游击队攻击波兰人和波兰村庄的理由。形势就此陷入恶性循环。战争最后几年以及战争结束初期，整个地区实际上已经被卷入内战。战火从沃利尼亚蔓延到加里西亚和波兰中部。波兰人与乌克兰人彼此屠杀，彼此焚烧对方的村庄，其热情远远超过他们对德国或苏联占领者的反抗。法尔德玛尔·洛特尼克（Waldemar Lotnik）当年是波兰游击队员，他对这种冲突有出色的描绘：

> 前两天晚上，他们杀了我们 7 个人，当晚，我们就杀了他们 16 个人……一周以后，乌克兰人开始报复，他们彻底抹掉了一个波兰居民点，他们放火烧屋，杀死那些未能逃走的居民，强奸落到他们手上的妇女……我们还以颜色，袭击了一处更大的乌克兰村庄，这次我们当中有两三个人杀了女人和孩子……乌克兰人再次报复，他们摧毁了一处

> 有 500 名波兰人的村庄，折磨和杀死所有落到他们手上的人。我们再次还以颜色，摧毁他们两处更大的村庄……战斗步步升级。每次都有更多居民被杀害，更多房屋被烧毁，更多妇女被强奸。男人们很快变得残酷无情，仿佛除了杀人放火，他们什么都不会做。[16]

在这种背景下，我们必须回顾本章开头描述的扎法德卡 - 莫罗绍夫斯卡屠杀事件。当我们孤立看待这桩事件时，很容易就会得出结论，这是冷血的罪行、完全是波兰人的罪行、以种族清洗的名义犯下的罪行。当我们把时间尺度略为放宽，就会发现，参与屠杀的部队，本身就是前一天乌克兰起义军游击队袭击事件的受害者，这样屠杀事件看上去就没有那么冷血了。[17]当我们把时间尺度更为放宽，就会发现，某些卷入屠杀的人，其实是发生在沃利尼亚的波兰人与乌克兰人内战的退役老兵，复仇行动的动机开始变得更加明确。[18]这种背景叙述不是为了给
发生在扎法德卡 - 莫罗绍夫斯卡的屠杀事件辩护，或者为 1946 219
年发生在波兰东南部其他乌克兰裔村庄的袭击事件辩护，而是为了更加清楚地解释屠杀事件的来龙去脉。

即使按照最为保守的估计，也有大约 5 万名波兰平民在沃利尼亚被乌克兰游击队杀害，还有 2 万 ~3 万人在加里西亚被杀害。总体而言，在遍及边境各地的内部冲突中，有高达 9 万名波兰人被杀害。乌克兰人的死亡人数也是成千上万，但由于波兰人并未带着种族灭绝的明确计划参与冲突，乌克兰人被杀的人数远远少于他们杀人的人数，也许总共为 2 万人。[19]与许多其他地区的战时欧洲史相比，这些数字可谓充满争议，而且波兰与乌克兰两国历史学家的争议主题转移到了谁才更有资格自称为受害者上。一方面，绝对数字并不重要，只要我们知道发

生了一场暴力内战，双方都有成千上万的人死亡，这就足够了；另一方面，数字又无比重要，尤其是在民族主义在欧洲各地重新崛起的氛围中。乌克兰人自然不愿意承认，乌克兰民族主义组织和乌克兰起义军开启了这个暴力循环，他们企图缩小波兰人的死亡人数，有时不惜篡改数字。然而，某些波兰人也把统计学视为再现内战历史的武器。[20]在这种高度紧张的气氛中，人们不大可能就数字达成任何共识，而我所给出的上述数字，已经是目前最为不偏不倚的估计了。

苏联方案

1944 年，当苏军再次进入乌克兰和波兰时，他们发现种族冲突的严重程度已经足以引起警惕了。当时战争还在继续，苏军当然不能允许这种混乱状况干扰苏军补给线。由于乌克兰起义军已经开始袭击苏军部队，他们必须采取措施稳定局面。

苏军的应对方法非常简单：如果不同族群无法在一片土地上和平共处，那么他们应该被隔离开来。这种隔离措施是在全国范围内进行的：波兰人应该生活在波兰，乌克兰人应该生活在乌克兰苏维埃社会主义共和国。

220 双方的边界将不再是 20 世纪 30 年代的旧波兰国界：边界将向西移动，因此绝大部分乌克兰人眼中的“西乌克兰”地区将会与“东乌克兰”地区重新统一。这样做不仅能够扩充苏联领土，而且能够对乌克兰民族主义组织/乌克兰起义军釜底抽薪，因为正是苏联将乌克兰人奋战而不可得的东西给了乌克兰人。任何生活在国界东面的波兰人都将被赶回波兰；同样，生活在国界西面的乌克兰人都将被“遣送回国”。

在当时，如果说这是一个带有争议的解决方案，那也未免太过轻描淡写了。对于暂居在伦敦的波兰流亡政府来说，将乌克兰/波兰国界如此往西推移简直是不可思议的。苏联提出的国界曾经是所谓的寇松线（Curzon Line），这相当于把等同于波罗的海三国（爱沙尼亚、拉脱维亚、立陶宛）面积总和的波兰东部国土割让出去。波兰城市利沃夫将会授予乌克兰，布列斯特-里托夫斯克将会给予白俄罗斯，而维尔诺（今天的维尔纽斯）将会移交给立陶宛。承认这条国界，等于接受1939年苏联入侵波兰的结果。

西方盟国表面上也反对这个解决方案。丘吉尔和罗斯福此前都已表示愤慨，难以接受任何苏联控制上述领土的建议。[21]然而两位政治家都是现实主义者，他们知道，根本不可能反对苏联的计划，因为苏联已经占领了整个地区。两位领袖都不打算在这个问题上挑战斯大林。当美国驻波兰大使建议美国应该在这个问题上站稳立场时，罗斯福冷冷地说："难道你想让我跟俄国打仗吗？"[22]

早在1943年11月，当丘吉尔和罗斯福在德黑兰首次与斯大林会晤时，他们就表示不会反对斯大林把波兰东部边境并入苏联的计划。在这个问题上，丘吉尔并不拐弯抹角，他试图说服波兰总理斯坦尼斯瓦夫·米科瓦伊奇克（Stanisław Mikołajczyk）接受这个既成事实，这个米科瓦伊奇克断然无法接受的既成事实。然而，罗斯福还有更多的盘算，他并未表明立场，直至一年后竞选连任，因为他还要指望数百万波兰裔美国选民的支持。1945年2月三巨头的雅尔塔会议，最终击碎了 221
波兰人的希望，三巨头正式发出联合声明，波兰东部边界应该遵循寇松线划定。[23]

这个过程的可悲之处在于，由始至终都没有咨询过波兰人的意见。甚至在德黑兰会议的交易敲定之后，也没有咨询过波兰代表团的意见。对于波兰人来说，这是英美两国出卖了波兰。1941 年，当丘吉尔与罗斯福签署《大西洋宪章》（*Atlantic Charter*）的时候，他们曾经承诺永不支持任何“违背民众自由意志”的领土变更。由于在德黑兰和雅尔塔都同意了苏联的要求，丘吉尔与罗斯福都明确背弃了这个承诺。英美两国的保守派也有同样的感觉。美国驻波兰大使亚瑟·布利斯·莱恩（Arthur Bliss Lane）公开表示，这是向斯大林“投降”，这是“绥靖”政策，一如战争爆发前对希特勒的绥靖，是对美国的波兰盟友的“背叛”。[24]在英国，工党议员约翰·里斯·戴维斯（John Rhys Davies）在下议院尖锐抨击道：“我们怀着伟大的动机和高尚的理想开始这场战争。我们发表了《大西洋宪章》，然后又唾弃它、践踏它、烧毁它，正因如此，《大西洋宪章》现在已经荡然无存。”[25]

强迫“回国”

人们很少会考虑到，雅尔塔会议上决定的国界变更对当地居民来说意味着什么：这被视为斯大林权力范围内的事务，而不是西方盟国能够插嘴的事务。实际上，随着苏联势力渗透到这个地区，他们已经开始按照惯常的做法展开逮捕和驱逐行动了。但斯大林仍然谨慎从事，在《雅尔塔协议》签署之前，尚未开始全面驱逐波兰人。

在苏联看来，这是全新的事态。苏联早就懂得如何按照民族成分把一个地区的全体居民流放到另一个地区。20 世纪 20 年代和 30 年代，苏联各个民族群体就像是国际象棋的棋子，在棋盘上被移来移去。[26]最近一次迁移是在 1944 年 5 月，流放克里

米亚鞑靼人（当时克里米亚还不属于乌克兰）。[27]然而，到此时 222
为止，这种流放总是出于政治和军事的原因，而非出于纯粹的种族原因。而且，这种流放只是在苏联领土内进行，苏联从未试过把某个少数民族逐出苏联国境。因此，发生在乌克兰与波兰之间的人口交换，反映了苏联政策的显著变化。[28]

1944～1946 年，大约 782582 名波兰人被赶出苏联乌克兰，重新定居在波兰。此外还有 231152 人被赶出白俄罗斯，169244 人被赶出立陶宛，三者合计总数将近 120 万人。[29]许多人是在当局的骚扰下被迫离开的，但还有许多人是为了逃避紧接而来的种族暴力而自愿离开的，暴力浪潮从 1945 年开始，持续到 1946 年。通过某种特殊的方式，苏联与乌克兰起义军似乎在通力合作，以达成共同的目标。例如，1945 年 7 月，玛丽亚·约瑟夫维斯卡（Maria Józefowska）及其家人被迫离开捷尔沃诺哥罗德（Czerwonogród）村，因为乌克兰起义军已经把村庄烧成了平地。紧随在袭击后，苏联当局提供了一组特殊列车，把他们运出乌克兰，运到波兰加里西亚的雅罗斯瓦夫（Jarosław），仿佛这是一个不可错过的逃生机会。[30]

在苏联的允许下，波兰人同样将 48.2 万名乌克兰人“遣返回国”，绝大多数来自波兰东南部的加里西亚。[31]扎法德卡－莫罗绍夫斯卡大屠杀是这个进程的一部分，典型地显示了其实施过程的血腥与残忍。又一次，波兰政府的正式行动伴随着民族主义团体和地下组织“波兰本土军”（Home Army）的非正式行动。他们针对无辜平民实施暴行，甚至针对那些并不认为自己是乌克兰人的平民。例如，兰克人（Łemkos）是一个生活在喀尔巴阡山脉贝斯基德（Beskidy）山区的种族群体，他们与乌克兰并无历史渊源，更加与民族主义扯不上关系，他们只想保住自己的土地。然而，他们还是成为众矢之的，并且与其他说乌克兰语的居民一起被驱逐出境。当地首领试图解释乌克兰人与兰克人的差别，但波兰人对他们的解释充耳不闻。

毫不令人意外的是，某些乌克兰人和兰克人转而寻求乌克兰起义军的保护以抗拒驱逐。波兰加里西亚地区的乌克兰起义军，不像乌克兰境内的乌克兰起义军那样不分青红皂白乱开杀戒，但
223 也难免会谋杀、折磨、肢解敌人。当时一位退役的波兰士兵亨里克·扬·梅尔卡里克（Henryk Jan Mielcarek）满怀悲愤地写道，他的战友们被乌克兰起义军游击队殴打致死，战友们要么被挖眼割舌，要么被绑在大树上等死。[32]但考虑到没有人对自己施以援手，许多乌克兰人别无选择，只能加入这种游击队，或者起码支持这种游击队。乌克兰起义军在加里西亚越来越受欢迎，结果只造成如下局面：波兰军队和波兰当局更有理由驱逐乌克兰社群。

1945~1946年，波兰人发动的“遣返回国”行动虽然同样残酷，但最终取得相当程度的成功。然而，他们还遇到一个主要问题：及至1945年年底，有些已经离开波兰的乌克兰人又开始自愿回到波兰。许多人发现，尽管在波兰生活日子也不好过，但在乌克兰生活比在波兰还要难过得多。乌克兰不仅比波兰东南部要落后得多，而且在战争期间多次易手的乌克兰道路也崎岖难行。更为糟糕的是，苏联并不允许太多波兰乌克兰人定居在他们想要“回归”的地方：为了防止乌克兰民族主义组织/乌克兰起义军的问题步步升级，超过75%的波兰乌克兰人将会被安置到苏联其他地区。结果，1945~1946年，成千上万的乌克兰人返回了波兰，并告诫其他村民不要前往苏联。这在一定程度上解释了为何许多乌克兰人抗拒驱逐，尽管他们面临着日益增多的暴力种族主义袭击，他们也不为所动。[33]

1946 年年底，波兰当局忍无可忍，决定把所有说乌克兰语的居民彻底驱逐出境。随着遣返行动临近尾声，苏联关闭了乌克兰与波兰的边界。这并不符合波兰当局的心意，因为他们估计波兰境内还有大约 7.4 万名乌克兰人在逃避遣返。实际上的人数要多得多，大约 20 万人仍未被遣返。波兰政府请求苏联适当延长遣返期限，但没有收到答复。[34]

考虑到已经不可能再驱逐更多的乌克兰人，人们可能以为事情会到此为止。或许随着乌克兰起义军的恐怖活动逐步停止，波兰政府也会对留在波兰境内的乌克兰人和兰克人感到放心。开始于 1947 年年初的波兰国内人口迁移也许会被搁置，绵延了 224
好几个世纪的加里西亚乌克兰文化也许会得以保留。也许吧。

然而，这种想法纯粹是一厢情愿，因为波兰人与乌克兰语少数民族的紧张关系始终未见缓和，实际还在升级。1947 年 3 月 28 日，爆发点终于到来，波兰国防部副部长卡罗尔·希维尔切夫斯基（Karol Świerczewski）将军被乌克兰起义军刺杀。这桩刺杀事件将会给波兰境内的乌克兰人带来灭顶之灾，而且将会成为全面镇压行动的理由。刺杀事件发生的次日，波兰军官开始公开谈论“在波兰东南部边境彻底消灭残余的乌克兰裔居民”。[35]波兰行政机关立即对这个地区再次发动清洗，以彻底铲除所有残余的乌克兰语居民。

这次行动被称为“维斯瓦河行动”（Operation Vistula）。行动目标不仅是清剿波兰境内的乌克兰起义军，直截了当地说，就是为了“最终解决”乌克兰人问题。[36]

强迫同化

1947 年 4 月底维斯瓦河行动开始，一直持续到夏末。行动目的不仅是“清剿乌克兰起义军”，而且是配合国家遣返部门，执行“疏散行动，将所有具备乌克兰民族属性的居民，从东南部迁移到西北部，尽可能分散安置”。有些历史学家声称，行动目的仅仅是去除乌克兰起义军的社会基础，但这些历史学家都忽略了如下事实：国家安全部门明确声明，在国内进行种族清洗是一项公开的、专门的任务。[37]

行动目的是在国内根除所有残余的乌克兰语居民，直至最后一个男人、女人、孩子，甚至波兰－乌克兰混血家庭也未能幸免。这些人只有几个小时收拾行李，然后就被带到转运中心进行登记。从这里出发，他们会被转运到波兰西北部的各处居民点，那里曾经是德国领土，但此时已成为波兰领土。理论上，
225 家庭成员会被整体迁移，实际上，所有人在登记时会被分配到一个号码。就这样，分开登记的家庭成员，经常会被送到相隔遥远的市镇和乡村，除非他们能够说服（或者贿赂）政府官员，让他们一家团聚。理论上，家庭成员允许带走衣物和财物，甚至带走一定数量的牲畜，以便维持他们在新家的生活。实际上，他们几乎没有足够的时间收拾细软，经常被迫把贵重物品遗弃家中，最终落入波兰裔邻居的手中。许多人还抱怨，在迁徙之路上受到不守纪律的兵痞和当地人组成的盗匪的抢劫。

这种把整个村庄包围起来，进而把全体村民赶走的做法，在欧洲大陆已是见惯不怪，战争让这种做法变成惯例。及至1947年，驱逐乌克兰人的特别行动已经进行了超过两年。实际上，迁徙的规模也不值得大惊小怪，与我在下一章提到的、在欧洲大陆范围内驱逐德裔的行动相比，驱逐乌克兰人只不过是小巫见大巫。驱逐乌克兰人的行动与所有其他行动的区别在于其目的：波兰当局不仅要驱逐这个种族，而且还要强迫这个种

族完全放弃独立的民族属性。乌克兰人被迫改变说话方式、衣着方式、礼拜方式、教育方式。波兰当局不再允许他们成为乌克兰人或者兰克人，“因为他们要我们都变成波兰人”。[38]

最近对说乌克兰语的波兰人所做的采访，清楚揭示了整个过程有多么痛苦。安娜·克利马斯（Anna Klimasz）和罗扎利娅·奈杜克（Rozalia Najduch）是兰克人，她们被赶出了加里西亚的贝德纳卡（Bednarka）村，最痛苦的莫过于驱逐本身，尤其是波兰裔邻居的行为。当地的波兰人并没有支持或者帮助他们，似乎只想赶走他们，甚至早在他们离开之前，波兰人就已迫不及待地抢夺他们的房屋和财产。拒绝盗贼入屋的村民遭到殴打，有些村民则只能眼睁睁地看着盗贼洗劫自己的房屋。有盗贼甚至从村民已经打好包的行李车里拿东西，边拿边说：“这个就别带了，那个也别带了，反正你都用不着了……”[39]

对于其他人来说，最为压抑的时刻，莫过于被赶出村庄以后在破旧的转运营地里漫无目的地等待的那段日子。这段日子 226
可以持续好几天，甚至可以持续好几个星期。奥尔加·兹达诺维奇（Olga Zdanowicz）是来自加里西亚格拉兹奥瓦（Grąziowa）的乌克兰人，她被迫在特里茨阿涅克（Trzcianiec）的露天营地里睡了三个星期。[40]来自贝德纳卡的村民被迫在扎戈尔扎尼（Zagórzany）营地待了两个星期，而且同样是风餐露宿，除了随身携带的食品，他们几乎没有东西可吃。罗扎利娅·奈杜克只能偷取当地农民的饲料喂养自己的牲畜。安娜·谢夫奇克（Anna Szewczyk）和米科瓦伊·索卡茨（Mikołaj Sokacz）还记得，他们只能睡在牲畜栏旁边的行李车下面，以此遮风挡雨。[41]在此期间，所有流放者还都要受到波兰官员的盘问，这意味着由于他们的民族属性，他们都洗脱不了乌克兰起义军恐怖分子的嫌疑。

正是在转运营地，那些最有可能卷入游击队活动的嫌疑人会被逮捕。对于这些人来说，压抑的迁徙变成了可怕的噩梦。他们会被送到监狱和拘留营，最为臭名昭著的是亚沃日诺（Jaworzno），它曾经是纳粹设立的拘留营，此时已被波兰当局接管。在这里，他们会被殴打、被抢劫，还要忍受饥饿、疾病、虐待。其中一名营地指挥官，就是恶名远扬的所罗门·莫雷尔，在调任此处之前，他曾经在兹哥达主管一处关押德国人的营地（见第十二章）。一如在兹哥达，看守虐待成性，犯人饱受折磨，看守把犯人吊在管子上，用针扎犯人，用各种液体灌进犯人的口鼻，用铁棍、电线、枪托以及各种各样、千奇百怪的刑具殴打犯人。在亚沃日诺的乌克兰人附属营地，有 161 名犯人直接死于营养不良，有 5 名犯人死于斑疹伤寒，还有 2 名妇女自杀。[42]

与此同时，大多数乌克兰人准备踏上迁徙之路。朋友和熟人被分开，并且和他们的牲畜一起被装上火车，平均每四个家庭及其牲畜被装进一个车厢，然后前往昔日的德国省份东普鲁士、波美拉尼亚、西里西亚，这些地方都在波兰的另一边。尽管这趟旅程不像前往亚沃日诺那样充满磨难，但也要经历短暂的恐慌时刻，因为火车在奥斯威辛穿行好几公里。旅程可以长达两周，在此期间，流放者早已变得蓬头垢面、满身污秽，而且饱受虱子叮咬。[43]

227 在经历过旅途中所有不确定和不舒适后，到达新的未知土地的时刻总算是令人略感宽慰。之后的流程大抵如此：每个家庭都有一个目的地，而且在到达目的地后，要向当地的国家遣返部门报告。他们会分配到一处房产，有时房产分配由抽签决定。由于这些房子是被以前的德国主人遗弃的，因此里面应该家具齐全，也就是说，乌克兰人和兰克人那些旧家当都可以丢弃，毕竟新家里面有新家具。然而，实际上，任何有用的、值钱的东西早已被洗劫一空，或者早已被腐败的官员据为己有。及至 1947 年，所有最好的房子都已经被迁居此地的波兰人占有，只剩下那些废弃的房屋、空荡的公寓以及土壤贫瘠的破败农场。到达此地的家庭，通常会离开他们被指派到的地方，然后在乡间游荡，寻找更好的土地。[44]

欢迎仪式也说不上热情洋溢。由于迁移这些人的目的就在于拆散他们的社区，因此，来自同一个村庄的家庭不会被分配在同一个片区。实际上，通常只有小家庭才允许生活在一起，大家庭则会像整个社区一样被拆散。因此，在绝大多数个案中，这些家庭都被完全孤立，没有任何土生土长的社区成员支持他们。更为糟糕的是，他们通常会发现，周围的人们对他们充满敌意而且极为鄙夷。许多波兰人刚刚从沃利尼亚以及苏联乌克兰其他地区迁居此地，他们好不容易才在家乡的野蛮内战中死里逃生，因此，这些波兰人最不愿意与乌克兰人成为邻居。有些在维斯瓦河行动中被驱逐的乌克兰人提到，自己在重新定居的城镇里被波兰人殴打，有些人干脆避之则吉，几乎所有人都很难找到工作、很难交到朋友。

针对乌克兰人的偏见无处不在。米科瓦伊·索卡茨还记得自己被民兵逮捕和殴打，民兵一口咬定他是乌克兰起义军的成员。他别无选择，只能坦然接受，正如他所说的："兰克人就只有挨打的份儿。"那些被送到亚沃日诺的人还记得，当地人向他们扔石头、吐口水，因为他们被认定为希维尔切夫斯基将军遇刺的罪人。[45]特奥多尔·谢夫奇克（Teodor Szewczyk）无意中听到正在雇用他的波兰小农场主说道："我才不会给狗娘养 228

的乌克兰人付工钱！他们有口饭吃就够了。”[46]类似的例子不胜枚举。

乌克兰人和兰克人可谓同病相怜，但他们彼此帮助甚至简单交往的机会都少得可怜。官方对乌克兰起义军充满戒心，干脆出台规定，禁止超过一定数量的说乌克兰语的人相互聚集。任何人对别人说乌克兰语，一旦被发现，都会自动成为阴谋活动的嫌疑人。东正教堂和联合教堂都被查封，乌克兰人只能在说波兰语的天主教堂里做礼拜，要么就不要做礼拜。

由于维斯瓦河行动的要点在于把乌克兰人吸纳进波兰国家，在某种程度上，孩子特别受到当局的关注。所有孩子被迫在学校里说波兰语，乌克兰文学被禁止。男孩也好，女孩也罢，如果被发现说乌克兰语，轻则受到斥责，重则受到惩罚。他们经常被迫接受天主教培训，而且每个孩子都要接受斯大林主义教条的例行教育。任何与波兰官方不一致的身份认同，都在禁止之列。[47]

然而，尽管如此，同化根本就不可能，因为他们的同学会让他们无法忘记自己不是波兰人。同学们取笑他们的口音，捉弄他们，甚至有时欺负他们。“乌克兰”孩子不会被邀请到波兰孩子家中做客。他们与同学不同，他们被其他孩子孤立，这让他们的处境非常类似于斯堪的纳维亚的“德国”孩子。目前还没有关于这些孩子的生活状况的比较研究，但在挪威有类似的研究，有理由假定，这些孩子在日后的生活中会更加焦虑、更加压抑、更加沮丧。他们甚至比挪威的德国孩子更加悲惨，时至今日，许多乌克兰人再次公开表示自己是波兰社会中一个格格不入的群体，如果我们回到 20 世纪 50 年代早期，可能想象不到今天会是这样的结果。

这种共同的经历，让所有这些人，数百万在第二次世界大战以后被迫背井离乡的人，渴望回到“家乡”。[48]然而，这是被严令禁止的。那些设法回到加里西亚村庄的人，要面对愤怒的民兵，要面临暴力和监禁的威胁。对于其他人来说，回家也毫无意义。那里已经 229
没有他们成长的社区，那些村庄已经不是他们记忆中的理想家园。多年以后，奥尔加·兹达诺维奇曾经设法探访格拉兹奥瓦，但她在那里一无所获：“村庄已经被烧掉了，那里什么都没有了。”[49]

1947 年发生在波兰的种族清洗，不能被视为孤立的事件。这是多年内战的结果，从 1939 年德国入侵波兰西部开始，种族暴力持续了超过七年。种族清洗的祸根，从纳粹屠杀波兰犹太人开始便已种下，尤其植根于发生在沃利尼亚的大屠杀，还植根于乌克兰民族主义者通敌期间的暴行。战争结束后，波兰驱逐少数民族的做法得到苏联的明确支持，但在此之后，迁徙和同化乌克兰人和兰克人，其实是波兰人的自发行为。维斯瓦河行动，其实是种族战争的最后一步，这场种族战争由希特勒发动，由斯大林继承，由波兰当局完成。

及至 1947 年年底，波兰境内已经几乎没有少数民族。讽刺的是，这种局面最早是由乌克兰人造成的，与其邻国相比，波兰的种族成分要单一得多。乌克兰民族主义组织信奉的“乌克兰人的乌克兰”从未变成事实，尤其是在乌克兰东部，即使是在西乌克兰忙于与波兰交换人口的时候，乌克兰境内还是有大量波兰和犹太少数民族。相比之下，及至 20 世纪 40 年代末，“波兰人的波兰”已经从理想变成事实。

短短数年间，数百年来的文化多元性就被摧毁，这个过程大致分为五步。第一步，纳粹屠杀犹太人，这是纳粹在波兰反犹主义的协助下完成的。第二步，波兰折磨回国的犹太人，正如我在上一章所说的，这种做法导致犹太人全部逃离波兰甚至欧洲。第三步和第四步，在 1944 年至 1946 年间，驱逐乌克兰人和兰克人，在 1947 年维斯瓦河行动期间，同化乌克兰人和兰克人。

波兰种族拼图的最后一块，即我尚未触及的那一块，是驱逐德裔。这与欧洲其他国家的类似行动，共同构成了下一章的主题。

第十九章　驱逐德裔 230

1945 年，波兰东部边界不是唯一发生变动的边界。当三巨头在德黑兰会晤的时候，他们也谈到波兰西部边界。丘吉尔和罗斯福希望以德国部分领土和东普鲁士，补偿波兰人向斯大林交割的领土。在会议首日的深夜会谈中，丘吉尔解释了这个计划，他说道：“波兰可以向西移动，就像士兵‘向左’走两步。即使波兰踩了德国的脚趾头，那也无关紧要……”为了说明自己的意思，丘吉尔拿出三根火柴棍，平放在桌面上，并且向西推移。换言之，斯大林从波兰东部取得的领土，国际社会将会从波兰西部对波兰给予补偿。[1]

斯大林对这个想法感到高兴，不仅因为它让斯大林获取波兰东部边境的行动合法化，而且因为它把莫斯科与西方盟国的边界线向西推移了。实际上，只有德国丧失了领土，这看来才是一个合适的惩罚。

又一次，没有按照《大西洋宪章》的承诺去咨询“相关民众的自由意志”。战争期间，自然不可能咨询德国东部民众的意见，但没有一个大国的领导人认为，有必要在战争结束后咨询民众的意见。英国外交秘书在国会为这些计划辩护道：“《大西洋宪章》某些条款是为胜利者制定的……我们不认为德国也
有权利……要求宪章适用于德国。”[2] 因此，1945 年年初，三巨 231
头在雅尔塔继续讨论波德边界，并且在次年夏天的波茨坦会议上得出最终结论。

作为这几次讨论的结果，奥德河与尼斯河以东的土地将会成为波兰领土，包括以前的德国省份波美拉尼亚、东勃兰登堡、上下西里西亚、东普鲁士大部分地区（另外部分地区割让给俄国人），以及但泽港。数百年来，这些地区都被视为德国领土，绝大多数居民都是纯粹的德国后裔，按照官方数字，当地居民超过 1100 万人。[3]

这个结果对于上述民众可谓至关重要。考虑到德裔少数民族在其他国家境内的历史，考虑到这些少数民族曾经被希特勒利用来挑起战争，实在难以想象这 1100 万德意志人还会被允许继续生活在新波兰的边界之内。诚如丘吉尔在雅尔塔会议上谈到这个问题时所指出的："用德国饲料填满这只波兰鹅，恐怕它会消化不良。"[4] 谈判各方都心知肚明，这些德意志人肯定会被赶走。

当在雅尔塔会议上谈到将如此众多的民众赶出祖居之地是否可行、是否人道时，斯大林无动于衷地说道，当地绝大多数德意志人，"早已因为躲避苏联红军而逃之夭夭"。总体而言，斯大林是对的，因为害怕苏联的报复，当地大批居民早已逃离。但及至战争结束时，当地还有大约 440 万德意志人，而且在战争结束初期还有 125 万人返回，绝大多数人回到西里西亚和东普鲁士，总体而言，他们都能够重操旧业。按照苏联的计划，所有这些人要么被征集为强迫劳工，以支付德国的战争赔款，要么被逐出此地。[5]

严格来说，在边界最终确定之前，苏联和波兰都尚未开始将德意志人逐出上述地区。甚至在 1945 年夏季的波茨坦会议上，边界问题也尚未达成一致。人们曾经期待，最终边界将会在所有盟国共同签署的对德和约中划定。但由于在冷战期间，苏联与西方的关系最终破裂以及随之而来的德国分裂，这份和平条约只有留待 45 年后才能真正被签署。

ALLE MADRI, AI BAMBINI, AI PROFUGHI
L'U.N.R.R.A.
COOPERANDO COL GOVERNO ITALIANO
CIBO, SALUT SPERANZA

1946 年 1 月，华沙废墟："景象如此惨烈，以致我都没法相信。"波兰首都只是被战争摧毁的数千个城镇之一。

战争在整个欧洲造成了房屋奇缺。图片中的妇女和孩子为蜗居洞穴的一家，这只是数百个那不勒斯穴居家庭的写照。柜子上联合国善后救济署的海报写着"食物、健康和希望"。

战时的强迫劳工战后返回希腊。当运输船抵达比雷埃夫斯港的时候，这群希腊人脸上那种复杂的情感，显而易见。

60 岁的回国者菲力普·帕鲁克的命运在战后相当常见。当他从集中营回到波兰时，他发现他的房子不见了，家人也全遭杀害。照片拍摄时，他正在波特沃鲁夫附近村庄的马路上乞讨食物。

波斯尼亚游击队 10 岁的娃娃兵波格丹·贝拉科维奇。他是一个 55 口之家的最后一名幸存者，不过二战行将结束时，他死在了一场战斗之中。

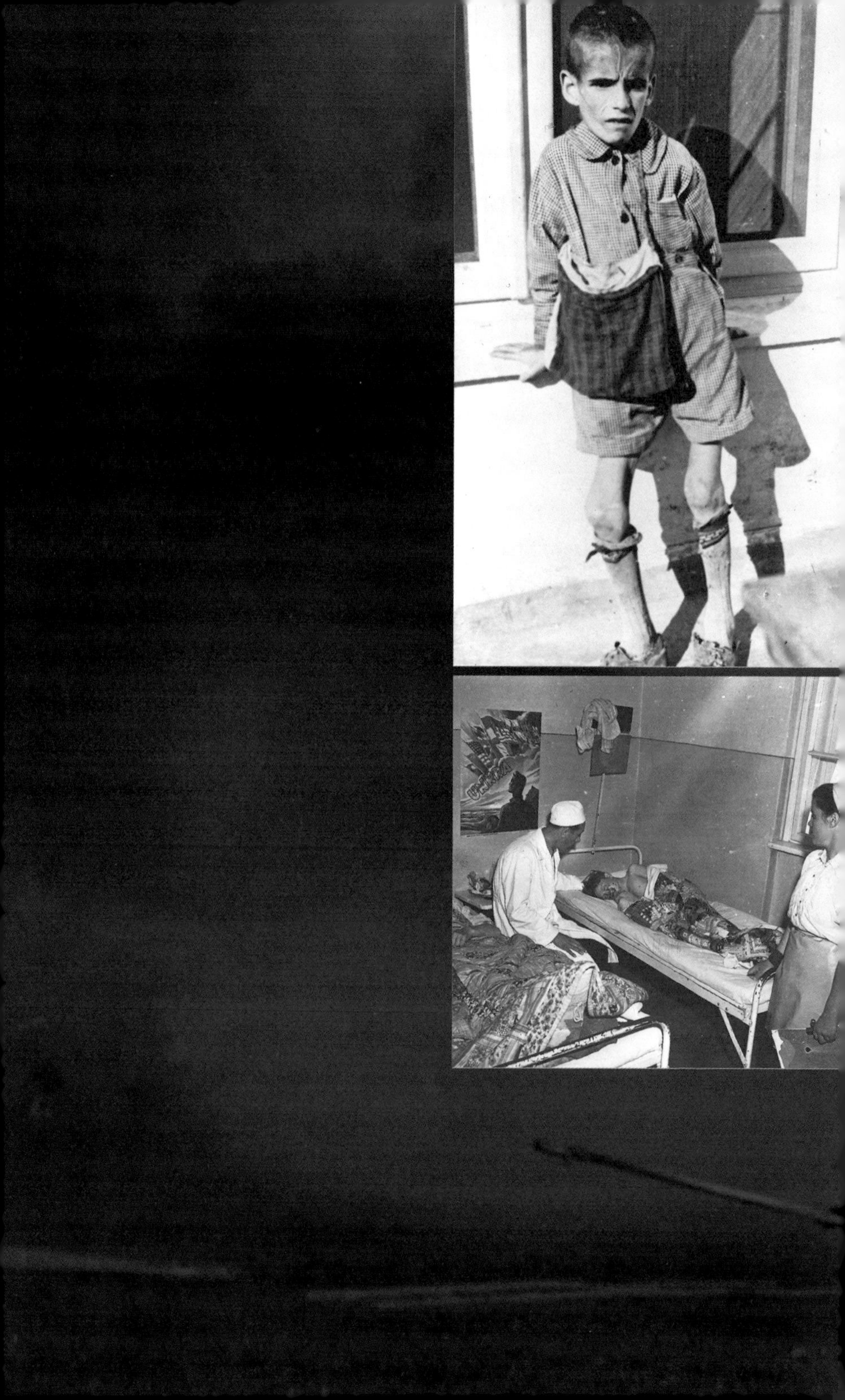

一位希腊饥荒的幸存者。

1946 年，在南斯拉夫，医护人员正在照料一名伤势严重的 9 岁男童。四个小时前他在家附近的田地里玩耍时不幸触发了地雷，爆炸夺去了他的两条手臂和视力。

战后妇女们的困境：在那不勒斯，美国水手占当地贫困女孩的便宜。

1946 年，在莱比锡，苏联士兵调戏一名德国妇女。

战争过后，德国人没人会对自己能够找到的栖身之地挑三拣四。图为海尔布隆，联合国善后救济署运营的一座难民庇护站。

战后的欧洲大陆见证了法律和秩序的几近全面奔溃。图为被释放的奴工洗劫一座德国火车编组站。

复仇：在特莱西恩施塔特附近，德军士兵的尸体被悬挂在路灯杆和大树上。

在达豪集中营，被解放的囚犯奚落他们以前的看守。他们身后的墙根下是被美国士兵枪毙的德国俘虏。

1944 年 8 月，在布列塔尼的雷恩解放后，一名法国通敌者遭到殴打。

1945 年 4 月，在米兰，法西斯主义者被游击队集体处决。大约 15000 名意大利法西斯主义者得到了相似的下场。

图为战争最后一周在雷马根的临时营地，几百名美国士兵奉命看守超过 10 万名被俘虏的德国士兵。

战争结束后，在辛齐希，栖身在地洞里的德军战俘。

一名泪流满面的科西嘉妇女被她的邻居肆意羞辱，她被指控与德军士兵勾搭。人们通过脱光她的衣服、剪掉她的头发来宣告法国对她的身体的“光复”。

战后持续不断的反犹太暴行激起东欧的犹太人出逃。图为出埃及 47 号班轮，在被英国人拦截之前，它正准备把犹太人运往巴勒斯坦。

1946 年 5 月，在乌克兰游击队纵火焚烧后，波兰人逃离翁沃尔尼察。

1945 年 6 月，波兰民族主义者袭击了维尔绍维尼，地上躺着的是被杀害的乌克兰人。

当波兰的东南部变成乌克兰的一部分之后，一个来自鲁德基的家庭被迫迁徙。他们的目的地在波兰新的“狂野西部”，火车上的行程需要 12 天。

---

900 万德国人被从波美拉尼亚和西里西亚驱逐，以为上图提到的家庭腾出土地。图为在柏林挤满火车的难民。

1944 年 12 月，在反政府示威期间，两名抗议者被雅典警察射杀。这个事件标志着希腊新一个五年期的血腥内战的开始。

1948 年，被拘押的希腊女孩用铁丝网晾衣服，她只是数万名因涉嫌同情共产党而被拘押的希腊平民之一。

LOCULUI PARTIDELOR

1946 年，在罗马尼亚，彼得鲁·格罗扎在一次舞弊选举之后发表胜选讲话。

1947 年 6 月，在塞格德，匈牙利自由党成员手持椅子准备与共产党员搏斗。

1950 年，立陶宛民族英雄尤奥扎斯 · 卢克萨（中间那位）与两位游击队战友。第二年，卢克萨被人出卖后遭杀害。

2009 年，在利沃夫，参加周年纪念游行的乌克兰起义军老兵。他们是反抗苏联统治的英雄还是参与种族清洗的恶棍，今天的人们无法确定。

232

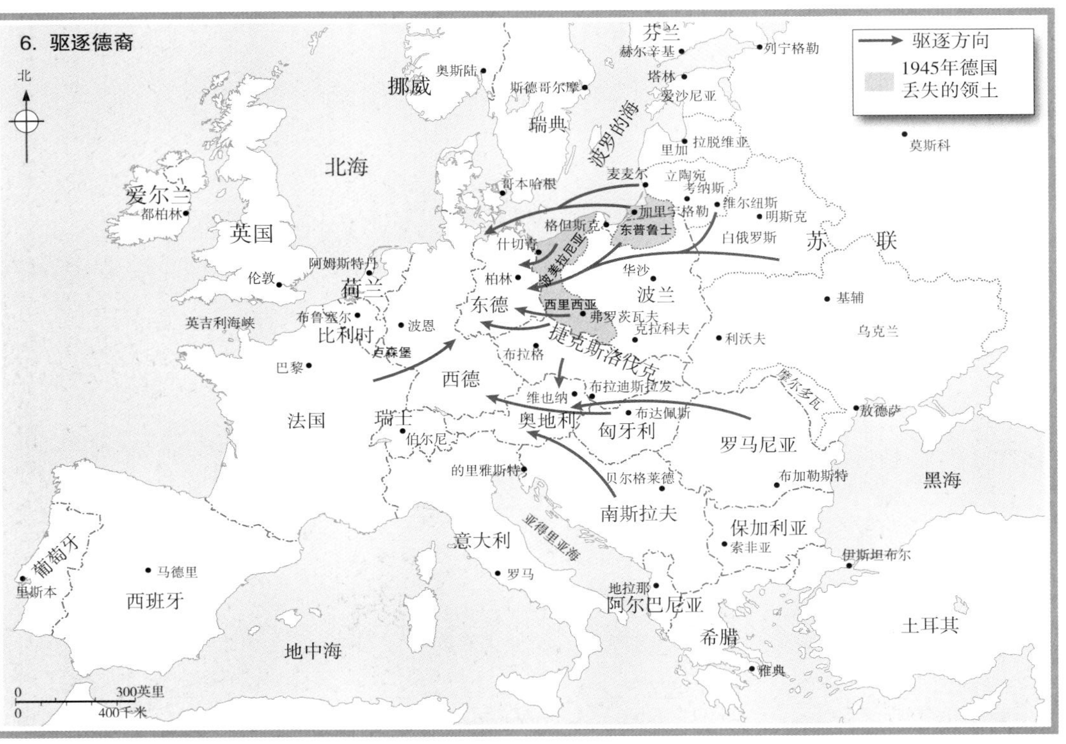
6. 驱逐德裔
驱逐方向
1945年德国丢失的领土
北
芬兰
赫尔辛基
列宁格勒
奥斯陆
挪威
斯德哥尔摩
塔林
爱沙尼亚
瑞典
波罗的海
里加
拉脱维亚
莫斯科
北海
哥本哈根
麦麦尔
立陶宛
考纳斯
维尔纽斯
明斯克
爱尔兰
都柏林
加里宁格勒
东普鲁士
格但斯克
英国
什切青
波美拉尼亚
白俄罗斯
苏联
阿姆斯特丹
荷兰
伦敦
柏林
华沙
波兰
基辅
东德
西里西亚
弗罗茨瓦夫
布鲁塞尔
波恩
克拉科夫
利沃夫
乌克兰
英吉利海峡
比利时
卢森堡
布拉格
捷克斯洛伐克
巴黎
西德
摩尔多瓦
维也纳
布拉迪斯拉发
敖德萨
布达佩斯
法国
瑞士
奥地利
匈牙利
罗马尼亚
伯尔尼
的里雅斯特
贝尔格莱德
布加勒斯特
黑海
南斯拉夫
保加利亚
意大利
亚得里亚海
索非亚
伊斯坦布尔
葡萄牙
马德里
罗马
里斯本
西班牙
地拉那
阿尔巴尼亚
土耳其
希腊
地中海
雅典
0
300英里
0
400千米

与此同时，波兰和苏联无视国际舆论，开始着手执行驱逐
233 计划。当美国大使亚瑟·布利斯·莱恩（Arthur Bliss Lane）于1945年初秋访问弗罗茨瓦夫（Wroclaw）时，驱逐计划已经昭然若揭。直到几个月前，弗罗茨瓦夫还被称为德国城市布雷斯劳（Breslau），现在这座城市已经开始波兰化：

> 德国人每天都被送回德国领土。显而易见的是，波兰人并不认为自己只是暂时占领弗罗茨瓦夫，他们对这座城市的占领将会得到和平会议的批准。所有德语标志牌都被移除，代之以波兰语。来自波兰各地的波兰人陆续被迁到弗罗茨瓦夫，以取代被遣送回国的德国人。[6]

实际上，到此为止，当地的驱逐行动已经持续了数月之久。几乎从战争结束时起，波兰人就已经开始将德意志人赶出家门，并且自行征收德意志人的财产。不仅苏联红军会强奸和抢劫掉队的德国妇女，而且波兰人也会这样干。在什切青（斯德丁）、格但斯克（但泽）以及弗罗茨瓦夫这样的城市，德意志人被赶进隔离区，这样波兰人就能有条不紊地接管德意志人的财产，但这样也是为了保护德意志人。[7] 在波兰的许多地区，德意志人被集中送到营地，要么作为奴工，要么等待正式遣返。然而，某些波兰人可没有等待官方许可的耐性，他们开始把一个个德意志社区赶过边境。按照波兰的官方记录，仅仅在1945年6月的最后两个星期，就有274206名德意志人，在没有经过法律程序的情况下，被赶过奥德河，被赶回德国。[8]

这种驱逐行动绝非只在波兰发生。1945年春夏两季，捷克人正忙于把数十万苏台德德意志人以狂暴的方式赶过边界。这种“闪电”驱逐的突然性说明驱逐行动顺乎民意，在捷克斯洛

伐克更是如此：人们并未在中央政府的组织下采取行动，而是在地方情绪的触发下自行其是。[9] 波兰人和捷克人之所以如此急于下手，是因为他们渴望赶在外部势力插手干预之前，把德裔少数民族全部赶走。

正因如此，三巨头感觉到有必要就迁移德意志人的方式发 234
表正式声明。1945 年 7 月至 8 月，在波茨坦，三巨头要求波兰、捷克斯洛伐克、匈牙利暂停所有驱逐行动，直至类似行动能够以“遵守秩序、符合人道的方式”进行为止。问题不仅在于这些人被赶走的方式太不人道，而且在于派驻德国境内的同盟国行政当局无力应对大批涌入的难民。他们需要时间来建立制度，以便接纳新来者，让他们平均分布到德国各地。

尽管这份声明的确延缓了迁移德意志人的进度，但它明显无法让驱逐行动暂停下来。波兰人尤其拒绝停止从西里西亚和什切青驱逐德意志人。[10] 而且，由于这份声明承认驱逐行动终将“不可避免”，波茨坦声明等于为所有卷入驱逐行动的国家提供了正式许可，即使不是马上驱逐，起码也是即将驱逐。结果，随着时间推移，欧洲各国驱逐德意志人的行动将不会仅仅局限于自发的、临时的状态。那时，驱逐行动可能会演变为官方的、永久的、全面的，将德意志男子、女子、孩子逐出欧洲每个角落的行动。正因如此，安妮·奥黑尔·麦克米克（Anne O’Hare McCormick）在《纽约时报》上把驱逐行动称为“以捍卫人权为己任的政府所做的最不人道的决定”。[11]

驱逐行动的人道真相

1945 年 7 月 1 日，星期天，大约在傍晚五点半过后，波兰军队来到波美拉尼亚的马库施韦德（Machuswerder）村，告诉村民，他们有 30 分钟的时间收拾行李，然后离开。几乎所有村民都是德意志人，由于绝大多数男人在战场上杳无音讯，村民主要是妇女、儿童、老人。在慌乱和惊恐之中，村民开始收拾贵重物品、家庭照片、衣服、鞋子，以及所有能够塞进包袱和推车的杂物。他们在房屋外集合，沿着村道站成队列。然后，
235 在波兰人的监视之下，他们开始徒步走向 60 公里外的新波德边界。

在他们当中有一位名叫安娜·金托普夫（Anna Kientopf）的农妇，她还是三个孩子的母亲。后来，在为德国政府进行陈述的一份宣誓证言中，她描述了自己以及其他村民经受的磨难。[12]她说道，旅程持续 6 天，到处可见战争遗留的碎石瓦砾，以及其他难民扔在边界上的推车。在兰茨贝格（Landsberg）城外，他们第一次看见死尸，那是一名妇女，她的脸已经变绿，她的躯体腐烂发胀。然后，看见尸体就是家常便饭了。当他们穿越森林的时候，他们看见动物和人类的死尸，他们的头颅和双脚从浅浅的坟坑中伸出来。他们当中陆续有人因为筋疲力尽而倒下。还有人，包括安娜的女儿安内洛蕾（Annelore）因为喝了路上水沟、水洼里的脏水而生病，还有人因为饥饿而倒下：

> 在这一路上，绝大多数人，只能靠在田地里捡拾谷穗，或者靠摘取路边未成熟的果实来维持生命。结果许多人都得了病。不满周岁的孩子几乎都死了。没有牛奶，甚至连妈妈熬的面汤都没有，这段旅程对那些孩子来说实在是太长了。天气也变幻无常，开始时烈日当空，后来却下起了刺骨的冰雨，这都足以致命。每天我们都往前走一点，有时候走了 9 公里，有一天也许只走了 3 公里，然后又走了 20 公里，甚至更多……我经常看见有人躺在路边，面色发

> 青，大口喘气，还有人因为筋疲力尽而倒下，然后再也没有起来。

他们晚上就在被炸坏的房屋或者谷仓里过夜，但由于屋里很脏，安娜宁愿在室外过夜。在远离人群的地方睡觉也让她免于被波兰人劫掠，某些波兰人会趁着夜色跑来抢劫难民。她经常在夜里听到枪声，那些想要保住财产的人就这样被袭击者收拾了。

这种朝不保夕的危险状况终于避无可避，一天，安娜及其同伴被一群武装人员拦了下来，

> ……恐怖的一幕就在我们面前上演，让我们深受震撼。 236
> 四名波兰士兵企图将一名女孩从她父母手上分开，她的父母绝望地拉着她。波兰士兵用枪托击打她的父母，尤其是女孩的父亲。父亲步履蹒跚，波兰士兵将他推到路边。父亲踉跄跌倒，一名波兰士兵拔出自动手枪，向女孩的父亲连开几枪。一时之间，周围一片死寂，然后，两个女人的尖叫划破天空。她们冲向已死的男人身旁，而那四个波兰人则扬长而去，消失在森林当中。

安娜·金托普夫不确定那四名男子是否企图强奸那名女孩，也许他们只是想把她征用为强迫劳工。当然，这并不意味着她就不会被强奸，实际上成百上千的妇女早已遭此厄运。20 世纪 40 年代末 50 年代初，许多妇女向德国的被驱逐者、难民及战争受害者部门讲述了自己在类似环境下遭到性侵犯的经历，许多人甚至反复受到侵犯。她们实际上是在行程到达边界时被绑架，然后就被遣送到农场或者当地工厂去干活，不过，一旦她

们与家人分开，她们就很容易成为看管她们的士兵或者工头的攻击目标。

当安娜·金托普夫抵达塔姆塞尔（Tamsel）的时候，她也很可能被征集为强迫劳工，尽管她当时对此一无所知：

> 我们穿过一条站满波兰士兵的小巷，人们被拉出队列。这些被迫出列的人将要带着行李去路边的农场里干活。人们不知道这意味着什么，但大家都知道这不是什么好兆头。人们拒绝服从。被迫出列的通常只是个别人，尤其是女孩。母亲拉着女孩的手痛哭流涕。士兵企图强行分开她们，但并不成功，士兵就开始用枪托和马鞭殴打这些可怜人。人们在离得很远的地方，就能听见被鞭打者的尖叫。我永远忘不了这种尖叫。
>
> 手持马鞭的波兰士兵也走到我们跟前。他们满脸通红，命令我们走出队列，走向农场。埃尔泽·米塔格（Else Mittag）和希尔德·米塔格（Hilde Mittag）开始哭泣。我
> 237 说："来吧，反抗也没用。他们会打死我们。我们事后再逃跑。"俄国人就在那里冷眼旁观。在绝望中，我向俄国人求助。他们只是耸耸肩，对我们说，在这里波兰人说了算。就在彻底绝望的时候，我看见一名波兰高级军官。我指着我的三个孩子问道，我带着三个孩子，我还能干什么。我永远都忘不了我在绝望中所说的话，但对方只是说："给我滚回路上去。"我们赶紧拿起行李，灰溜溜地走开……

7月6日，安娜和孩子们最终抵达库斯特林（Küstrin，现在被称为科斯琴）。他们试图穿越奥德河，但边界守卫拒绝让

他们上桥，并且把他们送回农场。在绝望中，他们掉头南下，向着法兰克福（Frankfurt-an-der-Oder）前进。当天晚上雷雨交加。他们在河边过夜，无处栖身，没吃没喝，而且他们也无法确定，在经历了漫长旅途后，他们是否被允许返回德国。

最后，安娜·金托普夫相当幸运。尽管再次被抢劫，但桥上的俄国边界守卫最终让他们过桥，她相当迅速地穿越了边界，并且还算毫发无伤。许多被赶出村庄的人实际上都无法穿越边界：由于害怕德国苏占区人口太过密集，俄国守卫已经接到指示，不要再让更多难民过河。一位亲历者说道，1945 年 6 月 25 日，他被波兰守卫押向边界，但那些波兰守卫随即被苏联军队解除武装，苏联士兵让难民回到自己的村庄。接下来那个星期，他不得不原路返回。数以千计的德国平民往返于边境地区，“像牲口一样被赶来赶去”，因为没有人愿意或者能够为他们提供庇护。[13]

绝大多数亲历者都强调他们在旅途中遇到的彻底无法无天的状况：“每天都有德国人向我哭诉，波兰人抢走了他们所有的财物”；“波兰人就像汪达尔人……到处奸淫掳掠”；“波兰人抢走我们所有值钱的东西，诅咒我们，唾骂我们，鞭笞我们，毒打我们”；“我们被暴民反复骚扰和抢掠”。[14]这种犯罪行为与 238
官方没收德意志人所有财物的政策密切相关。按照波兰政府出台的规定，德意志人带出境外的现金不得超过 500 马克，其他货币不得出境。[15]战争期间支持波兰或者反对纳粹的那些人也没有任何特权。反法西斯战士和德国犹太人都与其他德国人同等待遇，因为他们都被界定为“德国人”，且不论其战斗事迹或者政治面貌。[16]

最初的驱逐行动是自发的、无组织的，经常只是为了清空农村以方便抢掠。社区居民被迫徒步走向边界，因为没有其他交通方式。直至 1945 年年底 1946 年年初，政府组织才正式介入，最终安排转运列车。

平心而论，波兰当局不仅意识到这种状况，而且确实考虑到这种状况，起码在某些地区的确如此。为了让迁移行动更加“遵守秩序、符合人道”，1946 年年初，政府出台了一系列规定。例如，规定无人陪伴的孩子、老人、病人只能在夏天遣送，而且要由加挂医疗车厢的列车遣送；即将临盆的妇女不得遣送，必须在安全分娩后才能遣送；会说德语的医护人员必须跟车，充足的食物和饮水必须到位；作为基本的（不甚充分的）保障措施，每列火车将会由 10 名波兰守卫提供保护。[17]

随着波兰当局与英国军队进一步达成协议，一项考虑周全的时间表被制定出来，其再次规定，只有能够承受艰苦旅程的健康人士才能被遣返。[18]这个时间表是迫于数十篇国际媒体报道的压力而制定出来的，就在此前的夏天，据国际媒体揭露，东普鲁士的许多孤儿院和医院，在缺乏足够医疗设备的情况下，就被强行清空，人员直接被送上火车。[19]然而，尽管公开虐待行为有所收敛，但还是无法确保新规定得到充分执行。渴望离开波兰的德意志人，想方设法隐瞒患病、体弱、怀孕等情况，以求尽快被遣送。与此同时，某些负责遣送事务的波兰官员也同
239 意让他们离开。不仅这些官员感到不胜其烦、不堪其扰，而且波兰当局也宁愿留住青壮年，让他们在波兰工作：老人和病人是最早被遣返的，因为他们百无一用。结果，国家遣返委员会经常抱怨，地方官员根本不遵守遣返规定。[20]

在德国人看来，列车上的状况简直糟糕至极。一位亲眼见证难民到达边境的德国牧师如此描述其所见所闻：

> 人群中包括男人、女人、小孩，他们都被密集地塞进车厢里，这些用来运送牲口的车厢都从外面上锁。连日来，人们就被这样运送，在格尔利茨（Görlitz）车厢才第一次被打开。我亲眼看见，在一节车厢里就有10具尸体被拖出来，扔进简易棺材。我还留意到，有好几个人已经精神错乱……人们满身粪便，这让我相信，他们被紧紧地挤在一起，以至于他们根本不可能空出一个地方来解手。[21]

难民被告知可以随身携带四天的食物，但有时候，他们的列车会被迫停靠好几天甚至好几个星期，以等待进入德国苏占区的放行许可。有一位来自尼斯（Neisse）的难民，在1946年年初的寒冬腊月被遣送回国，他所乘搭的列车在边境停靠了三个星期之久。在他随身携带的食物吃完以后，他只好用身上的财物到当地村民那里换点吃的。每天都有波兰民兵闯入车厢，从他的旅伴身上抢走值钱的东西。有时候，只有他们的现金和腕表被抢走；有时候，他们的鞋子和靴子也被抢走，甚至连他们刚刚弄到的食物也被抢走。

> 但与我们忍受的饥饿和寒冷相比，这些波兰人的袭击其实不算什么了。整整三个星期，我们就住在车厢里，寒风、冷雨、冰雪直吹我们的面颊。可怕的漫漫长夜似乎永无尽头。我们几乎连站立的地方都不够，更加不要说坐下或者躺下了……每天早上，波兰守卫都会打开车厢门，那 240
> 些没熬过昨天晚上的死人就会被抬出来。死人的数量每天都在急剧增加。有时候每天得死十个人。[22]

由于恶劣的天气，也由于边界那边缺乏接济难民的设施，苏联开始极力阻止搭载德意志人的火车进入德国，但波兰人渴望保持“遣返”进度，以继续驱逐德意志人。另一位难民告诉我们，他所在的群体如何设法在边界附近跳下列车然后徒步走完通向德国苏占区的旅途。在路上，他们的行李和鞋子都被偷走了。“当我们下午三点抵达福斯特（Forst）的时候……俄国人拒绝让我们入城，而且还想把我们往回赶。直到晚上八点，他们才最终允许我们入城避风。”[23]

如果考虑到波德边境的德国苏占区已经挤满难民，也许就不难理解为何苏联冷酷地拒绝德意志难民入境并且拒绝为难民提供住宿了。一名西里西亚工厂主，曾经于1945年夏天往返于尼斯河两岸，试图挽回自己的财产，他发现格尔利茨城外的电线杆上贴满了关于当地实行封锁的告示。当地政府禁止难民进入，以防止经济衰退失控。告示上写着：“格尔利茨正在发生饥荒。当地所有解决难民问题的努力都已失败。所有回家的人，以及所有滞留此地的难民，请前往粮食问题不甚严重的地区。如果你无视这条警告，你很可能会被饿死。”

按照他当时看见的这份告示，河流两岸的状况同样糟糕。已经穿越边界的难民希望痛苦早日结束：

> 但当他们最终抵达尼斯河的时候，他们的希望完全破灭。那里没有人能够帮助他们。没有人能够告诉他们应该去哪里寻找庇护，或者谁能够提供临时庇护所。他们只能听天由命，就像麻风病病人那样，被人无情地任意驱赶。[24]

241 有些难民设法深入德国内地，但在那里，他们同样遇到类似的绝望境地。1945年夏天，威廉·拜福德-琼斯中校看到一车来自东方的难民。“这列火车是牛车和货车混编的，所有车厢都如此拥挤，以至于人们躺在车顶、挂在车边、吊在车前。孩子们被绳子绑在通风口、集热管、铁栏杆上。”当火车停下来的时候，人们才发觉自己不受欢迎。月台上已经挤满了先来一步的难民，而他们也都无处可去。按照拜福德－琼斯的看法，群众如此拥挤，以至于跳下火车都得花上一分钟。

> 前几天到达的人，跑回来找地方栖身，他们一言不发。很快，当新来者发现自己上当受骗，或者发现自己骗了自己的时候，月台上传来梦想幻灭的哭喊。他们成群结队地站在一起，抓住或者守住自己的行李。他们蓬头垢面，他们满身污秽，浑身都是煤烟油垢。孩子看着让人心痛，他们不停地抓挠自己的身体，看上去满不在乎。老人须发蓬乱，双眼通红，仿佛吸毒成瘾，他们对周围的事物充耳不闻、熟视无睹。可以肯定的是，如果你问这些人为何他们纷纷离开柏林，估计他们多半说不上来。[25]

在德国各地的火车站见到类似场景后，英美观察家开始催促各自的政府采取行动。美国派驻德国的政治顾问罗伯特·墨菲（Robert Murphy）致函美国国务院，建议美国政府“在波茨坦会议上”对波兰政府和捷克政府“明确无误地表明立场”。他写道：“最近几次集体驱逐行动让全世界都感到震惊。纳粹发动的集体驱逐行动，为我们投入这场战争提供了部分道德基础，而且也壮大了我们的事业……最为不幸的是，最近的集体驱逐行动说明，我们在其他场合经常谴责这种做法，但我们自己却又参与其中。”[26]

美国国务院的确指示其外交官表达美国对波兰的不悦，但美英两国驻华沙大使都拒绝这种指示，因为他们不想被人视为

242 “亲德派”。当时，他们已经饱受共产党的抨击，共产党给西方各国政府打上了“法西斯主义”的烙印，这种策略相当成功。尽管看上去有点不近人情，但英美两国外交官都不愿意别人认为他们在为德国难民出头，因为他们尤其相信上级根本就不在乎他们的抱怨。[27]

更为有效的行动莫过于1946年年初派遣英国医疗队前往什切青监督列车调度，以防止病人和无人陪伴的孩子在出发地登上火车。年底气温下降时，西方盟军当局也设法说服捷克政府和波兰政府取消某些列车运行。通过这种方法，他们防止了上一个冬季暴露出来的恶劣状况再次出现。1947年1月，当天气状况低于可接受的程度时，国际红十字会也成功延缓了驱逐行动。[28]但随着时间推移，只有当边界双方通力合作时，总体状况才会真正改善。这需要建立符合标准的转运营和难民营，这需要修复铁路线和列车供暖系统，这需要波兰在更短时间内更好地运送更多人，这需要苏联、英国、美国在难民到达时更好地接收和派遣难民。

这本来是三巨头在波茨坦会议上应该考虑到的环节，这是为了让国界两面的行政当局都能够更有效率地组织起来。绝大多数悲剧就是因为人们忽略了这个环节而产生的。波兰人和捷克人都迫不及待地要赶走德裔少数民族，他们采取驱逐行动时完全不顾行动产生的后果。结果，无数德意志难民，人数肯定是成千上万，死于令人难以置信的肮脏环境中。[29]

“返回”德国

1945～1949年，被驱逐的德裔人数远远超出人们的想象。

根据德国政府的统计数字，绝大多数被驱逐的德意志人都来自奥德河与尼斯河东岸，即被并入新波兰的领土，人数大约是 243
700 万。大约 300 万人被逐出捷克斯洛伐克，还有超过 180 万人来自其他地区，难民总数为 1173 万人。[30]

德国各地都以自己的方式应付涌入的难民潮。或许最为措手不及的是苏占区，当地城镇几乎都被战火摧毁，而且当地还要交出所有贵重物资向苏联支付战争赔偿。战争结束后，大批难民涌入，绝大多数人来自新波兰，但也有人来自捷克斯洛伐克。及至 1945 年 11 月底，已经有 100 万人试图来这里讨生活，但他们不知所措、一贫如洗。战后四年间，至少有 320 万人定居在苏占区，甚至可能多达 430 万人。此外还有 300 万人，在前往德国其他地区之前，在苏占区短暂停留。[31]

英占区与驱逐难民的波兰和捷克并不接壤，有更为充裕的时间迎接难民。1945 年秋冬两季，英国组织了一次接纳数百万难民的行动，行动代号为“吞咽”（Operation Swallow）。1946 年 2 月至 1947 年 10 月间，有八趟列车往返于什切青和吕贝克之间，每趟列车都由全面覆盖的货车车厢组成，总共可以容纳 2000 人。还有其他列车把难民从卡瓦夫斯卡（Kaławska）接到马林塔尔（Mariental）、阿尔弗斯多夫（Alversdorf）以及弗里德兰（Friedland）；从 1946 年 4 月起，难民也可以从海路前往吕贝克。这样，在长达一年半的时间里，几乎每天都有 6000 名“东部”德意志人被送到英占区。[32]及至 20 世纪 40 年代末，已经有超过 425 万人定居于此。

再往南，美国人继续从捷克斯洛伐克、匈牙利、罗马尼亚、南斯拉夫接收德意志难民，总数超过 350 万人。尽管当局极力应对，但及至 20 世纪 50 年代初还是有数十万人滞留在难民营。

根据美国驻西德军政长官卢修斯·克莱（Lucius D. Clay）将军的说法，难民潮让西德英美占领区的人口增长了超过23%。在东德，根据首任总统威廉·皮克（Wilhelm Pieck）的说法，人口增长了25%。[33]结果德国各地（法占区除外，当地接收的难民
244 相对较少）几乎都到了崩溃边缘。战争期间，绝大多数城市都已被盟军轰炸机炸成碎石瓦砾，而国内被毁坏的基础设施已经不敷应用。难民即使到达目的地，还是有数以千计的人陆续死去，因为他们无法找到住所、药物、食物，以让他们在前往西方的奥德赛之旅后存活下去。

对于那些没有能力找到工作，又没有能力融入德国社会的人，比如病人、老人以及带孩子的寡妇来说，在难民营里待几年就是他们所能指望的了。有时候，这些难民营的条件并不比栖身于颓垣败瓦之间更好。例如，巴伐利亚红十字会丁戈尔芬格（Dingolfing）营地提交的报告就提到，大批残疾人和肺结核患者生活在过分拥挤的空间里。他们没有像样的鞋子、衣服、寝具。在施佩尔哈莫（Sperlhammer）的另一处营地，必须在营房的墙壁上糊上硬纸板，以遮风挡雨。[34]

然而，更糟糕的是难民经受的社会问题和心理问题。来自东方和苏台德区的难民，有时会被其他德国人视为外国人，他们之间的关系经常处于紧张状态。1950年，克莱将军写道：

> 在与德国本土分隔许多个世代以后，这些难民甚至说着与德国本土完全不同的语言。他们不再与德国本土享有共同的习惯和传统，也不把德国视为祖国。他们无法让自己相信，自己已经永远被放逐，他们的眼神、思想和希望都停留在他们曾经生活的故乡。[35]

按照一位来自匈牙利的难民的说法，他和其他难民很难适应新生活，“不仅因为他们失去了故乡和财产，而且因为他们失去了身份”。[36]社会民主党人赫尔曼·布里尔（Hermann Brill）如此形容他所看见的难民都充满挫败感：“他们彻底失去了归属感。那些我们认为理所当然的，来自生活经历的安全感，来自个人自由和人类价值的某种自我感觉，对他们来说都已不复
存在。”[37]1946年7月，苏联方面一份关于莱比锡政治局面的报 245
告形容难民仍然“深感压抑”，而且“对任何莱比锡居民群体的政治活动都漠不关心”。由于无法适应新环境，他们总是梦想着穿越国界回到祖辈寄居之地。[38]

全面驱逐

然而，这些德意志人并没有返回故乡的权利。驱逐行动本来就是永久性的，因此边境控制日趋严格：德意志人被允许离开，但不被允许回去。

而且，驱逐德意志人只是更大规模的行动的第一步而已：德意志人离开后，当地人还试图抹去德意志人在当地的所有痕迹。早在德意志人被赶出波兰和捷克斯洛伐克之前，市镇、乡村、街道都已开始改名。至于那些从来没有波兰语或者捷克语地名的乡村，人们就冠以新地名。德意志人的纪念碑被推倒，代之以捷克人或者波兰人的纪念碑。纳粹万字符被取下，但它在许多墙壁上留下的痕迹，在今后许多年还将清晰可辨。人们说德语的权利已被剥夺，少数允许留下的德意志人（前提是放弃德国国籍）将被建议说波兰语或者捷克语，即使在私人场合也是如此。[39]

在苏台德和西里西亚这样的地区，学校被禁止教授德国历

史。相反，德国人被描述为侵略者，总是侵略自古以来属于波兰人和捷克人的土地。波兰的新领土被称为“光复领土”，波兰孩子要学会某些民族主义口号，比如“我们曾在此，我们已在此，我们永在此”，以及“这些地区是失而复得的遗产”。边境地区的学生不允许学习德语，即使把德语作为外语来学习也不允许，相比之下，波兰其他地区的学生倒是允许学习德语。[40]

这种新的民族主义教育方式不仅存在于学校中，即使是成年居民，也要接受饱和宣传的灌输。例如，弗罗茨瓦夫举行了一次“光复领土展览”，参观者多达 150 万人。在这些政治宣
246 传中，尤其强调波兰 - 苏联在历史上的兄弟情谊，而且还用大量篇幅描述波德关系。着重强调波德两国持续千年的冲突，以及波兰回归“皮阿斯特之路”（Piast Path，指波兰的中世纪王朝，这个王朝对抗德国历代帝王，最终以西里西亚为中心创建了独立的波兰），这个展览被冠名为“我们对光复领土的古老权利”。[41]

这不仅仅是获得领土或者收复领土，这简直是改写历史。在民族主义盛行的新波兰，任何德国本土文化的痕迹都被完全抹去：这是波兰人的波兰。当时的官方政策认为，收复领土只是相对简单的步骤：“我们的目标要艰巨得多、复杂得多：在这片土地上，彻底抹去日耳曼化的旧痕迹。不仅仅是清除标志牌和纪念碑，而且是要在生活中清除日耳曼化的根基，在人们的心目中清除日耳曼化。”[42]捷克斯洛伐克也是如此，总统贝奈斯号召人们，不仅要“彻底清除德意志人”，而且要清除“德国对我国的影响”。[43]

在这种情况下，苏台德、西里西亚、波美拉尼亚、普鲁士的德意志人，想要回归故乡，不仅愈发困难，而且毫无意义。

他们所离开的地方早已不复存在。即使考虑到战争破坏的因素，他们的社区、他们的文化、他们的历史、他们的语言甚至他们的社会结构，早已被彻底抹去。所有这些都被完全陌生的因素所取代：一个几乎完全由其他种族群体组成的新社会。

我们很容易因为波兰人或者捷克人在1945年以种族主义态度对待德裔少数民族而谴责他们。然而，我们必须记得：在很大程度上，这只是对战争期间德国残酷对待波兰人和捷克人的种族政策的反应。无可否认，波兰人和捷克人使用的方法是残酷的，但与纳粹相比则完全是小巫见大巫。没有任何国家执行针对德意志种族的灭绝政策，即使某些关于驱逐行动的、更为偏激的文学作品，也承认：驱逐行动的目的只是赶走德裔少数民族，而不是消灭他们。没有任何驱逐行动的动机只为复仇，这在开始时被视为防范未来民族冲突的可行措施。尽管我们今 247
天厌恶这种为了狭隘民族主义而将数百万人连根拔起的想法，但在战争结束时，流放大批民众早已是普遍观念。当整个欧洲塞满数百万难民的时候，这种想法也许比此前此后的时代更容易为人们所接受。

发生在波兰和捷克斯洛伐克的事情并非孤例。类似过程也发生在其他国家，尤其是在匈牙利和罗马尼亚，说德语的多瑙河士瓦本人也被赶去德国和奥地利。但在罗马尼亚，驱逐行动执行得马马虎虎，当地人对德意志人并无真正的敌意。[44]但民意取向无关紧要，因为驱逐德意志人是官方政策。战后数年间，在欧洲，唯一欢迎德意志人的地方就是德国本身。

清洗过后

不仅德裔少数民族在不欢迎他们的国度受到非人对待。实际上，与一战之后的做法相比，二战之后的做法简直是反其道而行之：不是迁移国界以适应居民，欧洲各国政府此时决定，迁移居民以适应国界。

这种事情在欧洲各地频频上演，典型例子是斯洛伐克境内匈牙利少数民族的待遇，他们与德意志人一样备受憎恨。斯洛伐克人无法原谅匈牙利在战争爆发前夕曾经割占斯洛伐克领土。因此，当这些领土被交还斯洛伐克时，斯洛伐克人着手驱逐1938年以来迁入该地的31780名匈牙利人。[45]但对于斯洛伐克主体民族来说，这还不够。政府官员呼吁“全面驱逐”匈牙利人，总数多达60万人。[46]斯洛伐克人冷冰冰地提及“最终解决”匈牙利人问题，赤裸裸地声称“我们不承认少数民族”。大众媒体异口同声地表示：“斯洛伐克及其南部边境只能是斯洛伐克人的，不能是其他人的。”[47]

248 1946年，政府将大约4.4万名匈牙利人强行迁出斯洛伐克边境，而在与波兰的强迫同化计划相类似的行动中，又把匈牙利人分散到捷克斯洛伐克其他地区。[48]此后不久，大约7万名匈牙利人被送到匈牙利，这是人口交换计划的组成部分（类似数量的斯洛伐克人则被“遣返”捷克斯洛伐克）。还有6000名匈牙利人逃往国外，以避免种种形式的迫害。[49]在巴黎和会（Paris Peace Conference）上，捷克斯洛伐克代表团企图毕其功于一役，要求获得再驱逐20万人的权利。这一次，也许是吸取了驱逐德意志人的教训，英美两国拒绝其要求。结果，捷克斯洛伐克不被允许成为单民族国家。斯洛伐克人只好另辟蹊径，提出“再斯洛伐克化”政策：这个计划将会恢复匈牙利人的公民权利，但以放弃匈牙利人身份并正式宣告自己是斯洛伐克人为前提。不用说，这个计划不仅未能让匈牙利人融入捷克斯洛伐克社会，反而进一步疏远了他们。顺理成章的，匈牙利人开始把自己视为替罪羔羊，斯洛伐克人只想利用匈牙利人转移人们的注意力，以掩盖战争期间斯洛伐克人的通敌行为。[50]

这种行动在欧洲各地频频上演。匈牙利人也被逐出罗马尼亚，反之亦然。阿尔巴尼亚查姆人被逐出希腊；罗马尼亚人被逐出乌克兰；意大利人被逐出南斯拉夫。战争结束时，当卡累利阿西部最终并入苏联，大约 25 万名芬兰人被迫离开此地。迟至 1950 年，保加利亚也开始在与土耳其交界处驱逐 14 万名土耳其人和吉卜赛人。这个名单还能够列下去。[51]

作为所有这些强迫迁移行动的结果，东欧比其现代史上任何时期都更加缺少多元文化。仅仅在一两年间，少数民族比例减少过半。随着旧帝国熔炉的倾覆，犹太人、德意志人、马扎尔人、斯拉夫人以及其他数十个种族和民族，彼此通婚、争吵、摩擦的盛况一去不返。在那里，只剩下一些单一文化的民族国家，其人口或多或少来自单一种族。东欧已经完成了大规模的自我清洗。[52]

249 第二十章　欧洲缩影：南斯拉夫

如果说在东欧各地迁移和交换人口是残忍行为，那么，这还不算是可能出现的最为糟糕的状况。实际上，这些行动之所以得到多国政府的支持，甚至包括西方盟国政府的支持，是因为各国普遍认为，这是最不糟糕的选择。战争爆发时，德国利用其分布在其他国家的少数民族作为发动侵略的借口：迁移那些少数民族，被视为防范未来冲突的唯一可行的办法。在那些战争引发种族狂热的地区，严肃地说，人口迁移被视为让弱势人口免于受害的最好办法。甚至那些被迫离开家园的人们，也经常把逃亡视作唯一出路。他们的生活已经如此不堪，以至于他们把成功迁移到另一个国家视为幸运逃脱。

然而，人口迁移绝非战后所有种族问题的答案。某些群体无论多么不受欢迎，他们就是无法被驱逐，因为他们没有“自己的”国家可以投靠，例如吉卜赛人，他们像犹太人那样，在哪里都不受欢迎。某些国家只好整合彼此分离的社群，力求掩盖战争期间公开爆发的内部分裂，如捷克人与斯洛伐克人，以及相对缓和的，比利时的佛兰芒人与瓦隆人。在最为极端的个案中，政府只好假装根本不存在种族问题，因为根本不可能在政治上承认这些问题。这里所指的是苏联和南斯拉夫，当局力
250 求让民众相信战争期间的暴力行径是阶级差异的结果，而非种族差异的结果。

南斯拉夫值得被大书特书，因为它包含了各种各样的种族

问题。由于绝大多数要对战争暴行负责的群体都不是“外人”，他们无法被驱逐，实际上某些试图逃离这个国家的群体还被禁止离开，他们也不能在国内彼此分离。当时，南斯拉夫情报机构曾经在报告中提到：“有人问道：为何塞尔维亚人不能拥有自己的斯拉沃尼亚联邦主体？又或者，为何克罗地亚人不能迁到克罗地亚，为何塞尔维亚人不能迁到塞尔维亚？”[1]但是，重建南斯拉夫联邦的总体目的就在于将这些彼此分离的民族整合在一面旗帜之下。当铁托元帅大谈“兄弟情谊与民族团结”的时候，怎能把各个民族流放到这个国家的几个角落呢？当他允许民族主义倾向茁壮成长的时候，怎能宣扬共产党的国际主义原则呢？因此，不同种族群体只好继续比邻而居，尽管实际上他们毫不隐瞒彼此之间的敌意。

南斯拉夫是欧洲某些最为恶劣的暴力行为的发生地，无论是战时还是战后。这里的独特形势在于冲突的错综复杂。南斯拉夫抵抗组织不仅在民族解放战争中对抗外国侵略者，而且在革命战争中对抗本国政府军，在意识形态战争中对抗其他抵抗组织，还要在恢复法律和秩序的战斗中对抗土匪和强盗。矛盾彼此缠绕，经常难以分辨。但在这团暴力的乱麻中，还是可以抽出一根线头：种族仇恨。战争期间，交战各方都在千方百计地利用这股仇恨的力量。几乎在半个世纪以前，南斯拉夫内战为全世界贡献了“种族清洗”这个术语，南斯拉夫由此被卷入20世纪最为邪恶的种族冲突的最后阶段。

历史背景 251

第二次世界大战在南斯拉夫的经过及其后果是20世纪史中一个最为复杂的研究领域，也是一个布满道德和历史陷阱的研究领域。正如在其他发生过国内暴行的国家，人们对于南斯拉夫国内暴行的解释同样存在严重的偏颇之处，每个种族群体都在争夺扮演受害者的话语权。许多原始档案都被篡改，以符合那些拥有这些档案的种族群体的民族观点或者意识形态观点。即使没有这些陷阱，也还存在许多真正的争议，即使是该研究领域最为客观公正的历史学家也无法解决这些争议。[2]

首先，“南斯拉夫”（Yugoslavia）本身就是当时最具争议的概念之一，时至今日，仍然如此。这个国家迟至1918年才出现，建立在第一次世界大战的废墟之中。它横跨在19世纪三大帝国倾覆后遗留的断层上，即俄罗斯帝国、奥匈帝国、奥斯曼帝国。它由此成为三大宗教的交汇点，即东正教、天主教、伊斯兰教（实际上是四个宗教，如果把少量犹太少数民族包含在内的话，但他们已经在战争中被完全抹去）。它是超过六个主要少数民族和少数种族的家园，他们之间已经睚眦必报地竞争和戒备了好几个世代。在两次世界大战之间，两个最为强大的政治群体，塞尔维亚君主派和克罗地亚农民党，无休止地争论南斯拉夫是否应该继续作为一个王国，如果答案是肯定的，那么每个地区应该被授予多少自治权。

第二次世界大战期间，这些民族的、种族的、政治的、宗教的分歧如此白热化，以至于“南斯拉夫人”自相残杀，如同杀死外国占领者。克罗地亚人以天主教的名义屠杀塞尔维亚人；塞尔维亚人在波斯尼亚焚烧穆斯林村庄，在伏依伏丁那焚烧匈牙利村庄；君主派切特尼克与共产党游击队发生激战。仿佛还嫌这不够复杂，民兵还经常把自己犯下的暴行嫁祸到别人身上。穆斯林游击队穿着塞尔维亚切特尼克的制服，克罗地亚乌斯塔莎打扮成穆斯林的样子，切特尼克又假扮成塞尔维亚游击队，

因此并非总能直截了当地辨认出到底谁干掉了谁。[3] 躲在背后操
纵大局的是德国人、意大利人以及其他外国占领者，他们不仅 252
自己犯下战争罪行，而且还煽动不同族群自相残杀。

在这些乱成一锅粥的暴力团体中，逐渐冒起了两大敌对势力。首先是乌斯塔莎，一个极右翼政治组织，战争期间曾在意大利支持下重建独立的克罗地亚傀儡政权。乌斯塔莎是欧洲大陆最令人反感的政权之一。战争期间，他们所进行的种族清洗和宗教清洗，其规模仅次于纳粹政权。他们有条不紊地谋杀了数十万塞尔维亚人，又强迫数十万塞尔维亚人改宗天主教。他们在雅森诺瓦克（Jasenovac）设立了最为臭名昭著的集中营，并在那里谋杀了大约 10 万人，其中超过半数是塞尔维亚人。[4] 乌斯塔莎绝非南斯拉夫境内唯一的通敌组织，还有几个塞尔维亚、斯洛文尼亚、黑山极右翼团体和民兵组织也在干同样的勾当，但乌斯塔莎无疑是最有势力的。

南斯拉夫第二股主要势力是乌斯塔莎的死对头，他们取得了最后胜利：共产党游击队。游击队逐渐超越其他所有抵抗组织，包括德拉扎·米哈伊洛维奇（Draža Mihailović）的君主派切特尼克，成为得到盟军支持的庞大战斗力量。他们由各个少数民族的男男女女组成，但主要成员是逃避迫害的塞尔维亚人。后来在战争期间，大批切特尼克成员，他们也是塞尔维亚人，转而加入游击队。这既是出于站在胜利者一方的投机心理，也是因为他们与其他塞尔维亚同胞一样，强烈要求摧毁克罗地亚乌斯塔莎。于是，南斯拉夫战争的结局尤其带有种族狂热的因素。当游击队领导层全神贯注于克罗地亚回归南斯拉夫的时候，许多基层士兵却只惦念着一件事情：向全体克罗地亚人复仇，尤其向乌斯塔莎政权复仇。

“布莱堡惨案”

战争最后六个月，德军开始大举撤出巴尔干半岛。1945 年 4
253 月，当德军撤到南斯拉夫的时候，当地各种通敌团体、士兵和民兵纷纷加入。这些团体的共同目标是，杀出一条血路，前往奥地利英占区和意大利东北部：在经过惨烈的战争后，他们断定，如果他们举手投降，英军会比铁托的部队更容易宽恕他们。

1945 年 5 月 6 日，在乌斯塔莎政权最终放弃萨格勒布时，他们采取了一种歇斯底里的措施，以挟持平民百姓。乌斯塔莎故意散布恐慌气氛，以便激起更大范围的逃亡潮。无论如何，大批难民混杂在败退的部队中间，某些平民还持有枪械，这样，在接下来的日子里，对手就很难区分平民和军人了。[5] 这巨大的人潮多达数十万人，他们向北穿越斯洛文尼亚，直趋奥地利边界。他们决心在投降之前抵达奥地利，为此，他们在欧洲其他地区战事平息后还继续战斗。战斗持续到 1945 年 5 月 15 日，直至第一支克罗地亚部队抵达奥地利国土布莱堡（Bleiburg）为止。在这里，他们立即尝试向英军投降，但英军拒绝接受他们的投降，因为盟军的政策规定，所有轴心国军队必须向其交战部队投降。尽管乌斯塔莎刚刚经历过孤注一掷的战斗，他们还是被迫向游击队投降。

长期以来，发生在布莱堡的事件一直扑朔迷离、充满争议。战争结束多年以来，克罗地亚流亡者一直声称，全部克罗地亚军队已经抵达奥地利国土，英军解除了他们的武装，并且把他们交还给游击队，让游击队消灭他们。许多人坚称，英军“出卖”他们构成了战争罪，因为英军拒绝保护他们，这违反了 1929 年的《日内瓦公约》（*Geneva Convention*）。然而，实际上，只有少部分克罗地亚部队和难民抵达奥地利领土，也许只有

2.5 万人，而其他 17.5 万人散布在长约 45 公里到 65 公里的狭长地带。英军别无选择，只能告诉他们向游击队投降，因为英军没有足够的设备和物资在奥地利的边远地区接纳如此众多的难民。此外，英军还想保持这个地区的安定，以免要对铁托的游击队采取军事行动，而此时游击队已经进入奥地利和意大利 254
东北部，并威胁要将这些领土并入南斯拉夫。[6]

关于出卖的指控同样指向英军对待投降者的方式。就在克罗地亚人抵达前，一支 1 万 ~ 1.2 万人的通敌者部队，即斯洛文尼亚本土卫队（当时刚刚改名为斯洛文尼亚民族军）抵达奥地利。英军解除了他们的武装，把他们关押在维克特灵（Viktring）附近的营地，这是一个距离克拉根福西南面只有几公里的小镇，但英军不打算保留这些人，而是计划把这些人尽早交还给南斯拉夫。得知真相的斯洛文尼亚人拒绝任何遣返企图，英军便假装要把他们转送到意大利的营地。类似的欺骗伎俩也被用于当地的哥萨克俘虏，哥萨克军官被告知他们要去参加一个会议，实际上，他们是被移交给苏联。这种公然欺骗的行为让那些在接下来的大屠杀中死里逃生的人，对英军好感全无。这只能充分证明，英军其实早就知道这些俘虏将要遭受的命运。[7]

对于那些被送出奥地利国境的人来说，或者对于那些在斯洛文尼亚最北端被铁托游击队俘虏的人来说，一场史诗般的、悲剧性的苦难正在等待他们。大多数人沿着德拉瓦河前进，前往马里博尔（Maribor），游击队在那里设立了转运营地。开始时行进队伍相当有秩序，而且组织良好，但按照幸存者的说法，越是远离盟军战线的安全地带，他们就越危险。游击队守卫不会给俘虏提供食物和水，甚至还抢夺俘虏的财物，如钢笔、手表、婚戒、靴子和鞋子。当队伍断开的时候，那些落在后面的人被迫跑步跟上队伍。为了让人们走快一点，那些落在后面的人经常在毫无警告的情况下被开枪射杀。

20 世纪 60 年代，克罗地亚流亡者约翰·普尔采拉（John Prcela）收集了那些曾经被迫走回南斯拉夫领土的人们的证言，其中绝大多数与上述细节完全吻合。[8] 在 20 世纪 60 年代，德国政府委员会收集的德军士兵证言提供了更多旁证。[9] 这种“死亡
255 行军”是极端残酷的。在向马里博尔艰难跋涉的路上，克罗地亚士兵和平民经常由于各种想象得到的借口遭到枪击。当然，那些试图逃跑的人对此早有准备，但走出队伍上厕所同样足以致命。在经过沿路的村庄时，当地人给他们留下了食物和水，但任何人上前取用食物和水都会挨枪子儿。走不动也不是理由，一位名叫斯坦科维奇（Stankovic）的幸存者告诉我们，一位五十多岁的牧师仅仅因为累得再也走不动就惨遭杀害。[10]

有时候，人们似乎被随意选中：

> 一名共产党军官，通常是塞尔维亚人，但偶尔是斯洛文尼亚人，会突然大声叫喊：“杀掉那个比其他混蛋高出一头的家伙！”然后另一名军官会喊道：“杀掉那个矮子！”还有其他军官下令，干掉某个留胡子的人，或者干掉某个被脱去衬衣的人。[11]

按照另一名目击者的证言：“赤色分子射杀任何他们想要射杀的人。最初，他们把个别人拖出队列，然后在附近的树林里杀掉。后来，他们直接向人群开火。这种射击完全是滥杀无辜。”[12]

然而，尽管某些游击队员确实喜欢滥杀无辜，但更多屠杀行为其实并非看谁不顺眼就动手。给俘虏搜身，除了盗窃俘虏

财物的明显动机以外，还是为了查明谁是乌斯塔莎军官或者精英成员。有些人愚蠢到把文件或者照片带在身上。那些比其他人携带更多财物的人，级别显然更高，尽管许多军官在投降之前扔掉了他们的制服，但有时他们还留着勋章和证章。一位名叫马克·斯托伊奇（Mark Stojic）的乌斯塔莎中尉就是如此，他的嫂子为了保护他，把他的证章绑在腿上。不幸的是，这些东西掉在路上。某些守卫发现了这些证章，他们问斯托季奇的嫂子，这些东西是谁的。当她拒绝回答时，其中一名守卫在众目睽睽之下敲碎了她的脑袋。[13]

许多幸存者都提到，总有小批人被带进森林，然后传来枪响。
由于几乎所有证言都来自受害者一方，我们无法确定游击队军官是 256
如何选择这些人的，但在许多个案中，确实存在某些基本的选择流程。在为数甚少的游击队军官证言中，有一位军官提到他的同志如何从俘虏当中选出 54 名军官，然后把他们带进树林里杀掉。“为了弄清楚这件事情，我在士兵们掩埋尸体时走上前去。我看见几摊血迹，以及一具被捅过刀子的尸体，但我估计其他尸体也被刀子捅过，因为我只听到两三声枪响，但那里却有 54 具尸体。”[14]

一位名叫弗拉尼奥·克拉卡伊（Franjo Krakaj）的俘虏告诉我们，乌斯塔莎士兵也受到特别对待。他本人被误认为乌斯塔莎官员，马上被带进森林，同行的人都被射杀了。他在其他人引开守卫的时候侥幸逃脱。

克拉卡伊的故事相当有意思，因为他并非从游击队手中逃脱过一次，而是逃脱过四次。每次他都因为饥饿而暴露行踪。他第一次与死神擦肩而过是因为他迷失了方向，结果落入一群特别变态的士兵手中，直到第二次几乎被处决时他才意识到，这场屠杀是游击队政策的组成部分。这一次，他被双手反绑，与其他俘虏一起被赶上卡车。

> 大约过了20分钟，我们在马里博尔岛被赶下卡车，这里是城镇的上游。当我们临近目的地的时候，我们听到断断续续的机枪开火的声音，不时还听到几声步枪开火的声音。我们知道自己大难临头了。
>
> 当我被推下卡车的时候，我总算站稳了脚跟。于是，我能够看清楚周围的恐怖场景，就像是在20世纪看见了但丁（Dante）笔下的炼狱……吸引我注意力的是300码开外几个已经挖好的万人坑。由于里面几乎填满了尸体，我无法判断到底有多深。我估计每个万人坑也许容纳了300具尸体。在这些尸堆上面，我能看出有东西在活动，有些受害者还活着！在这恐怖的场景中，传来一声叫喊："兄弟，杀掉我吧！给我补一枪！"我还记得这叫喊重复了好几次。
> 257 坟坑里也有并未受伤的人，被层层堆叠的尸体活活闷死。他们也试图发出声响。有些受害者试图冲入树林，但游击队员朝他们开枪。
>
> 卡车又运来其他俘虏。当守卫开始把俘虏赶下车时，步枪和机枪开始枪声大作，因为这些俘虏一下车就试图挣脱。尽管我双手还被反绑，但我还能跑动。子弹打入树木，扫倒了我周围的灌木丛。我被倒下的树枝绊到，因而向前摔倒。或许就是这下摔跤救了我的命，因为守卫明显以为我被子弹打中了，他们的注意力转到了其他方向。[15]

显而易见的是，这种屠杀行动绝非孤例，屠杀克罗地亚俘虏完全是成建制的部队所为。当然，屠杀行动的组织工作也相当严密。俘虏不是被个别处决，或者被小批量处决，而是被大规模处决。这种规模的大屠杀，如果没有游击队最高领导层下达的指令，根本不可能得以实施。

负责此事的地方指挥部似乎就设在附近的城镇马里博尔。在这里以及斯洛文尼亚的其他中心城镇，游击队在消灭俘虏之前遵守一套既定程序。首先，建立基本的选择流程，首要的是把平民和士兵分开，然后把乌斯塔莎部队和普通的退伍兵、现役兵分开，最后把军官和士兵分开。[16]“罪行最轻”的人被送上火车，送回采列和萨格勒布。数万人被迫步行好几天甚至好几个星期，前往全国各地的战俘营。有些人作为强迫劳工被留在当地，从事繁重的或者恶心的工作。但对于剩下的那些人来说，这里就是生命的尽头。

在城镇附近有许多长长的反坦克壕沟，这些是德军开挖的最后防线，用于应付游击队的进攻。俘虏被卡车运到这里，沿着壕沟排成队列，然后被射杀。这些俘虏清楚地知道什么在等待着他们，因为他们能够看见壕沟底部躺着上一批俘虏的尸体。许多人被脱光了衣服。他们的双手被反绑在背后，以防止他们 258
逃脱或者袭击守卫。

以下是一位克罗地亚军官的证言，与其他在冷战期间逃离南斯拉夫但仍有亲人在国内的流亡者一样，他希望保持匿名。

> 那天晚上，游击队员把我们脱光，用电线反绑我们的双手，并且把我们每两个人捆绑在一起。然后我们就被押上卡车，前往马里博尔东面。我设法解开了双手，但仍然与另一名军官绑在一起。我们被带到一些大坑前面，里面早已堆满了尸体。游击队员开始朝我们背后射击。说时迟那时快，我自己跳到了尸堆上面。然后更多尸体压在我身上。游击队员扫射我们后就离开了，他们没有掩埋我们，

> 因为大坑还能放下尸体。于是他们就去马里博尔寻找更多的受害者。我把自己从死亡的同伴身上解开，爬出了这个万人坑。我全身赤裸，浑身都是其他受害者的鲜血，我很害怕，也走不远。我爬到处决地点附近的一棵树上。游击队员还来了三次，每次都带来军官和牧师，并且把他们就地枪决。日出时分，我逃脱了。[17]

马里博尔屠杀持续了好几天，当反坦克壕沟被填满时，特别埋尸队就被指派去给壕沟填土，然后再把地面压平。当然，尸体也被埋入浅坑、弹坑以及专门挖掘的万人坑。

一位前游击队员后来也逃离南斯拉夫，他给我们绘声绘色地描述了其中一支埋尸队的工作情况。

> 当我们执行这项恶心的任务时，另一支队伍在壕沟尽头挖了一个大坑。但当我看到这个大坑里堆满尸体的时候，我也感到恐怖。因为在这个大坑里，尸体都已经僵硬甚至开始腐烂了，他们很可能已经死去多时……
>
> 直到傍晚五点，我们还在执行任务，当时又有100名囚犯被带到刚刚挖好的屠宰场。我们接到指示，准备掩埋死者。然后，这些囚犯在堆满尸体的大坑旁边站成一排。他们身上的财物被搜走。最后，这100名犯人被机枪扫射。我在100码开外目睹了这场大屠杀。某些囚犯自己跳进坑里躺平，从而躲过了机枪子弹。他们假装自己已死，但游击队员对尸
> 260 体逐一检查，并且对那些怀疑未死者补上一刺刀。尖叫声响彻天际，这残酷地证明，那些躲过机枪子弹的人，还是躲不过死亡。后死者的尸体被堆在先死者的尸体上。然后，游击队员又对着大坑里的尸体开枪扫射，以确保无人生还。[18]

259

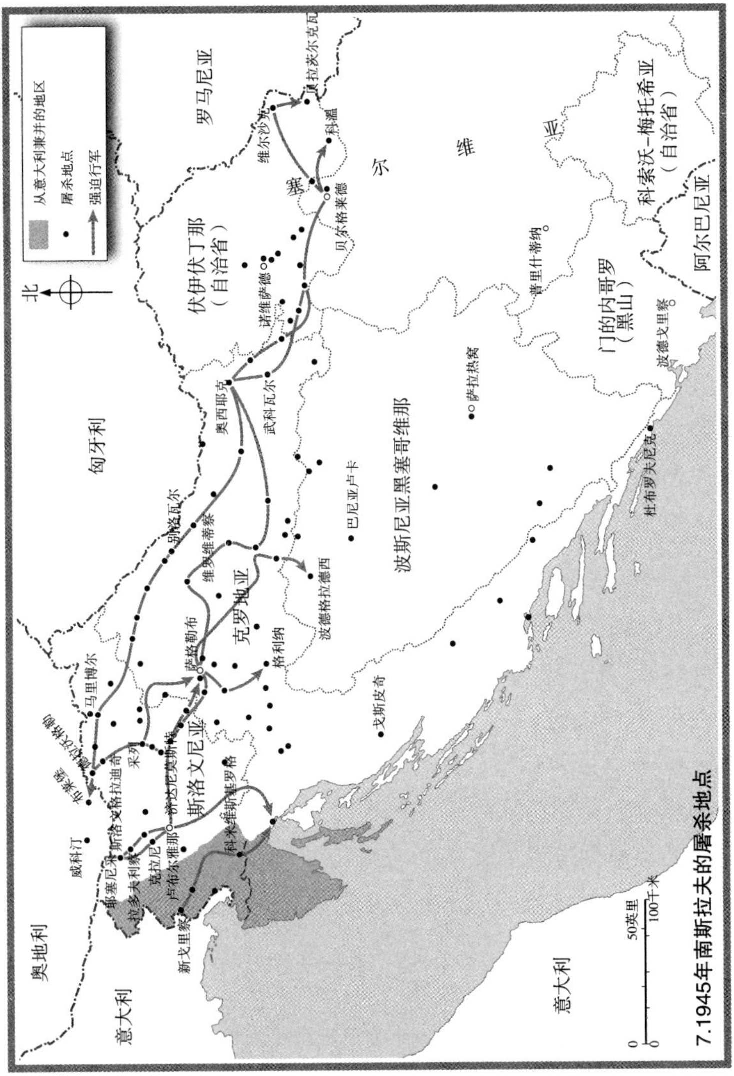

7.1945年南斯拉夫的屠杀地点

根据人口统计学家弗拉迪米尔·热里亚维奇（Vladimir Žerjavić）被普遍认为最客观、最可靠的南斯拉夫战争损失统计数据，大约5万~6万名通敌分子，绝大多数是克罗地亚和穆斯林部队，于第二次世界大战结束后的短期内在布莱堡与马里博尔之间被杀害。这意味着1945年5月，在奥地利边界向游击队投降的南斯拉夫部队中，有半数俘虏被杀害。[19]

马里博尔绝非唯一发生屠杀事件的地方。在逃到奥地利的1.2万名斯洛文尼亚民族军成员中，绝大多数都被英军移交给游击队，他们都被谋杀于科切维（Kočevje）附近的森林中。他们被带到科切维斯基（Kočevski Rog）深谷旁边，要么被枪杀，要么被活活推下悬崖。深谷两边的峭壁上都埋了炸药，以便在屠杀后引爆，让大量砂石掩埋谷底的尸体。按照目击者的说法，那里不分军官和士兵，也不分政治信仰："对囚犯既不盘问，也不审讯，更不甄别。被带到科切维的人都得死。"[20]就这样，至少8000~9000名斯洛文尼亚民族主义者被杀，此外还有某些克罗地亚人、黑山切特尼克以及来自三个塞尔维亚志愿团的成员。[21]受害者中还有个别妇女，以及大约200名乌斯塔莎青年运动的成员，他们的年龄在14~16岁。[22]

类似事件还发生在普度提克（Podutik）深谷，就在卢布尔雅那城外几公里处。在这里，大批腐烂的尸体开始污染卢布尔雅那的饮用水，结果在6月，一批德军战俘被派去挖掘尸体，并且适当地掩埋在重新挖掘的万人坑里。[23]游击队用各种各样的
261 方法杀死受害者。在拉斯科（Lasko）和赫拉斯特尼克（Hrastnik），克罗地亚通敌者被扔进矿井，游击队再往矿井里扔手榴弹。[24]在里夫尼克（Rifnik），俘虏被赶进地堡，游击队再炸

毁地堡。[25]在贝齐格莱德（Bezigrad）战俘营，俘虏被锁在封闭的蓄水池里，然后被灌水淹死。[26]在伊斯特里亚（Istria），在南斯拉夫与意大利的边界上，数百名意大利俘虏被扔进矿井和深谷里摔死。[27]

正如在马里博尔，这里难免也会有个别幸存者。一位幸存者和数百名受害者一起，在卡姆尼克（Kamnik）被执行枪决，他告诉我们一个故事，听起来不那么恐怖，甚至还有点幽默。他和其他俘虏被围成一圈，然后守卫开始朝他们开火。尽管前额被子弹擦伤，但他还是活了下来。当时他和已死的、垂死的伙伴躺在坟坑里，他听到游击队员之间的争吵。

> 他们非常沮丧，因为那帮笨蛋把我们排成一圈，然后又在我们外围排成一圈。于是，在开火的时候，他们既打中了我们，也打中了他们自己。就是因为这个愚蠢的举动，两名游击队员丢了性命，两名游击队员受了重伤。[28]

如此众多的证言得以保留，实在是令人吃惊。某些证言令人难以置信，如米兰·扎伊奇（Milan Zajec）说自己在万人坑里躺了五天，五天后才得以逃脱，但绝大多数证言不仅真实可信，而且包含了许多可以求证的细节。[29]这些证言关于德国战俘的人数、屠杀发生地的本地人数都比较吻合，甚至与游击队的各类档案和证言都比较吻合。[30]如果将来还有什么证据浮现的话，那肯定来自遍布这个地区的万人坑。随着共产主义在南斯拉夫退潮，某些万人坑被发掘出来，在斯洛文尼亚和克罗地亚各地，现在竖立了许多纪念碑，以纪念铁托统治时期的死难者。

现在最大的问题是，屠杀事件的动机是什么？仅仅是对昔日的军事对手的复仇吗？或者只是对一个政权开始的暴行循环

讨回公道吗？屠杀是否出于政治动机或者种族仇恨？简单的回
262 答是，上述动机同时存在，并且难以分辨。克罗地亚的乌斯塔莎政权是建立在极端民族主义和种族仇恨的基础上的，那么，处决与这个政权有关的士兵和官员，就同时兼具政治动机和种族动机，而且这也是对乌斯塔莎政权战时推行的种族清洗政策的对等报复，尽管这种报复等同于冤冤相报，而且经常出现过火行为。

然而，对于杀人者以及受害者来说，动机上的细微差别是无关紧要的。我已经强调，上述所有受害者都是克罗地亚人，也许，考虑到许多受害者自己就具有狂热的民族主义观点，这种结果并不令人意外。然而，即使来自共产党的资料也承认，在战后许多非官方暴力行为中，种族属性是决定性的因素。1945 年 7 月，派驻克罗地亚的南斯拉夫情报部门提交报告称，“沙文主义仇恨如此炽烈，以至于塞尔维亚村庄与克罗地亚村庄都要打起来了”。战争结束后，纯粹因为种族背景而发生的谋杀和暴力行为比比皆是，尤其是当塞尔维亚民族主义者返回村庄时，都会表现出对克罗地亚邻居和波斯尼亚邻居的偏见。据说在巴尼亚（Banija），战后回村的塞尔维亚人问其他村民：“为什么不把克罗地亚人都杀光？你们还等什么？”[31]

南斯拉夫：欧洲暴力之象征

这些大大小小的屠杀事件，让人们普遍形成了南斯拉夫是个肃杀之地的印象，这种印象又由于 20 世纪 90 年代的残忍内战而变得更加巩固。全欧洲都用“巴尔干暴力”这个术语来表示特别邪恶的嗜血行为，历史上反复出现的场景又进而支持了这种假说。[32]

的确，战后南斯拉夫的统计数据比其他任何国家都要糟糕得多。战争结束后，大约 7 万名通敌士兵以及平民被游击队杀害：与人口基数相比，这里的情况比意大利严重 10 倍，比法国严重 20 倍。[33]一眼看去，战后发生的种种事件似乎也足以证明南斯拉夫人特别残忍。杜尚·武科维奇（Dusan Vukovic）11 岁就加入了游击队，他说自己亲眼看过一名乌斯塔莎分子被活活剥 263
皮，然后连人带皮一起被吊在树枝上。“我亲眼看见，游击队员削鼻、割耳、挖眼。他们还在俘虏身上用刀刻上各种标志，尤其是他们认定的盖世太保人员，更是难逃厄运。”[34]其他目击者也提到例行公事的虐待行为，比如守卫用小刀慢慢杀死受害者，把俘虏当马骑，或者把男男女女绑在一起，扔进河里，看着他们活活淹死。[35]

然而，如果不看数字，那么战争末期发生在南斯拉夫的暴力行为，并不比发生在其他国家的暴力行为更残忍。正好相反，同样的行为出现在整个欧洲大陆上。上述事件与法国自卫队士兵在德国占领区抓住抵抗战士时的做法并无不同，“挖出俘虏的眼睛，往伤口里放入昆虫，然后再把伤口缝上”。[36]捷克的暴民也类似，他们会在被抓获的党卫队员身上用刀刻上纳粹标志，比利时游击队员则会不分青红皂白地把通敌者活活烧死。[37]因此，尽管发生在巴尔干这个不幸地区的残忍行为堪称典型，但这绝对不是孤例，正好相反，这是整个欧洲大陆非人性化的象征。

南斯拉夫暴力事件的种族尺度亦非孤例。在西欧绝大部分地区，种族紧张关系也许已被人遗忘，但如我所述，在捷克斯洛伐克、波兰和乌克兰，种族紧张关系却是战争及其后果的一部分。在欧洲大陆，还有许多规模较小的、针对少数民族的地区冲突，这些地区冲突规模虽小，但若论残忍却是相差无几。

实际上，南斯拉夫的唯一独特之处，在于它同时涵盖本书迄今为止讨论过的所有议题。与欧洲其他地方相同，南斯拉夫许多暴力行为的动机仅仅在于复仇。与欧洲其他地方相同，一旦战争结束，战争造成的裂痕就可以被掩盖在团结的神话当中。在南斯拉夫，战后法律和秩序的崩坏，这与欧洲大陆其他地方并无不同。人们对重新组建的警察部队缺乏信任，担心这些警察“与土匪无异”，这与波兰人、罗马尼亚人、匈牙利人、奥
264 地利人以及东德人对民兵（或者对苏联士兵）的恐惧也并无不同。[38]人们对法庭缺乏信任与法国和意大利的相同，在那些国家，人们经常亲手执行法律。人们私下建立非官方的监狱，以关押通敌者，一如在法国和捷克斯洛伐克。人们建立劳改营，以关押战俘，一如在苏联。德意志人和匈牙利人被驱逐，一如在欧洲大陆其他国家。

只有在谈到南斯拉夫的时候，才为我们尚未深入讨论的新主题指明方向，即暴力行为的政治动机。迄今为止，我们论述的几乎所有事件，都是在国家控制以外的个人行为或者集体行为，在盟军和传统政治家的共同作用下，这些个人或者集体最终也有所收敛。但在南斯拉夫，正是国家本身在实施暴力行为，盟军鞭长莫及，传统政治家已被革命者取而代之。或许这就难怪，这些战士以毫不留情的手段来恢复法律和秩序。

1979 年，铁托的左右手米洛万·吉拉斯（Milovan Djilas）在一份英国杂志的访谈中毫不回避地谈到这些手段：“当时的南斯拉夫是一个陷入混乱和破败的国家。几乎没有任何民政机构。没有组织完备的法庭。没有办法对 2 万 ~3 万人进行可靠的调查。所以，简单的办法就是把他们全部枪毙，这样就解决

了问题。”[39]当法国人和意大利人试图通过法庭审判清除通敌者时，人们抱怨这种清洗并不彻底，铁托认识到了本国司法系统的缺陷，干脆就将其全部抛弃。他后来回忆说：“我们一劳永逸地结束了这种状况。”[40]

毫无疑问，战后发生在南斯拉夫的屠杀事件，起码在一定程度上带有政治动机。由于共产党试图强迫克罗地亚和斯洛文尼亚重新加入南斯拉夫联邦，那就不可能容许数万名死不悔改的克罗地亚和斯洛文尼亚的民族主义者危害联邦。铁托也不能容许米哈伊洛维奇的君主派切特尼克危害自己心目中的共产主义南斯拉夫。因此，两者道不同不相为谋。那些没有被枪毙的人，将会被监禁数年甚至数十年。

出于政治动机的国家暴力也并非南斯拉夫的孤例。在整个 265
欧洲，在追逐权力的过程中，其他共产主义团体也许更为巧妙，但同样无情，当他们认为有所必要时，他们同样愿意诉诸暴力。因此，对于欧洲大陆东半部的无数人来说，战争结束并不预示着“解放”，只预示着国家镇压的新时代。纳粹恐怖过后，新的恐怖接踵而至。

266 第二十一章　西欧宽容，东欧不宽容

第二次世界大战及其后果，预示着欧洲东西两部分出现了令人不安的新对比。在西欧，气氛变得比战前人们所能想象的还要世界主义。伦敦成为欧洲所有流亡政府的外交枢纽以及讨论世界军事问题的会晤地点。巴黎或者柏林的咖啡馆迎来欧洲各地的顾客：战后还迎来澳大利亚人、加拿大人、美国人以及非洲人，黑白肤色的面孔共聚一堂。战前很少看见外国人的德国农村地区，现在挤满了波兰人、乌克兰人、波罗的海人、希腊人、意大利人。从未见过黑色面孔的奥地利人，不得不习惯与非洲裔美国人、摩洛哥人、阿尔及利亚人以及塞内加尔部落民混杂在一起。尽管难免存在种族主义，对“醉醺醺的波兰人”和“不守规矩的乌克兰人”也存在诸多抱怨，但这种新的世界主义还是逐渐被人们接受。[1]

在东欧，正好相反，数百年来的世界主义被部分地甚至全部地摧毁了。战争消灭了当地绝大多数犹太人和吉卜赛人。战争也让邻居彼此之间空前敌对，斯洛伐克人反对马扎尔人，乌克兰人反对波兰人，塞尔维亚人反对克罗地亚人，整个地区都是如此。结果在战后，仅仅因为其种族属性或者族群属性，整个族群成为替罪羊，或者被认定为通敌者和法西斯主义者。数
267 百年来得到东欧社会接纳的少数民族，或被铲除，或被驱逐，有时清洗过程仅仅持续几天。

欧洲两个半部之间的差异，部分是长期历史进程的结果。

少数民族问题向来在东欧更为严重，尤其在老旧的俄罗斯帝国和奥匈帝国崩溃以来更是如此：甚至早在1939年以前，就有人发出警告，东欧许多地方可能会爆发民族主义暴力行为。但随着战争爆发，这些问题才真正酿成灾祸。纳粹及其盟友不仅擅长种族仇杀，而且他们通过分化和征服，在彼此竞争的种族群体中挑起仇恨。于是，乌克兰的乌克兰起义军，克罗地亚的乌斯塔莎，诸如此类的团体在近距离目睹纳粹大屠杀后，不仅学会了大规模屠杀的伎俩，而且获得了亲手实行种族灭绝的机会。这些事情都没有发生在西欧。纳粹在西欧的暴行要温和得多，而且灭绝犹太人也发生在人们的视线之外，彼此竞争的民族主义紧张关系也很少会成为问题。

然而，战争进程的差异并非东欧的种族关系比西欧更为紧张的唯一原因。东西欧战后建立的政权也存在很大差异，这同样也是重要原因。在西欧，盟国不仅建立了要求不同族群和谐相处的制度，而且以实际行动提供了各族群和谐相处的示范。西欧盟军由六大洲数十个国家组成。军政府包括来自世界四大国的代表，四大国只能设法彼此协调。这也意味着，正是西欧行政当局的世界主义改变了人们的偏见。例如，比利时的瓦隆人太过担心自己的女儿被美国大兵占便宜，以至于不太关注与佛兰芒邻居的紧张关系。[2]

人们可能会期待苏联对东欧采取类似态度：他们的国际主义原则，要求各国工人团结起来，追求共同目标。但实际上，
无论是在苏联国内，还是在即将成为苏联卫星国的东欧国家， 268
它们都在迫害少数民族。正是苏联，推动波兰与乌克兰进行人口交换。正是苏联，支持波兰将德意志人逐出“光复领土”。正是苏联，坚持在东欧其他地区驱逐德意志人。在巴黎和会期

间，英美两国拒绝承认捷克斯洛伐克有驱逐匈牙利少数民族的权利，但苏联代表团对此大力支持，而且苏联还在自己占据统治地位的所有国家，支持类似的种族驱逐行动。[3]

苏联并未在自己控制的地区反对种族仇恨和族群仇恨，反而试图利用仇恨。他们采取了许多民族主义政策和种族主义政策，让战后欧洲符合苏联的需要。首先，背井离乡的人们比固守家园的人们更加容易受到控制。驱逐行动造成的混乱局面，也造就了宣扬革命的理想气氛。被难民抛弃的土地和财产，可以被没收，重新分配给工人和穷人，从而促进共产主义进程。这种做法也在获得土地的人群当中造就出新的忠诚，他们把共产党视为捐助人。通过在全欧洲推进共产主义，苏联也推进了对莫斯科的忠诚，因为莫斯科是国际共产主义的中心。

不幸的是，绝大多数民族主义者都不愿太轻易被苏联利用。他们乐意一个超级大国支持他们的驱逐政策，但他们不乐意让苏联任意插手。在不动用武力的情况下，他们也不乐意向当地共产党移交权力，他们把对方视为苏联的傀儡。

西方盟国也同样难以被说服。在目睹苏联在东欧的所作所为后，西方盟国开始怀疑，苏联的意图不仅仅在于在忽略“居民自由表达意愿”的情况下驱逐德意志人。

于是，在战后种族暴力急剧增加的同时，更大范围的新冲突也正在酝酿。在地方层面是欧洲各国民族主义者与共产主义者之间的一系列权力斗争，在欧洲层面则是超级大国的冲突，这预示着欧洲大陆内战新时代的到来。

第四部

内　战

我们这些欧洲解放见证者都知道，共产主义者有充分理由害怕那些紧握自由不放手的人们。或许正因如此，共产主义阵营表现出某种进攻态势，决心扑灭所有建基于个人自由的政府架构。

——德怀特·艾森豪威尔，1948 年[1]

第二十二章　混战 271

1943 年秋天，一支意大利游击队潜伏在上威尼托地区的阿尔卑斯森林，当时发生的一件事情将会严重考验他们的忠诚。这支部队隶属于一个共产党作战旅，他们既要对付德国人，又要对付名义上控制北意大利的法西斯统治阶级。这个作战旅刚刚组建完成，仍然缺乏游击战经验。

有一天，这支部队偶然发现了三名德军士兵，这些士兵正在当地疗养，到树林里散步，完全没有发觉危险的“土匪”正在逼近。游击队只好把他们俘虏，抓到俘虏当然高兴，但此时游击队陷入了进退两难的困境。应该如何对待这些俘虏呢？正常情况下，游击队应该把俘虏关押在战俘营，但在游击战中这根本不可能。几番争论过后，游击队确信已别无选择，只能枪决俘虏。

这个决定马上让这支部队陷入混乱。没有游击队员想要执行这项可怕的任务，而且许多人严重质疑这一判决。在审讯期间，这三个德国人透露，在和平时期，他们都曾是普通工人。对于共产党员来说，杀死工人兄弟当然是不对的，纵使他们是德国人又如何？而且，他们都是被征召入伍的，因此他们也是资产阶级军队的受害者，他们被驱赶着加入一场违背他们意志的战争。争论过后还是争论，这支部队又举行了一次投票，通过投票决定是否释放德军俘虏。

这个故事也许是敌人之间同病相怜的罕见而感人的例子， 272

且不论其结局如何。三天之后，通过被释放的德军俘虏口中得到的情报，德国国防军大举进攻整个地区，并且展开地毯式搜索。游击队饶恕了这些德军俘虏的生命，但未能促进国际共产主义事业，却让自己陷入被消灭的危险。游击队再也不会犯同样的错误了：从那天起，他们毫不留情地枪决所有俘虏。[1]

出于对 21 世纪人类安全的期许，我们宁愿想象，第二次世界大战是以同盟国与轴心国为交战双方的冲突，是一场独一无二的、说一不二的冲突。在我们的集体记忆中，双方的动机和立场都是显而易见的：纳粹及其帮凶为统治欧洲而战，而同盟国为“自由世界”而战。这是一场是非之争，更简单地说，这是一场正邪之争。

当然，事实要复杂得多。在上述故事里，意大利游击队至少同时有三个战斗理由：第一，把德国人赶出意大利半岛；第二，击败法西斯主义者，从 20 世纪 20 年代起，法西斯主义者就控制了意大利；第三，发动社会革命，这场革命将推翻资产阶级统治者及其统治机构，将权力交还给意大利的工人和农民。因此，正如邻国南斯拉夫的铁托游击队那样，他们同时在进行三场平行的战争：民族战争、国内战争、阶级战争。[2] 上述故事说明，对于游击队来说，有时难以分辨这三场战争的轻重缓急。

无论是战时还是战后，类似情况在全欧洲比比皆是。隐藏在主要冲突背后的是无数场地方战争，在每个国家、每个地区都有着不同的特色和诱因。在某些个案中，人们为阶级分歧或者政治分歧而冲突。在其他个案中，人们为种族主义或者民族主义而冲突。这些有所差别、相互平行的冲突，在过去乏人问津，因为这些冲突打乱了我们对第二次世界大战的简单想象。

我曾经数次提及，我们的战争记忆是建立在民族团结神话的基础上的：但正是这一点，足以解释那些神话其实何等脆弱。 273
例如，法国在战时和战后都说不上团结。在地理上，法国分裂为北部与盟军解放的东南部、自行解放的中部和西南部，法国东部和大西洋沿岸还短暂存在过几个德军占领区。在政治上，法国分裂为只想恢复战前状态的团体与共产党那样还想爆发社会革命的团体。法国的民族抵抗组织法国内地军（Forces Françaises de l'Intérieur）是由许多完全不同的团体组合而成的，他们的共同点仅仅在于希望看见维希政权倒台。一旦这个目标实现，就不再有任何强烈的动因维持组织的团结，抵抗组织的不同宗派很快就会大打出手。

在法国，主要的内部冲突在左翼势力特别是强大的自由射手游击队（Francs-Tireurs et Partisans）与戴高乐的中右翼追随者之间展开。但即使在这些团体的内部，也存在暴力冲突。例如，左翼分裂为彼此竞争的宗派，共产主义者反对无政府主义者，斯大林主义者反对托洛茨基主义者，诸如此类，层出不穷，他们经常彼此指控对方为维希政权充当间谍。时至今日，已经无法说清楚，那些被当成告密者枪决的到底是真正的维希特工，还是共产党在当地实行内部清洗的受害者。[3] 西班牙共产党人多数是在西班牙内战末期逃亡到法国的，他们在内部清洗方面尤其冷酷无情。根据相关资料，1944 年的最后三个月，大约有 200 名西班牙流亡者被刺杀，他们与占领者毫无干系，只是因为斯大林主义者看到，解放是除掉非斯大林主义对手的适当时机。[4]

因此，尽管在民族层面法国还有着团结的外观，但在法国各地，在各个层面，法国都是不团结的。意大利也是如此，共产党游击队与温和的反法西斯主义者之间的联盟，随着战争结束而迅速破裂。希腊也是如此，各种各样的抵抗组织彼此刀兵相向，甚至不惜与德国人达成地方约定，以便集中火力从事他
274 们各自的战争。斯洛伐克也是如此，1944 年反抗德军的起义产生出许多答案，人们无法确定是应该投靠苏联、德国、捷克，还是同时反对它们。类似情况不胜枚举。

要承认这些地方混战的平行属性从来绝非易事，因为那会带来严重的后果，对于历史学家是如此，对于普罗大众也是如此。首先，在我们关于第二次世界大战的故事和神话中，有一条政治尺度。如果我们把战争简单地记忆为正邪之战，那么，战争就是师出有名。记忆的改变也会引起认知的改变：不仅撕碎了我们最为珍视的正邪观念，而且让以前的“反面人物”有机会为自己申辩，这是福是祸，难以预料。全欧洲的新法西斯团体总是用以下借口来为自己的战时行径辩护，即他们只是为了对抗“更为邪恶”的国际共产主义。由于苏联在 20 世纪 90 年代初解体，他们的申辩似乎就有了理由。

其次，更为直接的后果是，承认这些平行混战将会挑战我们关于何谓第二次世界大战的整体概念。如果针对德国的国际战争只不过是某场更大冲突的组成部分，那么，就有理由推断，德国战败并不意味着战斗结束。因为主要战事结束，并不意味着各种各样的地方战事同样结束。正好相反，有时外部敌人的消失，仅仅意味着当地人可以集中精力相互仇杀。我们已经看到，在地区层面上是如何展开不同族群之间的特定冲突的。但我们同样应该看到，在整个欧洲层面上，正在展开左右两派之间的战斗。

在以下几个章节，我将会描述战后历史中最为暴力的几个

片段，并且告诉大家，这些片段根本无“战后”可言。有些片段仅仅是第二次世界大战引发的政治斗争的延续。有些片段是数十年来紧张局面的沸点，战争结束后紧张局面继续沸腾。

在每宗个案中，起码在一定程度上，结果总是大局已定。
一旦丘吉尔、罗斯福、斯大林在莫斯科、雅尔塔、波茨坦大笔 275
一挥，划定各自的势力范围，则三大国都不能容忍对其所代表的政治制度的重大背离。这是超级大国的年代，地方政治分歧只能退居于大国政治之后。在每个国家，内战将会成为欧洲大陆范围内全新两极斗争的表现，一方是共产主义势力，得到苏联支持，另一方是资本主义势力，得到美国支持。那些衷心希望“自由人民”将被允许“以自主方式实现自主目标”的理想主义者，注定要伤心失望。[5]

276 第二十三章　法国与意大利之政治暴力

当第二次世界大战尘埃落定之时，人们开始为自己刚刚经历过的事情寻求解释。战争年代搁置的问题，此时再被提起。这个世界为什么会在第一场大战后旋即陷入第二场大战？为何未能及时制止希特勒？为何本国政治家未能保护本国民众，使其免受占领、剥削和破坏之苦？谁要对此负责，为何责任人仍未被清算？

毫不意外的，许多人此时对旧政权持轻蔑态度。人们试图清洗欧洲大陆的行政机构，但对某些人来说这还不够。他们坚信，整个政治制度都出了差错，如果人们想要避免未来的战争和不公，人们就应该寻找更有包容性的新的自治形式。激进之风席卷而来，随之而来的将是战后时期最为暴力、最为悲惨的片段。

如果盟军想要得到人心思变的证明，那么，几乎从他们踏足欧洲大陆时起，他们就已经感受到了。1943 年 9 月，英美盟军正忙于把德军逐出意大利南部，他们惊奇地发现，他们解放的许多村庄此时都揭竿而起，并非针对盟军，亦非针对德军，而是针对意大利政府。在超过 20 年的法西斯统治之后，在几代
277 人饱受不在地主制剥削后，许多村民都急于翻身做主人。最好的例子是坎帕尼亚地区的卡利特里（Calitri）村。解放后，卡利特里村的村民一致声称将实行自治。为了表明决心，他们把村庄周围的地区重新命名为巴托吉奥共和国（Republic of

Battocchio)，在村民的领导下，当地宣告脱离意大利而独立。[1]

在宏观视角上，此事只不过是毫不起眼的小事件，它曾经是孤例，但实际上，它是意大利南部、西西里岛和撒丁岛许多采取类似行动的村庄的缩影。在每宗个案中，村民采取的首要行动，几乎都是瓜分当地贵族、政府或者教会占有的未开垦土地。村民有充分的理由这样做。村民饥肠辘辘，他们把未开垦土地视为资源浪费，他们可以利用这些土地养活自己，也可以为社区谋点福利。在许多地区，农民还记得，在意大利统一(Risorgimento）期间，贪婪的贵族夺去了公有土地，因此，农民认为自己只不过是通过夺回公有土地来纠正历史错误而已。

不用说，地主的看法肯定与农民不同。更重要的是，新政府（正如我们所说的，许多地方的新政府也不那么新）明确表示要维持现状。在卡利特里村，盟军部队和宪兵进村才几天，共和国就被镇压了，土地被归还给原来的地主。其他地方的情况相同。在撒丁岛的奥尼费里（Oniferi）村，战斗持续了两天，结果一位村民被杀，几位村民受伤。在卡拉布里亚的考洛尼亚(Caulonia）农民共和国，以及斯蒂尼阿诺、斯蒂洛、蒙纳斯特拉齐、里亚齐、帕拉卡尼卡、比冯吉、卡米尼、帕扎诺以及许多其他地方，农民起义都被武力镇压了。[2]

上述事件也许足以表明，经历过战争震荡的意大利南部多么脆弱。每个村庄都理直气壮地宣告建立独立共和国，因为他们在地理上和政治上都与中央政府断绝了联系。他们把战争造成的中央权力暂时缺席视为亲手夺取权力的难得机遇。

然而，更重要的是，上述事件表明，某些村庄急于进行社
会改革。与人们的预期正好相反，在上述起义中，只有极少数 278
起义是由意大利共产党领导的，因为在1945年以前，意大利共

产党的力量其实尚未进入意大利南部。农民起义是自发抗议，是由痛恨社会不公的当地人组织起来的。[3]

战后进行社会改革的巨大渴望，不仅存在于意大利，而且存在于全欧洲。正是这种改革渴望，在欧洲大陆催生了数十个新政党；改革渴望还催生了数百份新报纸，左翼作家在这些报纸上提出进行社会改革的主张；改革渴望还催生了支持工人权利、支持经济改革、反对社会不公和司法不公的游行示威。战后时期见证了左翼声音的大爆发，这实际上是纳粹占领时期被残酷镇压的力量得以重生的结果。即使在英国，这个从未被占领的国家，人们也在战后投票支持社会改革：1945 年夏天，英国人抛弃了丘吉尔的中右翼政府，选举了英国历史上最为激进的左翼政府。

在欧洲绝大多数地区，从这种向左转的态势中获益最多的政治组织，无疑是各种各样的共产主义政党。他们不仅牢牢抓住了欧洲大陆的社会改革热情，而且他们是武装抵抗纳粹统治的骨干力量，由此得到了人们的道德认同。再加上他们与苏联结成同盟，而许多人又把苏联视为第二次世界大战的真正胜利者，共产主义似乎成为欧洲政坛上势不可当的力量。我们关于冷战的集体记忆模糊了这样一个事实，有相当大部分的欧洲民众，把共产党视为英雄，而非恶棍。

而且，共产党不仅在后来形成东方阵营的国家里大受欢迎，它们在后来位于铁幕以西的国家里也颇得人心。在挪威和丹麦举行的战后选举中，共产党赢得 12% 的选票，在比利时是 13%，在意大利是 19%，在芬兰是 23.5%，而在 1946 年 11 月的法国选举中，共产党获得 28.8% 的高票数，让共产党成为法国第一大党。[4] 更重要的是，在全欧洲，共产党都拥有大批忠诚的积极分子：例如，在法国，共产党拥有90万名党员；在意大利，共产党拥有225万名党员，这远远超过波兰甚至南斯拉夫的党员人数。在西欧，共产主义既是一场巨大的民众运动，也 279
是一场庞大的民主运动。[5]

然而，也有许多人对这场群众运动深感困扰。丘吉尔总是抱怨社会主义的极权之恶，“其更为暴力的形式就是共产主义”，早在美国密苏里州富尔顿市发表著名的“铁幕演说”之前，丘吉尔就已经作如是观。[6] 在夏尔·戴高乐怀疑的诸多团体中，共产党轻易名列第一。在意大利，基督教民主党领导人阿尔奇德·德·加斯佩里（Alcide De Gasperi）私下对朋友说：“害怕未来的共和国会从左翼那里学习太多。共产党的团结、勇气、组织、手段，让他们跟过去的法西斯主义那样具有威力。”[7] 甚至美国国务院也担心，“共产党在欧洲的发展模式，会让他们获得超过其实际人数的影响力，最终他们可能通过公开抹黑或者清洗消灭反对派”。[8]

这种恐慌与怀疑是由于共产主义在意识形态上反对许多人为之而战斗的价值：国家主权。共产主义的终极目标不是解放法国或者意大利，而是要让全世界无产阶级团结起来。因此，许多欧洲政治家担心，共产党会把阶级利益置于国家利益之上。戴高乐尤其记得，1939～1940年，法国共产党拒绝对抗德国，因为当时德国仍然与苏联结盟。换言之，如果要在法国与苏联之间做出直截了当的选择，他们会选择苏联。

在更为抽象的层面上，在共产党脱颖而出的过程中，触动了太多欧洲多数居民习以为常的敏感点。共产党不仅反对中产阶级坚持到底的所有价值，如宗教、家庭以及神圣不可侵犯的私有财产，而且还要以暴力来达成目标。按照《共产党宣言》，共产党的目标就是“以武力推翻所有现存社会秩序”。[9]

在多年的野蛮冲突以后，绝大多数人最不想见到的就是一场新的阶级战争。不幸的是，在某些地区，即将上演的正是阶级战争。

280 政治暴力之对象

关于法国和意大利的共产党，有某些过分夸张的描述，因此有必要花双倍精力来澄清事实。首先，没有证据证明，法意两国的共产党领导层试图在战后初期夺取权力；也没有证据证明，他们在鼓动政治暴力，实际上，他们曾经竭尽所能劝阻政治暴力。意大利共产党领导人帕尔米罗·陶里亚蒂（Palmiro Togliatti）亲自访问国内最无法无天的地区，劝告地区和行省的共产党领导人，好好约束党员，确保仇杀停止。无论是在私人场合还是公开场合，他都反复强调，任何社会改革运动都必须以民主非暴力的手段实施。他甚至把党内某些鼓吹暴力的党员开除出党。[10]同样，法国共产党领导人莫里斯·多列士（Maurice Thorez）明确表示，“我们必须比以往更加珍惜民族团结”。换言之，为了重建国家，共产党必须牺牲他们对激进社会改革的渴望。总体而言，多列士以及党的领导层都因为致力于恢复公共秩序而受到政府的赞誉。[11]

然而，党的领导层表达了与政治对手合作的意愿，并不意味着基层党员也有同样的意愿。在意大利和法国，都出现了“政治家”与“游击队”的决裂。后者参与了所有战斗，自认为有权让前者听从后者的政策：借用意大利游击队其中一位领导人瓦尔特·萨凯蒂（Walter Sacchetti）的说法，“是我们解放了你们”。[12]从解放之初，法意两国就有许多干部对党领导层的路线感到失望。在法意两国许多地区，许多游击队员开始无视上级的指示，亲手执行法律。少数游击队员甚至煽动当地人，对传统的阶级敌人实施小规模清洗。这实际上已经是小型革命了。

我们很难看清楚，这些暴力少数派想要达成的目标是什么。 281
由于缺乏领导层的支持，他们的行动不太可能取得任何长期的政治成果，但无可否认的是，他们的动机经常带有政治性。要弄清楚他们的目标和任务，也许最好的办法是，看看谁是受害者，看看受害者有何共同点。

在这些小型革命中，共产党的首要攻击对象经常是警察部队。这也许毫不让人意外，毕竟警察代表了声名狼藉的战时政府。然而，有许多袭击事件似乎与警察是否通敌卖国无关，而是完全出于长久以来的积怨。例如，在法国的许多地方，在战争爆发初期共产党员曾经遭到警察的围捕，因为他们效忠于斯大林（斯大林当时仍然与希特勒结盟），他们对国家安全构成潜在威胁。解放后，某些法国共产党员可以把矛头指向曾经参与围捕的警察，仅仅因为这是公报私仇的绝好机会。[13]

其中一位受害者是阿贝尔·博内（Abel Bonnet），他是科涅克地区的警察头目。博内是一位忠诚的爱国者，他曾经在大战中负伤受勋，他曾经在敌人占领期间勇敢地参与各种抵抗活动。然而，当地的共产党员还记得，在 1939 年，博内曾经下令逮捕他们的武装同志。1944 年 9 月，当共产党员解放科涅克地区时，这段往事拖累了他。博内被逮捕，并被带到附近的昂古莱姆（Angoulême），他在煤窑里被关押了两个月。在这里，他被左轮手枪击伤头部，几乎窒息而死。等到他被释放时，他已经无法在没有别人搀扶的情况下走路了，而且由于遭到反复殴打，他总是受到耳鸣困扰。他没有受到审讯，甚至没有被冠以任何罪名。有一次，他被带到当地法国共产党领导人“皮埃尔司令”面前，他问及自己为何被逮捕，却只换来一句含糊其辞的回答：“我只听命于斯大林。”[14]

博内的经历也得到另一位被关押在昂古莱姆同一个煤窑的犯人的佐证。菲利克斯·桑吉内蒂（Félix Sanguinetti）是一名抵抗战士，但隶属于戴高乐派的秘密军（Armée Secrète），尽管
283 存在意识形态上的分歧，但他们应该被视为法国共产党的盟友。当桑吉内蒂被带到皮埃尔司令面前时，他只听到同一句话：“戴高乐、柯尼希还有其他家伙都应该下地狱。我只有一个老板，那就是斯大林。”然后，他也被关进煤窑，在那里继续见证对方的野蛮行为。[15]

我们不可能弄清楚，在法意两国到底有多少警察因为反共经历，而非因为通敌卖国，成为攻击对象，但有大量事实证据表明，类似现象在法意两国相当普遍。很有可能的是，许多人被冠以“法西斯分子”或“通敌卖国者”的罪名，仅仅是为了损害他们的权威：如果警察都不可信，那么，人们就更有可能依靠游击队员来维持法律和秩序。在东欧，这是共产党屡试不爽的斗争策略。

另一个传统的“阶级”敌人是雇主阶层，包括那些剥削工人从中取利的厂长、经理。在意大利北部和法国中南部许多工业城市，战后出现过权力架构的暂时逆转，工人建立了委员会，以调查雇主的战时行为。1945 年年初，仅仅在里昂的工厂和商户，就出现过 160 个“爱国委员会”，尽管这些委员会根本没有得到当地政府的认可。[16]在都灵，工人接管了菲亚特工厂，工

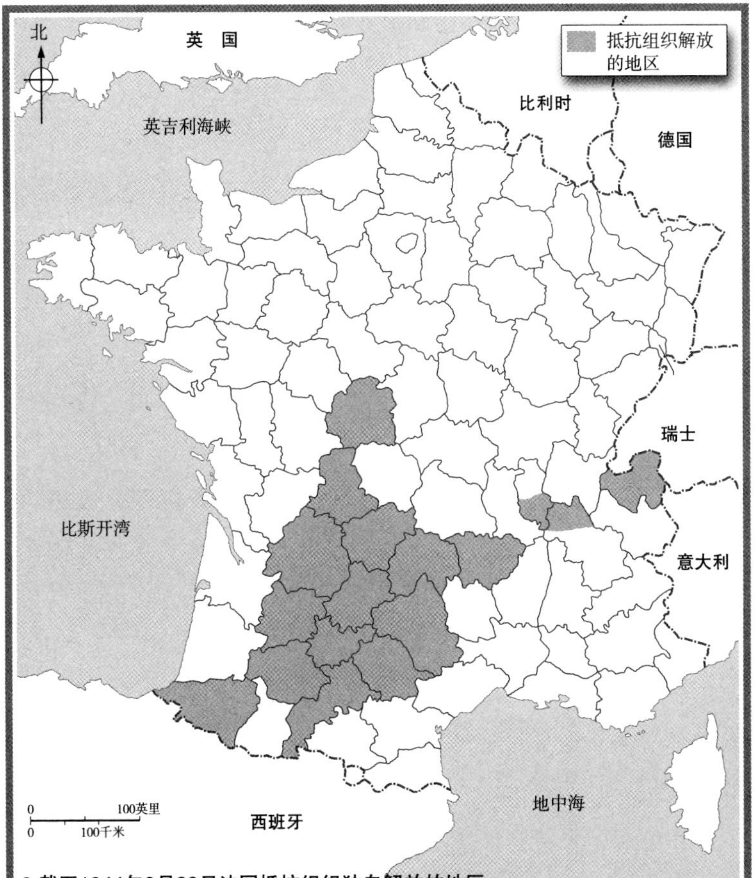

8.截至1944年8月23日法国抵抗组织独自解放的地区

厂主管几乎被射杀在工厂的院子里，但最终侥幸逃脱。1945 年 5 月，来自美国国务院的观察员发回报告，工厂里有全副武装的枪手在巡逻，“管理完全被忽略”。[17]在解放后几个月内，就有几位著名意大利商人被杀，包括基督教民主党的工业家朱塞佩·韦尔代里（Giuseppe Verderi），以及阿纳尔多·维斯基（Arnaldo Vischi），他是艾米利亚－罗马涅地区最大的工业集团的副总经理。[18]

更加容易遭到攻击的是贵族阶层，尤其是与法西斯党有瓜葛的贵族。仅仅在艾米利亚－罗马涅地区，战后就有 103 名地主被杀。[19]最为著名的例子是谋杀曼佐尼（Manzoni）伯爵家族，事发地点就在拉文纳省卢戈（Lugo）附近的他们家族的乡村府邸。伯爵有三兄弟，都是公开的法西斯党徒，他们是当地的主
284 要地主以及当地最有权势的家族。他们在解放期间设法躲过了公审，但在战争结束后，他们拒绝与佃户重新协商分成租约，也拒绝修复战时受损的农场，这将被证明是覆水难收的错误。1945 年 7 月 6 日，忍无可忍的前游击队员冲进府邸，不仅射杀了伯爵三兄弟，而且射杀了他们的母亲、仆人和狗。谋杀事件发生后，当地全体村民摧毁了府邸，而且自行瓜分了伯爵家的衣物和财物：这个片段可算是农民反抗长期压迫人的封建制度的缩影。[20]

在法国，贵族同样成为攻击对象，且不论他们是否通敌卖国。例如，莱维－米尔普瓦（Lévis-Mirepoix）公爵，他没有罪过，但他的头衔几乎让他难以逃脱帕米耶（Pamiers）“人民法庭”的死刑判决，因为新任省长阿列治（Ariège）关闭了当地法庭。皮埃尔·德·卡斯泰尔巴雅克（Pierre de Castelbajac）是来自图卢兹北面塔布（Tarbes）的伯爵，他就没有那么幸运了。

似乎没有什么证据证明这个人曾经通敌卖国，但当人们发现他的火十字团（Croix-de-Feu，战前一个极右翼政党）党员证时，罪名就坐实了。他遭到殴打，然后被匆匆处决。[21]

类似事件发生在法国各地，但夏朗德、多尔多涅、利穆赞、普罗旺斯的小贵族受害尤其严重。[22]在维埃纳，一位名叫亨利·雷耶－苏尔特（Henri Reille-Soult）的男爵在猪圈里被关押了几个星期，经常遭到殴打，最终于1944年10月被处决。他不仅不是通敌者，他反而是英国战时情报网络的成员。[23]克里斯蒂安·德·洛热里尔（Christian de Lorgeril）伯爵是一位在卡尔卡松受勋的战争英雄，但仅仅因为其贵族头衔和君主派立场就被处决了。按照人民共和运动（Mouvement Républicain Populaire）机关报《黎明报》（*L'Aube*）的说法，他在临死之前饱受折磨：他的手指和脚趾被撕裂，他的双手和双脚被打断，他被烧得发红的刺刀反复刺入，最后被扔进倒满汽油的浴缸里烧成了灰烬。[24]

另一个容易遭到攻击的对象是教士，他们是共产党的传统敌人。在图卢兹，城内谣言四起，说法西斯分子米利斯 285
（Milice）在当地教堂的塔楼上架设了射击点，这个谣言也在某种程度上解释了为何在1944年8月起义期间，城内的教堂遭到破坏，并且遭到机枪扫射。在法国西南部，教士被抵抗组织殴打、折磨、处决的例子比比皆是，但通常没有确凿证据证明教士通敌卖国。[25]在意大利，教士也经常遭到攻击，这既是因为他们有协助法西斯党的嫌疑，也是因为他们总是在布道坛上谴责共产党。[26]

最后，最重要的是某些更加激进的共产主义宗派开始袭击他们的民主派对手。法国解放初期，共产党领导人的确试图控制地方，尤其是法国西南部。在图卢兹，戴高乐派的共和国特派员被迫对抗共产党领导人的夺权行动，并且只有在抵抗组织指挥官的武力支持下才取得了成功。[27]在尼姆，戴高乐派的省长遭到当地共产党领导人的持续威胁，有一次几乎被对方逮捕。只是在共和国特派员雅克·布南（Jacques Bounin）抵达后，他才被解救出来。[28]

在意大利，针对政治对手的暴力活动更加极端。暴力活动的中心是所谓的“红色三角”（Red Triangle），甚至被称为“死亡三角”（Triangle of Death），这是艾米利亚－罗马涅地区一片三角地带，夹在博洛尼亚、雷焦艾米利亚、费拉拉之间。1945年夏天，一系列引人注目的谋杀案发生在此地，让基督教民主党与共产党之间脆弱的同盟关系变得极为紧张。6月2日，一位名叫安东尼奥·里齐（Antonio Rizzi）的工程师及其儿子埃托雷（Ettore）在诺南托拉（Nonantola）被谋杀。两父子都是坚定的反法西斯人士，埃托雷甚至当过游击队员，但他们都是基督教民主党人。这并非激情犯罪，而是特定的政治谋杀，意大利人称为“漂亮谋杀”（omicidi eccellenti，换言之，对碍手碍脚的显要人物进行“必要的”谋杀）。六周后，在同一个城镇，一位基督教民主党员、解放委员会成员也被杀害。针对基督教民主党人的谋杀也发生在邦波尔托（Bomporto，6月8日）、拉马莫科尼奥（Lama Mocogno，6月10日）、梅多拉（Medolla，6月13日）。[29]

287 此后一年，随着反共情绪开始明朗化，又一轮漂亮谋杀在同一个地区上演。1946年6月，以上述的基督教民主党工业家朱塞佩·韦尔代里被杀开始，至8月，以自由派律师费迪南多·费廖利（Ferdinando Ferioli）、出身社会党的卡萨尔格兰德

瑞士
奥地利
匈牙利
法国
南斯拉夫
奥斯塔
米兰
都灵
斯基奥
帕多瓦
威尼斯
的里雅斯特
雷焦艾米利亚
费拉拉
摩德纳
博洛尼亚
伊莫拉
热那亚
艾米利亚-罗马涅
比萨
佛罗伦萨
安科纳
亚得里亚海
佩鲁贾
北
科西嘉岛
罗马
巴里
那不勒斯
布林迪西
塔兰托
撒丁岛
卡利亚里
科森扎
卡拉布里亚
考洛尼亚
巴勒莫
地中海
西西里岛
卡塔尼亚

1945年让与南斯拉夫的地区
卡拉布里亚，农民占地运动主要地区
“红色三角”，艾米利亚-罗马涅

0　100英里
0　100千米

9.1945~1946年的意大利

(Casalgrande）市市长翁贝托·法里（Umberto Farri）、宪兵上尉费迪南多·米罗蒂（Ferdinando Mirotti）被杀告终。[30]

必须强调的是，所有上述事件都是具体个案，并不能由此得出共产党密谋在法国和意大利夺取全国政权的结论。实际上，正如我已经提到的，共产党领导层似乎已经极力约束党内的边缘极端宗派。领导层明白，在法意两国，发动革命的客观条件并不存在，但某些党员似乎并不明白。

然而，某些地区领导人缺乏这种大局观，他们显然相信，革命的时机已经到来。发生在法国和意大利的大量暴力事件表明，有相当比例的党员仍然执着于暴力革命。某些党员显然是被复仇动机所驱使，或者被正义只能亲手实现的观念所驱使。其他党员则有更多打算，他们攻击阶级敌人，且不论受害者在敌人占领期间扮演过什么角色。某些党员想通过恐吓政治对手让对方闭嘴。其他党员试图在民众当中引起恐慌，一如他们在战时的做法。他们的行动缺乏焦点，他们的动机各不相同，但共同点是，他们都相信革命不是即将来临，而是已经来临。

接下来的岁月里，在意大利和法国，许多共产党员都指责他们的领导层未能实施果断的暴力行动。他们醉心于地区层面的成功，在意大利和法国，共产党一度控制好几个城市甚至一两个地区，他们相信，如果党的领导人抓住时机，这种成功本该转化为全国的胜利。但由于缺乏中央协调，他们的零星革命尝试注定根基不稳，最终归于失败。

288 然而，这并不意味着战后初期的政治暴力毫无影响。正好相反，其影响极为深远，但与当地煽动者的期望相去甚远。

反应

前游击队员和共产党基层党员的好斗精神，并非无人注意。战后初期，这种好斗精神被归因于解放后暂时存在的无法无天的总体气氛，许多历史学家迄今为止都持有这种观点。[31]后来，随着暴力活动持续，人们发现这不仅仅是短期现象，恐慌情绪开始蔓延。谣言到处流传，说共产党已经失控，更糟糕的是说共产党的暴力活动是更有组织的夺权阴谋的组成部分。在巴黎，有谣言说法国西南部已经陷入恐怖统治，图卢兹已经宣布成立共和国，戴高乐派驻当地的代表皮埃尔·贝尔托（Pierre Bertaux）已经被共产党囚禁。贝尔托不得不亲自回到巴黎以澄清谣言。[32]在意大利，到处流传着米兰和都灵爆发武装起义的传闻，随之而来的是经济崩溃和共产党即将接管整个国家的谣言。共产党的敌人当然会利用这些谣言浑水摸鱼，添油加醋以激起民众恐慌。某些意大利反共分子也承认，这些骇人听闻的谣言纯属无稽之谈，并且被“渴望挑起反共情绪的右翼分子”故意夸大。[33]

在意大利南部，地主、商人、警察头目、地方法官以及其他中产阶级显要人物，利用人们对 1943 年占地运动的记忆，反对左翼官员组成的行政机构。他们为自己的地产、财富、名位感到担忧，但他们却声称共产主义带来国内不安，将会动摇同盟国军政府在新解放地区的统治。结果，右翼代表甚至某些前法西斯党徒，被任命到地方的实权职位上，而这仅仅是为了遏制共产主义。[34]

在意大利北部，解放期间的暴力活动曾经更加猛烈，右翼和中右翼党派将人们对左翼暴力活动的恐慌作为竞选活动的踏 289

脚石。1947 年 1 ~2 月，艾米利亚 – 罗马涅地区的“死亡三角”频频出现在《新闻报》（*La Stampa*）和《晚邮报》（*Corriere della Sera*）这样的报纸上。[35]及至 3 月，一篇刊登在《人道报》（*L'Umanità*）上的文章提到，红色战斗团（Red Squadristi）必将引发一场“意识形态和现实恐怖”的战斗。[36]这明显是要从左翼手中夺取道德制高点，方法就是把前游击队员从英雄抹黑为暴徒。

在 20 世纪 40 年代后期的法国，关于游击队暴力的耸人听闻的故事成为媒体上的陈词滥调。1947 年，出身于社会党的总理保罗·拉马迪埃（Paul Ramadier）把持续高涨的罢工行动仅仅归咎为共产党的煽动，但实际上，罢工主要是由不断上升的通货膨胀率、日趋严重的食物短缺、快速下降的生活水平造成的。5 月 5 日，他把共产党阁员逐出了政府。然后，他又揭发了好几个共产党“阴谋”，如对老兵事务部（Ministry of Ex-Servicemen）的渗透。甚至有谣言说，法国境内正在组建“国际纵队”（International Brigade）。[37]

然而，无论法国和意大利的政治家如何诋毁共产党在其国内的煽动行为，国际共运才是真正的焦点。真正让中右翼感到恐慌的不是地区城市的零星暴力活动，而是发生在东欧的全面镇压。法国和意大利的报纸登载越来越多让人担忧的消息，这些消息来自匈牙利、罗马尼亚、保加利亚等国，并且暗示，如果放任共产党取得权力，同样的镇压将会在意大利和法国上演。

同样对此感到担忧的是西方盟国，尤其是美国。1947 年 2 月 19 日，美国驻法国大使声称，巴黎“确实是共产国际特工的蜂巢”，而且“苏联的特洛伊木马”被“伪装得如此之好，数百万共产党好斗者、同情者、投机者竟然相信，捍卫法国的最好方式是把法国的国家利益等同于苏联的目标”。[38]此后不久，迪恩·艾奇逊也抛出类似论调，他把出现在社会各个领域的共产党力量视为苏联随时接管法国的征兆。[39]与此同时，在意大 290
利，派驻罗马的外交官大谈意大利国内的“恐慌性精神病”，并且提醒美国国务院，有5万名甚至更多的训练有素、全副武装的共产党员，随时准备在意大利北部发起暴动。[40]上述事实表明，只要有人在法意两国社会散播谣言，就足以在盟国之间引发轩然大波。实际上，有好几次，美国人似乎比法国人和意大利人更加害怕法意两国出现动荡。美国躲在幕后，大力支持反共政党，而且威胁道，如果共产党在选举中赢得权力，美国就将撤回所有援助。[41]

在法意两国，政府对恐慌的反应颇为笨拙，但相当有效。在1947年秋天又一波罢工和骚乱浪潮后，在某些人心惶惶的破坏事件如巴黎－图尔昆快车出轨事件后，法国内政部部长茹尔·莫克（Jules Moch）宣布全面动员纪律部队，包括征召所有预备部队和民防部队。在激烈的议会辩论过后，共产党议员埃罗（Hérault）被逐出内阁，此后政府采取了一系列应急措施，以平息骚乱。[42]

在意大利，共产党在1948年选举中遭受重大挫败，当年7月又有人企图刺杀帕尔米罗·陶里亚蒂，党内怨气很大，国内的情况比法国更加动荡。共产党员通过发动一系列罢工、骚乱、绑架来宣泄挫败情绪，甚至破坏了意大利南北铁路干线。[43]结果，意大利政府采取了一系列反共措施，大批工会会员、游击队员、共产党员被逮捕。这次逮捕行动可被视为公开恐吓。1948年秋至1951年，共有9万~9.5万名共产党员和前游击队员被逮捕，其中只有1.9万人被起诉，约7000人被判罪，其他人在“预防性拘留”中被关押了长短不一的时期。核心党员，尤其是前游击队员，受到最为严厉的对待。1948～1954年，在1697名被逮捕的前游击队员中，共有884人被处以共计5806年的徒刑。尽管早在1946年就有既往不咎的大赦令，但某些人还
291 是因为解放期间的犯罪行为而受到审判。且不论这些人是否罪有应得，这次“抵抗组织大审判”比起之前对法西斯党徒的清洗可要严厉得多。审判传递出清晰的信息：1945年的“英雄”，这些把意大利北部从法西斯统治之下解放出来的“英雄”，最终成为新的敌人。[44]

所谓“失去的胜利”

考虑到战后弥漫于法国和意大利各个社会层面的恐慌情绪，我们不得不提出如下问题：共产党夺取政权的可能性有多大？当时，人们显然对这一威胁严阵以待，而我们则可以后见之明说这不过是杞人忧天。共产党在法意两国都从未赢得超过1/3的选票，即使算上暂时结盟的社会党，在法国也只是接近绝对多数。共产党夺取权力的唯一希望，仅仅在于说服同盟者不仅让共产党员出任总理，而且让共产党员控制所有重要部门。但正如派驻意大利的盟军观察员于1945年7月所说的，右翼政党和中间政党绝不会允许这种情况发生，因为他们断定，共产党想要建立一党制国家：“允许左翼掌权，等同于自己为自己签发死刑判决书。”[45]在法意两国，共产党员屡次被排除在政府的重要职位之外。

因此，共产党赢得绝对权力的唯一途径就是发动全面革命。即使意大利和法国民众一度倾向于这种结果，西方盟国也绝对不会同意。解放后数月间，英美两国分别在法意两国派驻了重

兵，其兵力足以镇压共产党起义。后来，随着盟国逐步退居幕后，美国更加倾向于通过经济手段而非军事手段树立权威。德·加斯佩里把共产党阁员逐出意大利政府，只有在意大利获得大量投资的情况下才有可能。同样，法国人知道，如果他们想要 292
重建破败的经济，他们只能依赖美国的金元。[46]

因此，所谓共产党本来能够赢得权力或者夺取权力的想法，只不过是一厢情愿。法意两国都依赖盟国，如果没有美国的支持，法意两国政府都不可能有真正的权威。法意两国共产党的有识之士早就认识到了这一点。1973 年，意共北方指导委员会的前成员彼得罗·塞基亚（Pietro Secchia）写道：

> 如今的年轻人，在阅读我们某些浪漫主义的解放战争史时，总会留下如下印象，即我们曾经拥有权力，但（由于某种未知的原因），我们不能或者不愿保持权力，不能或者不愿发动无产阶级革命，但革命根本不可能发生，即使是改良主义的民主政体亦无可能。实际上，考虑到意大利解放战争甚至欧洲解放战争的客观形势，我们（当我说“我们”的时候，我指的是所有反法西斯主义者）从未拥有权力，甚至从未能够夺取权力。[47]

陶里亚蒂和多列士曾经饱受左翼人士批评，因为他们决定让党在战后遵循民主道路。许多同志指责他们未能抓住主动权，未能带来人们期待已久的社会改革。但是，这两位领导人都是现实主义者，他们明白，法国和意大利的状况并不适合暴力社会革命。他们坚信，民主道路是在法国和意大利推进共产主义的唯一道路，尽管这条道路未能为他们赢得任何真正的权力。

历史显然证明了他们的决定是正确的。如果他们真的走上革命道路，那么，混乱的例子近在眼前，只要看看亚得里亚海对岸正在发生的事情就够了。在希腊，共产党政治家决定退出民主的竞技场，结果开启了一场比纳粹的野蛮占领还要血腥得多的内战。正如我在下一章将要揭示的，在英国和美国的插手之下，这场内战将以彻底消灭希腊共产党而告终，而且此后 30 年都将对左翼政治势力实行残酷镇压。

*

293 在本章开头，我描述了 1943 年至 1944 年间，意大利南部农民自发占领土地的运动，似乎值得再花点时间解释这些事件在今后的岁月里对当地的影响。尽管没有希腊内战那么富有戏剧性，但土地占领运动以及对此的反应，也许更能代表西欧其他地区的类似情况。这些事件也说明，与马克思主义的教条正好相反，在社会主义者与“反动分子”之间，某些最为重要的战斗并非发生在城市，而是发生在乡村。

农民起义说明，在意大利南部的某些农村地区，一场突如其来的维权运动被鼓动起来了。为了利用这种情绪，意大利农业部部长、共产党员福斯托·古洛（Fausto Gullo）推出了农业改革计划。突然之间，最剥削人的分成租约被禁止。农民和地主之间的中间人，早已因为盘剥和恐吓农民而声名狼藉，此时也被禁止。此外，如果农民向政府粮库超额出售粮食，农民将会获得额外奖励（这不仅是为了确保农民获得工资，也是为了打击极具破坏性的食品黑市）。然而，最为关键的决定是，所有未被耕种或者未被充分耕种的土地，都可以在特定的期限内由农民占领和耕种，并且允许农民自行组织合作社。[48]

意大利南部的农民，长久以来都被忽视、被剥削，他们对政府这种姗姗来迟的承认感恩戴德，迅速组织起了合作社。古洛的土地改革是共产党在宣传上的一次巨大成功。1945 年夏天，意大利共产党科森扎（Cosenza，在卡拉布里亚省）联合会提交的报告称："不到一年前，农民对我们还完全陌生，甚至对我们充满敌意"，"但现在他们加入我们，信任我们，我们支持者甚众……这首先要归功于我们在省内广泛开展的行动，分配未被耕种的土地，终结农业契约问题"。[49]人们对共产党的大力支持，同样反映了东欧大部分地区的情况。在东欧，贵族的土地、教会的土地、中产阶级的土地、德国农民的土地，同样被重新分配。

不幸的是，对意大利农民来说，这种旨在减轻农民赤贫状 294
况的立法措施最终彻底失败。许多地方官员从法西斯党统治时期就没有更换过，他们拒绝依法实施社会改革。所有耕种未开垦土地的申请都要经过地方委员会的听证，而地方委员会总是被地主和地方法官所把持。例如，在西西里，90% 的申请都被驳回了。[50]

由于地方当局未能遵守法律的精神，深感挫败的梅索兹阿诺（Mezzogiorno）农民于 1949 年再次发起土地占领运动，这次运动的波及范围甚至超过上次。根据某些统计数字，大约 8 万名农民参与其中，但绝大多数人都被逐出了他们占领的土地，驱逐手段甚至比 1943 年更为残忍。[51]在考洛尼亚（Caulonia），人们遭到当地农民的威胁，当地农民组成治安维持会，以驱散外来者。在斯特龙戈利（Strongoli），军队使用催泪瓦斯驱散人群。在伊索拉（Isola），劳动事务秘书的岳父被谋杀，以此作为对农民的警告。但是，最恶劣的事件发生在梅里萨（Melissa），宪兵向 600 名和平集会的群众开火，死亡人数不详。按照某些报告的说法，绝大多数死伤者都是在试图跑开时被子弹射中背部的。[52]

了解了上述事件，我们就能明白，为何如此众多的意大利左翼人士批评共产党领导层，批评他们寄希望于一个腐败的政治架构。此后数十年间，尽管共产党在选民当中继续受到欢迎，但共产党总是被迫靠边站，共产党提出的改革日程也总是被束之高阁。此后数十年间，政坛依旧腐败成风，农民依旧一贫如洗，尤其是意大利南部的农民更是赤贫。陶里亚蒂也许让这个国家免于内战，但对许多意大利人来说，解放后他们白白错过了时机，未能推翻世世代代以来的种种不公正的制度。

第二十四章　希腊内战

在历史上的某些时刻，数百万人的命运悬于一人之手，还好这样的时刻不算太多。其中一次发生在 1944 年 10 月 9 日晚上，丘吉尔和斯大林在莫斯科会晤。与“三巨头”在德黑兰、雅尔塔、波茨坦的会晤相比，这次会晤规模更小，也没那么重要。美国人并未出席，但罗斯福同时向丘吉尔和斯大林拍发电报，坚持任何协议都应该“由我们三人商定，并且只由我们三人商定”。尽管如此，丘吉尔还是制定了一个他所谓的“淘气的文件”，在半张纸上写下了英国与苏联在战后一系列势力范围的百分比。例如，罗马尼亚，苏联占 90%，“其他国家”占 10%。保加利亚，苏联占 75%，“其他国家”占 25%。匈牙利和南斯拉夫，都是各占 50%。只有一个国家被确定为英国的势力范围：希腊，英国（也包括美国）占 90%，苏联占 10%。为了对上述百分比表示同意，斯大林在这份文件上打上了大大的蓝色弯钩。[1]

通过这种看似漫不经心的方式，上述五个国家的战后命运就由此确定了，但实际上，这只是英苏两国外交官数月以来秘密谈判的最终结果而已。然而，这一举动同样意义非凡。我会在后面的章节提到匈牙利和罗马尼亚。此时最重要的是，斯大林愿意承认希腊是英国的势力范围，这个决定将会对希腊此后 30 年产生深远影响。

*

296 英国人总是对希腊感兴趣。希腊俯临东地中海，临近中东和苏伊士运河，因此是英国战略利益关键之所在。1941 年，德国入侵希腊时，丘吉尔就曾经冒险为希腊提供援助，尽管只是换来一场命中注定的惨重失败。1944 年 10 月，就在莫斯科会晤开始前几天，英军再次在伯罗奔尼撒半岛登陆。就此而言，斯大林那大大的蓝色弯钩，只是对现实的追认：英国军队正在向雅典进军。

然而，英国在希腊的统治却并非万事俱备。英军不是唯一为控制希腊而战的部队。与意大利和法国的情况相同，希腊也有大批游击队，实际上，早在英军抵达之前，这些游击队就已经控制了希腊本土绝大多数地区，迫使德国占领者退守到主要的城镇。最为庞大的抵抗组织是民族解放阵线（National Liberation Front），及其附属军事组织希腊人民解放军（Greek People's Liberation Army）。[2] 表面上，这两个游击队组织有着广泛的代表性。实际上，这两个组织都由希腊共产党控制，而希腊共产党又忠诚于斯大林。战争期间，为了平衡左派的力量，英国曾经试图给其他抵抗组织提供武器和资金，但巨额资助也改变不了如下事实，共产党领导的民族解放阵线和希腊人民解放军，其受欢迎程度远远超过所有其他抵抗组织的总和。[3]

因此，可想而知，苏联对希腊的影响，与英国对希腊的影响，可谓同等重要，而且肯定超过丘吉尔在废纸片上写下的 10% 的份额。如果斯大林指示希腊共产党控制希腊，他们是很有可能做到的。苏联红军已经逼近希腊北部与保加利亚接壤的边界，南斯拉夫共产党游击队也与希腊北部的同志建立了联系。与民族解放阵线和希腊人民解放军相比，1944 年 10 月出现的英军只不过是微不足道的力量，而且当英军抵达雅典时，他们发现这座城市已经被游击队解放了。尽管如此，希腊共产党并未试图夺取全国政权。这既是因为抵抗组织相对缺乏组织能力，也是因为民族解放阵线内部有许多非共产党成员，他们威胁道，如果民族解放阵线自行夺取政权，他们就撤回对民族解放阵线 298
的支持。但最为关键的原因是，斯大林信守承诺：在莫斯科会晤开始时，斯大林已经向希腊派出代表团，指示共产党与英军合作。[4]

正如在法国和意大利，希腊共产党有许多基层党员，甚至某些领导层成员都无法理解为何他们要主动退让，留待别人来接手。1944 年夏天，在希腊共产党中央委员会的一次激烈争论中，民族解放阵线总书记萨纳西斯·哈迪齐斯（Thanasis Hadzis）抱怨道，抵抗组织被出卖了。民族解放阵线和希腊人民解放军花费数年时间对占领者做斗争，并且已经在希腊绝大部分地区建立了政权：为何此时要向英国人低头？他坚称："我们不能遵循两条路线，我们必须自己做选择。"[5] 许多希腊抵抗组织领导人怀疑，英国人是要把希腊变成事实上的殖民地，通过建立傀儡政权来统治，一如德国人此前的做法。

解放后才几个星期，英军与民族解放阵线和希腊人民解放军关系的紧张程度就已经急剧上升了。英国军事机关对游击队充满猜忌，如同在法国那样，英军把游击队视为反复无常的乌合之众，因此总想找机会解除游击队武装。丘吉尔本人就声称，他非常期待与民族解放阵线发生冲突，并且指示盟军驻希腊指挥官罗纳德·斯科比（Ronald Scobie）将军随时准备应付政变。如果发生政变，斯科比务必动用所有武力手段，"粉碎希腊人民解放军"。[6]

反过来，民族解放阵线和希腊人民解放军的成员也极端怀

297

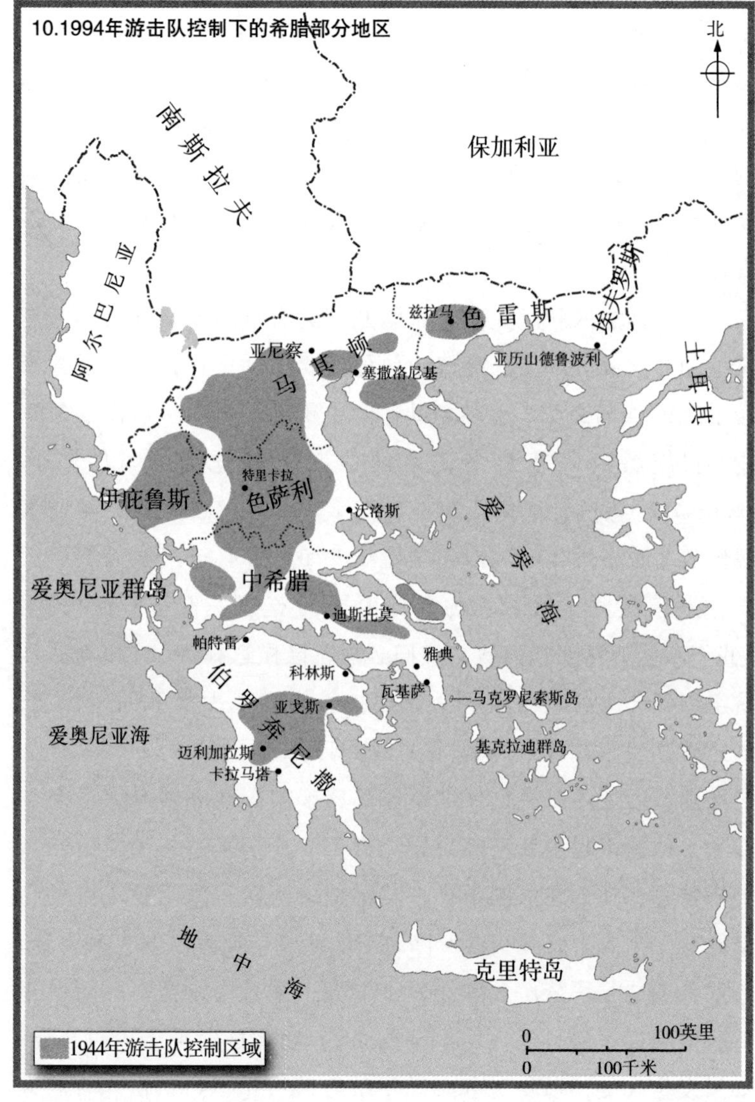
10.1994年游击队控制下的希腊部分地区
北
南斯拉夫
保加利亚
阿尔巴尼亚
埃夫罗斯
兹拉马
色雷斯
亚尼察
马其顿
塞撒洛尼基
亚历山德鲁波利
土耳其
特里卡拉
色萨利
伊庇鲁斯
沃洛斯
爱琴海
中希腊
爱奥尼亚群岛
迪斯托莫
帕特雷
雅典
科林斯
瓦基萨
—马克罗尼索斯岛
亚戈斯
伯罗奔尼撒
爱奥尼亚海
迈利加拉斯
卡拉马塔
基克拉迪群岛
地中海
克里特岛
1944年游击队控制区域
0
100英里
0
100千米

疑英国人的动机。他们发现，英国人继续怂恿希腊国王，英国人正在保护某些通敌者，而不是把这些卖国贼送上法庭，英国人还把某些极端反共的官员任命到关键部门的职位上。例如，解放后的 1944 年 10 月，当乔治·帕潘德里欧（George Papandreou）的所谓“民族团结政府”任命帕纳约蒂斯·斯皮利奥托普洛斯（Panagiotis Spiliotopoulos）上校为雅典军事指挥官时，英国人拒绝干预。德国占领期间，斯皮利奥托普洛斯与右翼反共团体过从甚密，他被希腊人民解放军视为通敌者。当一群希腊高级军官在意大利公开谈论推翻帕潘德里欧政府，代 299
之以极端右翼政府时，英国人同样拒绝干预。[7] 英国人的这种暧昧态度以及某些英国官员的偏袒倾向，借用美国驻希腊大使的话来说，“英国人对待这个热爱自由的国家……如同对待英国统治下的印度土著”，这意味着戏剧性的决裂只是时间问题。[8]

12 月初，就在雅典解放还不足两个月的时候，决裂时刻终于来临，代表民族解放阵线的部长集体退出帕潘德里欧内阁。他们的抱怨与法国和意大利的抵抗组织政党相同：他们不愿意自动解除武装并且向新近成立的国民卫队（National Guard）移交控制权，起码在右翼通敌者被普遍清除出警察队伍之前，他们不能放下武器。然而，希腊与法国不同，希腊没有出类拔萃的、独具魅力的领导人，这个人必须在地位上足够强势、在政治上足够老练，能够约束共产党员和清洗警察队伍。希腊与意大利也不同，希腊共产党员本身不够团结，甚至不足以勉强达成妥协计划。在希腊，盟国也没有足够的力量强迫冲突双方达成协议：与当时大举进驻法国和意大利的盟国军队相比，派驻希腊的英军部队可谓微不足道。政治僵局导致社会各层面持续紧张。作家乔治·塞奥托卡斯（George Theotokas）在日记中写道："在雅典，只要点亮一根火柴，就能燃起熊熊烈火。"[9]

12 月 3 日，就在民族解放阵线的部长们退出政府次日，雅典街头爆发了游行示威。示威群众在宪法广场（Syntagma Square）聚集，出于迄今未知的原因，警察向群众开了火，杀死至少 10 人，打伤超过 50 人。英国军队到了雅典警察不知所措时才到场维持秩序，但某些左翼人士声称，这是刻意为之的挑衅行动。[10]无论警察开火的动机是什么，此举重新开启了刚刚平息几个星期的暴力循环。

由于对德国占领期间希腊安全部队的暴行记忆犹新，民族解放阵线的支持者立刻封锁和袭击市内各处警察局。为了维持法律和秩序，英国军队此时被迫介入。最初，英国军队被希腊
300 人民解放军的狙击手封锁在雅典市中心，但后来他们突破到城市南部，突入"红色"郊区，在那里，英国军队与希腊抵抗组织爆发了巷战。在战时和战后，这是西欧盟军仅有的一次与抵抗组织兵戎相见。丘吉尔以殖民者的傲慢口吻通知斯科比将军，他有权"在发生地方叛乱的城市，像对待被征服城市那样采取行动"。[11]按照指示，英军炮兵用 25 磅重炮轰击卡萨里阿尼（Kaisariani）的"共产党"郊区，英国皇家空军的战斗机低空扫射希腊人民解放军的阵地，因为这些分布在松林和公寓中的阵地能够俯瞰雅典市中心。深受惊吓的和平居民发现自己置身于交叉火力之中，这成了压垮骆驼的最后一根稻草：在英军完全不分青红皂白的袭击当中，大批妇女和儿童受伤和被杀。当英军卫生员来到科普瑟里（Kypseli）郊区的急救站时，他们不得不假扮成美国人，以免被怒不可遏的雅典人撕成碎片。某些在英国皇家空军低空扫射地方广场时受伤的市民说："我们曾

经喜欢英国人，但现在我们知道，德国人才是翩翩绅士。”[12]

从1944年12月到1945年1月，零星战斗开始发展为阶级战争，并且具备阶级战争的所有严重特征。一方是凶猛狂热的民族解放阵线和希腊人民解放军战士，他们此时坚信，英国人企图恢复君主专制和右翼独裁；另一方是英国军队、希腊君主派和希腊反共派的松散联盟，许多人同样坚信，民族解放阵线试图发动斯大林主义革命。当英军包围大约1.5万名左翼同情者并且将其中过半数嫌疑犯流放到中东营地时，事态进一步升级。游击队还以颜色，在雅典和塞萨洛尼基抓捕了数千名资产阶级人质，并且强迫他们在冰天雪地里向山区行进。其中数百名“反动分子”被处决，并被埋入万人坑中，而他们之所以被认定为“反动分子”，仅仅是因为他们相对富有。[13]

及至1945年1月底，双方都已在战斗中焦头烂额。2月，双方在海滨城镇瓦尔基扎（Varkiza）签订和平协议，希腊人民解放军同意解散部队、放下武器，省政府同意加快清洗通敌者。
一份大赦令宣告赦免1944年12月3日至1945年2月14日间的 301
所有政治犯罪，但不赦免“为了达成政治目的而毫无必要地伤害生命财产的普通犯罪”。[14]

假如双方严格遵守协议，那么事件也许就到此为止了。但很明显，政府此时没有能力控制出现在全国各地的右翼武装，而且也没有自己的安全部队。一场针对民族解放阵线和希腊人民解放军的反攻倒算即将开始，并且最终导致了内战的爆发。

共产主义抵抗组织之特点

法国、意大利、希腊的抵抗组织战士很容易产生同病相怜的共鸣，尽管他们英勇战斗并且成功地解放了自己的国家，但战后成立的政府不仅拒绝给予任何回报，反而对他们大肆镇压。在法意希三国，共产党抵抗组织的成员都被排除在战后政府的任何实权职位之外。昔日的战争英雄，仅仅因为在战时合情合理的行为就遭到逮捕并且受到残忍迫害，而政府却任由昔日的通敌卖国者逍遥法外。更加让人寒心的是，他们在战争年代的英雄业绩被完全抹去，取而代之的是让人半信半疑的所谓共产党在欧洲搞清洗的所谓“罪恶”。右翼权势人物利用一切机会，夸大共产党发动骚乱甚至革命的所谓威胁。

然而，重要的是，右翼的说辞也并非完全子虚乌有。左翼抵抗团体也并非全是洁白无瑕的理想主义者，只为反抗暴君统治、开创美好世界而奋斗，左翼抵抗团体也有许多残忍的现实主义者，他们更加愿意借用暴君的手段，以推进意识形态改革。我们不可能给左右两派的斗争贴上黑白分明的标签：双方的手段、动机、信念都太过纠结，难以用简单的方法来解开。战时和战后，没有一个地方比希腊更加纠结。与其他任何国家相比，
302 在希腊，冲突各方都喜欢任意使用恐怖手段对付恐慌的民众，人们发现，越来越难以避免卷入意识形态的战争。

在希腊，民族解放阵线在战时崛起完全是个新鲜现象。在德国占领之前，这个国家并没有大规模意识形态运动的传统，政治通常是自上而下之事，与劳动阶层无关，更加与乡野村夫无关。然而，战争期间，德国人、意大利人、保加利亚人的残酷占领以及随之而来的饥饿和贫困，深深触动了希腊民众。农民、工人甚至妇女，曾经与政治无甚关联，此时却把政治视为把破败疯狂的世界拉回正途的必由之路。数十万人投身民族解放阵线，因为民族解放阵线不仅提供了抵抗占领者的可能，还提供了在战后建立美好世界的承诺。

在地方层面上，民族解放阵线可谓成就卓著，尤其要注意的是，在这场残酷的战争中，他们被占领当局视为非法组织，其生存发展颇为艰难。[15]在饥荒时期，他们组织土地改革，甚至分发食物。他们重新建立了大受欢迎的“人民法庭”，这种法庭设在乡村而非地方城镇，听审人员包括地方陪审团而非费用昂贵的律师和法官，庭审使用通俗希腊语而非正式的高等希腊语，对绝大多数希腊农民来说，高等希腊语如同外语。他们在希腊各地创办了上千个农村文化团体，创办了数十个巡回演出团体，并且出版了全国都在阅读的报纸。他们开办了无数学校和幼儿园，为此前从来没有机会接受教育的人们提供教育。他们鼓励成立青年团体，同时鼓励妇女解放，实际上，正是民族解放阵线于 1944 年首次赋予希腊妇女投票权。他们修桥铺路，创造了前所未有的交通网络。这些成就在希腊偏远山区尤其显著，但遭到战后政治家的无视。按照战时派驻希腊的英国秘密特工克里斯·伍德豪斯（Chris Woodhouse）的说法：“民族解放阵线和希腊人民解放军创造了希腊政府所忽略的成就：希腊山区的有组织状态。”正是民族解放阵线的努力，“才让文明和文化的好处首次被引入山区”。[16]他们在希腊许多地区的民望， 303
正是建基于他们能够改善人民的生活，他们也乐意与上至乡绅下至村民的各色人等建立友谊。

然而，民族解放阵线也并不总是那么温和。从一开始，他们就不能容忍任何竞争者。与法国和意大利不同，总体而言，在法意两国，不同的抵抗团体为驱逐德国人而通力合作，但民族解放阵线和希腊人民解放军却花费大量时间对其他抵抗团体开战，而非对占领者开战。例如，1944 年 4 月，希腊人民解放军在罗梅利（Roumeli）处决迪米特里奥斯·普萨罗斯

(Dimitrios Psarros) 上校，这并非因为他叛变投敌，而是因为他是其他抵抗团体的首领。这个团体的许多幸存者，后来被称为“民族和社会解放组织” (National and Social Liberation)，他们试图加入通敌者的“保安营”(Security Battalions)，因为他们此时相信，民族解放阵线和希腊人民解放军比德国人更为邪恶。[17] 希腊共产党也把希腊民族共和联盟 (National Republican Greek League) 列为攻击对象，后者是活跃在希腊中部和西部的抵抗组织，他们的食物和牲畜都被希腊共产党征用，如果他们不肯脱离希腊民族共和联盟、加入希腊共产党，那么就连他们的生命也会受到威胁。结果，希腊民族共和联盟的许多成员都投向保安营。与此同时，希腊民族共和联盟的许多头面人物，包括领导人拿破仑·泽尔瓦斯 (Napoleon Zervas)，都转而与卖国政府甚至德国人紧密合作，结成非正式的反共同盟。[18]

战争结束后，民族解放阵线成员声称，他们的过火行为仅仅是“爱国主义的过失行为”，“因为这些行为与爱国斗争有关……不应受到惩罚”。[19] 但实际上，他们针对其他抵抗组织的暴力行为都是在民族主义的措辞包装下实施的，就连希腊人民解放军的缩写“ELAS”，也刻意让人联想到希腊语里面“希腊”(Ελλάς) 这个单词，但这个抵抗组织的多数领导人却更热衷于阶级战争，而非民族解放战争。希腊共产党甚至反对英国人，尽管英国人为秉持各种政治信仰的希腊抵抗组织提供武器和资金，但他们也怀疑丘吉尔是君主派的同情者。[20]

在民族解放阵线和希腊人民解放军完全控制的地区，人们经常受困于共产党地方领导人那些心血来潮的古怪念头，而这些领导人的统治可谓相当血腥。例如，在希腊偏远的东北部，一个化名为“奥德修斯”[①] 的希腊人民解放军领导人嗜权如命。在埃夫罗斯（Evros）地区捣毁绝大多数黑市交易后，他又开始 304
抓“叛徒”，这个罪名显然包括所有质疑他权威的人，以及那些表现出丝毫亲英倾向的人。许多人仅仅因为与奥德修斯的部下有私人恩怨就被杀害。有一次，一支特别“死亡营”被派去杀死列入名单的“告密者”，营队成员对名单上的某些姓名表示异议。营队指挥官“帖雷马科”[②] 冷冷地说：“这是革命”，“有些事总得有人干，即使杀掉几个无辜者，长远来说也没什么大不了”。埃夫罗斯地区的状况如此糟糕，最终希腊人民解放军被迫更换地区领导人。奥德修斯被逮捕、审判、处决，此外还采取了许多措施，以恢复当地的法律和秩序。[21]

或许战争期间最为著名的游击队长是阿里斯·韦洛乔蒂斯（Aris Velouchiotis），他如同专制君主那样统治着希腊中部大片地区。阿里斯是希腊人民解放军的创立者之一，早在战争之前警察镇压共产主义的年代，他就学会把恐怖当成支配手段：他曾经被逮捕和折磨，直至愿意签署退党声明才被释放。他所承受的残忍折磨显然影响了他。此时他大权独揽，能够因为偷鸡摸狗等微不足道的过失而毫不犹豫地处决自己人，通过这种杀鸡儆猴的惩罚，他的部队再也不敢不听号令。他也毫不犹豫地处决和折磨他认为反叛或者有罪的民众。例如，1942 年秋天，他下令逮捕克雷特索（Kleitso）村四位出身望族的男人，此后又毫不留情、毫不停歇地折磨了他们将近一个星期。他们的罪名是从村里的粮仓盗窃小麦，然而多年以后，一名仓管员向村

① Odysseus，《荷马史诗》里伊萨卡岛的国王。——译者注

② Telemachus，《荷马史诗》里奥德修斯的儿子。——译者注

里的神父忏悔，那四个人都是无辜的，因为正是仓管员自己偷了那些小麦。[22]

为民族解放阵线辩护的人，经常把这些过火行为归咎于胡作非为者和自行其是者，在一个被战争撕裂得支离破碎的国家，出现这些不服管束的人是在所难免的。然而，有许多证据表明，这种镇压行为是有组织行为，即使指示并非来自中央党部，起码也是来自地区党部。在希腊中部和伯罗奔尼撒半岛某些地区，恐怖是民族解放阵线故意采取的半官方手段，以此来控制当地
305 居民。一个委员会拟定名单，另一个委员会审核名单，然后特别刺杀分队奉命处决名单上的人，特别刺杀分队通常不认为自己的所作所为是在犯罪。这种冷冰冰的官僚主义特性，后来被称为“红色恐怖”。[23]

在伯罗奔尼撒半岛，恐怖手段不仅指向叛徒，而且指向“反动派”，换言之，任何曾经出言反对共产党的人都是“反动派”。之后还会在“积极”反动派与“消极”反动派之间展开甄别程序，“积极”反动派被处决，“消极”反动派被送往山区的集中营，但许多人被送到山区后就被处决了。[24]许多村长、村医、商人以及其他乡绅都被杀害，且不论其是否反对过共产党，只要他们有可能不忠于民族解放阵线或希腊人民解放军就足够定罪了。

希腊人民解放军的某些地方领导人，比如控制阿戈斯和科林斯的塞奥佐罗斯·泽戈斯（Theodoros Zengos），显然为他们管辖之下的每个村庄制定了处决“反动派”的固定指标。[25]如果反动派和通敌者不在家，那么他们的家人就会受到牵连。1944年2月，亚该亚省的共产党报纸发文警告通敌卖国的保安营向抵抗组织投降，“否则我们将会消灭他们，我们将会烧掉他们

的房子，我们将会杀光他们的家人”。[26]

这种恐怖手段让居民感到无比困惑，因为这完全是史无前例。政争、起义、政变都曾经在希腊上演，但都没有那么血腥，而且从未导致如此突如其来的、计算定额的希腊人杀戮希腊人的结果。反动派嫌疑人会被带到山区营地，通常是偏僻的修道院，其恐怖情形如同盖世太保监狱。在这里，人们被反复折磨，还得忍饥挨饿，最终被割喉处决。[27]有时候，整个村庄都被视为叛徒，村民随即遭到屠杀。例如，在伯罗奔尼撒半岛的赫利（Heli）村，希腊人民解放军抓捕了 60～80 名人质，绝大多数都是老弱妇孺，他们全部被杀，尸体被扔到井里。[28]

当然，这种恐怖手段并非希腊所独有：恐怖是纳粹控制欧
洲绝大多数占领区的手段，希腊也不例外。正如在其他游击队 306
活动大为活跃的国家，纳粹并非恐怖战术的唯一使用者：那些为民族自由而战的希腊人同样使用恐怖战术。起码在一定时期内，恐怖战术是奏效的，民族解放阵线控制区不再有意见分歧，反动派及其家人逃往城镇，共产党在当地建立起绝对控制。但是，恐怖战术也把许多人赶入德国人的怀抱，尤其是赶入由德国扶植的保安营。例如，在伯罗奔尼撒半岛有一个由莱昂尼达斯·弗雷塔科斯（Leonidas Vrettakos）建立的保安营，他的主要动机就是为兄弟报仇雪恨，他的兄弟于 1943 年秋天被希腊人民解放军杀害。[29]另一名父母都被民族解放阵线杀害的保安营成员解释道：“我的确投靠了德国人，当我无依无靠的时候，我还能怎么办？”[30]

1943～1944 年，通敌卖国的保安营开始发展壮大，这在很大程度上是对共产党恐怖手段的反应。不幸的是，保安营通常同样残忍，他们在许多地区随意逮捕、折磨、处决支持民族解

放阵线的嫌疑人，将嫌疑人的房屋夷为平地，而且大肆抢劫食物、牲畜、财物。有时候，这只是部队中那些从城镇里招来的兵痞违反军纪的个案，但在其他个案中，这是受到反共狂热鼓舞的、不分青红皂白的行为。

派驻伯罗奔尼撒半岛的英军联络官如此总结双方步步升级的暴力行为：

> 希腊人民解放军终于发现他们的真正敌人，原来是右翼武装……希腊人民解放军对右翼武装充满敌意，希腊人民解放军许多最恶劣的暴行都是针对保安营战俘及其家人的，他们通常会被移送到集中营。希腊人民解放军对保安营的怒火与日俱增，而保安营也证明自己同样擅长恐吓和恐怖的艺术。[31]

再往北去，在色萨利和马其顿，随着反共情绪的增长，出现了德国扶植的其他组织，如公开的法西斯民族农业反共行动
307 同盟（EASAD），该组织在沃洛斯（Volos）市实行恐怖统治。[32]在马其顿，由乔治·普洛斯（George Poulos）上校指挥的极右翼准军事团体犯下无数暴行，包括在基阿尼斯塔（Giannitsa）屠杀 75 名希腊同胞。[33]

面对冲突双方的极端暴力行为，希腊普通公民越来越难以保持温和立场。正如在意大利那些共产党与法西斯党彼此争夺的地区，许多希腊人面对着两难选择，是加入通敌卖国的民兵组织（并且登上共产党的黑名单），还是加入民族解放阵线和希腊人民解放军（还要让家人冒身家性命的危险），通常并没有中间道路可以选择。这种局面正中德国人下怀，德国人公开

承认，他们的企图就是离间希腊人，这样他们“就能袖手旁观、隔岸观火”。[34]

或许最为悲剧的就是这种暴力的私人性质。希腊全国各地的村庄都因为政治立场而分裂，过去在当地咖啡馆通过争论解决的分歧，此时却导致累及家人的血亲复仇。而且，同一村庄的不同家族通常会认同这个或者那个政治团体，但他们的争吵却通常与政治毫无关系。佃农向民族解放阵线彼此告发，仅仅是为了染指对方的收成；村民相互指控对方叛变投敌，仅仅是为了发泄私怨或者洗雪世仇；竞争对手相互指控，也是为了排除竞争。在这些例子中，社区内部业已存在的紧张关系大大升级，而民族解放阵线和希腊人民解放军（或其对手）成了催化剂。

有无数例子可以说明，政治势力的影响如何让纯粹的私人恩怨走向失控。我只提供一个例子就够了，即多里斯（Doris）家族与帕帕季米特里乌（Papadimitriou）家族之间的血亲复仇，历史学家斯塔西斯·卡利瓦斯（Stathis N. Kalyvas）对此曾有抽丝剥茧的叙述。[35]

1942 年，一位名叫瓦西利斯·多里斯（Vassilis Doris）的年轻牧羊人爱上了瓦西莉基·帕帕季米特里乌（Vassiliki Papadimitriou），她是生活在阿戈斯西部山区杜卡（Douka）村的女孩。不幸的是，她并未爱上瓦西利斯，而是爱上了瓦西利斯的兄弟索蒂里斯（Sotiris）。怒火中烧的多里斯决定报复她。多里斯告诉驻守当地的意大利部队，瓦西莉基私藏武器，结果，意大利部队闯入瓦西莉基的房子并将她毒打了一顿。

一年后，民族解放阵线来到此地，瓦西莉基的家族成为民 308
族解放阵线的突出支持者。他们希望对多里斯的所作所为讨个说法，因此他们向民族解放阵线的官员反复告发，说多里斯是个叛徒。最后，他们提交的其中一份报告被送到民族解放阵线省委。此时已是 1944 年 7 月，共产党区委开始在当地清除反动派。因此，瓦西利斯·多里斯及其兄弟索蒂里斯都被逮捕，并被送到民族解放阵线设在菲尼奥斯（Feneos）的圣乔治修道院监狱。一周后，一名守卫走进牢房，点了 20 个人的名字，包括多里斯及其兄弟。他们被告知，他们要被送到当地的希腊人民解放军司令部，但实际上，他们是向一处山洞进发，他们将在那里被割喉。

多里斯可不傻，他猜到自己大难临头。当这群人每两个一组被领去山洞时，他设法解开了手上的绳索，当他最终被带到行刑者面前时，他打伤了守卫并逃之夭夭。尽管守卫向他开火射击，但他还是逃跑下山，并且直趋阿戈斯。多里斯逃跑后一天，民族解放阵线处决了他的另一个兄弟尼科斯（Nikos），以此作为惩罚。

在解放几个月后，多里斯弄到了一些武器并且带着复仇动机来向瓦西莉基·帕帕季米特里乌及其家族寻仇。1945 年 4 月 12 日，他与一帮亲戚朋友杀死了帕纳约蒂斯·科斯塔基斯（Panayotis Kostakis），此人是帕帕季米特里乌家族的亲戚，多里斯相信他曾经有份向民族解放阵线告发自己。作为报复，6 月，帕帕季米特里乌家族两兄弟杀死了多里斯的亲家兄弟。接下来的 1946 年 2 月，多里斯及其伙伴袭击了帕帕季米特里乌家族府邸，杀死了瓦西莉基的母亲和小儿子雅尔戈斯（Yorgos）。三个月后，他们又抓住并射杀了瓦西莉基的一个兄弟、一个亲家兄弟以及三岁大的外甥。借用一名村民的话说：“瓦西利斯（多里斯）和瓦索（帕帕季米特里乌）挑起了这所有事端；他们倒是还活着，但他们身边的人都死了。”

这个令人遗憾的故事是个很好的例子，它说明了战争和政治势力如何影响一处伯罗奔尼撒小村庄，并且如何把一桩小小的私人问题变成了暴力和谋杀的循环。如果驻守当地的意大利占领者对多里斯的恶毒告发无动于衷，他因为被瓦西莉基拒绝而产生的怨恨很可能就会随着时间流逝而被冲淡。同样，如果 309
民族解放阵线不对瓦西莉基家人的恶毒告发反应过度，那么局面可能不至于演变成仇杀。最后，如果战后当地的右翼政府逮捕多里斯，而不是授予他抓捕私敌的全权，暴力的循环可能就会戛然而止。当多里斯及其同伙最终被捕和受审时，他们乐于把自己打扮成爱国者的样子，说自己只是出于纯粹爱国主义的义愤去对付一个暴力的民族解放阵线革命家庭。不难理解，在1947年的反共情绪中，尽管他们的罪行明显带有私人性质，但多里斯及其同谋还是被无罪释放了。

共产主义在希腊之失败

考虑到斗争双方壁垒分明的政治谱系，以及双方之间的紧张关系和个人敌意，人们就不难明白，为何战后把这个国家拉回中间道路的尝试终归失败。帕潘德里欧的“民族团结政府”遭到斗争双方越来越多的抨击。甚至英国人也没有能力控制局势，战争结束后，这个国家大部分地区都陷入了程度不一但持续数年的混乱局面。

英国人经常由于扶植希腊右派并协助其恐怖统治而受到谴责。然而，出于对共产党的不信任，英国人犯下的更大罪过是政治上的天真，而不仅仅是镇压共产党。英国人的最大错误是，1944年12月他们屈服于君主派军队指挥官的要求，重新武装保安营以及其他右翼卖国民兵，这些人当时还被关押在雅典城外的营地里。由于遭到游击队的袭击，英国人没有理由拒绝援手，尽管这种援手根本靠不住。结果，英国人眼看着新近成立的国民卫队突然被那些右翼卖国者拖下水，尽管国民卫队最近才击败这些卖国者。

民族解放阵线同样犯下了天真的错误。从退出帕潘德里欧
310 政府开始，他们就接连犯下一系列严重的政治错误：讽刺的是，他们的行动导致了他们本想避免的结果，右翼国民卫队公开成立。此后数月间，许多国民卫队与右翼武装同流合污，在希腊乡村地区大肆制造白色恐怖。保安营被释放出狱，左派嫌疑犯及其家人遭到袭击，左翼团体办公室遭到洗劫。

民族解放阵线犯下的第二个错误，实在是无可厚非，这就是他们严格遵守瓦尔基扎的停火协议并且向当局交出部分武器。一旦被解除武装，昔日的游击队员就再也没有能力保护自己，经常遭到敌人的无情追杀。那些拒绝解散的人，如阿里斯·韦洛乔蒂斯，不仅遭到共产党的谴责，而且最终被政府部队抓捕和杀害。一如中世纪的野蛮场景，阿里斯那砍下的头颅被放在特里卡拉（Trikala）主广场上示众。[36]

正好相反，希腊右翼甚至都懒得假装遵守停火协议。他们显然相信英国人“在任何情况和所有情况下”都将支持他们，因此完全放开了手脚。[37]瓦尔基扎协议签订后一年内，根据官方统计，右翼武装谋杀了 1192 人，打伤了 6413 人，强奸了 159 名妇女，而真实数字无疑还要大得多。[38]在某些地区，尤其是在希腊北部和伯罗奔尼撒半岛，警察开始大肆搜捕任何被怀疑与民族解放阵线有关的人。英国人总是高调批评这种公开迫害，但他们并未对希腊政府或者右翼党派施加多少压力，以让他们

停止迫害。[39]在这种背景下，也就难怪共产党极端痛恨踏足希腊土地的英国人了。此后数年将会迎来“白色恐怖”时期，“大批君主主义-法西斯主义恐怖分子为所欲为，希腊人民彻底成为外国帝国主义者的奴隶”。[40]

此后数月间，希腊右翼紧锣密鼓地采取行动，确保他们控制这个国家的武装力量，包括国民卫队、宪兵和警察。根据帕潘德里欧政府的内部资料，共产党员被排除在任何武装机构之外，因为难以确信他们是否会出卖希腊民族利益，但“共产 311
党”这个术语迅速涵盖了任何秉持温和左翼信念的人。那些已经在军队或者警队里供职的同情左翼的嫌疑人，立即被转入预备役。右派的行动如此广泛，以至于许多盟国观察员开始担心右派计划发动政变。最起码，他们显然企图在即将到来的 1946 年 3 月的大选之前施加非正常的影响。[41]

由此引出了希腊共产党最后一个重大错误。由于被反复违反瓦尔基扎协议的现象所激怒，共产党决定违背苏联建议并退出 1946 年 3 月的大选，就这样向保王右派拱手送出了一场重大胜利。当年秋天，君主派在一场似是而非的公民复决中确保了国王回归。在地方层面，右翼官员利用他们获得的新授权，强化反共镇压。宪兵部队急剧扩充，及至 1946 年 9 月，宪兵部队至少比上一年扩充了 3 倍。[42]暴力活动步步升级，直至政府不再能够控制行省。及至 1946 年年底，形势已经明朗化，许多希腊左派别无选择，只能再次逃离家园、逃向山区。共产党组建了希腊民主军（Democratic Army of Greece），这是希腊人民解放军的天然继承者，内战再次降临这个国家。[43]

我不会详细叙述之后两年的情况，那只是冤冤相报的暴力与再暴力的循环，与战争年代并无不同。主要的差别在于，此时支持右翼势力反共的不再是德国、保加利亚、意大利，而是英国和美国，他们认为继续反共是两害相权取其轻。西方援助源源不绝地涌入这个国家，带来的不仅是英国和美国的物资，希腊政府最终还学会了英国镇压起义的古老办法，强迫数万村民搬进拘留营，以此饿死游击队。针锋相对的，希腊共产党也努力从国外争取支持。当斯大林拒绝帮助他们的时候，他们开始依赖铁托的南斯拉夫游击队，这种安排持续到1948年。当铁托与斯大林决裂时，希腊共产党站在斯大林一边，结果就连铁
312 托也撤回了援助，一切也就由此注定。1949年，希腊内战终于结束，以左派的彻底崩溃而告终。

或许在这个时期的希腊历史中，最为令人震惊的是司法系统的双重标准。1945年，针对希腊通敌卖国者的诉讼大致停止，随即展开了对希腊共产党的大肆搜捕和迫害。1945年9月，根据官方数字，被关押的左派人士与被关押的通敌卖国者的比例大致超过7比1。处决人数的比例更为悬殊。及至1948年，根据美国方面的数字，只有25名通敌卖国者和4名战争罪犯在希腊被判处死刑。[44]但在1946年7月至1949年9月间，却有超过100倍的左派人士被判处并执行死刑。[45]

那些未被处决的人，通常要在监狱里关押数年甚至数十年。及至1945年年底，大约48956名民族解放阵线支持者身陷囹圄，及至20世纪40年代末，关押人数还维持在5万人左右。[46]即使在臭名昭著的马克罗尼索斯（Makronisos）拘留营于1950年被关闭后，希腊仍然有20219名政治犯，还有3406人被流放。[47]迟至20世纪60年代，希腊仍然有数百名此类男女囚犯，他们的罪名仅仅是曾经参加抵抗组织，曾经对德国人作战。[48]

正如意大利历史学家所说的，这种“抵抗组织审判”发生

在战后好几个国家，但没有哪个国家像希腊这么严厉。在长达 25 年的时间里，这个国家受到保守主义政治家、军队以及美国在幕后支持的准军事组织的联合统治。这段时期的谷底是 1967 ~ 1974 年，这个国家陷入了军事独裁。在此期间，希腊通过了一部法律，彻底羞辱了那些在战争年代为希腊解放而战的男男女女：民族解放阵线和希腊人民解放军被正式定义为国家“公敌”，而那些曾经与德国人并肩作战的保安营老兵则被颁发国家养老金。[49]

铁幕降临

希腊内战将会对欧洲其他地区产生深远影响。这场血腥至极的冲突，将会在东方与西方之间、左翼与右翼之间、共产主 313
义与资本主义之间，引发一场新的冷战。在某些方面，发生在希腊的事情定义了冷战。希腊内战不仅划定了铁幕的南部边界，而且对意大利和法国共产党乃至西欧各国共产党发出了严厉警告，如果他们试图夺取权力将会有什么下场。但或许最重要的是，希腊内战将美国拉回欧洲，迫使美国人明白孤立主义不再是选项。当英国宣布再也无力资助希腊政府发动反共战争时，美国就当仁不让地接手。在这个世纪余下的时间里，美国还会留在希腊，还会留在欧洲大陆所有战略要地之上。

正是美国突然卷入希腊内战催生了杜鲁门主义（Truman Doctrine），这项美国政策旨在遏制美国外交官乔治·凯南所谓的共产主义“洪流”，这道洪流将有可能席卷整个欧洲。[50] 1947 年 3 月 12 日，杜鲁门总统对国会发表讲话，宣称美国的政策将会是“支持自由的人民，抵御武装分子或者外来压力的奴役企图”，因此应该开始为希腊和土耳其提供巨额援助。[51]这实际上是划清界限：东欧也许无法避免共产主义，但东地中海绝不允许步东欧后尘。

美国新政策的逻辑结果就是于1947年6月宣布的“欧洲复兴计划”（European Recovery Programme），这项计划又以在任美国国务卿乔治·马歇尔（George Marshall）的名字被称为“马歇尔计划”（Marshall Plan）。这项大规模援助计划表面上向所有欧洲国家开放，包括对苏联开放，为它们提供大规模经济合作的机遇。马歇尔计划的表面目的是对抗欧洲大陆的混乱和饥饿，但美国国务卿明确地暗示，援助将会优先给予如下国家，这些国家正在对抗“那些企图延长人道灾难以便从中捞取政治好处的政府、政党、团体”。[52]换言之，马歇尔计划表面上是经济援助，但其真实目的几乎完全是政治性的。[53]

苏联被这种外交行动激怒了。苏联人曾经在希腊问题上置
314 身事外，按照斯大林与丘吉尔的协议，希腊确实属于英国和美国的“势力范围”，但他们也不准备接受西方干涉苏联的势力范围。斯大林指示所有在苏联直接控制下的国家，拒绝美国提供的马歇尔援助，并且对捷克斯洛伐克和芬兰频频施压。于是，尽管有16个国家最终签署了马歇尔计划，但没有一个后来的共产主义国家参与其中。在苏联的进一步压力下，它们转而与苏联签署贸易协议。东西欧洲间的裂痕开始加深。

或许这一系列连锁反应的最重要后果，就是苏联决定正式加强对欧洲各国共产党的控制。就在马歇尔计划出台三个月后，苏联召集欧洲各国共产党领导人到波兰小镇施科拉尔斯卡-波伦巴（Szklarska Poręba）开会。在这里，他们改组了共产国际①，新的

① Communist International，或者 Comintern，共产国际已于1943年停止活动。——译者注

名称为共产党情报局（Communist Information Bureau，或者Cominform）。与此同时，苏联实际上指示西欧各国共产党开始反美宣传战，这项指示导致自1947年年底以来意大利和法国的罢工数量急剧增长。欧洲各国共产党的自治状态和多元状态由此结束，从那时起，一切唯苏联马首是瞻。[54]

尽管这种连锁反应在任何情况下都有可能发生，但正是希腊的形势成了催化剂。因此，希腊内战不仅仅是地方惨剧，而且是真正具有国际意义的事件。西方大国承认这种格局，而且似乎准备支持任何不公正的现象，只要能够遏制共产主义就可以了。

对于普通希腊人来说，这只不过是为他们的悲惨经历再加上新的一页。他们不仅受困于国人的极端倾向，尽管第二次世界大战已经结束多年，而且此时他们又成为超级大国新游戏中被踢来踢去的皮球。

315 第二十五章　反客为主：罗马尼亚

我们很容易批评西方各国政府在战后的行为。后见之明的说法是，有好几次，西方各国政府如同偏执狂一般，急于粉碎合法的左翼抗议者，即使这样做违反他们自己提倡的民主原则也在所不惜。不公正现象的确发生了，人们的生命的确被牺牲了。但是，西方所面对的威胁是真实存在的。尽管西方各国政府手段笨拙，甚至经常事与愿违，但他们的确相信，他们是在退而求其次。

如果要在斯大林的共产主义与西方信奉的民主和威权的奇怪混合物中二者择其一，后者无疑是两害相权取其轻的选项。东欧各国共产党在追逐权力时展现的冷酷无情，让西方各国政府如同小巫见大巫。遮蔽在铁幕背后的十几个国家，每一个都足以说明问题，但也许最好的例子是罗马尼亚，因为在罗马尼亚，共产党接管政权的方式尤为激进且更成问题。

罗马尼亚是少数几个较少受到第二次世界大战波及的东欧国家之一。罗马尼亚某些地区的确遭到盟军的大范围轰炸，罗马尼亚东北部也遭到步步进逼的苏联红军的破坏，但与波兰、南斯拉夫、东德不同，上述三国的传统权力架构几乎被战争完全抹去，罗马尼亚行政机构却大致未受触动。因此，共产党要在罗马尼亚夺取绝对权力，绝非仅仅在白板上描画新制度，旧
316 制度必须首先被铲除。在消灭和取代罗马尼亚传统行政机构的过程中，残忍手段和恐吓手段都是极权主义的制胜法宝。

八月政变

战后罗马尼亚的故事，得从 1944 年夏天一次突如其来的、引人注目的政权更迭说起。及至此时，这个国家一直在扬·安东内斯库（Ion Antonescu）元帅的军事独裁统治之下，并且与德国结成了坚定不移的联盟。罗马尼亚相当热心地投入战争，罗马尼亚部队与德国国防军并肩作战，一直打到斯大林格勒城下。然而，此时局面已经倾覆，人们越来越明显地看到，德国将要输掉这场战争。许多罗马尼亚人意识到，要避免被苏联红军彻底摧毁，就只有改换门庭。各反对党秘密形成了广泛的联盟，他们确信，安东内斯库将会跟希特勒陪葬，因此决定罢黜安东内斯库。

政变背后的驱动力量是民族农民党领导人尤柳·马纽（Iuliu Maniu）。正是马纽最早煽动密谋，也正是马纽最热衷于与盟军展开秘密和谈。战时和战后，他所领导的党派是最受欢迎的反对党，而且如果政变成功，他所领导的党派将会接管所有重要的政府部门。其他主要密谋者是社会民主党、民族自由党、共产党的政治家，以及密谋集团名义上的首脑，罗马尼亚的年轻君主米哈伊尔国王。

在经过数周准备之后，政变预计于 8 月 26 日发动。政变计划是，米哈伊尔国王邀请安东内斯库共进午餐，命令他与盟军展开新的谈判。如果他拒绝服从，国王将会立即解除他的职务，并且任命反对党政治家组成新政府。新政府将会提前做好准备，因此他们能够立即平稳地接管统治权力。

不幸的是，计划赶不上变化。由于军事形势开始急剧恶化，元帅决定 8 月 24 日动身前往前线，通知来得很突然。情急之

317 中，国王决定提前数天发动政变。23日下午，国王邀请安东内斯库来到王宫，在简短而紧张的当面对质后，国王逮捕了这个独裁者。这次行动似乎让安东内斯库完全措手不及。几个月后，当国王接受一位英国记者采访时，国王声称，他们“在夜间把安东内斯库押进王宫保险库，我被告知，宫廷侍卫在回忆安东内斯库的话语时，依然语带尊敬”。[1]

然而，由于事出突然，密谋者并未就如何组建新政府达成一致，因此国王只好再次随机应变。在与顾问们开了个短暂的会议之后，他当场任命了一个临时内阁。晚上10点过后，米哈伊尔国王在电台上宣布政变。新任首相康斯坦丁·瑟讷泰斯库（Constantin Sănătescu）早已准备好的声明也通过电台公开宣读。上述宣言等于明确宣告，罗马尼亚已经接受盟军提出的停战条款；上述宣言也承诺，新政府将会迥异于安东内斯库的独裁政权，新政府将会是“公众自由得到尊重和保障的民主政权”。[2]

到目前为止，共产党都还只是扮演着相当微不足道的角色，但一旦政变发生，他们的反应比任何党派都要迅速得多。政变发生后，首先抵达王宫的是共产党政治家卢克雷丘·珀特勒什卡努（Lucreţiu Pătrăşcanu），他立即主动要求出任司法部部长，而且获得了任命。这并非荒唐的要求：珀特勒什卡努有法律背景，曾经协助国王起草告国民书。然而，由于直到政变后很久，尚未有其他政党的代表取得部长职务，这一行动未免显得唐突。这也给人们造成了一种印象，即共产党因为领导政变而得到回报：实际上，珀特勒什卡努后来的确利用这一印象，诡称在政变发生前，他是唯一受到咨询的反对派代表。[3]

共产党的另一重好运是，一旦政变结束，他们就奉命控制安东内斯库以及其他犯人。这一次，同样有着充分理由。由军队控制安东内斯库及其内阁成员，肯定不是个好主意，由于士兵也许仍然忠诚于他们的老长官，因此可能释放他。警察也同样不被信任。密谋者因此决定，把犯人交给民兵组织看管。最 318
有可能承担此任务的是马纽的民族农民党志愿者，然而，政变发生时，他们已被派往特兰西瓦尼亚，协助盟军对德军作战。余下的反法西斯民兵就是共产党训练的“爱国卫队”（Patriotic Guards）。把独裁者移交给这支部队看管，再次造成这种印象，即共产党在政变中发挥了更大的影响力，尽管事实并非如此。

然而，共产党获得的最大礼物是由盟军在停战谈判期间主动送上的。及至政变发生时，尽管各方已经同意停战协定的总体条款，但在具体条款上又僵持了三个星期才最终达成协议。其中一个谈判症结是，到底由哪支盟军来负责这个国家。苏联方面主张，由于正是苏联军队占领了罗马尼亚，他们也应该有权控制罗马尼亚。某些英国官员和美国官员担心，按照苏联的说法，罗马尼亚仿佛成了“俄国内政”：英美两国主张，所有三个主要盟国应该共同承担责任。然而，到最后，苏联方面的主张得以实现。停战协定的最终文本列明，这个国家将在盟国管制委员会（Allied Control Commission）的控制之下，“接受盟军（苏军）最高司令部的总体指导和具体指令”。这就为苏联后来支配这个国家打开了方便之门。[4]

共产党的夺权斗争

1944 年 8 月 23 日政变后，出现过三届前后相接的政府。首先是瑟纳泰斯库将军的临时政府，只维持了 10 个星期。苏联急切希望解散这届政府，因为共产党在这届政府内部几乎没有取得什么关键职位。瑟讷泰斯库有几个致命弱点。首先，他难以满足苏联要求的战争赔偿，而这种赔偿是他在签署停战协定时亲口承诺过的，现在他违反了自己的承诺。[5] 但他倒台的真正原因是，他未能从社会上清除“法西斯分子”。根据美国战略服务局（American Office of Strategic Services）提交的报告，23 日
319 政变后六个星期，只有 8 名罗马尼亚官员因为与德国人勾结而被革职。[6] 除了少数高级情报军官被逮捕之外，绝大多数国家安全机关仍然未受触动。更有甚者，法西斯民兵组织“铁卫军”（Iron Guard）的老兵，还出没于布加勒斯特的酒吧和宾馆，“大肆吹嘘没有哪个政府敢动他们”。[7] 某些内阁成员的确呼吁立即成立法庭，审判战争罪犯，但当尤柳·马纽提出反对动议时，这些呼吁就被当成耳边风。农民党领导人声称，他反对这种清洗，以免进一步流血，但人们广泛怀疑他的真正意图是避免数以千计的铁卫军老兵在一夜之间投向共产党。[8]

可想而知，部分民众会对这种不作为感到愤怒，相比之下，即使是意大利那种软弱无力的清洗行动，看上去也要有效得多。罗马尼亚共产党把握住这种公愤，进而鼓动这种公愤。10 月 8 日，他们在布加勒斯特组织了第一次大规模示威，大约 6 万名示威者云集市中心，要求瑟讷泰斯库及其政府辞职。大部分示威者无疑是自发前往的，但共产党也发挥了在工会内部的影响力，迫使更多人出席集会。[9]

在苏联以及国内的压力之下，瑟讷泰斯库将军于 11 月 2 日辞职。然而，国王随即请求他出面新建看守政府，任期直至大选举行为止。瑟讷泰斯库的新政府为共产党预留了更多职位，最重要的是任命共产党领导人格奥尔基·乔治乌 - 德治（Gheorghe Gheorghiu-Dej）出任交通部部长。共产党的傀儡、小

农党领导人彼得鲁·格罗扎（Petru Groza）出任副首相。然而，掌握全国警察部队大权的、最为重要的内政部部长职务，仍然留在民族农民党手中。这个职务被授予对共产党极为反感的尼古拉·佩内斯库（Nicolae Penescu），而且他也强烈反苏。为了推翻新任内政部部长，人们又组织了更多的游行示威，示威者收到特别指令，高唱“打倒佩内斯库”。[10]这种煽动行为让共产党与工会越来越紧密地捆绑在一起，借助软硬兼施的手段动员起越来越多的民众。

第二届瑟讷泰斯库政府甚至比第一届更短命。11 月底，在 320
一次酒后斗殴中，两名工会成员被罗马尼亚士兵枪杀，这件事情被共产党领导的民族民主阵线（National Democratic Front）充分利用。人们为这两名死者组织起盛大的葬礼，而葬礼又演变成另一场大规模的反政府示威。与此同时，共产党媒体展开口诛笔伐，对政府内部的“希特勒法西斯主义者”逍遥法外表示愤怒，并且直接指控民族农民党支持谋杀。面对民族民主阵线的激烈抗议，民族农民党和自由党的内阁成员集体退出内阁。备受压力的瑟讷泰斯库被迫辞职，此后未能东山再起。[11]

1944 年 12 月 2 日，政变后的第三届政府组建完成。这一次，米哈伊尔国王任命其总参谋长尼古拉·勒德斯库（Nicolae Rădescu）将军出面组阁，他是一位得到苏联认可的无党派人士。为了停止国内持续已久的骚乱，国王通知苏联代理外交部部长安德烈·维辛斯基（Andrei Vyshinski），如果共产党继续进行煽动，他将被迫退位并流亡国外。维辛斯基意识到，此举将会在苏联战线后方引起混乱，甚至可能迫使苏联正式控制这个国家，而这将会影响苏联在英美盟国眼中的形象。因此，他指示罗马尼亚共产党稍为降低调门，起码暂时停止街头的示威游行。[12]

然而，共产党的确是在利用政府改组来为夺权铺路。虽然共产党未能完全控制内政部，因为勒德斯库自己就兼任内政部部长，但他们的确让一位著名的共产党员担任副部长。这位新人是泰奥哈里·杰奥尔杰斯库（Teohari Georgescu），他不失时机地为共产党控制了这个部门。在 16 个省警察局中，他在其中 9 个省警察局安插了自己人，而且严格命令他们只听从他一个人的命令。他开始把共产党训练的“爱国卫队”引入罗马尼亚保安警察部门，即保安部队（Siguranţa），并且加速共产党员对其他安全机关的渗透。及至勒德斯库意识到其副手的意图时，一切为时已晚。当他下令解散“爱国卫队”时，无人听他号令。当他要求杰奥尔杰斯库辞职时，同样无人听他号令，他的
321 副手来到他的办公室，直接向地区警察局发布命令。[13]

不久后，勒德斯库同样无法控制另一名副手。1945 年年初，副首相彼得鲁·格罗扎就开始公然鼓励农民夺取大地产所有者的土地，以迎接即将到来的土地改革计划。2 月 13 日，共产党报纸《火花报》（*Scînteia*）报道，在普拉霍瓦（Prahova）和登博维察（Dâmboviţa）等农村地区，大片地产已被农民占领。在两天后的内阁会议上，勒德斯库指责他的副手正在挑起内战。[14]

又一次，共产党组织游行示威活动，要求勒德斯库辞职，此时他们的力量已经强大到足以在国内各大城市发起集会。2 月 24 日，随着内政部门外爆发大规模示威活动，形势达到顶点。勒德斯库在内政部大楼内命令卫兵向天开枪以驱散群众。在接下来的混乱局面中，又传来了几声枪响，群众当中有人被

杀。勒德斯库因为共产党的持续挑衅而忍无可忍，又因为被称为杀人犯而失去耐性，当天晚上，他向全国发表电台讲话，他把共产党领导人阿纳·保克尔（Ana Pauker）和瓦西里·卢卡（Vasile Luca）称为“鬣狗”和“目无国家、目无上帝”的外国人。他斥责许多罗马尼亚共产党员不是民众眼中真正的“罗马尼亚人”，而是有着俄罗斯人、乌克兰人、德意志人甚至犹太人的血统；他还拐弯抹角地斥责他们的苏联支持者。[15]然而，呼唤罗马尼亚民族主义对他并无好处，共产党进而要求逮捕他。事后组成的苏联和罗马尼亚医生联合委员会认为，勒德斯库的卫兵几乎不可能向群众射击，因为从受害者体内取出的子弹并非罗马尼亚军队使用的子弹。但到此时，这已经无关紧要了。勒德斯库重蹈了瑟讷泰斯库的覆辙，他的政府已经岌岌可危。

发生在罗马尼亚的大规模罢工和游行示威，与发生在法国和意大利的事情本质上并无不同。不同的是，在法国和意大利，盟国坚定地站在政府一边，这部分是出于政治原因，但更是出于维持法律和秩序的考虑，盟国提供了至关重要的道德、财政、 322
军事支持。正好相反，在罗马尼亚，盟国对政府的支持明显不足。苏联并未给这个国家提供财政援助，正好相反，苏联不断索取战争赔偿，正在吸干这个国家。苏联未提供道德支持，它也不打算利用其可观的军事力量让这个内部动荡不安的国家恢复秩序。当游行示威趋于暴力时，苏联只要袖手旁观，就足以坐视罗马尼亚政府被推翻了。

然而，苏联对共产党煽动者的支持也不仅仅局限于袖手旁观。在二月危机期间，苏联或多或少地表明了立场。1945 年 2 月 27 日，苏联代理外交部部长安德烈·维辛斯基直接晋见米哈伊尔国王，要求国王辞退勒德斯库，转而任命彼得鲁·格罗扎出任首相。当国王借口拖延时，苏联调走了布加勒斯特的罗马尼亚军队，代之以苏联部队，从而让局势升温。在维辛斯基的进一步施压之下，米哈伊尔被迫于 2 月 28 日辞退勒德斯库。国王任命了格罗扎政府以及共产党控制的内阁，但当维辛斯基亮出底牌、苏联准备亲自接管罗马尼亚时，米哈伊尔别无选择，只能举手投降。1945 年 3 月 6 日，格罗扎政府上台执政。仅仅在政变六个月后，民族民主阵线就已经设法掌握了权力。

民主制度的瓦解

在格罗扎一年半的执政期内，罗马尼亚的民主制度急剧瓦解。民族农民党和自由党几乎完全被排除在格罗扎的新内阁之外：在 18 个内阁席位中，有 14 个席位被分配给民族民主阵线，而其余 4 个席位被分配给其他党派的退党成员，比如退出自由党的格奥尔基·特特雷斯库（Gheorghe Tătărescu），他被任命为副首相。共产党掌握了所有最为重要的部长职位，包括司法部
323 部长、通信部部长、宣传部部长，以及最为关键的内政部部长，他们还掌握了农业部和通信部的副部长职务。[16]

最终，政府机关屈服于按照共产党意图进行的系统清洗与重组。在完全控制内政部后，泰奥哈里·杰奥尔杰斯库立即宣布从安全部队当中清除“法西斯分子”和“妥协分子”的计划。在他手下的 6300 名内政部官员中，几乎有半数被转入预备役或者被遣散。在新政府上台数周后，就有数百名警察和反间谍军官被逮捕。[17]侦探队接到特别任务，搜捕所有仍然活跃的铁卫军老兵。毫无疑问，这种清洗是必需的，但清洗的方式同样服务于共产党和苏联的其他目的。数千名爱国卫队成员，终于被允许加入警察部队和安全部门。及至此时，一直以来掌管爱

国卫队的苏联间谍埃米尔·波德纳拉希（Emil Bodnăraş），此时奉命掌管最令人恐惧的特别情报局（Serviciul Special de Informaţii）。另一名苏联间谍亚历山德鲁·尼科尔斯基（Alexandru Nicolski）奉命训练侦探队，在此基础上，这支部队不久后将变成声名狼藉的秘密警察（Securitate）。未来罗马尼亚警察国家的基础由此奠定。

在劫持政府及其安全部队后，共产党此时着手瓦解民主社会的两大支柱：出版自由和司法独立。1945 年夏天，司法部部长卢克雷丘·珀特勒什卡努在全国范围内清洗或者遣散了超过 1000 名地方法官，有些法官则被迫提前退休。他以忠诚于共产党的官员取而代之。他毫不犹豫地把最高法院的法官们召集到他的办公室，并且向他们口授判决结果，最终建立起了一种制度，每位法官上庭时都要配备两名“人民陪审员”（Popular Assessors），如果法官的判决违反党的政策，人民陪审员有权否决法官的判决。[18]

驯服媒体甚至比驯服法官更加容易，实际上，这项工作早已着手进行。从八月政变时开始，苏联就经常迫使敌对报纸暂时停刊，甚至彻底查封报社。例如，1945 年 1 月 10 日，民族农民党的最大报纸《邮报》（*Curierul*）就被查封，其办公地点被 324
移交给共产党报纸《火花报》。与之类似，自由党报纸《民主报》（*Democratul*）因为发表文章而被镇压，文章披露许多所谓被苏联红军解放的罗马尼亚土地，其实是罗马尼亚人自行解放的。更为可笑的是，2 月 17 日深夜至 18 日凌晨，自由党机关报《未来报》（*Viitorul*）被暂时停刊，因为苏联认为这份报纸在印刷加密信息。这些信息“被怀疑”是英国军事代表、空军次帅唐纳德·斯蒂芬森（Donald Stevenson）的名字缩写。[19]

格罗扎执政一年后，民主媒体已不复存在。1946 年 6 月 7 日，美国国务院提交报告称，在罗马尼亚出版的 26 份报纸中，民族农民党和民族自由党各自允许出版 1 份日报。相比之下，仅仅在布加勒斯特，政府就可以出版 10 份日报、9 份周报或者双月报。独立社会民主党甚至连 1 份报纸都不允许出版。尽管人们向信息部提出许多申诉，但信息部只是搪塞说新闻纸供应不足。[20]

格罗扎政府曾经也被视为选举前夕的看守政府。然而，除非确保胜券在握，否则民族民主阵线并不愿意举行选举，因此格罗扎政府继续拖延选举，同时共产党在幕后继续推翻所有的反对派。在这届政府 20 个月的任期里，它轮番恐吓自由党、农民党、独立社会党以及其他反对派。1945 年 8 月，政府发现两个“恐怖”阴谋，并且顺理成章地把民族农民党卷了进去。1946 年 3 月 15 日，前首相勒德斯库被一群手持棍棒的男人毒打，这件事情促使他逃亡国外。1946 年 5 月，第一届瑟讷泰斯库政府的内政部部长奥雷尔·阿尔代亚（Aurel Aldea）因为“阴谋摧毁罗马尼亚国家”而被逮捕。他与 55 名“同案犯”一起接受审判，并于 1946 年 11 月 18 日，即选举前一天，被判处终身苦役。[21]

从选举开始时起，共产党及其合作者就想方设法让反对党
325 举步维艰。民族农民党向国际社会反复抱怨，他们被迫忍受的政治局面：

> 集会并不自由，在政府尤其是内政部的承认和容许下，武装团体组建完毕。这些团体袭击公共集会以及反对党领导人；他们打死、打残、打伤政府的反对者。他们拥有自

> 动武器。他们使用铁管、刀剑、棍棒；他们领取薪水；绝大多数入伙者都有犯罪记录。他们犯下的暴行不仅完全免于起诉，就算犯下谋杀案也能逍遥法外，他们的行动得到警察和宪兵的保护。[22]

我们必须记得，在阅读这些报告时，要知道在唇枪舌剑的气氛中，撰写这些报告的人也有着特定的政治意图。然而，我们也能找到更为中立的资料来源，证明上述描写与事实相去不远。英国政府的一份官方抗议照会声称，“粗暴的帮派”妨碍了反对派竞选、捣毁了反对派集会。英国和美国同样抱怨，反对派被禁止使用报纸和电台，选举名单被大肆篡改。至于选举本身，按照《纽约时报》一位编辑的说法：“恐吓选民、压制对手、篡改结果，甚至比保加利亚的情况更为刺眼，够得上南斯拉夫铁托元帅的标准了。”[23]

在 1946 年的选举中，共产党联合其他几个左倾政党共同参选，那些政党被说服加入所谓的“民主政党集团”（Bloc of Democratic Parties）。官方计票结果显示，这个集团获得大约 70% 的选票，以及 84% 的新议会席位，相比之下，民族农民党只获得 12.7% 的选票和 7.7% 的席位，其余选票和席位归其他小党派所有。[24]然而，当时的独立信息来源以及近年对共产党档案的研究表明，真实的选举结果正好相反：民族农民党赢得了多数选票。选举被做了手脚。例如，在索梅（Someş），民族农 326
民党据说只赢得 11% 的选票，实际上他们赢得了超过 51% 的选票。通过篡改选举结果，共产党又朝着垄断权力的方向迈出一大步。[25]

现在看来，显而易见的是，由于缺乏来自西方的共同压力，任何人、任何事都无法挑战共产党在罗马尼亚的绝对统治。不幸的是，对于罗马尼亚民主来说，西方的愤怒反应完全无济于事。选举之前两年间，英国和美国曾经提交过几份正式抗议照会，但没有任何迹象显示这些抗议照会过后会出现任何严肃行动。罗马尼亚共产党之所以胆大妄为地篡改选举结果，是因为他们坚信西方对此将会漠然处之。实际上，尽管英国和美国公开表示选举无效，但英美两国都不敢收回对罗马尼亚政府的正式承认。苏联明白，英美两国的抱怨只不过是虚张声势，历史很快就证明苏联是对的。十个星期后，1947 年 2 月 10 日，盟国与罗马尼亚签署正式和平条约，在此之后，西方实际上已经对这个国家甩手不管了。[26]

在选举结束、和约缔结后，共产党又展开了最后一轮围捕，这次围捕的意图是一劳永逸地摧毁反对派。1947 年 3 月 20 日，315 名反对党成员因为捏造的罪名而被逮捕。5 月 4 日夜间，又有 600 人被逮捕。6 月 2 日，在克卢日（Cluj），警察逮捕了 260 名反对共产党的工人。按照民族农民党青年组织一位成员的说法，他们被带到当地兵营，后来被赶上开往苏联的火车，有些人因打开车厢底部的木板而得以逃脱。许多被逮捕的人从未被正式指控。多数人于六个月后被释放，这可能是因为到那时当局已经达到了目的。[27]

不久后，安全部队开始盯上反对派领导层。7 月 14 日，出身民族农民党的前内政部部长尼古拉·佩内斯库与 100 名该党
327 成员一起被捕，其中包括该党副主席扬·米哈拉凯（Ion Mihalache）以及民族农民党报纸《正义报》（*Dreptatea*）的编辑。该党及其报社的办公室都被警察占领，报社也被查封。

7 月 25 日，民族农民党的领导人尤柳·马纽也被逮捕。在当年秋天的表演式审判中，他与农民党其他领导人被指控参与

英美密谋，企图逃亡国外，成立海外流亡政府，或者密谋推翻罗马尼亚政府。在辩护环节，马纽非常明确地声称，让他受到指控的“违法行为”只不过是任何政治家的正常民主权利。但这无济于事，他与米哈拉凯被判终身苦役。他们的同案被告人被判从两年到终身不等的苦役或者监禁。[28]

最后的主要反对派，国王本人，两个月以来始终保持中立。及至年底，在胁迫之下，他终于签署退位诏书，并于数日后流亡国外。直至 1992 年共产党政权倒台后，他才回到家乡。

斯大林主义横行

在最终抹去反对派的痕迹后，共产党终于可以放开手脚实现其真正意图：整个国家的斯大林化。一场针对个人思想和媒体事业的斗争由此展开，包括清理教师队伍，关闭所有外国学校或者教会学校，禁止所有非共产主义的课本出版发行，强行灌输斯大林对马克思列宁主义的权威解释。资产阶级孩子被剥夺受教育的机会，工人阶级的孩子才能上学，有些学生仅仅因为祖父母曾经拥有房产就被赶出工艺学校。图书馆里所有不符合斯大林主义世界观的图书都被清理。诗人和小说家遭到共产党报纸《火花报》的抨击，他们的著作要么受到严格审查，要么彻底被禁。[29]

宗教事业首当其冲。教会财产被剥夺，教会学校由国家接管。当局下令禁止洗礼、禁止教会婚礼、禁止公开庆祝圣诞节和复活节，共产党员不得出席任何宗教场合。天主教会纳入新 328
近成立的“天主教行动委员会”（Catholic Committee for Action）的控制，那些不赞同委员会教令的人将被逮捕。东正教会遭到清洗，其领导层充斥着共产党员和亲政府人士。东仪天主教会曾经有150万成员，但它现在被迫融入国家控制下的东正教会。东仪天主教会牧师拒绝承认这种绑架宗教信仰的做法，他们被集体逮捕。1948年11月，大约600名东仪天主教会教士被逮捕。三个教会都有若干位牧师和主教被杀害或被折磨死。[30]

与禁止自由演讲相伴随的是大规模中央集权化以及消灭私有财产。从交通、工业、矿业，到保险、银行，都被国有化：仅仅在1950年，就有1060家主要企业被纳入国家管制，占全国工业总产值的90%。在此期间，市场功能被摧毁，小商小贩不复存在，经济被纳入“国家计划委员会”（State Planning Commission）和斯大林主义“五年计划”（Five Year Plan）的管制之下。[31]

然而，也许最为重大的变动是农业集体化。1945年3月由格罗扎政府提出的土地改革，旨在增加共产党领导下的民族民主阵线的农村支持者。根据官方数字，在过去七年里，超过100万公顷土地被没收，这些土地本来属于“战争罪犯”、与德国人合作的卖国贼、逃亡地主等。拥有超过50公顷土地的人，被迫将超额土地交给国家，国家又将土地分配给贫苦农民。总共有1057674公顷土地被分配给796129人，人均分得1.3公顷土地。尽管这是一场大受欢迎的政治运动，但其经济后果却说不上成功：如此细分的土地，耕种效率极其低下，再加上没有过去大型农场那种农业机械，粮食产量急剧下降。[32]

四年后，随着共产党完成对整个国家的绝对控制，他们对
329 农村地区的真实意图终于表露无遗。1949年3月初，他们宣布，所有在此前的格罗扎土地改革中得到豁免的达到50公顷的农场，此时也要被无偿征收。地方民兵和警察部队立即进驻农

场，将大约 1.7 万个农户赶出家园。[33]与格罗扎土地改革相反，这次剥夺土地和财产的行动激起了广泛抵抗。在多尔日、阿尔杰什、比霍尔、布加勒斯特、蒂米什瓦拉、瓦拉什卡、胡内德瓦拉，以及西特兰西瓦尼亚部分地区，农民为了保住土地而奋起抗争，在某些个案中，甚至要动用军队来镇压农民。按照格奥尔基·乔治乌－德治后来的说法，全国都在大规模逮捕农民，结果有“超过 8 万名农民……被送上法庭”。[34]但到此时，政府中已经没有任何人为农民发声或者保护农民免于受到新安全部队的残忍对待了，他们的抵抗注定徒劳无功。

从上述农民手中剥夺的土地被用于建立将近 1000 个集体农庄，大批无地农民或者贫苦农民在里面耕作。从一开始，这个计划就是一场可怕的灾难。政府未能建立足够的公社拖拉机站或者其他农机站，结果农作物播种和收成都不正常，导致整个国家出现严重粮食短缺。在违背人民意愿强制推行政策仅一年后，政府就被迫急剧缩小计划规模。但又过了一年，集体化狂热再次升温，10 年后，德治终于可以宣布，全国 96% 的可耕种土地都已归国家农场、集体农庄或者农业合作社所有。[35]

平心而论，我们必须记得，在新制度之下，的确有部分贫苦农民的生活得到改善。我们还要记得，在数以千计的罗马尼亚农民反对土地改革的同一年，还有数以万计的意大利农民因为未能等来土地改革而上街抗议。然而，这都不是以残忍的、反民主的方式在罗马尼亚推行农业集体化的理由。无论是从经济角度还是从人道主义角度，这项计划都是彻头彻尾的灾难。

*

1944～1949 年，罗马尼亚发生的变化是非常令人震惊的。 330

短短数年间，这个国家从尚未成熟的民主体制完全过渡到斯大林主义独裁体制。共产党能够通过受到操纵的大规模政治运动，而非任何形式的暴力革命来达到目的。但是，罗马尼亚并未陷入希腊那种内战并不意味着政治运动就是和平手段。从恐吓工会成员到逮捕政治家，从城市里大规模的、经常失控的游行示威到农村里压制农民和农场主，暴力或者暴力威胁，在战后的罗马尼亚屡见不鲜。

在这暴力威胁的背后，如同罗马尼亚共产党的影子般的是苏联的力量。我在后面的章节中将会揭示，要驯服罗马尼亚，要驯服东欧其他国家，如果没有这种居高临下的力量，根本就不可能成功。我们不要忘记，把安东内斯库元帅赶下台的那场政变，其初衷仅仅是避免罗马尼亚被苏联红军毁灭。但在我们描述的上述事件中，这种威胁始终隐约存在，这也是人们对共产党的政治策略几乎毫无抵抗力的主要原因。

此后数十年间，罗马尼亚政府将会变成东欧阵营里最具压迫性的政权之一。极为讽刺的是，1944 年 8 月的政变，本来是为了在罗马尼亚建立民主制度的，结果却变成超过 40 年的压迫制度的前奏，这种压迫制度似乎让安东内斯库的独裁统治也相形见绌。

第二十六章　驯服东欧 331

在罗马尼亚建立共产主义制度的过程也许是野蛮的，但绝不是孤立的。各国历史学家在研究本国建立共产主义的经历时，与外国人的观点终究有所不同。例如，法国、意大利、捷克、芬兰在战后经历过大规模的共产主义民主运动，其领导人力求通过投票箱赢得权力。相比之下，希腊、阿尔巴尼亚、南斯拉夫都经历过严格意义上的革命运动，以强行推翻传统权力架构为目标。在其他国家，共产党试图综合运用这两种手段来夺取权力：外在的民主，内在的革命。借用东德共产党领导人瓦尔特·乌布利希（Walter Ulbricht）的话："看上去是民主，但我们必须控制一切。"[1]

然而，如果说战后通往共产主义的道路各不相同，那么，各国之间的共性还是要大于个性。东欧集团各国首要的、最为重要的共同点，就是它们几乎都被苏联红军占领过。尽管苏联始终坚持，他们的军队派驻当地仅仅是为了维持和平，但他们维持和平的方式还是带着政治暗示，就此而言，他们的政策无非是英军在希腊政策的反映而已。例如，在匈牙利，共产党领导人拉科西·马加什恳求莫斯科不要撤走苏联红军，因为没有苏联红军，匈牙利共产主义就会变成"空中楼阁"。[2]1948 年 2 月，捷克共产党领导人克莱门特·哥特瓦尔德（Klement Gottwald）同样请求苏联军事分遣队前移到捷克边界，以产生某种心理效应。[3] 尽管苏联红军实际上并没有把社会主义强加给东 332

欧民众，但这种心理暗示还是显而易见的。

伴随苏联红军到来的是苏联的政治警察——内务人民委员部（也叫内务部）。尽管动用苏联军事力量来建立共产主义统治是预兆多于现实，但苏联内务部却早已亲自插手，尤其是在战争进行期间。正是苏联内务部负责确保战线后方的政治稳定，因此他们获得授权，可以逮捕、监禁、处决任何被视为有潜在威胁的人。在表面上，他们的目的与英美行政当局在西欧的目的相同，防止任何内部冲突消耗前线资源，但他们及其地方机关以有条不紊的无情手段围捕和处置所谓的“政治不可靠分子”，这显然说明他们别有所图。

这在波兰尤其明显，波兰本土军（Home Army）成员被追踪、缴械、逮捕、监禁、流放。波兰本土军是有价值的潜在战斗力量，但在波兰自有其权力基础，同样不利于日后苏联对波兰施加影响。[4] 无论其说辞如何冠冕堂皇，苏联人从未把赢得战争作为唯一目的：他们始终密切关注他们所占领的那些国家的未来政治形态。

确保共产党支配地位的进一步方法是利用盟国管制委员会。战争结束时，盟国在所有前轴心国设立了这些临时委员会，以监督当地行政机关。派驻德国和奥地利的盟国管制委员会，或多或少是美国、英国、法国、苏联平起平坐的，各方的争吵经常导致僵局，最终导致德国分裂。在意大利，盟国管制委员会被西方盟国支配。正好相反，在芬兰、匈牙利、罗马尼亚、保加利亚则是苏联支配委员会事务，英国和美国仅仅作为政治观察员列席委员会。

按照与前轴心国达成的停战协定，盟国管制委员会有权批准各国政府自行做出的政策决定，有权批准或者否决具体政府

职务的人事任命。严格来说，这是为了确保民主原则得到贯彻，333
以免这些昔日的敌人走回支持法西斯主义的老路上去。然而，正是盟国管制委员会有权决定何谓“民主”。在芬兰和东欧，苏联经常滥用权力，以确保共产党的政策得到采纳，以确保共产党员被任命到政府的关键职位上。盟国管制委员会实际上成了王牌，每当地方共产党员发现自己的计划受到其他政治家的妨碍时，他们就亮出这张王牌。[5]

最好的例子是 1945 年的匈牙利，由将近 1000 人组成的盟国管制委员会实际上成了平行政府。正是盟国管制委员会施压以在当年提前举行选举，因为他们相信，这将有利于共产党。但让他们意想不到的是，小农党（Smallholders Party）赢得了 57.5% 的多数票，盟国管制委员会支持共产党控制至关重要的内政部，从而妨碍了小农党自由组建新政府。苏联支配的盟国管制委员会同样干涉土地改革、书报审查、宣传事务以及清除战时官员，甚至阻止匈牙利政府成立某些不符合苏联计划的政府部门。[6]

战争结束后，无论共产党在哪里掌权，他们都遵循同一套运作方式。最重要的是取得实权职位的任命。战争结束后，东欧各国最初都建立起联合政府，政府首脑经常并非共产党员。然而，真正拥有实权的职位，比如内政部，几乎都被授予共产党。匈牙利总理纳吉·费伦茨（Ferenc Nagy）曾经把内政部称为“全知全能的部门”，这是掌管警察和安全部队的神经中枢，有权签发身份证明文件，包括护照和出入境签证，有权给报纸颁发许可证。[7] 因此，这个部门能够对公共舆论和人民的日常生活发挥最大影响。利用内政部来粉碎反共情绪，并非罗马尼亚的特例，在战后东欧都是如此。在捷克斯洛伐克，1948 年 2 月

的危机直接由人们对捷克内政部部长瓦茨拉夫·诺塞克（Václav Nosek）的不满而引发，人们抱怨他利用警察部队来推
334 进共产党的事业。[8]芬兰内政部部长于尔约·莱伊诺（Yrjö Leino）公开承认，当警察部队受到清洗时，“出现新面孔是很自然的，在尽可能的情况下，这些新面孔总是共产党员”，及至 1945 年 12 月，共产党员占芬兰警察部队人员的 45% ~ 60%。[9]

另一个重要的政府职位是司法部部长，他负责法官的聘用和解雇，负责从行政机构清洗“法西斯分子”。如前所述，在罗马尼亚，这是共产党控制的第一个部门。这同样是共产党接管保加利亚的关键部门。1944 年 9 月，祖国阵线（Fatherland Front）在索非亚掌权，共产党利用司法部与警察的关系，把全国所有的政府职位都清洗了一遍。在三个月内，大约 3 万名保加利亚官员被解除职务，不仅警察和官员如此，就连牧师、医生、教师都是如此。及至战争结束，司法部授权的“人民法庭”（People's Courts）审判了 11122 人，并且判处将近 1/4 的被告人（2618 人）死刑。其中，实际执行了 1046 个死刑判决，但非官方统计的处决人数从 3000 人到 18000 人不等。按照人口比例，这是欧洲各国最为激进、最为广泛、最为残酷的“正式”清洗行动，尽管保加利亚从未被完全占领，从未与区域内其他国家卷入全面的野蛮冲突。如此清洗的原因仅仅在于，其他国家的知识分子阶层已经被盖世太保或者当地机关完全摧毁，而在保加利亚，共产党只能亲手完成任务。[10]

在其他国家，还有其他值得争取的部门，如捷克斯洛伐克的信息部和波兰的宣传部，因为这些部门控制着流向公众的信息流。在捷克斯洛伐克和匈牙利，如同在罗马尼亚那样，农业

部也是很有价值的部门，因为共产党很快认识到，大可以通过土地改革来争取新成员。前文已经阐明，在意大利南部，共产党是如何通过发动土地改革而迅速发展壮大的。在东欧，他们能够得到更多：他们不仅能够修改法律，而且能够把那些没收的大地产或者德意志家庭逃亡后留下的地产，直接分配给农民。
他们确实获得了数百万农民的支持。 335

如果说共产党在追逐国家权力，那么，他们同样追逐地方权力，只不过他们总是着眼于如何利用地方权力来推进他们的全国事业。战后欧洲各国政府最重要的任务就是保持经济运转，这意味着保持工厂和煤矿运作，确保货物能够被运送到全欧洲。因此，为了牢牢控制工业和交通，共产党向工会和工厂里的工人委员会渗透。通过这种方法，当全国领导层需要一场“自发行动”以展示民众支持、反对政治对手时，共产党能够组织起大规模的罢工。在捷克斯洛伐克，这种形式的游行示威让 1948 年 2 月的危机看起来如同真正的革命。在所有从属于东欧集团的国家，如同在法国、意大利、芬兰，为了达成公开的政治目标，工人们经常上街罢工：在持续徘徊于饥饿边缘的欧洲大陆，控制了劳动大军，就控制了极为强大的工具。

正是这种对大众动员的渴望，催生出共产党的另一个主要目标，那就是尽可能多、尽可能快地招募党员。战争结束初期，欧洲各国共产党都不太关心党员成分。他们招募暴徒恶棍和罪犯刑徒，他们发现这些人很适合安排到新近建立的安全组织之中。同样，他们也招募前政府成员，这些人简直喜出望外，因为这样他们就能避免受到战争罪行审判了。财阀、商人、警察、政客甚至教士都蜂拥加入共产党，作为逃脱通敌卖国指控的最佳政策保障：法国人有句谚语，“为了洗白自己，干脆染成红色”。[11]还有许多“同路人”加入共产党，仅仅因为风向哪里吹，他们就向哪里倒。然而，即使算上这些人，还是无法充分解释为何中欧和南欧共产党人数呈现急剧增长。1944 年，当苏联坦克逼近罗马尼亚边界时，布加勒斯特城内只有大约 80 名共产党
336 员，全国也不到 1000 名共产党员。四年后，党员人数达到 100 万，增长了 1000 倍。[12]在匈牙利，一年之内（1945 年），党员人数从仅约 3000 人增长到 50 万人。[13]在捷克斯洛伐克，1945 年 5 月有 5 万名党员，三年之内增长到 140 万名党员。[14]在这些新党员当中，很大部分肯定是真心实意的狂热支持者。

在扩大自身权力基础的同时，共产党也极力削弱对手的权力基础。其中一种方法是通过媒体中伤政治对手，通过苏联审查机关，通过共产党在媒体中日益壮大的力量，他们能够控制媒体。例如，在捷克斯洛伐克，1948 年 2 月的危机期间共产党控制了电台，确保了克莱门特·哥特瓦尔德的演讲和发动大规模游行示威的号召能够街知巷闻；相比之下，其他党派对全国发出的呼吁却无人知晓，因为造纸厂和印刷厂的工会会员让这些党派根本无法印刷报纸。[15]在几乎每一个东欧国家，工会成员都发起类似的“自发”审查。[16]

由于不可能一劳永逸地中伤所有对手，欧洲各国的共产党都开始采取蚕食政策。匈牙利人称之为“切片战术”，一点一点地排除掉竞争对手。每次都选出一小群人，要么被指控通敌卖国罪，要么被指控其他罪行。在这些人当中，有些人的确是通敌卖国者，但许多人是因为捏造的罪名而被逮捕，如波兰本土军的 16 位领导人（1945 年 3 月被逮捕）、保加利亚社会民主党领导人克鲁斯图·帕斯图霍夫（Krustu Pastuhov，1946 年 3

月被逮捕）、南斯拉夫农民党领导人德拉戈柳布·约万诺维奇（Dragoljub Jovanović，1947 年 10 月被逮捕）。

然后，共产党会致力于离间对手。他们会试图中伤其他党派的某个宗派，迫使其领导人放弃这些宗派。或者，他们会邀请对手加入他们，组成联合“阵线”，让信任共产党的人与不信任共产党的人产生裂痕。这种战术在对付共产党最强大的左派对手时尤其成功，社会党和社会民主党都深受其害。最后，随着分裂越来越严重，共产党会鲸吞这些党派的残余部分。在 337
东德、罗马尼亚、匈牙利、捷克斯洛伐克、保加利亚、波兰，社会党最终都被并入共产党。

尽管使用了这些灵活机动的手段，但在欧洲，没有一个国家的共产党能够通过投票箱获得足够的支持，进而赢得绝对权力。甚至在捷克斯洛伐克，在 1946 年，他们赢得了引人注目的 38% 选票，但他们还是不得不与反对派组成联合政府。[17]在其他国家，选民支持度之低经常让共产党感到吃惊。例如，1945 年 10 月，在布达佩斯市政选举中，共产党遭遇惨败，这场惨败被视为“灾难”，共产党领导人拉科西·马加什瘫软在座椅上，“面如死灰”。[18]他错就错在自欺欺人地相信共产党大受欢迎的宣传报告。

面对广泛质疑，共产党只好诉诸武力，开始时是运用秘密手段，后来则是公然运用恐怖手段。来自其他党派的、大受民众欢迎的竞争对手，遭到威胁、恐吓、逮捕，罪名则是所谓“法西斯主义”的不实指控。有些人则离奇地死于非命，如捷克外交部部长扬·马萨里克（Jan Masaryk）于 1948 年 3 月从外交部大楼的窗户摔下来。[19]还有其他人，如保加利亚最有号召力的反对派政治家、保加利亚农民民族联盟的领导人尼古拉·佩特科夫（Nikola Petkov）则受到非正规法庭的审判，并被处决。还有许多人，如匈牙利的纳吉·费伦茨和罗马尼亚的尼古拉·勒德斯库因为受到威胁而最终逃往西方。不仅反对派领导人深受威胁，全面发动的国家恐怖让每一个反对者都深受威胁。例如，在南斯拉夫，秘密警察头子亚历山大·兰科维奇（Aleksandar Ranković）后来承认，在1945年执行的逮捕行动中，有47%是不公正的。[20]

在这轮镇压期间，整个东欧地区的选举都迅速变成骗局。“不受欢迎”的候选人直接从选举名单上被划掉。其他政党与共产党被划入同一个“集团”，选民根本无从选择。选民在投票站也遭到秘密警察团伙威胁，以确保投票并非匿名进行。当所有手段都不奏效时，那就对投票结果做手脚。结果，共产党及其盟友最终“赢得”了根本不可能赢得的选票：在保加利亚
338 是70%（1946年10月），在罗马尼亚是70%（1946年11月），在波兰是80%（1947年1月），在捷克斯洛伐克是80%（1948年5月），在匈牙利是荒唐的96%（1949年5月）。[21]

如同在罗马尼亚，共产党只有在完全不受挑战地控制政府的情况下，才会说出他们真正的改革计划。在此之前，他们在欧洲绝大多数地区的国家政策总是相对保守的：土地改革、对所有人模糊地承诺“平等”、惩罚战争期间做坏事的人。从1948年开始（在南斯拉夫还更早），他们开始揭示更为激进的目标，如商业国有化、土地集体化，如同在罗马尼亚，共产主义欧洲的其他国家都走上了同一条道路。大约就在此时，他们开始为之前的行为找理由，包括制定反人民的法律，重启他们已经摧毁的行政机构。

这幅拼图的最后一块是展开恐怖的内部清洗，从党的架

构内部清除所有潜在威胁。就这样，最后一点多元化的痕迹都被抹去了。持有独立见解的共产党员，如波兰的瓦迪斯瓦夫·哥穆尔卡（Władysław Gomułka）和罗马尼亚的卢克雷丘·珀特勒什卡努都被赶下台，甚至被监禁和处决。由于苏联与南斯拉夫决裂，曾经支持铁托的人都被逮捕、审判、处决：就这样，阿尔巴尼亚前内政部部长科奇·佐泽（Koçi Xoxe）被除掉，同遭厄运的还有保加利亚共产党前领导人特莱乔·科斯托夫（Traicho Kostov）。20 世纪 40 年代末 50 年代初，整个东欧都陷入了恐怖的清洗，可谓人人自危。1948 ~ 1953 年，仅仅在匈牙利，这个人口不足 950 万的国家，就有大约 130 万人受到审判。将近 70 万人受到官方惩罚，超过总人口的 7%。[22]

上述事件，与战前 20 年几乎压垮苏联的同类运动如出一辙，这绝非巧合。因为 20 世纪 90 年代解密的俄罗斯档案日益表明，正是苏联在背后操纵。现在已是证据确凿：只要读一读战后莫斯科与后来的保加利亚总理格奥尔基·季米特洛夫（Georgi Dimitrov）的往来信件就知道，苏联外交部部长实际上
在口述保加利亚的内阁人员构成，由此可见苏联干涉东欧国家 339
内政的严重程度。[23]

从苏联红军进入东欧时起，斯大林就决定，确保在这里建立如同苏联镜像的政治制度。在与铁托的副手米洛万·吉拉斯的对话中，斯大林说出了一段名言：第二次世界大战与过去的战争不同，因为“谁占领了一片领土，谁就能够把自己的社会制度，移植到这片领土上去。人人都会在自己兵锋所及之处，移植自己的制度”。[24]苏联红军的存在，肯定有助

于确保整个东欧地区建立起共产主义制度，但正是共产党政治家、苏联及其盟友的残酷无情，造就了这种逻辑结果。通过使用恐怖手段，通过对任何反对派的毫不留情，他们不仅在苏联与西方之间创造出一片战略缓冲地带，而且创造出一系列苏联的复制品。

第二十七章　“丛林兄弟”之反抗 340

共产党接管东欧的过程并非风平浪静。在苏联的同情者与反抗者之间经常爆发战斗，工人会以骚乱回应共产党的严厉统治，农民会拿起武器对抗新政府以反对农业集体化。在绝大多数案例中，人们自发地表达其愤怒，并且迅速遭到镇压。然而，有时候也会形成更有组织的抵抗形式。

在已经承受苏联奴役的欧洲地区更是如此。尤其是在波罗的海国家以及西乌克兰，民族主义运动高涨，民族主义者组织严密、狂热爱国，准备战斗至死。与其南方邻国不同，他们对斯大林的意图已经不抱幻想。从战争爆发时起，他们就已承受苏联占领之苦，他们不把战后初年视为新时期，而是将其视为1939～1940年以来的历史进程的延续。

反苏抵抗运动是20世纪中一项最不受人待见的武装冲突，尤其在西方更是如此。在超过10年时间里，数十万民族主义游击队员抱着西方终将提供援助的渺茫希望，进行着一场注定失败的反抗苏联占领者的战争。这场战争将会持续到20世纪50年代，最终导致交战双方数万人阵亡。

最为波澜壮阔的抵抗运动发生于西乌克兰，在1944年至1950年间，卷入游击活动的男男女女可能多达4万人。[1] 然而，如前所述，乌克兰的形势极为复杂，甚至夹杂着种族清洗的 341
因素。

反苏抵抗运动的“纯粹”版本发生在波罗的海国家，尤其发生在立陶宛，按照瑞典情报机关的报告，当地的反苏抵抗运动，“与其他反共游击团体相比，组织最为严密、训练最为娴熟、纪律最为严明”。[2] 在20世纪90年代以来尤为高涨的民族主义气氛中，他们的战斗壮举已经成为名副其实的传奇故事。

卡尔尼斯克斯战役

1944年秋天，在苏联红军横扫波罗的海国家后，数以万计的爱沙尼亚人、拉脱维亚人、立陶宛人藏匿起来。但是，要找到藏身之地却并不容易。他们要放弃家园和财产，要长期与家人和朋友断绝联系，经常陷入饥饿之中。有些人靠熟人接济，每隔两周换个地方，以免因为待得太久而不受欢迎，以免受到侦查。大多数人逃到森林，他们经常没有栖身之所，也缺乏足够的衣物。那个秋季频频下雨，让许多森林变成了沼泽，到了冬季，尤其是战后头两个冬季，在这欧洲北部地区，气温极为寒冷。那些受伤或者生病的人，很难指望得到充分的照顾。

如果说这些人置身绝境，仅仅是出于爱国主义，那就太天真了。在1944年，森林里涌入大量当地人，他们要么是试图逃避苏联红军的征兵，要么是因为过去的政治立场而害怕苏联。再后来，还涌入逃避流放的家庭、反抗集体化的农民、苏联的政敌团体。但在这些人当中，还有一个强大的组织核心，他们为民主和国家独立而战。他们当中许多人都扛过枪：在一位立陶宛游击队领导人的口中，他们是“好士兵”，“他们不惜为家
343 园献出生命”。[3] 这个核心团队把人们分为军事化单位，他们挖掘掩体、建造树屋、收集食物和补给，最重要的是，他们组织游击活动。

342

11. 波罗的海国家

从一开始，这些大无畏的男男女女就着手进行某些非常大胆的行动，尤其是在立陶宛。在这个国家的东北部，以 800 人或者更多人为单位的游击队，对苏联红军展开了激战。在这个国家的中部，大批战士恐吓苏联官员，甚至在考纳斯市中心袭击官员的办公室和守卫森严的建筑物。在这个国家的南部，他们设计伏击苏联内务部人员，刺杀共产党领导人，甚至袭击监狱，以营救被俘虏的同志。

在这里，我们无法逐一列出苏军抵达头十二个月以来所有的大小战斗。[4] 我只描述一场战斗，多年以来，这场战斗足以象征其他所有战斗。卡尔尼斯克斯战役（Battle of Kalniškės）就发生在第二次世界大战正式结束一周后，地点在立陶宛南部的一片森林。一方是从锡姆纳斯（Simnas）附近驻地抽调的、人数众多的苏联内务部分遣队，另一方是代号为“飞行员”（Pilot）的约纳斯·奈法尔塔（Jonas Neifalta）领导的、人数虽少但斗志坚决的地方游击队。

奈法尔塔是一位鼓舞人心的领导人，他在当地声名大噪，因为他既反抗纳粹又反抗苏联。他曾经是陆军军官，在苏联于 1940 年首次占领这个国家时，他就已被列入打击名单。1944 年夏天，他曾经被逮捕，被子弹贯穿了胸膛，但他设法从苏联严密监视的医院里逃脱。在亲戚的农场里康复后，他与妻子阿尔比娜（Albina）于当年秋天进入森林。他们用六个月时间招兵买马、训练士卒，并且实施了几次打完就跑的、针对苏联官员及其合作者的袭击行动。

1945 年 5 月 16 日，为了一劳永逸地制止奈法尔塔的活动，大批苏联内务部人员开进卡尔尼斯克斯森林。他们包围奈法尔塔藏匿的区域，并且步步进逼。得知已被敌人包围，奈法尔塔

及其战友撤退到森林深处的一座山岗，并且准备战斗。他们英
勇地守卫阵地，用自制武器和手榴弹给苏联方面造成重大伤亡。
根据游击队统计的数字，敌人伤亡超过 400 人（尽管根据苏联 344
方面的统计数字伤亡人数要少得多）。然而，经过几个小时的
战斗，他们弹药耗尽。奈法尔塔意识到，唯一的生还希望就是
设法突破苏联包围圈。就靠着最后这点弹药，大约有 20 多人冲
破了苏联封锁线，逃到附近的祖文塔斯（Žuvintas）沼泽。他们
留下了 44 具游击队员的尸体，超过他们总兵力的半数，其中包
括奈法尔塔的妻子，她死的时候手里还端着一挺机关枪。

奈法尔塔本人又战斗了一些时日，但最终难以逃脱命运的安排。当年 11 月，在附近一处僻静的农庄，他和同志们再次陷入包围，奈法尔塔在这最后的交战中阵亡。[5]

当立陶宛民众纪念 20 世纪 40 年代至 50 年代的反苏起义时，这就是他们讲述的故事。这些战斗象征着立陶宛人想要纪念的勇气和崇高事业。

然而，客观来看，卡尔尼斯克斯战役也从多方面说明为何这种反抗注定失败。首先，苏联获得的补给要比游击队多得多，他们没有弹药耗尽之虞。在卡尔尼斯克斯，苏联在人数上也远远超过游击队，尽管还在进行其他战斗，但他们没有人员不足之虞。尽管在 1944 年至 1956 年间，据信有 10 万人卷入立陶宛抵抗运动，爱沙尼亚和拉脱维亚分别有所谓 2 万人和 4 万人卷入抵抗运动，但对比曾经击败德国的数百万苏联士兵，这点力量简直微不足道。[6] 在地方层面，这意味着苏联可以承受一场战斗有数十人甚至数百人的损失，但游击队承受不起这样的损失。

且不论立陶宛抵抗组织如何高贵或者英勇，他们对抗苏联

的方式存在严重的失误。游击队非常擅长打了就跑的突然袭击，但是他们根本没有足够的力量对敌人展开激战。卡尔尼斯克斯战役就是最好的例子，能够说明这支队伍被迫按照苏联打法作战时会有什么后果。更加明智的打法是化整为零，仅仅在袭击
345 开始前集结，打完再次疏散，实际上，这也是游击队后来采用的战术。但直至 1945 年夏天，他们始终坚持在特定地点发动大部队作战。正如奈法尔塔的惨痛教训，大部队更容易被发现，也更容易被摧毁。

发生在卡尔尼斯克斯的事情，预示着全国各地的命运：苏联逐个寻找游击队，然后各个击破。游击队发现自己几乎没有还手之力，因为他们在全国层面没有协调的战略。早在 1944 年年底 1945 年年初那个冬季，能够发出号令的游击队全国机关就已经被苏联秘密警察捣毁了。直至 1946 年，重新团结抵抗运动的尝试才得以实现。因此，像约纳斯·奈法尔塔这样的地方游击队领导人宁愿单打独斗：他们与其他地区的领导人很少联系，战斗也纯粹局限于地方目标。与其他游击队大规模协同作战几乎是不可能的任务。

因此，卡尔尼斯克斯的绝望结局象征着所有失败的抗争：补给匮乏、伤亡惨重、战术失误，再加上缺乏任何条理分明的全国战略。他们唯一胜过入侵者的优势，仅仅是战斗的热情和狂热的勇气。然而，我们不要低估这种品质，尤其是这种品质能够鼓舞后人继续奋斗。

至于约纳斯·奈法尔塔，他也同样象征着游击队的勇气与缺点。他身先士卒、鼓舞战友，他与战友同生共死、同甘共苦。这是一种注定无法持久的领导风格：在卡尔尼斯克斯，他比阵亡的同志活得更久，但也只不过是多活了六个月而已。

苏联恐怖

苏联对游击队发起的战役，不仅极为有效，而且极为冷酷，一如他们在东欧夺取政治权力那样。事情不得不如此。苏联人极为关注他们在立陶宛遇到的抵抗运动的范围和决心。在战役早期，他们的优先目标是对德国作战，苏联人不允许游击战争破坏通往前方的补给线。1944 年，苏联内务部头子拉夫连季· 346
贝利亚（Lavrenti Beria）下令在“两周之内”肃清立陶宛游击队，并且派出了其中一位最为信任的下属，谢尔盖·克卢格洛夫（Sergei Kruglov）将军着手处理相关事宜。[7] 在克卢格洛夫麾下各支部队中有几支特殊部队，它们刚刚完成把克里米亚鞑靼人集体流放到哈萨克斯坦的任务。

克卢格洛夫是冷酷无情但也才华横溢的战略家，他深深知道，不可能只靠军事手段击败游击队。从一开始，他就尽可能调动立陶宛地方民兵镇压起义，他特意营造出一种印象，这是一场内战，而不是一场反抗苏联占领的战争。在他的领导下，他的部下为了推进反游击队事业而无所不用其极，他的部队开始按部就班、深思熟虑地使用恐怖手段。

苏联使用的其中一种基本方法就是酷刑折磨。通常形式是殴打犯人，这种形式如此普遍、如此暴力，以至于在拉脱维亚一个地区，就有 18% 的嫌疑犯在警察审讯期间被打死。[8] 其他方法包括电击犯人、用烟头烫犯人的皮肤、用大门猛夹犯人的手和手指、用开水烫犯人。一位前游击队员承受过乔治·奥威尔（George Orwell）在《1984》里面描写的那种酷刑：埃莱奥诺拉·拉巴纳乌斯凯纳（Eleonora Labanauskienė）被锁在与电话亭大小差不多的厕所隔间里，然后从笼子里放出 50 只老鼠。[9] 这种酷刑并未得到当局的正式同意，但实际上，这种酷刑得到苏联各级行政机构的批准。早在战争爆发前，斯大林本人就曾声称使用酷刑“绝对是正确和有效的”，因为“能够大大加速人民的敌人撕下伪装”。直至 20 世纪 40 年代末，苏联秘密警察还继续以斯大林的认可作为使用酷刑的借口。[10]

尽管酷刑确实能够为当局套取情报，但它同样带来不受欢迎的结果。所有游击队回忆录都骄傲地提到“丛林兄弟”宁死不降，民间还流传着许多游击队员宁愿在绝境中杀出血路也不和平投降的故事。这不仅仅是传奇故事：苏联的报告也提到乌克兰和立陶宛游击队员战斗到死的非凡决心。例如，从 1945 年
347 1 月起，一份立陶宛警察的报告提到，安全部队包围了一所房屋，里面有 25 名游击队员，但他们拒绝投降，直至房子被付之一炬。5 名游击队员跳窗而出，匍匐穿过空地，向着一个机枪班逼近，试图端掉这挺机枪。他们先后中枪，但并没有放弃前进，直至全部阵亡。其他游击队员从正在燃烧的房子中继续射击，直至房子最终倒塌，他们也葬身火海。[11]这种决心部分是来自勇气。他们确信自己会受到酷刑折磨，也许他们害怕自己会在审讯中泄露机密，这让游击队员鼓起巨大勇气，决心不被敌人活捉。

使用酷刑只是系统地恐吓游击队员及其平民支持者的其中一种方法。其他恐吓方法还包括公开绞死当地游击队领导人，流放那些被怀疑与抵抗运动有牵连的人，在市集广场公开展示尸体。在回忆录中，尤奥扎斯·卢克萨（Juozas Lukša）提供了六个例子，都提到死亡的游击队员被吊在村庄里，有时候还被摆成令人厌恶的姿势，以此恐吓居民，就连他兄弟的尸体也被如此处理。有时候，苏联内务部会强迫当地居民来观看尸体，

通过观察当地居民的反应就能发现当地居民的立场。“如果他们发现人们经过尸体时流露出忧伤或者怜悯的情绪，他们就会逮捕和折磨居民，要求居民供出死者的姓名。”许多故事都提到，父母在看见孩子的尸体时，只能假装无动于衷，以免泄露自己的身份。[12]

在这种场合泄露立场的代价可能相当惨重。如果公开流露不满情绪，迫不及待的安全官员会立即盯上那些知名游击队员的朋友和家人。这些人起码也会被逮捕和审讯，然后可能会被流放到西伯利亚。这也许是游击队员在被包围时不愿意投降的另一个原因。许多被包围的游击队员会把手榴弹放在头上自行引爆，这样苏联当局就不能辨认他们的身份，进而追踪他们的家人了。苏联当局偶尔会尝试外科修复，但是，“炸成这个样子，就连父亲也认不出儿子了”。[13]

有时候，苏联安全部队会对普通民众使用更多残忍的方法。 348
在立陶宛，放火焚烧房屋和农场是惩罚游击队嫌疑犯、恐吓其所在社区的普遍方式。最终，安全部队头子亲自下令，禁止这种做法，倒不是因为这种做法违反法律，而是因为他怀疑某些部队向无辜平民下手，以避免对真正的游击队员作战。[14]一份内部调查揭示，被焚烧的不仅仅是房子，有时候就连平民也一并烧死。例如，1945 年 8 月 1 日，里宾（Lipin）中尉率领一队苏联内务部人员放火焚烧了希奥利艾（Šiauliai）附近斯文德利艾（Švendriai）村一处房屋。按照其他在场士兵的说法，房子的主人全家都在房子里：

> 列兵亚宁从房子外面放了一把火。一个老太太冲出房子，身后还跟着一个女孩，里宾喝令她们回去。老太太和女孩开始奔跑。里宾掏出手枪向她们射击，但都没打中。

> 一个士兵一枪放倒了老太太，里宾追上女孩，近距离补了一枪。然后，他下令两个士兵把尸体从窗户扔进房子。士兵们提起老太太的双手和双脚，把她扔进了正在燃烧的房子，然后把女孩的尸体也扔了进去。很快，一个老头和他的大儿子从另一个门口冲出房子。士兵开火，但又没打中。然后，我和另外两个士兵奉命追杀老头的儿子，但我们抓不到他，天黑了，他逃了。在走回房子的路上，我们开始搜索黑麦田。我们发现了那个老头，他受了伤，正在爬过黑麦田。一个士兵结果了他，我们把尸体扔到房子里……

第二天早上，士兵们回到被烧毁的房屋，扒出了老头的尸体，作为他们消灭了一队“土匪”的证据。在房子里，他们看到一具尸体，是一个被活活烧死的年轻人。他们可不愿意收殓这些烧焦的尸体，他们偷了这家人的一头猪、两只羊，然后就收兵回营。[15]

当然，也有许多游击队员拒绝投降而在房屋里被活活烧死
349 的例子，但上述证人的证言表明，不分青红皂白地烧房子的做法，远远超出苏联当局最初的授权。任意使用恐怖手段反而迫使人们加入抵抗运动，因为人们对自己被迫目睹的所作所为感到厌恶，因为人们害怕自己也许会成为安全部队的下一个受害者。这种做法也坚定了游击队员的决心，给了他们真正值得为之战斗下去的理由。苏联的恐怖政策本来可以更有针对性，只针对那些证据确凿的支持抵抗运动的人：其他人只要设法与游击队脱离关系，就能感到相对安全。然而，官方政策从未被正确执行，暴虐成性的地方军官经常任意采取恐怖手段，这已成多年恶习。

随着游击战争的延续，苏联的反游击战的方法也更加复杂。1946 年，苏联人成立了许多假游击队，以求抓住那些真游击队。这些人假扮成来自其他地区的游击队，与真游击队安排会议，然后将其一网打尽，就连目击证人也被杀人灭口。他们还打着游击队的名义，谋杀和抢夺平民，以此败坏游击运动的名声。[16]

除了成立假游击队，苏联人还让特工打入真游击队内部。有时候，他们会使用共产党员，或者战争期间生活在苏联的波罗的海侨民，但更多情况下，他们会试图招募抵抗运动的旧成员，让其将转枪口对付自己的旧同志。最大规模的招募行动发生在 1945 年和 1946 年的特赦期间。按照特赦条件，如果游击队员同意反正，并且交出至少一件武器，就可以免于审判。然而，实际上，安全机关还威胁这些人，如果他们不同意提供同志的情报，如果他们不同意重新加入游击队，作为苏联内务部的内应，他们就会被流放。面对这种两难选择，大多数人别无选择：他们同意为安全部队工作，然后什么都不做。然而，有些人还是屈服于压力，开始出卖旧日朋友。

或许苏联间谍最为重大的成功就是渗透到立陶宛抵抗运动
的中央组织机构。1945 年春天，安全部门招募了一位名叫尤奥 350
扎斯·马尔库利斯（Juozas Markulis）的医生，他成为最有价值的特工之一。此后几个月里，马尔库利斯设法让游击队相信他领导着一个地下情报团队，他如此深受信任，以至于游击队试图成立一个新的高级地下组织，民主抵抗运动总会（General Democratic Resistance Movement），他还当选为最高领导人之一。通过马尔库利斯，警察基本控制了这个委员会，他还利用其职务鼓动游击队员解除武装、交出武器。借口帮别人伪造档案，他还成功套取了游击队成员的名单甚至照片。通过类似的活动，好几个地区的游击队领导人被逮捕和杀害，在立陶宛东部一个地区，游击队领导人还被换成马尔库利斯的特工同事。[17]

及至20世纪50年代初，苏联已经在特定地区建立起发现和监视游击队活动的特殊队伍。这些队伍致力于描绘游击队的全貌，游击队员的名字和代号、行动、伪装手段和通信手段、支持者和接头人，这些情况在打入和消灭游击队之前便已全部掌握。[18]随着游击队人数开始减少，普通民众的支持开始流失，抵抗运动就难以抵挡这些队伍的进攻了。游击队最后的残余势力逐个被抓获、逐个被摧毁。

游击队员还是“土匪强盗”？

爱沙尼亚前总理马特·拉尔（Mart Laar）在他撰写的爱沙尼亚游击队史中，曾经提到安茨·卡柳兰德（Ants Kaljurand）的故事，他是抵抗运动的传奇人物，人称“可怕的安茨”（Ants the Terrible）。按照书中所说，安茨每到一个地方，都习惯投书问路。有一次，他通知派尔努（Pärnu）的一位餐厅经理，他将在某日某时来吃午饭，他想吃一道味道独特的菜肴。餐厅经理立即通知了地方当局。到了约定的日子，一群身着便衣的苏联
351 内务部人员包围了餐厅，准备抓捕这位著名的游击队领导人。
但是，安茨骗过了所有人，他坐着苏联军车到达此地，身穿苏联高级军官制服。毫无疑问，苏联内务部人员不敢碰他。在美餐一顿后，安茨留下了慷慨的小费，并且在碟子底部留下一张纸条：“非常感谢这份午餐，可怕的安茨留字。”当苏联内务部人员发现真相后，他与他偷来的苏军汽车已经消失得无影无踪了。[19]

类似的故事颇能说明波罗的海国家游击战争的问题。实在难以想象，任何游击队领导人会有投书告知陌生人自己何时到达的习惯，或者只为了一顿饭而冒这么大风险，而且这种故事还被反复传诵，仿佛真的发生过。立陶宛游击队员尤奥扎斯·卢克萨承认，这种传奇故事对于鼓舞民众相当重要，但他也承认，这种传奇故事绝大多数是胡说八道。1949 年，他写道，“人们同情游击队员”，“因此，关于他们的英雄事迹，经常被夸大到与事实相去甚远”。[20]

考虑到我们今天同情所有反抗苏联镇压的人，我们很容易掉入英雄崇拜的陷阱。然而，尽管我们喜欢把游击队员想象成罗宾汉那样的人物，大多数游击队员却完全不符合这种浪漫形象。绝大多数加入抵抗运动的人，不是出于勇气，而是为了避免被逮捕、被流放、被征召到苏联红军。只有当利益大于风险时，他们才会留在森林里：绝大多数游击队员都会在两年内回归平民生活。[21]

尽管绝大多数游击队员出于民族主义而选择抵抗，但也有许多游击队员仅仅是因为曾经与德国人合作，而选择逃避苏联追捕，希望能够逃脱惩罚。某些游击队员曾经在战争期间深深卷入反犹屠杀。尤其是乌克兰游击运动，就建立在暴力种族主义意识形态的基础上。在波罗的海国家，某些游击队也有其黑暗历史。例如，立陶宛的“铁狼”（Iron Wolf）团，成立于战争期间，曾经是法西斯组织。尽管到 1945 年夏时，这个团体的种族主义基础已经根本瓦解了，但他们讲述的故事还是带有反犹色彩。[22]这也难怪，就连某些西方人物也怀疑他们的动机。例如，在英国，坎特伯雷大主教就在演讲中提到，那些出身法西 352
斯主义者的波罗的海游击队员活该被流放。尽管他的评论肯定会引起误解，但他的评论也包含了充分的事实真相。[23]

对于游击队来说更成问题的是，苏联方面声称游击队不是自由战士，而是“土匪强盗”。当他们与苏联军队爆发激战时，要反驳这种指控当然很容易，但当他们不得不袭击平民目标时，这就很难说得清楚了。如前所述，立陶宛游击队前期损失如此惨重，他们被迫改变战术。从1945年夏天起，游击队绝大多数仇杀对象都是平民，绝大多数是共产党官员以及那些公开与苏联合作的人。同样的事情发生在西乌克兰以及拉脱维亚和爱沙尼亚，抵抗运动从未强大到足以公开挑战苏联军队的程度，平民合作者从一开始就成为主要攻击目标。无辜的人们难免被错杀，人们对游击队的好感开始流失。

表3　游击队造成的总死亡人数（1944～1946）[24]

年份	袭击对象	西乌克兰	立陶宛	拉脱维亚	爱沙尼亚	西白俄罗斯	总数
1944	苏军*	3202	413	无数据	10	251	3876
	平民	2953	262	—	57	76	3348
1945	苏军*	2539	1614	509	175	332	5169
	平民	4249	1630	262	141	296	6578
1946	苏军*	1441	967	231	129	116	2884
	平民	1688	2037	177	125	135	4162

注：“苏军”包括苏联红军、内务部人员、警察、民兵以及当地亲苏派。

因此，游击队被迫走钢丝。为了取得成功，他们不得不把自己描绘成与新政府分庭抗礼的地下政府，能够把他们的意志强加给民众。然而，他们还不能疏远民众。一方面，他们被迫
353 惩罚那些与苏联过从甚密的合作者；另一方面，他们不得不承认，许多地方官员除了与苏联合作就别无选择。在他们力量强

大的地方，起码是力量暂时强大的地方，他们能够在农村地区实行自己的法律和秩序。然而，在他们力量薄弱的地方，他们就只能破坏法律和秩序。在想极力摆脱多年混乱和流血的居民当中，游击队越来越难以获取支持。

与他们的苏联对手相似，游击队有时也诉诸恐怖手段，以贯彻自己的意志。有时候，这种恐怖手段只会换来愤怒、沮丧、好战的结果。例如，1946 年 3 月，在爱沙尼亚城镇奥苏拉（Osula），游击队对当地的“破坏营”即爱沙尼亚志愿民兵发动袭击。这场袭击是抵抗运动在当地树立权威的尝试，但也是对某些民兵暴行的报复。游击队领导人拟定了一份有罪官员的名单，把他们关押在当地药店听候处决。按照目击证人的证言，游击活动迅速蜕变为疯狂举动：

> 丛林兄弟准备按照名单杀人。他们很快意识到，名单并未包含所有他们想找的人。有些人杀红了眼，开始射杀不在名单上的妇女和孩子。有些曾经得罪丛林兄弟的政府官员，全家都未能逃脱他们的毒手。曾经，妇女们成功制止了流血。有一次，她们把游击队员从破坏营指挥官的妻子身边赶开，她们说怀孕的妇女不应该被杀害。[25]

当天，在游击队收队回营之前，总共有 13 个被列入名单的人被处决。

有时候，他们有更加冷酷的政治理由去恐吓个别社区。例如，显然是为了阻止苏联土地改革，立陶宛游击队偶尔会袭击那些从没收的大地产中分得土地的农民。按照来自阿里图斯（Alytus）省的苏联报告，1945 年 8 月，大约有 31 个家庭遭到游击队袭击，有 48 人被杀害：

354 在被杀者当中，有11个60~70岁的老人，有7个7~14岁的孩子，有6个17~20岁的女孩。所有受害者都是贫农，他们得到了（没收的）富农土地……所有被杀者都没有为政党或者其他行政机关工作的背景。[26]

在后来的岁月里，当农庄被强行集体化时，游击队焚烧农作物、破坏公社农具、杀死牲畜。然而，由于这些集体农庄还要满足政府粮库的定额，受苦受累的通常只有农民。为了在此时收集补给，游击队经常别无选择，只能抢掠公社商店。由于这些商店此时属于整个公社，因此整个公社都深受其害。按照某些历史学家的说法，随着岁月流逝，游击队的活动开始变得不像抵抗运动，更像是报复社会。[27]

许多人也开始质疑，继续暴力和混乱还能达到什么目的。越来越显而易见的是，游击队正在为失败的事业而战斗，而绝大多数平民只想结束暴力。在被迫选边站的时候，许多人此时宁愿牺牲民族主义理想也要求取安定。20世纪40年代末，告发抵抗运动越来越成为普遍现象，告发者不仅有获取悬赏的人、被迫改换门庭的前游击队员，还有普通老百姓。及至1948年，大多数被捕和被杀的游击队员，都是由于告密而落网，其比例超过7/10。换言之，他们被出卖了。[28]

抵抗的终结

波罗的海游击队最为严重的错误是，把他们正在进行的战争首先想象为一场军事斗争。实际上，他们在好几条战线上四面受敌，不仅有军事战线，而且有经济战线、社会战线、政治战线。从一开始，苏联当局就了解到，游击队极为依赖当地的农村社区以获取支持。因此，苏联当局开始毫不留情地瓦解这些社区，让这些游击队战士无处立足。

第一步开始于战后初期，共产党着手推行土地改革计划， 355
他们在欧洲其他地区同样实施了这些计划。正是在这个问题上，居民出现真正的分化，贫穷无地的人自然比被迫交出部分财产的人更能得到好处。中产农民自然比贫苦农民更加希望加入游击队。由此产生了阶级斗争的萌芽，而当局也能把游击队描绘成反动派。[29]这个看似微妙的关键点，其实是共产党的重大政治胜利，他们可以声称自己是为穷人而斗争。再加上其他政治手法，比如把维尔纽斯划归立陶宛就是个高明手段。立陶宛总是对这座城市提出主权声索，但从未控制过这座城市。苏联把维尔纽斯划归立陶宛，就意味着并非所有人都会像波罗的海国家的民族主义者那样，全心全意地支持游击队。

第二步开始于20世纪40年代后期，苏联再次对政治敌人实施流放政策。1948年5月22～27日，超过4万人被赶出立陶宛；次年3月，又有2.9万人加入流放大军。[30]在拉脱维亚，有4.3万人被流放到西伯利亚，这实际上断绝了抵抗运动的所有希望。[31]尽管在短期内，流放事件让更多的人愿意逃进森林和加入游击队，但流放事件在普通居民当中摧毁了游击队的支持网络。就此而言，游击队不再能够依赖社区提供食物和其他补给。他们被迫走出森林去索取必需品，由此让当局注意到了他们的行踪。

最后一步是通过土地集体化政策切断游击队的补给线，土地集体化实际上让个人完全无法染指农业。一旦所有农场都被国家拥有和控制，就不会再有任何同情游击队的小农可以依靠。在波罗的海国家，农业集体化甚至比共产主义集团的其他国家更为激进。1949年年初，只有3.9%的立陶宛农场、5.8%的爱

沙尼亚农场、8%的拉脱维亚农场被集体化。当正式宣布农业集体化政策时，许多农民奋起反抗，但在大批农民被流放后，余
356 下的农民仓促服从新的规定。及至1949年年底，62%的立陶宛农场都已经被国家控制。在爱沙尼亚和拉脱维亚，游击队没有那么强大，抵抗运动相对缺乏组织，这两个数字分别达到了80%和93%。[32]

随着本土支持网络被摧毁，游击队就只能指望西方援助了。[33]在绝望中，他们向西方派出代表以争取支持。最为知名的就是立陶宛游击队的尤奥扎斯·卢克萨，他徒步穿越了波兰国界，最终于1948年年初抵达巴黎。他带着致教皇、致联合国的信件，信中描述了正发生在他的祖国的野蛮驱逐行动，但他试图争取西方支持的举动没有换来任何结果。除了西方情报机构提供了某些半心半意的支持，波罗的海游击队大体上就只能自生自灭了。[34]

1950年，当卢克萨回到立陶宛的时候，斗争已经失败了。1944～1947年，森林里曾经住满了活跃的游击队员，高峰期人数达到4万人，此时已经下降到只有2000人。及至1952年夏天，可能只剩下500人了。[35]卢克萨回国被苏联当局视为重大事件。他被数以千计的苏联内务部人员追捕，他们搜遍普尼亚（Punia）与卡兹卢鲁达（Kazlų Rūda）之间的森林，就是为了抓到他。最后，他被某个所谓的朋友出卖，被引到伏击圈里射杀了。[36]立陶宛游击队其他领导人逐一迎来厄运。及至1956年，在他们的斗争开始12年后，立陶宛最后一支游击队终于被消灭了。[37]

烈士民族

尽管苏联安全部队效率惊人，但游击队的事业从未彻底失

败。即使在 1956 年，最后一位游击队主要领导人、代号为“鹰”（Hawk）的阿道法斯·拉马瑙斯卡斯（Adolfas Ramanauskas）被俘虏后，还有大约 45 名游击队员在立陶宛的森林里坚持斗争。迟至 1965 年，还有两名立陶宛游击队员被警察包围：他们吞枪自杀，以免沦为俘虏。最后一名立陶宛游击队员斯塔西斯·吉加（Stasys Guiga）被一位农村妇女庇护了超 357
过 30 年，他设法逃脱了追捕，直至 1986 年去世。[38]

在爱沙尼亚，也有两兄弟，胡戈·莫图斯（Hugo Mõttus）和阿克塞尔·莫图斯（Aksel Mõttus）于 1967 年才被警察抓捕。他们在冰冷潮湿的森林掩体里生活了 20 年，在此期间，因为饥饿和疾病，他们失去了父亲、兄弟、姐妹。他们把亲人都埋在森林里。1974 年夏天，苏联当局射杀了游击队员卡利韦·阿罗（Kalev Arro），他们在沃鲁玛（Võrumaa）的村庄里偶然碰见了他。但是，最后一名爱沙尼亚游击队员直到 4 年后才被杀。1978 年夏天，克格勃试图逮捕奥古斯特·萨比（August Sabbe），萨比跳进沃汉杜（Võhandu）河试图逃跑，却被淹死了。[39]

在冷战高潮期间，波罗的海国家处于苏联的牢牢控制之下，人们难免得出结论，这些人是在浪费生命。就像那些被遗忘的日本士兵，在遥远的太平洋海岛上坚守到 20 世纪 70 年代；或者如孤独的曼努埃尔·科尔特斯（Manuel Cortés），他是西班牙共和派，逃避佛朗哥追捕直至 1969 年。这些最后的游击队员还在坚持战斗，尽管外面的世界早已物是人非。[40]他们把赌注压在美国和苏联爆发新冲突上，但代价是押上了自己的人生，还连累他们所爱的人身陷牢狱、浪迹天涯。他们的勇气和爱国主义，他们对苏联当局的反抗，最终似乎也改变不了什么。[41]

然而，人们无法否认游击战争对后来的抵抗运动的影响。

苏联对待游击队员及其家人的手法，尽管在短期内非常奏效，但造就出大批永远对苏联不满的人。正是这些人，他们被排除在正常社会之外，他们的孩子既找不到体面的工作，又无法接受高等教育，这些孩子后来成为波罗的海异见运动最为活跃的成员。[42]

历经20世纪60年代、70年代、80年代，波罗的海国家的民众继续抵抗苏联的镇压，尽管他们不再能够拿起武器反抗苏联，他们仍然受到游击战记忆的鼓舞。游击队的故事被反复传诵，游击队的歌曲被私下歌唱，后来演变为塔林的“歌唱革命”。游击队员的回忆录被传抄和散发，比如尤奥扎斯·卢卡
358 萨的《游击队员》（*Partizanai*）。[43]1990年，在立陶宛宣布独立后不久，这本书迅速成为立陶宛最畅销的作品。游击战也启迪爱沙尼亚后苏联时代第一位总理撰写关于游击战的著作。[44]

在本章开头，我曾经提到，卡尔尼斯克斯战役的故事是游击战鼓舞后人的最佳例子，而且迄今继续启迪后人。战役结束多年以后，他们的故事变成民间传说，还有歌曲纪念那英雄主义的最后一搏。他们的故事并未随着时间流逝，反而不断引起共鸣。20世纪80年代，前游击队员回国，为阵亡的同志修建陵墓，并且为那场战役举行纪念仪式。1989年，这又成为与苏联关系紧张的根源。士兵们在苏军驻地附近驻扎，他们故意在周年纪念期间进行实弹演习，并且向聚集的人群头顶开枪。后来，士兵们又在当晚捣毁了陵墓。然而，在独立后，新的纪念碑又竖了起来，在卡尔尼斯克斯阵亡的游击队员遗体被发掘出来，重新进行了体面的葬礼。时至今日，这场战役仍然在周年仪式上受到纪念，出席人员包括前游击队员及其家人、立陶宛政府和军队的代表、地方政治家和学校的孩子。这次战役不仅

成为立陶宛游击队员英雄主义的象征，而且成为将近半个世纪以来为立陶宛独立而奋斗的象征。[45]

现在，我们不会如此轻易地说丛林兄弟的奋斗是毫无意义的牺牲。他们那注定失败的起义也不再是无人倾听、结局悲惨的故事，从 20 世纪 90 年代初起，这个故事被融入一个悠长得多的故事，这个故事的结局是所有三个波罗的海国家最终独立。就此而言，游击队员及其社区的牺牲起码还是有意义的。尽管三个国家都有数万人死亡，尽管生命在流放和躲藏中虚耗，但当立陶宛、拉脱维亚、爱沙尼亚的民众回顾丛林兄弟的事迹时，都会认为那是有价值的事业以及民族自豪感的源泉。

359

第二十八章　冷战镜像

1948 年 1 月 29 日，作为大规模政治镇压计划的组成部分，一名 16 岁的女孩与母亲一起被逮捕并被流放，时至今日她还活着，但她希望隐姓埋名。在遥远的拘留营度过一年后，她被转送到所谓的“妇女再教育特殊学校”。在这里以及后来再去的拘留营，她受到强制洗脑和折磨，直至她最终同意签署悔过书，放弃她之前的政治信仰。数十年后，她告诉采访者：“这是我生命中最悲惨的时刻。”“我整整一个月没有下过床……我的睡衣从粉色变成黑色。我甚至不想洗澡或者换衣服。我几乎精神崩溃。”[1]

上述事件并非发生在铁幕背后，而是发生在希腊。拘留营也不在哈萨克或者西伯利亚，而是在爱琴海，在伊卡里亚（Ikaria）、特里克里（Trikeri）、马克罗尼索斯（Makronisos）这些海岛上，这里不是共产党实施迫害的地方，而是共产党遭到迫害的地方。被审问的女孩来自秉持左翼观点的家庭，因此被视为希腊国家的危险人物。

共产党在西欧某些地区的遭遇，与“资本家”在东欧的遭遇，形成了令人讨厌的对称关系。第二次世界大战结束后，希腊当局实行的大规模逮捕行动，与发生在波罗的海国家和西乌克兰的大规模逮捕行动，其实并无二致，而且逮捕原因也是相同的，就是为了镇压反抗。希腊与铁幕西边许多国家一样，把数以万计的政治嫌疑犯流放海外，流放到英国控制下的中东，

如同流放到苏联控制下的西伯利亚。政府指使的民兵，通过强 360
奸、抢劫、谋杀来制服大部分居民，其为所欲为的程度和残忍蛮横的程度一如东欧。

右派在希腊夺权的方式，与左派在东欧夺权的方式，同样构成平行关系。在希腊政坛上，右翼保守主义者并不是占优势的力量，但他们还是设法让更得民心的共产党靠边站，一如强大的传统政党在匈牙利、罗马尼亚、保加利亚靠边站。通过警察对政党的刻意渗透以捞取政治好处，在铁幕两边都同样下作。在希腊，这导致共产党早在 1944 年 12 月就退出内阁，以示抗议；三年后在捷克，传统政党因为同样的理由而退出内阁，两者如同镜子内外的映像。希腊右派，如同东欧共产党，使用媒体和法庭来抹黑和惩罚政治对手。表面上，各方似乎都没有破坏民主程序。1946 年 3 月的希腊选举伴随着作废选票和恐吓选民，一如波罗的海国家的选举；同年稍后的恢复希腊君主制的公民复决，一如罗马尼亚那场事先做手脚的选举。

在每宗个案中，类似行为只有在统治当局得到外来超级大国支持的情况下才有可能发生。在铁幕背后，正是苏联在支配各国共产党；在希腊，则先后由英国和美国为右派做担保。如果没有外来干涉，难以想象共产党怎么可能在东欧绝大部分地区获得权力，正如人们难以想象，共产党怎么可能在希腊丧失权力一样。难怪这两个地区的民众都痛恨外来干涉。如果罗马尼亚人和波兰人抗议他们受到“没有上帝、没有祖国的外国人”的陷害，那么，某些希腊人也大可以抱怨他们受到“外来帝国主义者的……奴役”。[2]

361

12. 冷战期间分裂的欧洲
1945～1948年成为共产主义国家
1945年南斯拉夫从意大利获得的领土
铁幕
1945年后的德国
北
北海
瑞典
芬兰
挪威
拉多加湖
波罗的海
赫尔辛基
奥斯陆
斯德哥尔摩
列宁格勒
塔林
爱沙尼亚
莫斯科
里加
拉脱维亚
丹麦
哥本哈根
立陶宛
苏联
加里宁格勒
维尔纽斯
明斯克
格但斯克
白俄罗斯
荷兰
什切青
柏林
波兰
阿姆斯特丹
华沙
东德
布鲁塞尔
基辅
比利时
波恩
弗罗茨瓦夫
布拉格
乌克兰
卢森堡
克拉科夫
利沃夫
西德
捷克斯洛伐克
摩尔多瓦
法国
维也纳
布拉迪斯拉发
布达佩斯
伯尔尼
奥地利
罗马尼亚
瑞士
匈牙利
布加勒斯特
黑海
贝尔格莱德
南斯拉夫
保加利亚
意大利
索非亚
伊斯坦布尔
罗马
地拉那
阿尔巴尼亚
希腊
土耳其
地中海
雅典
0 200英里
0 200千米

不仅希腊“民主”政府的行为与东欧共产党政府的行为相互映衬，整个欧洲大陆都存在排挤和抹黑政治对手的倾向，只不过没有希腊那么极端而已。例如，1947 年，把共产党逐出意大利、法国、比利时、卢森堡政府，与传统政治家被逐出东欧 362
政府同样相互映衬。还有些方法对民主的破坏没有那么严重，但其目的是相同的：软化反对派，从超级大国那里获取支持。正是这些超级大国拿着所有的底牌，它们对各自半个欧洲的影响力足以分庭抗礼。美国试图指导西欧政策，一如苏联试图控制东欧政府，同样是多管闲事，只不过方法有所不同：美国使用马歇尔援助的“胡萝卜”，而苏联使用军事压力的“大棒”。

我不想在这种比较上走太远，因为资本主义政治模式比斯大林共产主义更为包容、更为民主、更为成功，这早已得到证明。但这些“民主”国家在战后的某些做法难称完美，这倒也是事实。在某些例子中，“民主”国家甚至比共产党国家做得更糟糕，例如意大利南部农民的境遇，政府拒绝进行早已承诺的土地改革，这比起共产党统治早期在东欧的进取态度，意大利政府实在是糟糕得可以。双方都未能独占道德制高点。在广袤多变的欧洲大陆上，以偏概全总是不明智的。

但在当时，这种总体对照日益明显。左派理论家总是把与他们世界观不同的人称为“法西斯帝国主义者”“反动派”“吸血鬼”。右派理论家则把秉持温和左翼观点的人称为“布尔什维克”“恐怖分子”。结果，中间人士也被迫选边站队，通常是站在当时的最强者那边。借用一位国际共产主义元老的话来说：“人们要么倒向帝国主义，要么倒向社会主义。中间立场只不过是伪装手段，第三条道路是不存在的。”[3] 如果站错队伍，尤其是在东欧或者希腊，后果可能相当致命。

如前所述，这种意识形态冲突并非战后的新现象。早在世界大战还在进行的时候，左派游击队与右派民兵就已经打得不可开交，有时候，他们甚至与德国人达成地区停火协议，以便集中火力投入左右互斗。地方内战与世界大战相伴而行的现象，
363 不仅发生在希腊，而且发生在南斯拉夫、意大利、法国、斯洛伐克、乌克兰。交战双方都如此狂热，以至于反对德国占领的民族战争都显得没那么重要了，首要问题还是民族主义者与共产主义者之间根深蒂固的斗争。

在这种左右之间的意识形态斗争中，1945 年的德国战败仅仅意味着欧洲最为强大的右派支持者倒了台，这并不意味着意识形态战争的终结。事实远非如此：对于许多共产党员来说，第二次世界大战不是孤立事件，而是已经持续数十年的宏观历史进程的某个阶段而已。希特勒的失败不是终点，而是发动下一阶段斗争的起点。共产党控制整个东欧也被视为这个进程的组成部分，按照马克思主义教条，这个进程将会以共产主义在全世界的“必然”胜利而告终。

仅仅是西方盟国的存在，尤其是美国的存在，阻止了共产主义传播到整个欧洲。因此，难怪战后多年以来，共产党员总是把美国描绘成帝国主义阴谋家，正如他们把匈牙利或者罗马尼亚的资产阶级反对派丑化为“希特勒法西斯主义者”一样。在共产党员心目中，希特勒这样的独裁者，与更为民主的人物，如杜鲁门总统、纳吉·伊姆雷或者尤柳·马纽，都没有根本的差异，他们都代表着一种剥削工人阶级的、企图继续践踏社会主义的国际体系。

至于美国人，很快就被拖入两极对立。他们未曾打算投入反对共产主义的战争，但在卷入第二次世界大战后，他们也就

同时卷入了右派反对左派的宏观政治进程。自从战后成为欧洲警察，美国人就发现自己陷入左右两派之间无数地方冲突的泥潭，每次他们都本能地支持右派，甚至不惜支持残暴的独裁者，比如在希腊。久而久之，美国人也开始丑化政治对手，及至20世纪50年代，迪恩·艾奇逊或者乔治·马歇尔曾经采取的慎重手段，已经让位于以参议员约瑟夫·麦卡锡（Joseph McCarthy）为典型的暴力话语。麦卡锡把美国共产党形容为“大得不着边际的阴谋集团，让人类历史上存在过的任何冒险集团都相形见绌”，麦卡锡主义与东欧的反美主义同样是非理性的表现。[4]

正是欧洲的两极对立以及后来全世界的两极对立，把两大阵营对抗变成20世纪下半叶的明确特征。冷战不同于此前发生过的任何冲突。就其规模而言，冷战毫不逊色于两次世界大战，然而这不是以枪炮和坦克为主要武器的战斗，而是争夺人心的战斗。为了争夺人心，斗争双方都用尽一切必要手段，从操纵媒体到暴力危险，甚至把年轻的希腊女孩关进政治监狱。

对于欧洲来说，也对于欧洲人来说，这场新的战争将会同时显示欧洲大陆对于全世界的重要地位和无奈处境。一如此前30年的两场全球性战争，欧洲仍然是冲突的主要场所。但在欧洲历史上，欧洲人首次不再拉动绳索：从那时起，欧洲人将会成为捏在超级大国手中的马前卒，而这两个超级大国甚至都在欧洲大陆的边界之外。

365 结　语

1978年，保加利亚异见作家格奥尔基·马尔科夫（Georgi Markov）在伦敦死于著名的“雨伞刺杀”[①]。在他死后，他在20世纪40年代末至50年代写就的回忆录出版。在此书中，他讲述了战后时期极具标志性的故事，这个故事发生在他的祖国，但也发生在全欧洲。里面有一段涉及他的朋友的对话，他的朋友曾经因为质问插队买面包的共产党官员而被逮捕，问话者是保加利亚共产党的民兵军官：

> 民兵队长问道：“现在告诉我，你的敌人是谁？”
>
> K思索片刻，回答道：“我确实不知道，我不认为我有任何敌人。”
>
> 民兵队长提高嗓子喊道：“没有敌人！你的意思是你不恨别人，别人也不恨你吗？”
>
> K回答道：“据我所知，没有。”民兵中校突然喊道：“你在撒谎！”民兵中校从椅子里弹起来：“你到底是什么人，你竟然会没有任何敌人？如果你没有敌人，你肯定不属于我们的青年，你不可能是我们的公民！……如果你确实不知道如何憎恨，我们会让你学会！我们会以很快的速度让你学会！”[1]

---

① 利用雨伞上的针尖，把蓖麻毒素注入受害人体内，从而导致器官衰竭。——译者注

在某种意义上，故事里的民兵队长是对的，经历过第二次世界大战的人，其实不可能没有任何敌人。几乎没有什么比这个故事更能说明战争的道德遗产和人性遗产了。在整个地区沦为废墟后，在 3500 万人惨遭屠戮后，在无数次以民族、种族、宗教、阶级、私怨为名义的屠杀后，欧洲大陆上每一个人，其实都承受过某种程度的丧亡之痛、不公之苦。每个国家都经历过漫无目的的战斗，如保加利亚经历过政治骚乱，经历过与邻 366
国的暴力争端，经历过纳粹的胁迫，最终经历新兴世界大国的入侵。置身上述所有事件中，人们对敌人心怀怨恨，实在是再正常不过了。实际上，各方领导人和宣传人员，足足用了六年时间来助长仇恨，以此作为追求胜利的必备武器。当这位保加利亚民兵队长恐吓索非亚大学的年轻学生时，仇恨已经不仅仅是战争的副产物，在共产党员心目中，仇恨已经上升为责任。

战争结束后，人们有许多许多理由不再关爱邻人。如果你是德国人，你就可能遭到几乎所有人的辱骂，如果你曾经与德国人合作，你的处境也可能同样糟糕：战争结束后，绝大多数报复行为都针对这两个群体。你可能会拜错神灵：天主教的神、东正教的神、穆斯林的神、犹太人的神，或者根本不信神。你可能会生错种族或者民族：战争期间，克罗地亚人屠杀塞尔维亚人，乌克兰人杀害波兰人，匈牙利人镇压斯洛伐克人，几乎所有人都在迫害犹太人。你可能入错政党：在欧洲大陆，法西斯党和共产党都犯下无数暴行，法西斯党和共产党都遭到残酷镇压，实际上，即使你选择这两种极端信仰之间的任何政治理念，你都难以逃避镇压。

1945 年弥漫全欧洲的痛苦情绪，不仅说明这场战争波及的范围如何广泛，而且说明我们传统的理解方式如何不足。仅仅把这场战争描绘成轴心国与同盟国的领土冲突是远远不够的。战争当中某些最为恶劣的暴行与领土无关，而与种族或者民族有关。纳粹袭击苏联，不仅仅是为了生存空间（Lebensraum），而是为了坚持日耳曼种族优越于犹太人、吉卜赛人、斯拉夫人的主张。苏联入侵波兰和波罗的海国家，也不仅仅是为了领土，而是为了让共产主义尽可能往西边扩散。某些最为惨烈的战斗也不是发生在轴心国与同盟国之间，而是发生在当地人之间，他们终于能够借助世界大战的机会，发泄由来已久的沮丧情绪。克罗地亚乌斯塔莎为种族纯化而战，斯洛伐克人、乌克兰人、立陶宛人为民族解放而战，许多希腊人和南斯拉夫人为废除君
367 主制或者复辟君主制而战，许多意大利人为摆脱中世纪封建主义的枷锁而战。因此，第二次世界大战不仅仅是传统意义的领土冲突，它同时也是种族战争和意识形态战争，中间还夹杂着几场纯粹出于地方原因而引发的内战。

由于德国人只不过是这锅冲突大杂烩的其中一道原料，人们完全有理由断定，德国战败并不意味着暴力结束。实际上，把1945年5月德国投降视为战争最终结束的传统观点完全是误导：实际上，德国投降只不过是其中一方结束战斗。关于种族、民族、政治的相关冲突，还持续了数周、数月，甚至数年之久。意大利的武装团伙，直至20世纪40年代末期还以私刑处死法西斯分子。曾经分别作为德国人的反对者和合作者的希腊共产党和希腊民族党，直至1949年还在上演割喉大战。产生于世界大战高潮时期的乌克兰游击运动和立陶宛游击运动，直至20世纪50年代中期还在坚持战斗。第二次世界大战就像一艘巨大的超级油轮，驶过欧洲这片水域，它的动量如此巨大，尽管它的引

擎已于1945年5月停止了转动，但它造成的余波却在数年以后才能平伏。

在格奥尔基·马尔科夫的故事里，那位保加利亚民兵队长所期待的仇恨相当具有典型意义。这正是苏联宣传人员如伊利亚·爱伦堡（Ilya Ehrenburg）和米哈伊尔·肖洛霍夫（Mikhail Sholokhov）在战争期间所期待的仇恨，也正是政治委员当时试图在东欧部队中鼓动的仇恨。如果那位受到民兵队长恐吓的学生对斯大林主义理论有所了解，他就会知道他的敌人是谁，这将会成为此后数十年每一位保加利亚学生学习的中心内容。

弥漫于战后欧洲的愤怒和怨恨的气氛，是煽动革命的理想环境。共产党并未把这种充斥着暴力和混乱的环境视为痛苦的诅咒，而是视为难得的机遇。早在1939年以前，资本家与工人、地主与农民、统治者与臣民相互之间的关系总是很紧张，但这种紧张关系通常局限于地方层面和短期事件。这场战争及其带来的经年累月的流血和贫困，让这种紧张关系远远超出共产党在战前的想象。大部分居民此时指责旧政府把他们拖入战 368
争的深渊，人们鄙视与敌人相互勾结的商人和政客。而且，当欧洲大部分地区濒临饥荒边缘时，人们痛恨任何在战争中捞到好处的人。如果说工人在战争爆发前就受到剥削，那么战争期间这种剥削简直达到了极限：数百万人被强迫奴役，还有数百万人被活活累死。这就难怪，在战争结束后欧洲大陆会有如此众多的人转而信仰共产主义：面对早已声名狼藉的政客，共产主义运动不仅为人们提供了全新的、激进的选择，而且为人们提供了机会，让人们发泄所有在恐怖岁月里积郁的愤怒和怨恨。

无数催促党员积极分子鼓动仇恨的文件早已证明，仇恨是共产党在欧洲大获成功的关键。共产主义不仅得益于人们对德国人、法西斯分子、通敌卖国者的憎恨，而且得益于人们对贵族、中产阶级、地主、富农的反感。后来，随着世界大战逐步演变为冷战，这种紧张关系很容易转化为对美国、资本主义、西方的反感。反过来，美国、资本主义、西方也同样厌恶共产主义。

不只有共产党把暴力和混乱视为难得的机遇，民族主义者也明白，战争期间点燃的紧张关系能够用于其他目的，如在国内进行种族清洗。许多民族利用战争结束后人们对德意志人的仇恨，把已经在东欧生活了好几百年的古老的德意志社区驱逐出境。波兰利用战时对乌克兰人的仇恨，发动驱逐计划和强迫同化。斯洛伐克、匈牙利、罗马尼亚着手进行一系列人口交换，反犹团体利用暴力氛围把仅存的少量犹太人逐出欧洲大陆。上述团体的目标无非在中欧和东欧创造一系列种族纯化的民族国家。

战争结束后，民族主义者从未达到目的，这部分是由于国际社会不允许他们胡作非为，部分是由于冷战的需要优先于其
369 他所有需要。但随着冷战结束，昔日的民族紧张关系再次浮出水面。许多人认为早已作古的议题瞬间复活，由此造成的紧张局势让 50 年前的往事仿如昨日。

最典型的例子莫过于共产党政权垮台后的南斯拉夫。南斯拉夫是战后没有实行种族驱逐和流放的东欧国家之一。结果，塞尔维亚人、克罗地亚人、穆斯林仍然杂居在遍布此地的混合

社区中，当内战于20世纪90年代初爆发时，这种局面将会造成灾难性后果。国内冲突的罪魁祸首把第二次世界大战及其后果作为他们为非作歹的理由，勾起了人们自1945年以来的旧日记忆和种族紧张关系。在当时反复上演的犯罪行为中，他们沉溺于集体强奸、屠杀平民以及大规模种族清洗。

此外，在共产党政权垮台后，欧洲许多地区也发生了不甚具有戏剧性但同样具有重要性的事件。例如，2006年，一位名叫赫德维加·马利诺娃（Hedviga Malinova）的斯洛伐克学生告诉警察，她因为带有匈牙利口音而遭到殴打。这一指控广为人知，重新勾起了斯洛伐克国内斯洛伐克人与匈牙利人的紧张关系。斯洛伐克内政部部长指控那名学生说谎，警察指控那名学生作伪证，斯洛伐克政府及其匈牙利少数民族之间的紧张关系一如1946年的往事。[2]

在国界另一边，匈牙利似乎回归到类似的但更为微妙的民族仇恨：20世纪40年代以来再未见过的反犹主义，此时又死灰复燃。2011年年初，一位获奖的匈牙利钢琴家希夫·安德拉斯（András Schiff）致信《华盛顿邮报》，声称他的国家正被“反动民族主义”席卷而去，这种民族主义以仇恨吉卜赛人和犹太人为特征。[3]仿佛对钢琴家的讽刺置若罔闻，匈牙利右翼媒体立即还以颜色，声称只有犹太人才能够指控匈牙利犯有如此的罪行。例如，拜耶·若尔特（Zsolt Bayer）就在《匈牙利新闻》（*Magyar Hírlap*）上写道：“有一堆臭气熏天的粪便，名叫科恩，他在英格兰说什么从匈牙利‘飘来难闻的臭味’。科恩、科恩-邦迪、希夫……不幸的是，他们没有被活埋在欧尔戈瓦尼（Orgovány）的森林里。”[4]

这种情绪说明，最近在全欧洲死灰复燃的反犹主义，并不 370

仅仅是中东紧张关系的产物。传统形式的、针对犹太人的仇恨情绪，仍然存留至今。同样的情况也适用于共产党政权垮台后针对吉卜赛人的仇恨情绪，其在捷克、波兰、匈牙利尤为激烈。2011 年秋天，在保加利亚，在一系列反吉卜赛人的种族主义游行示威后爆发了大规模骚乱。[5]

种族问题的重新出现，难免会让人认为，也许 20 世纪 40 年代民族主义者建立种族纯化国家的尝试是对的。如果在斯洛伐克或者匈牙利境内没有少数民族，就没有类似问题了。且不论这种想法存在明显的道德缺陷，问题在于，几乎不可能建成种族纯化国家。战争结束初期，波兰通过驱逐或者侵扰德意志人、犹太人、乌克兰人，几乎建成种族纯化国家。但即使在波兰，也不可能驱逐所有人，尤其是乌克兰少数民族，他们也许是波兰社会中最为根深蒂固的种族群体。最后，波兰人诉诸维斯瓦河行动这个充满争议的计划，通过分散乌克兰社区，把他们散布到波兰北部和西部来实现强迫同化。这一镇压计划在当时似乎大获成功，然而今天看来，同化计划显然未能奏效。20 世纪 90 年代以来，兰克人和乌克兰人越来越坚持他们的共同种族权利。他们组成政治游说和施压团体，反复要求返还他们在战后被没收的财产。维斯瓦河行动并未解决问题，仅仅是为后来遗留了新的问题。

即使完全驱逐国内的少数种族，也未必能够解决问题。20 世纪 40 年代，许多国家都在驱逐德意志人，尤其是波兰和捷克斯洛伐克，这很可能是战后最为广泛、最为彻底的种族驱逐行动了，其在德国境内造成了从未消散的愤恨情绪。20 世纪 50 年代至 80 年代，被逐者组成德国境内一个最为强大的施压团体，借用卢修斯 · 克莱（Lucius Clay）的话来说，这个团体“大致是保守的，而且肯定打算收复家园”。[6]就像波兰境内的兰克人和乌克兰人，这些人持续不断地为收回他们在战后被窃取的土地和财产而展开游说。一想到要应对这些被逐者的要求，绝大 371
多数东欧国家政府就充满恐惧。例如，2009 年，捷克总统瓦茨拉夫·克劳斯（Vaclav Klaus）就拒绝签署赋予欧盟更多权力的《里斯本条约》（*Lisbon Treaty*），因为害怕条约某些内容会为德国人提出针对捷克的法律要求大开方便之门。克劳斯把条约搁置了好几个星期，直到捷克被赋予某些条款的豁免权时才签署。战后驱逐德意志人并未解决捷克斯洛伐克的少数民族问题，仅仅是把问题出口到国外而已。

有人可能会期待，随着上一代人陆续去世，被逐者问题终究会消退，不幸的是，这种方法似乎也未能奏效。在德国以及其他国家，许多最为直言不讳的“被逐者”其实并非亲身经历驱逐行动的受害者，而是他们的孩子和孙子。人们只要看看发生在克里米亚的事情，就能知道民族紧张关系如何世代相传了。1944 年，克里米亚鞑靼人被斯大林赶出家园，斯大林下令要把鞑靼人驱散到苏联统治下的中亚各地，作为鞑靼人在战时与德国人合作的惩罚。1991 年苏联解体后，大约 25 万鞑靼人决定重返他们在克里米亚的家园。他们搬进废弃的房屋，并且将其修葺一新。他们在闲置土地上建立非法居留地，并且反复纠缠乌克兰当局，要求把他们登记为合法所有人。当警察威胁要赶走他们时，他们暴力抗议，有时甚至淋上汽油引火自焚。最为引人注目的是，从严格意义上说，绝大多数所谓“回归者”其实并非“回归”此地：他们生在中亚、长在中亚。他们放弃相对富裕和安稳的生活，就是为了前往他们从未见过的故乡，而故乡却并不欢迎他们。[7]

民族神话之重要性

驱使这些人回到故乡的原动力，来自他们曾经反复听过也
372 被整个社群反复传诵的故事和神话。鞑靼人记取他们在母亲的怀抱里被流放的痛苦，他们日复一日地讲述这些故事，口耳相传超过60年。在他们心目中，克里米亚被升华到应许之地的高度。一位鞑靼人说道："对于苏联民众来说，30年代、40年代、50年代就是历史。对于克里米亚鞑靼人来说，现在就是历史……他们就生活在历史当中。"[8] 同样，德国被逐者无休止地缅怀他们向西艰难跋涉时的恐怖经历，而乌克兰人总是说起维斯瓦河行动的残暴野蛮，仿佛如在昨日。这些故事被反复传诵，不是因为它们曾经发生过，而是因为它们大有用处：这些故事是上述民族群体的黏合剂。

说到构建神话，西方也未能免俗。挪威人、丹麦人、荷兰人、比利时人、法国人、意大利人都建构起他们在第二次世界大战期间遭受种种不公的神话，并且通过无休止地讲述这些神话，力求营造这样的印象：所有人或多或少都团结协作，共同反对法西斯分子和纳粹侵略者。于是，数十年来，人们广泛参与通敌合作的肮脏事实就被轻易地掩盖过去了。通敌卖国者也构建起解放后他们遭受不公的神话。关于政治右派的无辜成员承受极端暴力侵犯的故事，只要被反复讲述，就能营造这样的印象：上述国家的所有人都受到同等伤害，且不论其政治信仰为何。

胜利者也有他们的神话。在英国，第二次世界大战已经成为某种民族工业。关于那场战争的电影、戏剧、纪录片每天都在电视上放映，关于那场战争的图书总是雄踞畅销书排行榜榜

首位置。那场战争出现在所有的国家典礼中，无论是世界杯期间英国球迷传唱的歌曲，还是国家典礼期间从人们头上飞过的喷火式战斗机和兰开斯特式轰炸机。与美国人一样，英国人也把第二次世界大战那个年代视为“伟大的世代”，那代人把世界从邪恶的纳粹主义手中拯救出来。与美国人一样，英国人宁可相信他们独自完成了这一丰功伟业。例如，人们只记得 1940 ~ 1941 年不列颠之战期间，英国人孤军奋战；人们很少承认，在保卫这个国家的每五位飞行员中，就有一位来自波兰、捷克斯洛伐克、比利时、法国，以及大英帝国其他地区。

如此深切地对这些神话敝屣自珍，难免会与同样珍惜神话
的其他人发生冲突。对某人来说是复仇，对别人来说则是正义。 373
如果苏台德区的德意志人把自己被逐出捷克边境视为残忍暴行，
那么，捷克人就会把驱逐德意志人视为对历史错误的拨乱反正。
如果某些波兰境内的乌克兰人为自由媒体对维斯瓦河行动的道
歉而鼓掌欢呼，那么，某些乌克兰境内的波兰人就会视之为背
叛祖国。如果英国人把兰开斯特式轰炸机视为民族自豪感的象
征，那么，德国人只会视之为无差别轰炸的象征。

南斯拉夫解体后，塞尔维亚报纸《时代》（*Vreme*）一位专栏作家写道：

> 复仇还是宽恕。纪念还是遗忘。战后出现的种种挑战，并不符合上帝的公正：有太多非正义的复仇，有太多不应该的宽恕。纪念与遗忘的政策，并不服务于和平与安定。塞尔维亚人想要忘记的东西，正是克罗地亚人和波斯尼亚人想要记住的东西，反之亦然。如果交战双方同时纪念某一事件，那么，一方眼中的罪恶行径就是另一方眼中的英雄事迹。[9]

同样的情感也适用于第二次世界大战之后的世界，以及东欧绝大多数民族。

关于民族神话，另一个不断出现的问题是，民族神话要么真伪混杂，要么纯属谎言，但无法澄清。对于那些充满悲情的人们来说，重要的不是故事的真实内容，而是他们的情感共鸣。本书引用的所有统计数字，几乎都遭到某些民族团体的反驳。例如，德国被逐者组织仍然声称，在东欧驱逐行动期间，有200万名德意志人惨遭屠杀，然而只要看看他们声称援引的政府统计数字，就知道他们严重歪曲了事实。“大屠杀”和“种族灭绝”这样的术语被不求甚解地随意滥用，瓦姆比诺维采（Łambinowice）和希维托赫洛维采（Świętochłowice）这样的波兰拘留营被贴上“灭绝营”的标签，仿佛死在那里的数百人可以跟被铲进索比堡、贝乌热茨、特雷布林卡焚尸炉的数百万人相提并论。

欧洲各地彼此竞争的民族团体总是坚持自己的统计数字，
374 同时贬低对手的统计数字，且不论其是否符合事实。于是，被人们普遍接受的、战争期间乌克兰民族主义者杀害6万~9万波兰人的数字，经常被波乌双方的“历史学家”故意忽视：波兰人把这个数字乘以5，乌克兰人把这个数字除以5。[10]同样，塞尔维亚人总是夸大他们的战时死亡人数，夸张到大约70万人，而克罗地亚人同样夸大战后南斯拉夫政府的杀人数字。[11]西方的政治派系同样喜欢运用虚假数字。数十年来，法国右翼总是诡称，抵抗组织在战后冷血地谋杀了大约10.5万名维希分子，而现在为人们接受的实际数字只不过是1000多人。[12]这些虚假数字流传甚广，甚至严肃的历史学家也会偶尔引用，结果这些数字更加以讹传讹。

如果说这些神话和虚假数字在相对细小的民族群体和政治群体中容易引发敌对情绪，那么，当这些小团体融入主流时，这些神话和数字也会更加神不知鬼不觉地引发敌对情绪。20 世纪末以来，整个欧洲都在明显右转，自从第二次世界大战以来，极右团体从未获得过如此巨大的影响力。这些团体企图洗脱纳粹分子和法西斯分子引起暴力循环的罪责，并且把罪责归咎于他们的左翼对手。但在极右分子开始推销特定历史观念的同时，我们同样要保持警惕，如同我们过去对共产党的历史观念保持警惕那样。

关于如何利用历史谋取政治利益的生动例子，发生在 2005 年的意大利，当时政府各部门长官宣布成立一个全新的国家纪念日。他们希望纪念的那些事件发生在 1945 年，当时意大利东北边境正被南斯拉夫游击队占领。在一次疯狂的、一如南斯拉夫其他地方发生的种族清洗行动中，数千名意大利平民被屠杀，或者被活活扔下当地的峡谷。为了纪念这些事件发生 60 周年，也为了纪念与南斯拉夫就意大利东北边境问题签订条约，当局计划举行一系列纪念仪式。其中一场仪式就在的里雅斯特（Trieste）举行，这座城市临近边境，并且还要上演南斯拉夫暴行的虚拟场景。在争议声中，意大利外交部部长詹弗兰科·菲尼（Gianfranco Fini）出席仪式，而他所属的政党民族联盟正是 375
战后新法西斯运动的继承者。

在官方纪念日演说中，意大利总理西尔维奥·贝卢斯科尼（Silvio Berlusconi）向全国讲道："如果我们回顾 20 世纪的历史，我们会看见许多不堪回首的页面。但我们不能遗忘，也不该遗忘。"[13]然而，说到援引历史，意大利政府其实是以极具倾向性的态度来选择记忆的。1945 年确实有数千名意大利人被南斯拉夫游击队屠杀，但只要再往前追溯四年，人们就能看到，并非南斯拉夫人或者共产党员开启了这个循环。正是意大利法西斯首先入侵南斯拉夫，首先犯下暴行，首先把乌斯塔莎这个战时欧洲最令人厌恶的政权推上前台。

实际上，纪念活动与“历史”完全无关，倒是与政治密切相关。随着意大利对东欧移民越来越敏感，意大利民族主义者很容易把他们的斯拉夫邻居描绘成流氓恶棍，但这不仅仅是为了丑化外国人。纪念活动就发生在解放奥斯威辛集中营国际纪念日后一周，其目的就是企图故意提起意大利国内的大屠杀。意大利人把自己打扮成受害者，把他们的邻居打扮成施害者。同样重要的是菲尼的观点，它挑战了意大利民众是法西斯暴行受害者的传统观点。在纪念活动中，流氓恶棍不是政治右派，而是左派。这是以狡猾的方式为詹弗兰科·菲尼的意大利法西斯党前辈洗脱战争罪行。[14]

某些历史学家认为，只要我们继续纪念战争及其后果，欧洲各个彼此竞争的民族群体和政治群体就不会放下仇恨和敌意。2005 年的纪念活动当然无助于提升意大利及其东北邻国的友好关系。或许乔治·桑塔耶那（George Santayana）的著名格言应该要反过来说，他说“那些忘记过去的人，注定要重蹈覆辙”，我们则可以说，正因为我们没有忘记过去，我们注定要重蹈覆
376 辙。过去 20 年里民族仇恨的沉渣泛起，也许就能证明我们所言非虚。[15]

然而，如果我真的相信纪念是延续仇恨的原因，那么，我也就不会写作本书。耙梳战争的废墟瓦砾，复述许多引发敌对

的故事，这也太过不负责任。如果人们遵循这样的逻辑，那么，关于这个时期也就不该有任何书本，也不该有任何报纸文章、电影或者电视纪录片，把这些故事世世代代传承下去只不过是在重复罪恶的循环而已。纪念，甚至记忆本身，都成了罪恶，那么，唯一正确的政策就是刻意遗忘。

但是，遗忘并不是选项。从一开始，本书记载的事件如此重大，根本不可能被遗忘。冷战期间，共产党曾经千方百计压制文化记忆，但结果却说明，试图忘记过去只会引起愤恨，最终引起对事实的危险歪曲。歪曲事实比事实本身要危险得多。我们也不应该遗忘。这些事件构成了我们周围的世界，而且继续塑造着今天的世界，这些事件不仅对历史学家无比重要，而且对所有人都同等重要。正是我们对过去的记忆造就了我们，不仅造就了民族，而且造就了个人。

在我们的近代历史中，战后初期是最重要的时期之一。如果说第二次世界大战摧毁了旧大陆，那么，战后初期变化多端的混乱局面却造就了新欧洲。正是在这个充满暴力和复仇的时期，我们的希望、抱负、偏见、怨恨初次成形。任何人想要真正理解今日的欧洲，必须首先理解关键的成形时期。我们没有必要回避困难议题或者敏感议题，因为这正是建构现代欧洲的要素。

我们铭记过去的罪恶并不会挑起仇恨，关键在于我们纪念
的方式。战后初期通常被我们所有人忽略、误解、滥用。贝卢
斯科尼和菲尼的历史版本遗漏了对意大利罪恶行径的严肃承认；
克里米亚鞑靼人的历史观点掩盖了他们与纳粹合作的事实；德 377
国被逐者则试图把他们吃过的苦头与犹太人承受的苦难相提
并论。

那些想要利用仇恨和愤怒来谋取利益的人，总是企图以偏听偏信的方式歪曲历史。他们断章取义，他们推卸责任，他们企图让我们相信，历史问题就是现实问题。如果我们想要终止仇恨和暴力的循环，我们就必须抵制上述倾向。我们必须说明，彼此竞争的历史观点可以共存。我们必须说明，过去的暴行自有其历史背景，责任不能只由一方承担，而必须由各方共同承担。我们必须力求发现真相，尤其是在面对统计数字时更要小心谨慎，我们要把真相写入历史。但毕竟那是历史，不应该用来毒害现实。

尽管有许多令人压抑的例子可以说明人们如何利用历史挑起旧日仇恨，但历史同样是希望的象征。在许多可供引用的例子中，我选择德波两国关系的例子。战争结束后，德国人与波兰人之间的世仇宿怨似乎永远无法消解。波兰人厌恶那个蹂躏波兰、屠杀数百万平民、建立一系列集中营的德意志民族。也许是 20 世纪最邪恶象征物的集中营，就坐落在波兰境内。反过来，德国人也怨恨那些野蛮的“斯拉夫人”，他们强奸和谋杀了数百万德裔平民，夺取了他们在波美拉尼亚、西里西亚、东普鲁士的家园和农庄，割去了数千平方英里的德国领土，国际社会把这些领土交给了波兰。

然而，在 1965 年，波兰主教向德国请求和解与宽恕。1970 年，波兰与西德签署条约。数百万波兰人可以探访他们的近邻，亲眼看看普通德国人的生活。同时成立了波兰－德国联席委员会，以修订历史课本，改正不准确的统计数字，防止历史片段被过度渲染以用于政治目的。往事并未被遗忘，但被放在合适的背景之中。今天，德国人与波兰人普遍把对方视为友好邻邦。
378 残存的仇恨仅仅局限于少数群体，一方是被逐者，另一方是老一辈波兰人。这两个群体的成员都在陆续离开人世，或者随着时间流逝而淡出人们的视野。

对于生活在波兰和德国的绝大多数年轻人来说，战时和战后的种种往事，已经不再成为芥蒂。民族竞争仍然偶尔可见，但那是在足球比赛中，在波兰和德国球迷的队歌和口号中，但足球终归是足球。至于真正的仇恨，那种政治委员和参战老兵用于鼓舞士气的仇恨，已经被绝大多数年轻人视为远去的历史。[16]

致　谢

本书涉及的研究课题，乃是里程碑式的任务，如果没有欧洲各地众多个人与机构提供的巨大帮助，本书将成为不可能完成的任务。本人对布伦德尔奖金（K. Blundell Trust）深怀感激，正是在其慷慨资助下，我才能够承担这项研究计划的大部分开支。本人特别感谢 Joanna Pylat，Barbara Herchenreder，Kasia Piekarska，Irena Kolar 以及 Anna Pleban，她们为我收集和翻译波兰档案和乌克兰档案，还为我联系到许多位目睹战后重大事件的波兰见证人。如果没有 Michaela Anderlova，Martina Horackova 以及 Dasha Conolly 的帮助，我根本不可能理解如此错综复杂的捷克文献与斯洛伐克文献；至于 Alexandra Sherley，则像是上帝派来为我翻译克罗地亚档案的助手。本人曾经尝试钻研意大利、法国和德国的文献材料，并且得到 Jennie Condell，John Conolly 以及我两位精通多国语言的姐妹 Natalie 和 Sarah 的巨大帮助。本人的岳母 Zsuzsi Messing，同样为我不知疲倦地翻译了大量匈牙利著作和档案。

欧洲各地以及美国境内数十个机构的工作人员，同样为我提供了帮助，但尤其必须提到大英图书馆（British Library），其外语文献的惊人收藏量可谓无出其右者。本人同样非常感激伦敦大学学院（University College London）东欧与斯拉夫研究学院（School of Eastern European and Slavonic Studies）的 Richard

Butterwick 博士和 Bojan Aleksov 博士，他们为我引见了上文提及的几位研究者；本人同样非常感激帝国战争博物馆（Imperial War Museum）的 Peter Hart，在我从事这项研究的入手阶段，他慷慨无私地与我分享了他的专业知识。

本人特别感谢所有同意接受访谈、对我陈述痛苦经历的人士，尤其是 Ben Helfgott，Andrzej C.（他希望隐去姓氏），Barbara Paleolog，Stefa Baczkowska，Hanka Piotrowska，Maria Bielicka，Marilka Ossowski 和 Alik Ossowski，以及 Zbigniew Ogrodzinski。正是由于他们的参与，才为我这项相对枯燥的档案研究赋予了鲜活的生命。

我必须感谢我那几位出色的作品代理人，联合代理公司（United Agents）的 Simon Trewin 和 Ariella Feiner，以及桑福德·格林伯格合伙公司（Sanford J. Greenburger Associates）的 Dan Mandel。他们在那些实在非我所长的领域给予我极大帮助。

我同样必须感谢我那同样出色的编辑 Eleo Gordon，如果没有他的帮助，这本书的篇幅将会增加一倍，而可读性将会消减一半。但我同样感谢企鹅出版社的众多无名英雄，他们是发行、营销、宣传、设计、制作方面的行家里手，这对任何一本图书都是必不可少的。我尤其必须提到企鹅出版社的海外版权团队，他们几乎凭借一己之力，让这本没有什么商业价值可言的图书得以出版发行。

最后，正如我生命中的点点滴滴，我把最终的感谢留给我的妻子 Liza，感谢她的帮助、她的耐心、她的爱，感谢她在我写作此书数年间给我无微不至的默默支持。没有她，一切都不可能。

参考文献

档案

Archives Nationales, Paris
Archiwum Państwowe (AP – State Archive), Szczecin
Archiwum Wschodnie, Ósrodek Karta (AWK – Eastern Archive), Warsaw
Bundesarchiv, Koblenz
Centralne Archiwum Wojskove (CAW – Central Military Archive), Warsaw
Imperial War Museum, London, Department of Documents (IWM Docs) and Sound Archives (IWM Sound)
The National Archives of the United Kingdom (TNA; formerly known as the Public Record Office), London
Polski Ośrodek Społeczno Kulturalny (POSK – Centre for Polish Arts and Culture), London
The Sikorski Institute, London
United Nations Relief and Rehabilitation Administration (UNRRA) archives, New York
United States Holocaust Memorial Museum, New York
US National Archives and Records Administration (NARA), Maryland, USA
Zentrum gegen Vertreibungen, Berlin

官方出版物

Biuro Odszkodowań Wojennych przy Prezydium Rady Ministrów, *Sprawozdanie w Przedmiocie strat i szkód wojennych Polski w latach 1939–1945* (Warsaw, 1947)
Burger, G. C. E., J. C. Drummond and H. R. Stanstead (eds.), *Malnutrition and Starvation in Western Netherlands September 1944–July 1945* (The Hague: General State Printing Office, 1948)
Centraal Bureau voor de Statistiek, *Oorlogsverliezen 1940–1945: Maandschrift van het Centraal Bureau voor de Statistiek* (The Hague: Belinfante, 1948)
Central Statistical Office, *Statistical Digest of the War* (London: HMSO, 1951)

Coles, Harry L. and Albert K. Weinberg (eds.), *Civil Affairs: Soldiers Become Governors* (Washington, DC: US Govt Printing Office, 1964)

Croatian State Commission for Establishing Crimes of Occupying Forces and their Assistants, *Crimes in the Jasenovac Camp* (Banja Luka: Becjead, 2000)

European Union Agency for Fundamental Rights, European Union Minorities and Discrimination Survey: Main Results Report (Vienna: European Union Agency for Fundamental Rights, 2009)

Foreign Relations of the United States (*FRUS*), available online at http://uwdc.library.wisc.edu/collections/FRUS/

HM Government, *Statistics Relating to the War Effort of the United Kingdom* (London: HMSO, 1944)

House of Commons Parliamentary Debates (Hansard) (London: HMSO, 1942–5)

International Committee of the Red Cross, *Report of the International Committee of the Red Cross on its activities during the Second World War (September 1, 1939–June 30, 1947)*, vol. I: *General Activities* (Geneva: ICRC, 1948)

Istituto Centrale di Statistica, *Morti e Dispersi per Cause Belliche Negli Anni 1940–45* (Rome: Istituto Centrale di Statistica, 1957)

Maddison, Angus, *The World Economy: Historical Statistics* (Paris: OECD, 2003)

Maschke, Erich (ed.), *Zur Geschichte der deutschen Kriegsgefangenen des zweiten Weltkrieges*, 15 vols. (Bielefeld: Ernst & Werner Gieseking, 1962–74)

Schieder, Theodor (ed.), *Documents on the Expulsion of the Germans from Eastern-Central Europe*, trans. G. H. de Sausmarez, 4 vols. (Bonn: Federal Ministry for Expellees, Refugees and War Victims, 1958–60)

United States Army, Office of the Surgeon General, *Preventative Medicine in World War II*, vol. V: *Communicable Diseases transmitted through Contact or by Unknown Means* (Washington, DC: US Government Printing Office, 1960)

United States Strategic Bombing Survey, *Over-all Report (European War)* (Washington DC: US Government Printing Office, 1945)

War Office, *Statistical Report on the Health of the Army, 1943–1945* (London: HMSO, 1948)

Webster, Sir Charles and Noble Frankland, *The Strategic Air Offensive against Germany 1939–1945* (London: HMSO, 1961)

报刊资料

Le Courrier de Genève

Daily Express

Défense de la France

Écrits de Paris

Journal Officiel

Le Monde
Múlt és jövő
New York Times
Newsweek
New York Review of Books
Le Peuple
Res Publica
Time
The Times

影视资料

Le Chagrin et la Pitié, two parts (Laboratoires Gennevilliers for Télévision Rencontre, 1969; Marcel Ophüls)

The Last Nazis, part II (Minnow Films for BBC, 2009; Charlie Russell)

Millions Like Us (Gainsborough Pictures, 1943; Frank Launder and Sidney Gilliat)

A Shadow Over Europe (BBC, 2002; Charles Wheeler)

著作与论文

旅行指南

Baedeker, Karl, *Das Generalgouvernement: Reisehandbuch von Karl Baedeker* (Leipzig: Karl Baedeker, 1943)

Ministry of Culture & Art and Ministry of Reconstruction of the Country, *Warsaw Accuses: Guide-book to the exhibition arranged by the Office of Reconstruction of the Capital together with the National Museum in Warsaw* (Warsaw: Muzeum Narodowe, 1945)

历史著作与学术研究

Abzug, Robert H., *Inside the Vicious Heart* (Oxford University Press, 1987)

Alessandrini, Luca, 'The Option of Violence – Partisan Activity in the Bologna Area 1945–1948', in Jonathan Dunnage (ed.), *After the War: Violence, Justice, Continuity and Renewal in Italian Society* (Market Harborough: Troubador, 1999)

Alexander, G. M., *The Prelude to the Truman Doctrine: British Policy in Greece, 1944–1947* (Oxford: Clarendon Press, 1982)

Ammendolia, Ilario, *Occupazione delle terre in Calabria 1945–1949* (Rome: Gangemi, 1990)

Anušauskas, Arvydas (ed.), *The Anti-Soviet Resistance in the Baltic States* (Vilnius: Genocide and Resistance Research Centre of Lithuania, 2000)

Arad, Yitzhak, *Belzec, Sobibor, Treblinka: The Operation Reinhard Deathcamps* (Bloomington: Indiana University Press, 1999)

Aron, Robert, *Histoire de l'épuration: De l'indulgence aux massacres, Novembre 1942–Septembre 1944* (Paris: Fayard, 1967)

Bacque, James, *Other Losses: The Shocking Truth behind the Mass Deaths of Disarmed German Soldiers and Civilians under General Eisenhower's Command* (Toronto: Stoddart, 1989)

Baerentzen, L., J. Iatrides and O. Smith (eds.), *Studies in the History of the Greek Civil War, 1945–1949* (Copenhagen: Museum Tusculanum, 1987)

Barber, John and Mark Harrison, *The Soviet Home Front, 1941–1945: A Social and Economic History of the USSR in World War II* (London and New York: Longman, 1991)

Battaglia, Achille, *I giudici e la politica* (Bari: Laterza, 1962)

Bauer, Yehuda, *Flight and Rescue: Brichah* (New York: Random House, 1970)

Beck, Earl R., *Under the Bombs* (Lexington: University Press of Kentucky, 1986)

Beevor, Antony, *Berlin: The Downfall 1945* (London: Penguin, 2003)

———, *Stalingrad* (London: Viking, 1998)

Beevor, Antony and Artemis Cooper, *Paris After the Liberation* (London: Penguin, 1995)

Beevor, Antony and Luba Vinogradova, *A Writer at War: Vasily Grossman with the Red Army 1941–1945* (London: Pimlico, 2006)

Benz, Wolfang and Angelika Königseder (eds.), *Das Konzentrationslager Dachau* (Berlin: Metropol, 2008)

Berlière, Jean-Marc with Laurent Chabrun, *Les policiers français sous l'Occupation* (Paris: Perrin, 2001)

Beschloss, Michael, *The Conquerors: Roosevelt, Truman and the Destruction of Hitler's Germany, 1941–1945* (New York: Simon & Schuster, 2002)

Bethell, Nicholas, *The Last Secret* (London: Futura, 1976)

Betts, R. R. (ed.), *Central and South East Europe 1945–1948* (London and New York: Royal Institute of International Affairs, 1950)

Bischof, Günter and Stephen E. Ambrose (eds.), *Eisenhower and the German POWs: Facts against Falsehood* (Baton Rouge and London: Louisiana State University Press, 1992)

Blom, J. C. H. et al. (eds.), *The History of the Jews in the Netherlands*, trans. Arnold J. Pomerans and Erica Pomerans (Oxford and Portland, OR: Littman Library of Jewish Civilization, 2002)

Borgersrud, Lars, 'Meant to be Deported', in Kjersti Ericsson and Eva Simonsen (eds.), *Children of World War II* (Oxford and New York: Berg, 2005)

Bosch, Manfred, *Der Neubeginn: Aus deutscher Nachkriegszeit Südbaden 1945–1950* (Konstanz: Südkurier, 1988)

Boshyk, Yury (ed.), *Ukraine during World War II: History and its Aftermath* (Edmonton: University of Alberta, 1986)

Botting, Douglas, *In the Ruins of the Reich* (London: Methuen, 2005)

Bourdrel, Philippe, *L'épuration sauvage* (Paris: Perrin, 2002)

Bourke, Joanna, *Rape: A History from 1860 to the Present Day* (London: Virago, 2007)

Brossat, Alain, *Les tondues: Un carnaval moche* (Paris: Hachette/Pluriel, 1992)

Brosse, Thérèse, *War-Handicapped Children* (Paris: UNESCO, 1950)

Buisson, Patrick, *1940–1945: The Erotic Years* (Paris: Albin Michel, 2009)

Bunting, Madeleine, *The Model Occupation: The Channel Islands under German Rule, 1940–1945* (London: HarperCollins, 1995)

Burleigh, Michael, *Moral Combat* (London: Harper Press, 2010)

——, *The Third Reich: A New History* (London: Pan, 2001)

Cohen, Rich, *The Avengers* (London: Jonathan Cape, 2000)

Cohen-Pfister, Laurel and Dagmar Wienroeder-Skinner (eds.), *Victims and Perpetrators: (Re)Presenting the Past in Post-Unification Culture* (Berlin and New York: Walter de Gruyter, 2006)

Conquest, Robert, *A History of Modern Russia from Nicholas II to Putin* (London: Penguin, 2003)

Conway, Martin, 'Justice in Postwar Belgium: Popular Passions and Political Realities', in István Deák et al. (eds.), *The Politics of Retribution in Europe* (Princeton University Press, 2000)

Crainz, Guido, *Padania: Il mondo dei braccianti dall'Ottocento alla fuga dalle campagne* (Rome: Donzelli, 1994)

Crampton, R. J., *Bulgaria* (Oxford University Press, 2007)

Dahl, Hans Fredrik, 'Dealing with the Past in Scandinavia', in Jon Elster (ed.), *Retribution and Reparation in the Transition to Democracy* (New York: Cambridge University Press, 2006)

Dallas, Gregor, *Poisoned Peace: 1945 – The War that Never Ended* (London: John Murray, 2006)

Dallin, Alexander, *German Rule in Russia 1941–1945: A Study of Occupation Policies* (London and Basingstoke: Macmillan, 1981)

Davidson, Eugene, *The Death and Life of Germany: An Account of the American Occupation* (London: Jonathan Cape, 1959)

Davies, Norman, *God's Playground: A History of Poland* (Oxford University Press, 2005)

——, *Rising '44: The Battle for Warsaw* (London: Pan, 2004)

Davies, Norman and Roger Moorhouse, *Microcosm* (London: Pimlico, 2003)

Dawidowicz, Lucy S., *The War against the Jews 1939–1945* (Harmondsworth: Pelican, 1979)

de Zayas, Alfred, *Nemesis at Potsdam* (London: Routledge & Kegan Paul, 1977)

——, *A Terrible Revenge: The Ethnic Cleansing of the East European Germans*, 2nd edn (New York: Palgrave Macmillan, 2006)

Deák, István et al. (eds.), *The Politics of Retribution in Europe* (Princeton University Press, 2000)

Dean, Martin, *Robbing the Jews: The Confiscation of Jewish Property in the Holocaust, 1933–1945* (New York: Cambridge University Press, 2008)

Deletant, Dennis, *Communist Terror in Romania: Gheorghiu-Dej and the Police State, 1948–1965* (London: Hurst & Co., 1999)

Derry, T. K., *A History of Modern Norway 1814–1972* (Oxford: Clarendon Press, 1973)

Diederichs, Monika, 'Stigma and Silence: Dutch Women, German Soldiers and their Children', in Kjersti Ericsson and Eva Simonsen (eds.), *Children of World War II* (Oxford and New York: Berg, 2005)

Dondi, Mirco, *La lunga liberazione: Giustizia e violenza nel dopoguerra italiano* (Rome: Riumiti, 2004)

Drakulić, Slavenka, *Balkan-Express: Chroniques de la Yougoslavie en Guerre* (Paris: Éditions Mentha, 1992)

Dreisziger, Nándor (ed.), *Hungary in the Age of Total War (1938–1948)* (New York: Columbia University Press, 1998)

Drolshagen, Ebba D., *Wehrmachtskinder: Auf der Suche nach dem nie gekannten Vater* (Munich: Droemer, 2005)

Dunnage, Jonathan (ed.), *After the War: Violence, Justice, Continuity and Renewal in Italian Society* (Market Harborough: Troubador, 1999)

Dupuy, R. Ernest and Trevor N. Dupuy, *The Harper Encyclopedia of Military History*, 4th edn (New York: HarperCollins, 1993)

Dushnyck, Walter, *Death and Devastation on the Curzon Line: The Story of the Deportations from Ukraine* (New York: Committee Against Mass Expulsion/Ukrainian Congress Committee of America, 1948)

Dutton, Donald G., *The Psychology of Genocide, Massacres, and Extreme Violence: Why 'Normal' People Come to Commit Atrocities* (London and Westport, CT: Praeger Security International, 2007)

Eby, Cecil D., *Hungary at War: Civilians and Soldiers in World War II* (Philadelphia: Pennsylvania State University Press, 1998)

Elkins, Michael, *Forged in Fury* (New York: Ballantine Books, 1971)

Ellwood, David W., *Italy 1943–1945* (Leicester University Press, 1985)

Elster, Jon (ed.), *Retribution and Reparation in the Transition to Democracy* (New York: Cambridge University Press, 2006)

Ericsson, Kjersti and Dag Ellingsen, 'Life Stories of Norwegian War Children', in Kjersti Ericsson and Eva Simonsen (eds.), *Children of World War II* (Oxford and New York: Berg, 2005)

Ericsson, Kjersti and Eva Simonsen (eds.), *Children of World War II* (Oxford and New York: Berg, 2005)

Farmer, Sarah, *Martyred Village* (London and Berkeley: University of California Press, 2000)

Fisch, Bernhard, *Nemmersdorf, Oktober 1944: Was in Ostpreußen tatsächlich geschah* (Berlin: Edition Ost, 1997)

Fischer-Galati, Stephen, *Twentieth Century Romania*, 2nd edn (New York: Columbia University Press, 1991)

Fishman, Sarah, *The Battle for Children: World War II, Youth Crime, and Juvenile Justice in Twentieth Century France* (Cambridge, MA: Harvard University Press, 2002)

Florentin, Eddy, *Quand les Alliés bombardaient la France 1940–1945* (Paris: Perrin, 1997)

Fowkes, Ben, *Eastern Europe 1945–1969: From Stalinism to Stagnation* (Harlow: Pearson Education, 2000)

Friedländer, Saul, *The Years of Extermination: Nazi Germany and the Jews 1939–1945* (London: Weidenfeld & Nicolson, 2007)

Frumkin, Gregory, *Population Changes in Europe Since 1939* (New York: Augustus M. Kelley Inc., 1951)

Gaillard, Lucien, *Marseilles sous l'Occupation* (Rennes: Ouest-France, 1982)

Gaškaitė-Žemaitienė, Nijolė, 'The Partisan War in Lithuania from 1944 to 1953', in Arvydas Anušauskas (ed.), *The Anti-Soviet Resistance in the Baltic States* (Vilnius: Genocide and Resistance Research Centre of Lithuania, 2000)

Gilbert, Martin, *The Boys* (London: Phoenix, 1997)

———, *The Day the War Ended* (London: HarperCollins, 1995)

———, *The Holocaust: The Fate of European Jewry 1932–1945* (New York: Henry Holt, 1985)

———, *The Routledge Atlas of the Holocaust*, 4th edn (London and New York: Routledge, 2009)

Ginsborg, Paul, 'The Communist Party and the Agrarian Question in Southern Italy, 1943–1948', *History Workshop Journal*, vol. 17 (1984)

Giurescu, Dinu C., *Romania in the Second World War (1939–1945)*, trans. Eugenia Elena Popescu (New York: Columbia University Press, 2000)

Glantz, David, *Leningrad: City under Siege 1941–1944* (Rochester: Grange Books, 2005)

Glanz, Susan, 'Economic Platforms of the Various Political Parties in the Elections of 1945', in Nándor Dreisziger (ed.), *Hungary in the Age of Total War (1938–1948)* (New York: Columbia University Press, 1998)

Gringauz, Samuel, 'Jewish Destiny as the DP's See It: The Ideology of the Surviving Remnant', *Commentary* (Journal of the American Jewish Committee), vol. 4, no. 6 (December 1947)

———, 'Our New German Policy and the DP's: Why Immediate Resettlement is Imperative', *Commentary*, vol. 5, no. 3 (June 1948)

Gross, Jan T., *Fear: Anti-Semitism in Poland after Auschwitz* (New York: Random House, 2006)

Grüttner, Michael, Rüdiger Hachtmann and Heinz-Gerhard Haupt (eds.), *Geschichte und Emanzipation* (Frankfurt: Campus Fachbuch, 1999)

Gyurgyík, László, *Changes in the Demographic Settlement and Social Structure of the Hungarian Minority in (Czecho-)Slovakia between 1918–1998*, trans. Jószef D. Lőrincz (Budapest: Teleki László Foundation, 1999)

Hackett, David A. (ed.), *The Buchenwald Report* (Boulder, CO: Westview Press, 1995)

Harrison, Mark (ed.), *The Economics of World War Two* (Cambridge University Press, 1998)

Hastings, Max, *Armageddon* (London: Macmillan, 2004)

——, *Bomber Command* (London: Pan, 1999)

Herbert, Ulrich, *Hitler's Foreign Workers: Enforced Foreign Labor in Germany under the Third Reich*, trans. William Templer (Cambridge University Press, 1985)

Herzog, Dagmar (ed.), *Brutality and Desire: War and Sexuality in Europe's Twentieth Century* (Basingstoke: Palgrave Macmillan, 2009)

Hionidou, Violetta, *Famine and Death in Occupied Greece, 1941–1944* (Cambridge University Press, 2006)

Hirschfeld, Gerhard, *Nazi Rule and Dutch Collaboration: The Netherlands under German Occupation 1940–1945*, trans. Louise Willmot (Oxford, New York and Hamburg: Berg, 1988)

Hitchcock, William I., *Liberation: The Bitter Road to Freedom, Europe 1944–1945* (London: Faber & Faber, 2009)

Hitchins, Keith, *Rumania 1866–1947* (Oxford University Press, 1994)

Hodgson, John H., *Communism in Finland: A History and Interpretation* (Princeton University Press, 1967)

Hondius, Dienke, *Return: Holocaust Survivors and Dutch Anti-Semitism*, trans. David Colmer (Westport, CT: Praeger, 2003)

Huyse, Luc, 'The Criminal Justice System as a Political Actor in Regime Transitions: The Case of Belgium, 1944–50', in István Deák et al. (eds.), *The Politics of Retribution in Europe* (Princeton University Press, 2000)

Iatrides, John O. (ed.), *Greece in the 1940s: A Nation in Crisis* (Hanover and London: University Press of New England, 1981)

Ionescu, Ghita, *Communism in Rumania, 1944–1962* (London: Oxford University Press, 1964)

Israel, David L., *The Day the Thunderbird Cried* (Medford, OR: Emek Press, 2005)

Janics, Kálmán, *Czechoslovak Policy and the Hungarian Minority, 1945–1948*, trans. Stephen Borsody (New York: Columbia University Press, 1982)

Jedlicki, Jerzy, 'Historical Memory as a Source of Conflicts in Eastern Europe', *Communist and Post-Communist Studies*, vol. 32, no. 3 (1999)

Johr, Barbara, 'Die Ereignisse in Zahlen', in Helke Sander and Barbara Johr (eds.), *Befreier und Befreite: Krieg, Vergewaltigung, Kinder* (Frankfurt-am-Main: Fischer Taschenbuch, 2006)

Judt, Tony, *Postwar: A History of Europe Since 1945* (London: Pimlico, 2007)

Jurčević, Josip, *The Black Book of Communism in Croatia: The Crimes of Yugoslav Communists in Croatia in 1945* (Melbourne: Croatian Herald, 2006)

Kalyvas, Stathis N., 'Red Terror: Leftist Violence during the Occupation', in Mark Mazower (ed.), *After the War Was Over* (Princeton and Oxford: Princeton University Press, 2000)

Kenez, Peter, *Hungary from the Nazis to the Soviets: The Establishment of the Communist Regime in Hungary, 1944–1945* (New York: Cambridge University Press, 2009)

Kochavi, Arieh J., *Post-Holocaust Politics* (Chapel Hill and London: University of North Carolina Press, 2001)

Kondufor, Yuri (ed.), *A Short History of the Ukraine* (Kiev: Naukova Dumka, 1986)

Kontler, László, *A History of Hungary* (Basingstoke: Palgrave Macmillan, 2002)

Krawchenko, Bohdan, 'Soviet Ukraine under Nazi Occupation, 1941–4', in Yury Boshyk (ed.), *Ukraine during World War II* (Edmonton: University of Alberta, 1986)

Krivosheev, G. F. (ed.), *Soviet Casualties and Combat Losses in the Twentieth Century* (London: Greenhill, 1997)

Kucera, Jaroslav, *Odsunové ztráty sudetoněmeckého obyvatelstva* (Prague: Federalni ministerstvo zahranicnich veci, 1992)

Laar, Mart, *War in the Woods: Estonia's Struggle for Survival*, trans. Tiina Ets (Washington, DC: The Compass Press, 1992)

Levi, Fabio, 'Italian Society and Jews after the Second World War: Between Silence and Reparation', in Jonathan Dunnage (ed.), *After the War: Violence, Justice, Continuity and Renewal in Italian Society* (Market Harborough: Troubador, 1999)

Lewkowicz, Bea, '"After the War We Were All Together": Jewish Memories of Postwar Thessaloniki', in Mark Mazower (ed.), *After the War Was Over* (Princeton and Oxford: Princeton University Press, 2000)

Lilley, J. Robert, *Taken by Force: Rape and American GIs during World War Two* (Basingstoke: Palgrave Macmillan, 2007)

Lowe, Keith, *Inferno* (London: Viking, 2007)

Macardle, Dorothy, *Children of Europe: A Study of the Children of Liberated Countries, their War-time Experiences, their Reactions, and their Needs, with a Note on Germany* (London: Victor Gollancz, 1949)

MacDonogh, Giles, *After the Reich* (London: John Murray, 2007)

Mankowitz, Zeev W., *Life between Memory and Hope: The Survivors of the Holocaust in Occupied Germany* (Cambridge University Press, 2002)

Marcuse, Harold, *Legacies of Dachau* (Cambridge University Press, 2001)

Marko, Augustín and Pavol Martinický, *Slovak–Magyar Relations: History and Present Day in Figures* (Bratislava: Slovak Society for Protection of Democracy and Humanity, 1995)

Marrus, Michael R., *The Unwanted: European Refugees in the Twentieth Century* (New York: Oxford University Press, 1985)

Marx, Karl and Friedrich Engels, *The Communist Manifesto*, trans. Samuel Moore (Harmondsworth: Penguin, 1967)

Mayne, Richard, *Postwar: The Dawn of Today's Europe* (London: Thames & Hudson, 1983)

Mazower, Mark, *The Balkans* (London: Weidenfeld & Nicolson, 2000)

———, *Inside Hitler's Greece* (New Haven and London: Yale University Press, 1995)

Mazower, Mark (ed.), *After the War Was Over* (Princeton and Oxford: Princeton University Press, 2000)

McCarthy, Joseph R., *America's Retreat from Victory: The Story of George Catlett Marshall* (New York: The Devin-Adair Company, 1951)

McKinstry, Leo, *Spitfire: Portrait of a Legend* (London: John Murray, 2007)

Milward, Alan S., *The Reconstruction of Western Europe 1945–51* (London: Methuen, 1984)

———, *War, Economy and Society 1939–1945* (Berkeley and Los Angeles: University of California Press, 1979)

Miroszewski, Kazimierz, *Centralny obóz pracy Jaworzno: Podobóz Ukraiński (1947–1949)* (Katowice: Śląsk, 2001)

Misiunas, Romuald and Rein Taagepera, *The Baltic States: Years of Dependence 1940–1990* (London: Hurst & Co., 1993)

Modona, Guido Neppi, 'Postwar Trials against Fascist Collaborationists and Partisans: The Piedmont Experience', in Jonathan Dunnage (ed.), *After the War: Violence, Justice, Continuity and Renewal in Italian Society* (Market Harborough: Troubador, 1999)

Molnár, Miklós, *A Concise History of Hungary* (Cambridge University Press, 1996)

Moorhouse, Roger, *Berlin at War: Life and Death in Hitler's Capital 1939–45* (London: Bodley Head, 2010)

Morgan, Philip, *The Fall of Mussolini* (Oxford University Press, 2008)

Morgan, Sarah, 'The Schio Killings: A Case Study of Partisan Violence in Postwar Italy', *Modern Italy*, vol. 5, no. 2 (2000)

Morgenthau, Henry, Jr, *Germany Is Our Problem* (New York and London: Harper and Bros, 1945)

Myant, Martin, *Socialism and Democracy in Czechoslovakia, 1945–1948* (Cambridge University Press, 1981)

Naimark, Norman, *Fires of Hatred* (Cambridge, MA: Harvard University Press, 2002)

———, *The Russians in Germany* (Cambridge, MA: Harvard University Press, 1997)

Naimark, Norman and Leonid Gibianskii (eds.), *The Establishment of the Communist Regimes in Eastern Europe, 1944–1949* (Boulder, CO: Westview Press, 1997)

Nichol, John and Tony Rennell, *The Last Escape: The Untold Story of Allied Prisoners of War in Germany 1944–45* (London: Viking, 2002)
Nissen, Henrik S. (ed.), *Scandinavia during the Second World War*, trans. Thomas Munch-Petersen (Minneapolis: University of Minnesota Press, 1983)
Nøkelby, Berit, 'Adjusting to Allied Victory', in Henrik S. Nissen (ed.), *Scandinavia during the Second World War*, trans. Thomas Munch-Petersen (Minneapolis: University of Minnesota Press, 1983)
Nováček, Silvestr, *Drang nach Westen: Vystěhování Němců z Brna a odsun z jihomoravského pohraničí* (Czech Republic [no city]: Orego, 1996)
Novick, Peter, *The Holocaust and Collective Memory* (London: Bloomsbury, 2000)
——, *The Resistance versus Vichy* (London: Chatto & Windus, 1968)
Nowak, Edmund (ed.), *Obozy w Lamsdorf/Łambinowicach (1870–1946)* (Opole: Centralne Muzeum Jeńców Wojennych w Łambinowicach-Opolu, 2006)
Nurowski, Roman (ed.), *1939–1945 War Losses in Poland* (Poznań and Warsaw: Wydawnictwo Zachodnie, 1960)
Olsen, Kåre, *Schicksal Lebensborn: Die Kinder der Schande und ihre Mütter*, trans. Ebba D. Drolshagen (Munich: Knaur, 2004)
——, 'Under the Care of the Lebensborn', in Kjersti Ericsson and Eva Simonsen (eds.), *Children of World War II* (Oxford and New York: Berg, 2005)
Overmans, Rüdiger, *Deutsche militärische Verluste im Zweiten Weltkrieg* (Oldenbourg: Wissenschaftsverlag, 2000)
——, 'German Historiography, the War Losses, and the Prisoners of War', in Günter Bischof and Stephen E. Ambrose (eds.), *Eisenhower and the German POWs: Facts against Falsehood* (Baton Rouge and London: Louisiana State University Press, 1992)
Overy, Richard, *Russia's War* (London: Allen Lane, 1997)
Pansa, Giampaolo, *Il sangue dei vinti* (Milan: Sperling, 2005)
Pavlowitch, Stevan K., *Hitler's New Disorder: The Second World War in Yugoslavia* (London: Hurst & Co., 2008)
Pavone, Claudio, *Una guerra civile: Saggio storico sulla moralità nella Resistenza* (Turin: Universali Bollati Boringhieri, 2006)
Pearson, Raymond, *National Minorities in Eastern Europe 1848–1945* (London: Macmillan, 1983)
Pelle, János, *Az utolsó vérvádak* (Budapest: Pelikán, 1995)
Petacco, Arrigo, *A Tragedy Revealed: The Story of Italians from Istria, Dalmatia and Venezia Giulia, 1943–1956*, trans. Konrad Eisenbichler (University of Toronto Press, 2005)
Pike, David Wingeate, *Jours de gloire, jours de honte* (Paris: Société d'Édition d'Enseignement Supérieur, 1984)
Piotrowski, Tadeusz, *Vengeance of the Swallows* (Jefferson, NC: Macfarland, 1995)

Piscitelli, Enzo, *Da Parri a De Gasperi: Storia del dopoguerra 1945–1948* (Milan: Feltrinelli, 1975)

Porch, Douglas, *Hitler's Mediterranean Gamble* (London: Weidenfeld & Nicolson, 2004)

Prażmowska, Anita, *Civil War in Poland 1942–1948* (Basingstoke: Palgrave Macmillan, 2004)

Proudfoot, Malcolm J., *European Refugees 1939–52* (London: Faber & Faber, 1957)

Ray, John, *The Second World War* (London: Cassell, 1999)

Rees, Laurence, *Auschwitz* (London: BBC Books, 2005)

———, *World War Two behind Closed Doors* (London: BBC Books, 2008)

Richter, Heinz, *British Intervention in Greece: From Varkiza to Civil War* (London: Merlin Press, 1985)

Rioux, Jean-Pierre, *The Fourth Republic 1944–1958*, trans. Godfrey Rogers (Cambridge University Press, 1987)

Roberts, Andrew, *The Storm of War* (London: Allen Lane, 2009)

Rousso, Henry, 'The Purge in France', in Jon Elster (ed.), *Retribution and Reparation in the Transition to Democracy* (New York: Cambridge University Press, 2006)

Rubenstein, Joshua, *Tangled Loyalties: The Life and Times of Ilya Ehrenburg* (London and New York: I. B. Tauris, 1996)

Rumanian National Committee, *Persecution of Religion in Rumania* (Washington, DC: Rumanian National Committee, 1949)

———, *Suppression of Human Rights in Rumania* (Washington, DC: Rumanian National Committee, 1949)

Rumpf, Hans, *The Bombing of Germany*, trans. Edward Fitzgerald (London: White Lion, 1975)

Sack, John, *An Eye for an Eye: The Untold Story of Jewish Revenge against Germans in 1945* (New York: Basic Books, 1993)

Sander, Helke and Barbara Johr (eds.), *Befreier und Befreite: Krieg, Vergewaltigun Kinder* (Frankfurt-am-Main: Fischer Taschenbuch, 2006)

Sayer, Derek, *The Coasts of Bohemia: A Czech History* (Princeton University Press, 1998)

Schöpflin, George, *Politics in Eastern Europe* (Oxford and Cambridge, MA: Blackwell, 1993)

Sebag-Montefiore, Simon, *Stalin: The Court of the Red Tsar* (London: Weidenfeld & Nicolson, 2003)

Sebald, W. G., *On the Natural History of Destruction* (London, 2004)

Service, Robert, *A History of Modern Russia* (London: Penguin, 2003)

Shephard, Ben, *After Daybreak* (London: Pimlico, 2005)

———, *The Long Road Home: The Aftermath of the Second World War* (London: Bodley Head, 2010)

Siemaszko, Ewa, 'Bilans Zbrodni', *Biuletyn Instytutu Pamięci Narodowej*, nos. 7–8 (July–August 2010)

Siemaszko, Władisław and Ewa Siemaszko, *Ludobójstwo dokonane przez nacjonalistów ukraińskich na ludności polskiej Wołynia 1939–1945*, 2 vols. (Warsaw: Wydawn. von borowiecky, 2000)

Siklos, Pierre L., *War Finance, Reconstruction, Hyperinflation and Stabilization in Hungary, 1938–48* (Basingstoke: Macmillan, 1991)

Skolnik, Fred and Michael Berenbaum (eds.), *Encyclopaedia Judaica*, 22 vols. (Farmington Hills, MI: Thomson Gale, 2007)

Snyder, Timothy, *The Reconstruction of Nations: Poland, Ukraine, Lithuania, Belarus, 1569–1999* (New Haven and London: Yale University Press, 2003)

Spector, Shmuel, *Holocaust of Volhynian Jews*, trans. Jerzy Michalowicz (Jerusalem: Yad Vashem, 1990)

Spoerer, Mark, *Zwangsarbeit unter dem Hakenkreuz* (Stuttgart: Deutsche Verlags-Anstalt, 2001)

Staněk, Tomáš, *Internierung und Zwangsarbeit: Das Lagersystem in den böhmischen Ländern 1945 –1948* (Munich: R. Oldenbourg, 2007)

——, *Odsun Němců z Československa 1945–1947* (Prague: Academia/Naše vojsko, 1991)

——, *Retribuční vězni v českých zemích 1945–1955* (Opava: Slezský ústav Slezského zemského muzea, 2002)

——, *Verfolgung 1945: Die Stellung der Deutschen in Böhmen, Mähren und Schlesien* (Vienna, Cologne and Weimar: Böhlau Verlag, 2002)

Starkauskas, Juozas, 'The NKVD-MVD-MGB Army', in Arvydas Anušauskas (ed.), *The Anti-Soviet Resistance in the Baltic States* (Vilnius: Genocide and Resistance Research Centre of Lithuania, 2000)

Statiev, Alexander, *The Soviet Counterinsurgency in the Western Borderlands* (New York: Cambridge University Press, 2010)

Steinberg, Jonathan, *All or Nothing: The Axis and the Holocaust, 1941–1943* (London and New York: Routledge, 1990)

Storchi, Massimo, *Uscire dalla guerra: ordine pubblico e forze politiche, Modena 1945–1946* (Milan: Angeli, 1995)

Strods, Heinrichs, 'The Latvian Partisan War between 1944 and 1956', in Arvydas Anušauskas (ed.), *The Anti-Soviet Resistance in the Baltic States* (Vilnius: Genocide and Resistance Research Centre of Lithuania, 2000)

Takala, Hannu and Henrik Tham, *Crime and Control in Scandinavia during the Second World War* (Oslo: Norwegian University Press, 1989)

Taylor, Frederick, *Dresden* (New York: HarperCollins, 2004)

Tec, Nechama, *Defiance: The True Story of the Bielski Partisans* (Oxford University Press, 2008)

Tismaneanu, Vladimir, *Stalinism for all Seasons* (Berkeley: University of California Press, 2003)

Tolstoy, Nikolai, *Stalin's Secret War* (New York: Holt, Reinhart and Winston, 1981)

Tomasevich, Jozo, *War and Revolution in Yugoslavia: Occupation and Collaboration* (Stanford University Press, 2001)

Tooze, Adam, *The Wages of Destruction* (London: Penguin, 2007)
Tsaruk, Iaroslav, *Trahediia volyns'kykh sil, 1943–1944 rr.* (Lviv: I. Krypiakevych Institute of Ukrainian Studies, 2003)
Uehling, Greta Lynn, *Beyond Memory: The Crimean Tatars' Deportation and Return* (London and New York: Palgrave Macmillan, 2004)
United States Holocaust Memorial Museum, *The Confiscation of Jewish Property in Europe 1933–1945: Symposium Proceedings* (New York: USHMM Center for Advanced Holocaust Studies, 2003)
Upton, A. F., *The Communist Parties of Scandinavia and Finland* (London: Weidenfeld & Nicolson, 1973)
van der Zee, Henri, *The Hunger Winter: Occupied Holland 1944–5* (London: Jill Norman and Hobhouse, 1982)
Vardys, V. Stanley and Judith B. Sedaitis, *Lithuania: The Rebel Nation* (Boulder, CO: Westview Press, 1997)
Vědecká Konference 'Národní podoby antisemitismu', *Retribuce v ČSR a národní podoby antisemitismu* (Prague: Institute of Contemporary History, 2002)
Veyret, Patrick, *Lyon 1939–1949: De la collaboration industrielle à l'épuration économique* (Châtillon-sur-Chalaronne: La Taillanderie, 2008)
Virgili, Fabrice, *Shorn Women: Gender and Punishment in Liberation France*, trans. John Flower (Oxford and New York: Berg, 2002)
Voglis, Polymeris, 'Between Negation and Self-Negation: Political Prisoners in Greece, 1945–1950', in Mark Mazower (ed.), *After the War Was Over* (Princeton and Oxford: Princeton University Press, 2000)
Warring, Anette, *Tyskerpiger – under besættelse og retsopgør* (Copenhagen: Gyldendal, 1994)
———, 'War, Cultural Loyalty and Gender', in Kjersti Ericsson and Eva Simonsen (eds.), *Children of World War II* (Oxford and New York: Berg, 2005)
Watson, Peter, *A Terrible Beauty* (London: Phoenix, 2001)
Weitz, Margaret Collins, *Sisters in the Resistance: How Women Fought to Free France, 1940–1945* (New York: John Wiley & Sons, 1995)
Werner, Hermann, *Tübingen 1945* (Stuttgart: Konrad Theiss Verlag, 1986)
Werth, Alexander, *Russia at War* (London: Barrie & Rockliff, 1964)
Willis, F. Roy, *The French in Germany 1945–1949* (Stanford University Press, 1962)
Wilson, Kevin, *Bomber Boys* (London: Weidenfeld & Nicolson, 2005)
Winterton, Paul, *Report on Russia* (London: Cresset Press, 1945)
Withuis, Jolande and Annet Mooij (eds.), *The Politics of War Trauma: The Aftermath of World War II in Eleven European Countries* (Amsterdam: Askant, 2010)
Woller, Hans, *Die Abrechnung mit dem Faschismus in Italien, 1943 bis 1948* (Munich: Oldenbourg, 1996)
Wyman, Mark, *DPs: Europe's Displaced Persons, 1945–1951* (Ithaca and London: Cornell University Press, 1998)

Yekelchyk, Serhy, *Ukraine: Birth of a Modern Nation* (Oxford University Press, 2007)

Žerjavić, Vladimir, *Yugoslavian Manipulations with the Number of Second World War Victims* (Zagreb: Croatian Information Centre, 1993)

论文集

Anon., *Komu sluší omluva: Češi a sudetští němci (Dokumenti, fakta, svědectví)*

Beneš, Edvard, *Speech delivered by President E. Beneš on the Old Town Square, Prague, on His Return to Czechoslovakia, May 16th 1945* (Prague: Orbis, 1945; repr. Prague: Erika, 1992)

Białecki, Tadeusz et al. (eds.), *Źródła do dziejów Pomorza Zachodniego: Niemcy na Pomorzu Zachodnim w latach 1945–1950* (Szczecin University, 2004)

Borodziej, Włodzimierz and Hans Lemberg (eds.), *Die Deutschen östlich von Oder und Neiße 1945–1950: Dokumente aus polnischen Archiven*, 4 vols. (Marburg: Herder Institut, 2003–4)

Cannadine, David (ed.), *Blood Toil Tears and Sweat: Winston Churchill's Famous Speeches* (London: Cassell, 1989)

Clogg, Richard (ed.), *Greece 1940–1949: Occupation, Resistance, Civil War: A Documentary History* (Basingstoke: Palgrave Macmillan, 2002)

Dziurok, Adam (ed.), *Obóz Pracy w Świętochłowicach w 1945 roku* (Warsaw: Instytut Pamięci Narodowej, 2003)

Misiło, Eugeniusz (ed.), *Akcja 'Wisła'* (Warsaw: Archiwum Ukraińskie, 1993)

———, *Repatriacja czy deportacja?: Przesiedlenie Ukraińców z Polski do USSR 1944–1946* (Warsaw: Archiwum Ukraińskie, 1996–9)

Pustejovsky, Otfrid, *Die Konferenz von Potsdam und das Massaker von Aussig am 31 Juli 1945* (Munich: Herbig, 2001)

Rupić, Mate et al. (eds.), *Partizanska i komunistička represija i zločini u Hrvatskoj 1944–1946: Dokumenti* (Slavonski Brod: Hrvatski institut za povijest, 2005)

Spieler, Silke (ed.), *Vertreibung und Vertreibungsverbrechen 1945–1948: Bericht des Bundesarchivs vom 28 Mai 1974, Archivalien und ausgewählte Erlebnisberichte* (Bonn: Bundesarchiv Koblenz & Kulturstiftung der Deutschen Vertriebenen, 1989)

Stalin, Generalissimo Josef, *War Speeches, Orders of the Day and Answers to Foreign Press Correspondents during the Great Patriotic War July 3rd, 1941 – June 22nd, 1945* (London: Hutchinson, 1946)

Trgo, Lt Gen. Fabijan (ed.), *The National Liberation War and Revolution in Yugoslavia: Selected Documents*, trans. Anđelija Vujović, Karin Radovanović and Madge Tomašević (Belgrade: Military History Institute of the Yugoslav People's Army, 1982)

回忆录、报告、目击证言、日记、书信

Acheson, Dean, *Present at the Creation: My Years at the State Department* (New York: Norton, 1969)

Adler, Hans Guenther, *Theresienstadt 1941–1945: das Antlitz einer Zwangsgemeinschaft – Geschichte, Soziologie, Psychologie* (Tübingen: Mohr, 1955)

Andreas-Friedrich, Ruth, *Battleground Berlin: Diaries 1945–1948*, trans. Anna Boerresen (New York: Paragon House, 1990)

Anon., *The Day War Ended: Voices and Memories from 1945* (London: Weidenfeld & Nicolson, 2005)

———, *A Woman in Berlin* (London: Virago, 2006)

Becker, Hans, *Devil on My Shoulder*, trans. Kennedy McWhirter and Jeremy Potter (London: Four Square Books, 1958)

Bertaux, Pierre, *Libération de Toulouse et de sa région* (Paris: Hachette, 1973)

Blunt, Roscoe C., *Foot Soldier: A Combat Infantryman's War in Europe* (Cambridge, MA: Da Capo Press, 2002)

Bodson, Herman, *Agent for the Resistance* (College Station: Texas A&M University Press, 1994)

Bohec, Jeanne, *La plastiqueuse à bicyclette* (Paris: Mercure de France, 1975)

Byford-Jones, W., *Berlin Twilight* (London: Hutchinson, 1947)

Churchill, Winston, *The Second World War*, 6 vols. (London: Cassell, 1948–54)

Clay, Lucius D., *Decision in Germany* (London: Heinemann, 1950)

De Gasperi, Maria-Romana (ed.), *De Gasperi scrive: corrispondenza con capi di stato, cardinali, uomini politici, giornalisti, diplomatici*, 2 vols. (Brescia: Morcelliana, 1974)

de Gaulle, Charles, *Mémoires de Guerre*, vol. II: *L'Unité 1942–1944* (Paris: Plon, 1956)

Dimitrov, Georgi, *The Diary of Georgi Dimitrov 1933–1949*, trans. Jane T. Hedges, Timothy D. Sergay and Irina Faion (New Haven and London: Yale University Press, 2003)

Djilas, Milovan, *Conversations with Stalin*, trans. Michael B. Petrovich (London: Rupert Hart-Davis, 1962)

———, *Wartime* (New York and London: Harcourt Brace Jovanovich, 1977)

Donat, Alexander, *The Holocaust Kingdom: A Memoir* (London: Secker & Warburg, 1965)

Ehrenburg, Ilya and Vasily Grossman (eds.), *The Black Book*, trans. John Glad and James S. Levine (New York: Holocaust Library, 1981)

Eisenhower, Dwight D., *Crusade in Europe* (London: Heinemann, 1948)

Esser, Heinz, *Die Hölle von Lamsdorf: Dokumentation über ein polnisches Vernichtungslager* (Bonn: Landsmannschaft der Oberschlesier e.V., 1969)

Farge, Yves, *Rebelles, soldats et citoyens* (Paris: Grasset, 1946)

FitzGibbon, Theodora, *With Love* (London: Century, 1982)

Frommer, Benjamin, *National Cleansing: Retribution against Nazi Collaborators in Postwar Czechoslovakia* (Cambridge University Press, 2005)
Fuykschot, Cornelia, *Hunger in Holland: Life during the Nazi Occupation* (New York: Prometheus, 1995)
Geddes, Giorgio, *Nichivo* (London: Cassell, 2001)
Grassmann, Ilse, *Ausgebombt: Ein Hausfrauen-Kriegstagebuch* (Hamburg: Haymarket Media, 2003)
Gruschka, Gerhard, *Zgoda: Ein Ort des Schreckens* (Neureid: Ars Una, 1996)
Haukelid, Knut, *Det demrer en dag* (Oslo: Nasjonalforlaget, 1947)
Iatrides John O. (ed.), *Ambassador MacVeagh Reports: Greece 1933–1947* (Princeton University Press, 1980)
Jacobs, Ingeborg, *Freiwild: Das Schicksal deutscher Frauen 1945* (Berlin: Propyläen, 2008)
Kaps, Johannes, *The Tragedie of Silesia 1945–46* (Munich: Christ Unterwegs, 1952)
Karapandzich, Boriwoje M., *The Bloodiest Yugoslav Spring, 1945: Tito's Katyns and Gulags* (New York: Hearthstone, 1980)
Kardorff, Ursula von, *Diary of a Nightmare: Berlin 1942–1945*, trans. Ewan Butler (London: Rupert Hart-Davis, 1965)
Kennan, George F., *Memoirs 1925–1950* (Boston and Toronto: Little, Brown, 1967)
Klemperer, Victor, *To the Bitter End: The Diaries of Victor Klemperer 1942–45*, trans. Martin Chalmers (London: Weidenfeld & Nicolson, 1999)
Kopelev, Lev, *No Jail for Thought*, trans. and ed. Anthony Austin (London: Secker & Warburg, 1977)
Kovaly, Heda Margolis, *Prague Farewell*, trans. Franci Epstein and Helen Epstein (London: Gollancz, 1988)
Lane, Arthur Bliss, *I Saw Poland Betrayed: An American Ambassador Reports to the American People* (New York and Indianapolis: Bobbs-Merrill, 1948)
Levi, Primo, *Survival in Auschwitz and The Reawakening: Two Memoirs*, trans. Stuart Woolf (New York: Summit Books, 1986)
Lewis, Norman, *Naples '44* (London: Collins, 1978)
Lotnik, Waldemar, *Nine Lives* (London: Serif, 1999)
Lukša, Juozas, *Forest Brothers: The Account of an anti-Soviet Lithuanian Freedom Fighter 1944–1948*, trans. Laima Vincė (Budapest and New York: Central European University Press, 2009)
Manus, Max, *Det blir alvor* (Oslo: Steensballes Boghandels, 1946)
Markov, Georgi, *The Truth that Killed*, trans. Liliana Brisby (London: Weidenfeld & Nicolson, 1983)
Moorehead, Alan, *Eclipse* (London: Granta, 2000)
Mosley, Leonard O., *Report from Germany* (London: Gollancz, 1945)
Müller, Jens, *Tre kom tilbake* (Oslo: Gyldendal, 1946)
Mungone, G., *Operazione rossa* (Padua: Tipografia Gori di Tognana, 1959)

Nagy, Ferenc, *The Struggle behind the Iron Curtain*, trans. Stephen K. Swift (New York: Macmillan, 1948)
Nicolson, Nigel, *Long Life* (London: Weidenfeld & Nicolson, 1997)
Nossack, Hans Erich, *Der Untergang* (Hamburg: Ernst Kabel Verlag, 1981)
Olsen, Oluf, *Contact* (Oslo: Erik Qvist, 1946)
——, *Vi kommer igjen* (Oslo: Erik Qvist, 1945)
Owen, James and Guy Walters (eds.), *The Voice of War* (London: Viking, 2004)
Padover, Saul, *Psychologist in Germany: The Story of an American Intelligence Officer* (London: Phoenix House, 1946)
Patton, George S., *War as I Knew It* (Boston: Houghton Mifflin, 1947)
Polcz, Alaine, *One Woman in the War* (Budapest and New York: Central European University Press, 2002)
Prcela, John and Stanko Guldescu (eds.), *Operation Slaughterhouse: Eyewitness Accounts of Postwar Massacres in Yugoslavia* (Philadelphia: Dorrance & Co., 1970)
Robinson, Austin, *First Sight of Germany, May–June 1945* (Cambridge: Cantelupe Press, 1986)
Roosevelt, Elliott, *As He Saw It* (New York: Duell, Sloan and Pearce, 1946)
Ruhl, Klaus-Jörg (ed.), *Unsere verlorenen Jahre: Frauenalltag in Kriegs- und Nachkriegszeit 1939–1949, in Berichten, Dokumenten und Bilden* (Darmstadt: Luchterhand, 1985)
Saint-Exupéry, Antoine de, *Flight to Arras*, trans. Lewis Galantière (Harmondsworth: Penguin, 1961)
Schuetz, Hans A. D., *Davai, Davai!: Memoir of a German Prisoner of World War II in the Soviet Union* (Jefferson, NC, and London: McFarland & Co., 1997)
Sington, Derrick, *Belsen Uncovered* (London: Duckworth, 1946)
Smith, Lyn, *Forgotten Voices of the Holocaust* (London: Ebury Press, 2005)
Toth, Zoltan, *Prisoner of the Soviet Union*, trans. George Unwin (Woking: Gresham Press, 1978)
Truman, Harry S., *Memoirs*, vol. II: *Years of Trial and Hope* (New York: Signet, 1965)
Vachon, John, *Poland 1946: The Photographs and Letters of John Vachon*, ed. Ann Vachon (Washington, DC, and London: Smithsonian Institute Press, 1995)
von Einsiedel, Count Heinrich, *The Shadow of Stalingrad: Being the Diary of a Temptation* (London: Alan Wingate, 1953)
Voute, Peter, *Only a Free Man: War Memoirs of Two Dutch Doctors (1940–1945)* (Santa Fe, NM: The Lightning Tree, 1982)
Wilson, Francesca, *Aftermath: France, Germany, Austria, Yugoslavia, 1945 and 1946* (London: Penguin, 1947)
Wolff-Mönckeberg, Mathilde, *On the Other Side: To My Children from Germany 1940–1945* (London: Peter Owen, 1979)
Woodhouse, C. M., *Apple of Discord* (London: Hutchinson, 1948)

注　释

序　言

1. Dean Acheson memorandum to Harry Hopkins, 26 December 1944, *Foreign Relations of the United States* (*FRUS*), 1945, vol. II, pp. 1059 – 61. Pope Pius XII's address to the Sacred College of Cardinals, *New York Times*, 3 June 1945, p. 22.

2. "Europe: The New Dark Continent", *New York Times* magazine, 18 March 1945, p. 5.

第一部　战争遗产

1. Samuel Puterman, 引自 Michał Grynberg (ed.), *Words to Outlive Us: Eyewitness Accounts from the Warsaw Ghetto* (London: Granta, 2003), p. 440。

2. Acheson, p. 231.

第一章　破败

1. Baedeker, pp. 85 – 94.

2. Davies, *Rising '44*, p. 556.

3. Ibid., pp. 666 – 7.

4. Ibid., p. 439.

5. Ministry of Culture & Art, *Warsaw Accuses*, pp. 19 – 24; and Davies, *God's Playground*, p. 355.

6. Ministry of Culture & Art, *Warsaw Accuses*, pp. 19 – 24.

7. Vachon, p. 5, letter of 10 January 1946.

8. Hastings, *Armageddon.*

9. HM Government, *Statistics*, p. 9; 另可参阅 The National Archives (TNA): Public Record Office (PRO) CAB 21/2110 and *Daily Express*, 29 November 1944。

10. Ray, pp. 95 –6.

11. Hitchcock, p. 44.

12. Florentin, p. 430.

13. Gaillard, p. 113.

14. Rioux, p. 471.

15. According to Ferenc Nagy, p. 129.

16. 参阅 Judt, p. 16; 以及 Werth, p. 864。

17. Werth, p. 709.

18. 参阅 Kondufor, p. 239; 以及 Krawchenko, p. 15。

19. Valentin Berezhkov, 引自 Beevor, *Stalingrad*, p. 418。

20. Werth, p. 837.

21. Kennan, pp. 280 –82.

22. United States Strategic Bombing Survey (USSBS), *Over-all Report* (*European War*), 1945, p. 72. Tooze 提供的数字为 380 万人, p. 672; 位于威尔斯巴登的德国联邦统计局的统计数字为 337 万人, 参阅 Hastings, *Bomber Command*, p. 352。

23. 20.2 万间严重损毁、不可修复的英国房屋, 仅占总数的 1.5%: HM Government, *Statistics*, pp. 31 –2; 另可参阅 TNA: PRO CAB 21/2110。

24. 参阅 Rumpf, pp. 128 –9. 英军轰炸观测部队提供的数字是, 柏林 33%、汉诺威 60%、汉堡 75%、杜伊斯堡 48%、多特蒙德 54%、科隆 61%; 参阅 Webster and Frankland, vol. IV, pp. 484 –6. 美国战略轰炸观测部队提供了另一组数字: 例如, 汉堡 61%, 参阅 Lowe, p. 318。

25. Robinson, diary entry for Monday, 28 May 1945.

26. Philip J. C. Dark, IWM Docs 94/7/1, typescript account, "Look Back This Once: Prisoner of War in Germany in WWII".

27. Herbert Conert, 引自 Taylor, p. 396. 德累斯顿大轰炸后如同月球表面的惨状，参阅 Kurt Vonnegut, *Slaughterhouse 5* (London: Vintage, 1991), pp. 130 – 31。

28. Klemperer, p. 596, diary entry for 22 May 1945.

29. Colonel R. G. Turner, IWM Docs, 05/22/1, letter to his mother, 11 July 1945.

30. Janet Flaner, 引自 Sebald, p. 31。

31. USSBS, *Over-all Report*, p. 95. 关于战后人口，参阅 Maddison, pp. 38 – 9。

32. Taras Hunczak, "Ukrainian – Jewish Relations during the Soviet and Nazi Occupations", in Boshyk, p. 47; and Kondufor, p. 239. 认为战前匈牙利人口为 922.7 万的说法可参阅 Maddison, p. 96。

33. Lane, p. 26.

34. Werth, p. 815.

35. Anne O'Hare McCormick, "Europe's Five Black Years", *New York Times Magazine*, 3 September 1944, p. 42.

36. Ibid., pp. 42 – 3.

37. Judt, p. 17. 盟国远征军最高统帅部的初步估计（1944 年 12 月 15 日）略低，为 50 万英亩（20.2 万公顷）；参阅 Coles and Weinberg, p. 826。

38. Nøkelby, p. 315.

39. Mazower, *Inside Hitler's Greece*, p. 155; Judt, p. 17; 以及 Hitchcock, p. 228，它的估计更高，为 1700 个村庄.

40. Tomasevich, p. 715.

41. Judt, p. 17. 仅在乌克兰就有 2.8 万个村庄被摧毁，可参阅 Krawchenko, p. 15。

42. Stalin, *War Speeches*, p. 7.

43. 引自 Andrew Gregorovich，“World War II in Ukraine”，*Forum*：*A Ukrainian Review*，no. 92（Spring 1997），available online at http：//www. infoukes. com/history/ww2/page - 26. html。

44. Order to SS - Obergruppenführer Prützmann on 3 September 1943，引自 Dallin，p. 364。

45. 参阅 Glanz，pp. 170 and 186。

46. Judt，p. 17.

47. Tomasevich，p. 715.

48. 芬兰和挪威参阅 Nøkelby，p. 315；波兰参阅 Jan Szafrański，“Poland's Losses in World War II”，in Nurowski，pp. 68 - 9；荷兰、法国和苏联参阅 Judt，p. 17；希腊参阅 Judt，p. 17 和 Hitchcock，p. 228；意大利参阅 UNRRA statistics，引自 Hitchcock，p. 234，以及 Vera Zamagni，“Italy：How to Lose the War and Win the Peace”，in Harrison，p. 212；南斯拉夫参阅 Tomasevich，p. 715；乌克兰参阅 Kondufor，p. 239。

49. Philip J. C. Dark，IWM Docs 94/7/1，typescript account，“Look Back This Once：Prisoner of War in Germany in WWII”，entry for 19 April 1945.

50. Levi，pp. 288 - 9.

51. Ibid.，p. 367.

第二章　离丧

1. Nossack，p. 67.

2. Ibid.，p. 98.

3. Ibid.，p. 68. Lowe，*passim*.

4. 统计战争死亡人数是极为困难的任务，其复杂性在于缺乏准确数据、领土变更、何谓“战争死亡”、大量人口迁移等。关于各国的复杂情况，参阅 Frumkin，*passim*。

5. 基于战前波兰领土，参阅 Frumkin，pp. 60 and 117. 对照参阅 Maddison，pp. 38 and 96。

6. Frumkin（p. 168）and Dupuy and Dupuy（p. 1309）给出非常不同的数字；但英国中央统计局（pp. 13，37 and 40）提供的数字是 63635 名平民死于战争，234475 名军人死于战争，我认为这些数字是最为可靠的。Milward 提供的数字包括英联邦有 611596 人死于战争，参阅他的 *War, Economy and Society*, p. 211。

7. 法国：Frumkin 提供的数字是 60 万，与 Rioux 相同，p. 18；但 Milward 提供的死亡数字是 49.7 万，参阅 *War, Economy and Society*, p. 211，以及 Rioux 也提到可能还有 30 万战争间接死难者（死于营养不良等原因）。荷兰：Frumkin 提供的数字是 21 万，p. 168，与荷兰中央统计局相同，p. 749，可能有 7 万战争间接死难者。比利时：Frumkin 提供的数字是 8.8 万，p. 168，估计其中有 2.7 万名犹太人；Martin Gilbert 提供的数字是 24387 名比利时犹太人，参阅 *Atlas of the Holocaust*, p. 231。意大利：Frumkin 提供的数字是 41 万，p. 103；但意大利政府提供的官方统计数字是 159957 名军人阵亡和 149496 名平民死难，总数为 309453，参阅 Istituto Centrale di Statistica, pp. 3 – 11。

8. 统计数字出入极大，取决于对德国边界、德国国籍、统计截止日期、苏联集中营死亡人数的界定等。Frumkin 估计有 420 万德国人死亡（p. 83）；Overmans 认为有超过 600 万人死亡，其中 445.6 万名军人阵亡，参阅 *Deutsche militärische Verluste*, pp. 333 – 6。Milward 同样认为有 600 万人死亡，*War, Economy and Society*, p. 211。按照 USSBS *Over-all Report*, p. 95，有 30.5 万德国平民死于盟军轰炸；但德国联邦统计局于 1962 年提供的更为广泛的数字为 57 万人，　参阅 *Wirtschaft und Statistik*, 1962, p. 139。

9. Frumkin 认为有 16 万人死亡，其中超过 14 万名妇女，pp. 89 – 91。然而，实际上妇女死亡人数还要更高：一份红十字会报告认为高达 25 万人；参阅 Mazower, *Inside Hitler's Greece*, p. 41。许多历史学家认为妇女死亡人数为 35 万，参阅 Hionidou, pp. 2, 158。Maddison, p. 44，认为战前希腊人口为 715.6 万。

10. Frumkin 认为有 43 万人死于战争（p. 94）；Glanz 估计为 42 万至 45

万人，p. 169；Maddison 认为战前匈牙利人口为 922. 7 万（p. 96）。

11. 最为可靠的数字为 102. 7 万人：参阅 Tomasevich 的讨论，pp. 718 – 50，and Croatian State Commission，pp. 19 – 26。Maddison，p. 96，认为战前南斯拉夫人口为 1630. 5 万 .

12. 受教育人数估计百分比来自 Misiunas and Taagepera，p. 356。

13. Frumkin 认为波兰死亡人数为 58 万，其中包括 320 万犹太人（p. 122），但 1947 年的波兰官方统计数字为 602. 8 万人（其中，非官方的，包括 290 万名犹太人），参阅 Biuro Odszkodowańjennych przy Prezydium Rady Ministrów。另可参阅 Davies，*God's Playground*，p. 344 and Jan Szafrański，"Poland's Losses in World War II"，in Nurowski，p. 44。战前波兰人口为 3480 万，参阅注释 5。

14. 统计数字出入很大：参阅 Krivosheev，p. 83；以及 Barber 以及 Harrison，p. 206。Milward 认为只有 1700 万人，*War，Economy and Society*，p. 211。Overy，p. 288，认为有 2500 万人，并且注明赫鲁晓夫于 1956 年发布的数字是 2000 万人，戈尔巴乔夫于 1991 年发布的数字是 2500 万人。

15. Yekelchyk，p. 151. 另可参阅 Krawchenko，p. 15，其认为有 680 万人。Kondufor 认为有 500 万人，p. 222。

16. Statiev，p. 64.

17. Edith Baneth，引自 Smith，p. 318。

18. Moorhouse，p. 183.

19. Victor Breitburg，引自 Anon.，*The Day War Ended*，p. 200。

20. 参阅 Friedländer，p. 219，更低的战前人数；Snyder，pp. 74 and 86，更高的战前人数，更高的战后比例。另可参阅 Skolnik and Berenbaum，vol. XX，p. 531。

21. Skolnik and Berenbaum，vol. XX，pp. 670，674.

22. Skolnik and Berenbaum，vol. XIV，p. 294.

23. Spector，pp. 357 – 8.

24. Gilbert，*Atlas of the Holocaust*，p. 232. 按照纽伦堡审判出示的证据为

570 万人，但后来的估计为 593.39 万人，参阅 Dawidowicz, pp. 479 – 80。

25. Alicia Adams，引自 Smith, p. 317。她提供的数字极为夸张：在战争爆发时 1.7 万名犹太人中，只有 400 名犹太人在苏联解放此地时仍然幸存。参阅 Skolnik and Berenbaum, vol. VI, p. 24。

26. 引自 Beevor and Vinogradova, p. 251。

27. 引自同上，p. 253。

28. Celina Liberman testimony in Anon. , *The Day War Ended*, p. 184.

29. Gilbert, *Atlas of the Holocaust*, p. 229. Dawidowicz 认为有 300 万幸存者，但包括 86.8 万名俄罗斯犹太幸存者，可参阅 p. 480。

30. Gilbert, *Atlas of the Holocaust*, p. 154; Dawidowicz, p. 446.

31. Steinberg, *passim*.

32. Gilbert, *Atlas of the Holocaust*, p. 140; Dawidowicz, pp. 464 – 5.

33. Gilbert, *Atlas of the Holocaust*, p. 230.

34. Hondius, p. 97.

35. 战争期间被杀害的塞尔维亚人数曾被严重夸大。这个可能是最为精确的数字；参阅 Tomasevich, pp. 727 – 8。

36. Zbigniew Ogrodzinski, personal interview, 30 October 2007. 同样的事也发生在德涅斯特河沿岸；参阅 Werth, pp. 814 – 15。

37. Major A. G. Moon, IWM Docs 06/126/1, typescript memoir, p. 50.

38. Milward, *War, Economy and Society*, p. 215.

39. 据 1945 年 12 月的统计，只有 10% 的东欧人口属于少数民族：参阅 Pearson, p. 229。

40. Farmer, *passim*.

41. 关于利迪策的统计，参阅 Anon. , *Komu sluší omluva?*, p. 70；以及 Sayer, pp. 231 and 369, fn. 45。

42. Miloslava Kalibová interview in Charles Wheeler's BBC documentary *A Shadow Over Europe*, 2002.

43. Miloslava Kalibová interview with Carmen T. Illichmann, "Lidice:

Remembering the Women and Children", *UW – L Journal of Undergraduate Research*, 8 (2005).

44. Saint – Exupéry, p. 63.

45. Major A. G. Moon, IWM Docs 06/126/1, typescript memoir. 柏林的男女比例几乎是 1 比 2：参阅 Naimark, *Russians*, p. 127。

46. 参阅 Barber and Harrison, p. 207; also Mark Harrison's essay "The Soviet Union: The Defeated Victor", in Harrison, p. 286; and Milward, *War, Economy and Society*, p. 212。

47. 参阅 Macardle, pp. 107, 202, 231. 另可参阅 Brosse, p. 29。

48. Byford – Jones, p. 52.

49. Ibid., p. 55.

50. Macardle, p. 80. 这是一个保守的数字：联合国教科文组织于 1946 年估计的数字为 170 万人。参阅 Brosse, p. 30。

51. TNA: PRO FO 938/310.

52. Andrzej C., personal interview, 3 March 2008.

53. Brosse, p. 29.

54. Andrzej C., personal interview, 3 March 2008.

55. 按照国际红十字会于 1948 年的估计, Brosse, p. 28。

56. 关于各国的官方数字，参阅 Macardle, pp. 58, 80, 107, 156, 200, 206 and 287。

57. 参阅，如 Lucie Cluver and Frances Gardner, "The Mental Health of Children Orphaned by Aids: A Review of International And Southern African Research", *Journal of Child and Adolescent Mental Health*, 19 (1) (2007), pp. 1 – 17。把艾滋病孤儿与其他原因（包括战争）导致的孤儿以及非孤儿作对照。

第三章　流徙

1. 按照 Tooze, p. 517, 及至 1944 年年底，德国境内的外国劳工高达

790.7 万人。另可参阅 IWM Docs 84/47/1, statistical tables kept by Miss B. F. N. Lewis; Spoerer, p. 222; Proudfoot, p. 159。

2. 关于轰炸疏散人数，参阅 TNA: PRO WO 219/3549。关于躲避苏联红军的德国难民人数，参阅 Tooze, p. 672。另可参阅 Beevor, *Berlin*, p. 48。

3. 关于各种相互矛盾的英美战俘人数，参阅 Nichol and Rennell, pp. 416 - 20。

4. 关于德国境内所有难民总数，Tooze 认为有 2000 万人，p. 672。关于总数中各个群体的数量，参阅 Spoerer, p. 212; Hitchcock, p. 250; Proudfoot, pp. 158 - 9; Marrus, pp. 299, 326。

5. Proudfoot, p. 34.

6. Derek L. Henry, IWM Docs 06/126/1, typescript memoir, p. 93.

7. Padover, p. 273.

8. Mrs E. Druhm, IWM Docs 02/28/1, manuscript memoir.

9. Major A. G. Moon, IWM Docs 06/126/1, typescript memoir, p. 58.

10. Andrzej C. , personal interview, 11 February 2008.

11. Mrs E. Druhm, IWM Docs 02/28/1, manuscript memoir.

12. Marilka Ossowska, personal interview, 17 November 2007.

第四章　饥荒

1. 关于西班牙可参阅 *New York Times* magazine, 18 March 1945, p. 51; 关于瑞士可参阅 Milward, *War, Economy and Society*, p. 255。

2. 参阅 Hionidou, esp. ch. 4。

3. Ibid. , p. 162.

4. 按照国际红十字会数字，可参阅 Mazower, *Inside Hitler's Greece*, p. 41。数字范围介乎于 10 万与 45 万之间，参阅 Hionidou, pp. 2, 158。

5. 关于德国的征收行动以及随之而来的荷兰经济困难，参阅 van der Zee, *passim*, 以及 Fuykschot, pp. 124 - 50。

6. 关于荷兰的报告，参阅 TNA：PRO FO 371/39329，20 May 1944；以及 AIR 8/823，“Interview between the Prime Minister and Dr Gerbrandy, Prime Minister of the Netherlands”，5 October 1944。关于开往荷兰的紧急补给船，以及开往比利时的补给船的对比，参阅 WO 106/4419，and FO 371/49032。另可参阅 Hitchcock，pp. 98 – 122。

7. NARA RG 331 SHAEF G – 5，entry 47，box 27，Military Government Branch，Main HQ，First Canadian Army，Weekly Report no. 27，period 13 – 19 May 1945.

8. *The Times*，7 May 1945.

9. 更低的数字，参阅 Hitchcock，p. 122；更高的数字，参阅 Hirschfeld，p. 53。

10. Himmler to Seyss – Inquart，7 January 1941，引自 Hirschfeld，p. 46。

11. Tooze，p. 264.

12. Ibid.，p. 539.

13. 关于营养摄取量，Judt，p. 21；Tooze，p. 361。

14. Letter of 4 February 1945，in Wolff – Mönckeberg，p. 107.

15. Tooze，p. 419.

16. 关于荷兰解放后的配给标准，参阅 TNA：PRO WO 32/16168，Montgomery message to Eisenhower。关于德国占领荷兰期间的配给标准，参阅 Burger et al.，pp. 20 – 24。关于鹿特丹，参阅 Hitchcock，p. 114。

17. 引自 Mazower，*Inside Hitler's Greece*，p. 33.

18. Tooze，p. 467.

19. Ibid.，p. 366.

20. Ibid.，pp. 479 – 80. 在入侵俄国之前的一次周末宴会中，希姆莱告诉同僚，“入侵俄国的目的在于杀掉 3000 万的斯拉夫人”；参阅 Rees，*Auschwitz*，pp. 53 – 4。

21. 可参阅如 the many stories in Geddes，*passim.*

22. Krawchenko，p. 27.

23. 更低的数字，参阅 Spoerer, p. 72；更高的数字，参阅 Tooze, p. 482，他认为还有 60 万人被处决。另可参阅 Herbert, p. 141。

24. Glantz, p. 220.

25. TNA, FO 1005/1631, Reports on conditions in Germany, 1945 – 1946.

26. *New York Times*, 9 September 1944: "MYM100, 000, 000 in Aid Sent to Italians"; *Daily Express*, 6 September 1944: "Finished with War, Rome Cries for Bread"; *New York Times*, 8 December 1944: "Housewives Riot on Prices in Rome".

27. Hitchcock, p. 234.

28. 参阅 Macardle, p. 206。

29. Ruth Irmgard testimony in Jacobs, p. 72.

30. Botting, p. 168; Lewis, p. 61.

31. Macardle, p. 201.

32. R. J. Hunting, IWM Docs 10519 P339, typescript memoir, pp. 272 – 4.

33. 引自 Hitchcock, p. 277。

第五章 堕落

1. Lewis, pp. 25 – 6.

2. Ibid., pp. 42 – 3, 56 – 7.

3. Blunt, p. 56.

4. Macardle, pp. 94, 206.

5. Moorehead, p. 66.

6. 引自 Byford – Jones, p. 38。

7. Hionidou, ch. 4.

8. 如可参阅 Tec, p. 91。

9. Anon., *A Woman in Berlin*, pp. 57 – 60.

10. Andrzej C., personal interview, 11 February 2008.

11. Risto Jaakkola and Henrik Tham, "Traditional Crime in Scandinavia During the Second World War", in Takala and Tham, pp. 38 – 51.

12. Fishman, p. 85.

13. Brosse, p. 80.

14. Zbigniew Ogrodzinski, personal interview, 30 October 2007; Captain I. B. Mackay, IWM Docs 94/8/1, typescript memoir, p. 130.

15. Moorehead, p. 66.

16. Porch, p. 518.

17. Lewis, p. 100.

18. Botting, p. 183. 另可参阅 TNA: PRO FO 1050/292, letter from anti – Fascist parties of Germany on increase in brigandage, 31 January 1946; and FO 1050/323 for Berlin statistics in 1945。

19. Anon. , *A Woman in Berlin*, p. 209.

20. Andreas – Friedrich, p. 20, entry for 9 May 1945.

21. Polcz, p. 92.

22. Alik Ossowski, personal interview, 17 November 2007; Maria Bielicka, personal interview, 28 January 2008.

23. Maria Bielicka, personal interview, 28 January 2008.

24. Milward, *War*, *Economy and Society*, p. 282.

25. Ibid. , p. 283.

26. 引自 Mazower, *Inside Hitler's Greece*, pp. 60 – 61。

27. The Great Decree, no. 16/1945, para. 10: 参阅 Frommer, p. 353。

28. Lt Gen. Sir Frederick Morgan to the Foreign Office's Under Secretary of State, 14 September 1946, IWM Docs 02/49/1.

29. Margaret Gore interview, IWM Sound, 9285, reel 4.

30. Pavone, pp. 475 – 91.

31. Lt Gen. Sir Frederick Morgan to the Foreign Office's Under Secretary of State, 14 September 1946, IWM Docs 02/49/1.

32. 引自 Hitchcock, p. 252。

33. 根据 the *New York Times*, 23 August 1944.

34. Dutton, pp. 114 – 22.

35. 损毁状况的照片证据存在于 Italian Foreign Ministry Archive, Archivo Storico Diplomatico Jugoslavia (Croazia) AAPP B. 138 (1943), 参阅 Steinberg, pp. 30, 271。

36. 参阅 Hitchcock, p. 229。

37. According to the Jewish eyewitness Yakov Groyanowski, 引自 Friedländer, p. 318。

38. De Zayas, *Terrible Revenge*, p. 45.

39. Snyder, p. 172.

40. Lotnik, p. 59.

41. 参阅 Konrad Kwiet, "Erziehung zum Mord: Zwei Beispiele zur Kontinuität der deutschen 'Endlösung der Judenfrage'", in Grüttner et al., p. 449。

42. Bourke, p. 359.

43. Polcz, p. 104.

44. Kopelev, p. 57.

45. Central Statistical Office, pp. 48 – 50. 另可参阅 "Combating Crime", *The Times*, 23 July 1946, p. 5; 以及 "A Problem Picture", *The Times*, 3 June 1948, p. 5。

46. Bourke, p. 378.

47. 引自 Botting, pp. 35 – 6。

48. Werner, p. 88.

49. 参阅 Bosch, pp. 34, 52; 以及 Willis, pp. 69 – 70: 法国殖民部队的强奸行径被人们夸大了。

50. Beevor and Vinogradova, p. 209.

51. Genia Demianova, 引自 Owen and Walters, p. 134。

52. 参阅 Naimark, *Russians*, p. 70。

53. Polcz, pp. 89, 90, 105.

54. 引自 de Zayas, *Terrible Revenge*, pp. 54 - 65。

55. 参阅 Alexander Solzhenitsyn, *Prussian Nights: A Narrative Poem*, trans. Robert Conquest (London: Fontana, 1978), pp. 41, 51 - 3, 93 - 103; 以及 Lev Kopelev's memoirs, pp. 50 - 56。另可参阅 Beevor, *Berlin*, p. 29。

56. Beevor and Vinogradova, p. 327.

57. 引自 Andreas - Friedrich, p. 16, entry for 6 May 1945。

58. Kardorff, p. 217.

59. Ost - Dok 2/14, p. 106, 引自 de Zayas, *Terrible Revenge*, p. 45。

60. Judt, p. 20.

61. Johr, p. 54. 根据 Botting, p. 92, 在柏林, 有 9 万名妇女在遭到强奸后求诊。另可参阅 Laurel Cohen - Pfister, "Rape, War and Outrage: Changing Perceptions on German Victimhood in the Period of Post-unification", in Cohen - Pfister and Wienroeder - Skinner, p. 316。

62. Naimark, *Russians*, pp. 79, 94 - 5.

63. Johr, p. 59.

64. Kenez, p. 44.

65. Lilley, pp. 11 - 12.

66. Ruhl, p. 155. 按照西德的统计数据, 在 6.8 万名"占领区儿童"中, 有 3194 人是强奸犯的孩子; 参阅德国联邦统计局数字, 引自 Ebba D. Drolshagen, "Germany's War Children", in Ericsson and Simonsen, p. 232。根据 *Die Welt*, 17 August 1948, 战后德国每年有 200 万例堕胎手术; 参阅 Naimark, *Russians*, p. 123。

67. 关于欧洲性病大爆发的统计数字, 参阅 Naimark, *Russians*, p. 98; War Office, *Statistical Report on the Health of the Army*, p. 264; United States Army, Office of the Surgeon General, vol. V, p. 257; 以及 Andreas - Friedrich, p. 84, entry for 18 August 1945。

68. 关于未被强奸的妇女所受战后气氛的影响，参阅 Lena Berg，引自 Donat, p. 317；Yvette Levy，引自 Hitchcock, p. 307；Muriel Heath, IWM Docs 98/25/1, manuscript booklet。

69. See, for example, the testimony of Ruth Irmgard in Jacobs, p. 77.

70. Naimark, *Russians*, p. 125. 1939～1945 年，英格兰和威尔士的离婚率上升了 3 倍，参阅 Central Statistical Office, p. 54。

71. Kopelev, pp. 51, 55. 另可参阅 Anon., *A Woman in Berlin*, p. 158; Naimark, *Russians*, p. 109。

72. 苏军士兵的话参阅 Lena Berg，引自 Donat, p. 317；苏军坦克兵的话参阅 Kopelev, p. 51，苏军翻译在什未林对英国军政府所说的话参阅 Major A. G. Moon, IWM Docs, 06/126/1, typescript memoir, p. 56。

73. Beevor and Vinogradova, p. 327.

74. Kopelev, pp. 56 - 7.

75. Grassmann, p. 28; MacDonogh, p. 100.

76. Byford - Jones, p. 53.

77. Central Statistical Office, p. 51.

78. United States Strategic Bombing Survey, vol. I, pp. 89 - 90. 另可参阅 Beck, p. 220, note 111。

79. *Newsweek* report from Stockholm correspondent, 11 June 1945, p. 56.

80. Borgersrud, p. 75.

81. "I have looked into the souls of these Nazi boys - they are black", *Daily Express*, 26 October 1944.

第六章　希望

1. Motto of Jean - Paul Sartre's *Les Temps modernes*，可参阅 Watson, p. 410。

2. Mayne, pp. 12 - 32.

3. Jens Müller, *Tre kom tilbake* (Oslo: Gyldendal, 1946); Oluf Olsen,

Contact (Oslo: Erik Qvist, 1946) and *Vi kommer igjen* (Oslo: Erik Qvist, 1945); Knut Haukelid, *Det demrer en dag* (Oslo: Nasjonalforlaget, 1947); Max Manus, *Det blir alvor* (Oslo: Steensballes Boghandels, 1946).

4. Speech by Josip Broz Tito, 9 May 1945, reproduced as doc. 239 in Trgo, pp. 718 – 21.

5. Churchill speech, 13 May 1945, 引自 Cannadine, p. 258; VE Day speech, 8 May 1945, quoted on www. winston-churchill-leadership. com/speech-victory. html – accessed 23 September 2011。

6. Declaration of the new Romanian government, as broadcast on Radio Romania, 23 August 1944, 可参阅 *FRUS*, 1944, vol. IV, p. 191。

7. Speech to meeting of Moscow Communist Party representatives, 6 November 1944, 引自 Stalin, *War Speeches*, p. 110.

8. FitzGibbon, p. 63. FitzGibbon，菲茨吉本是一位爱尔兰美食评论家，纳粹德国轰炸伦敦时他生活在那。

9. Mayne, p. 12.

10. 我写作此书时，克罗地亚刚刚被欧盟接纳，塞尔维亚也将在数月后步其后尘。

11. Drakulić, p. 35. 关于更加广泛的讨论，以及波兰人对于德拉库利奇经历的认可，参阅 Jan Gross, "War as Revolution", in Naimark and Gibianskii, pp. 17 – 40。

12. Milward, *War, Economy and Society*, pp. 284 – 6.

13. FitzGibbon, p. 63.

14. 引自 Owen and Walters, p. 80。

15. 引自 Philip Morgan, p. 64。

16. Kovaly, p. 57.

17. 引自 Kenez, p. 107。

18. Pelle, p. 151.

19. Gross, p. 40.

第七章 乱象

1. Dean Acheson memorandum to Harry Hopkins, 26 December 1944, *FRUS*, 1945, vol. II, pp. 1059 – 61.

2. *New York Times*, 3 June 1945, p. 22. 另可参阅 *Newsweek*, 11 June 1945, p. 60。

第二部 复仇

1. Beevor and Vinogradova, p. 248.

第八章 嗜血

1. *Le Courrier de Genève*, 7 November 1944. Fisch, pp. 151 – 3, 这份报告的准确性存在争议，作者声称亲眼看到的情形同样存在争议。

2. Hermann Sommer，引自 Spieler, p. 148。

3. 参阅 Fisch, pp. 165 – 7，他不认为这件事情发生在涅梅尔斯多夫，但认为这件事情可能发生在东普鲁士其他地区。

4. Hermann Sommer，引自 Spieler, p. 147。

5. Kopelev, p. 37.

6. 引自 Ehrenburg and Grossman, p. 236。

7. 引自同上，p. 234。

8. 引自同上，p. 38。

9. Fisch, pp. 141 – 53：例如，村庄里可能有 26 人被杀，但被夸大为超过 60 人被杀。

第九章 解放营地

1. Werth, pp. 889 – 90.

2. 引自 Hitchcock, p. 288。另可参阅 Werth, pp. 892 – 3：维尔斯于 1944 年到访马伊达内克，见证人的骨灰被用作肥料 .

3. Werth, p. 896.

4. Ibid. , p. 897.

5. 参阅 Arad, p. 368; Werth, pp. 890 - 99。

6. *Pravda*, 11 and 12 August 1944, 16 September 1944. 另可参阅 Rubenstein, p. 426 fn. 82; Beevor and Vinogradova, p. 281。

7. Werth, p. 895; Rubenstein, p. 426 fn. 82.

8. Gilbert, *The Holocaust*, p. 711.

9. Vasily Grossman, "The Hell Called Treblinka", in Ehrenburg and Grossman, pp. 399 - 429. 另可参阅 Beevor and Vinogradova, pp. 280 - 306。关于数字，参阅 Burleigh, *Third Reich*, p. 650。美国大屠杀纪念馆认为数字介乎于 87 万至 92.5 万之间，可参阅 their Holocaust Encyclopedia page for Treblinka at www. ushmm. org/wlc/article. php? lang = en&ModuleId = 10005193, accessed 27 September 2011。

10. US Holocaust Memorial Museum, Holocaust Encyclopedia page on Auschwitz, www. ushmm. org/wlc/article. php? lang = en&ModuleId = 10005189, accessed 27 September 2011.

11. 关于纳粹大屠杀与苏联古拉格的详细对比，参阅 Dallas, pp. 456 - 68。

12. 如可参阅 Burleigh, *Third Reich*, p. 752。

13. *Pravda*, 17 December 1944, 引自 Rubenstein, p. 220。

14. *Pravda*, 27 October 1944, 引自同上, p. 426 fn. 82。

15. Anthony Eden speech to Parliament, 17 December 1942, Hansard, series 5, vol. 385, col. 2083.

16. TNA: PRO INF 1/251 Part 4: "Plan to combat the apathetic attitude of 'What have I got to lose even if Germany wins?'", 25 July 1941.

17. Roosevelt statement to reporters, 24 March 1944, 引自 Beschloss, p. 59。关于美国人不愿意相信大规模灭绝，参阅 Abzug, pp. 5 - 19; 以及 Marcuse, pp. 53 - 4。

18. Beschloss, p. 61.

19. Werth, p. 890.

20. Ibid. , p. 898.

21. 参阅 Abzug, pp. 3 – 4; testimony of Dr Fritz Leo, TNA: PRO WO 309/1696。

22. 参阅 *New York Times*, 5 December 1944; Abzug, pp. 5 – 10。

23. Eisenhower, p. 446.

24. Patton, pp. 293 – 4.

25. Ibid. , pp. 293 – 4; 另可参阅 Abzug, p. 27。

26. Hackett, pp. 103, 112 – 15.

27. 引自 Abzug, p. 33。

28. 引自 Marcuse, p. 54。

29. Ibid. , pp. 54 – 5.

30. Abzug, p. 92. 另可参阅 Percy Knauth's description of Buchenwald in *Time*, 30 April 1945。

31. Marcuse, pp. 51, 54.

32. Buechner 后来就此事件写成著作 *The Hour of the Avenger* (Metairie, LA: Thunderbird Press, 1986), 此书因为歪曲事实和夸大德军屠杀人数而备受批评。参阅 Jürgen Zarusky, "Die Erschießungen gefangener SS – Leute bei der Befreiung des KZ Dachau", in Benz and Königseder, pp. 113 – 16, and Israel, pp. 175 – 8. 另可参阅 www. scrapbookpages. com/dachauscrapbook/dachauliberation/BuechnerAccount. html, accessed 13 September 2011.

33. 引自 Abzug, p. 94。

34. Sington, pp. 20 – 25, 37; 以及 Lt Col. R. I. G. Taylor, 引自 Shephard, *After Daybreak*, p. 37。

35. Sington, pp. 49 – 50.

36. Lt Col. M. V. Gonin, IWM Docs 85/38/1, typescript account, "The RAMC at Belsen Concentration Camp" (no date, c. 1946), p. 5.

37. Testimony of Wilhelm Emmerich, "Interim Report on the Collection of Evidence at Belsen – Bergen Camp", TNA: PRO WO 309/1696; figure of 18, 000 given by Shephard, *After Daybreak*, p. 37.

38. Testimonies in "Interim Report on the Collection of Evidence at Belsen – Bergen Camp", TNA: PRO WO 309/1696.

39. Ibid. , p. 1.

40. 引自 Shephard, *After Daybreak*, p. 55。

41. BSM Sanderson, 援引自 Major A. J. Forrest, IWM Docs 91/13/1, typescript memoir, ch. 17, pp. 5 – 6。

42. Derek L. Henry, IWM Docs, 06/126/1, typescript memoir, p. 95.

43. Spottiswoode speech from Movietone film, 引自 Shephard, *After Daybreak*, pp. 76 – 7。

44. Abzug, p. 93.

45. Israel Gutman, 引自 Gilbert, *The Day the War Ended*, p. 391。

46. Clay, 引自 Gringauz, "Our New German Policy", p. 510。

47. Ben Helfgott, personal interview, 19 May 2008.

48. 引自 Gilbert, *The Boys*, p. 252。

49. Pinkus Kurnedz interview, IWM Sound, 9737, reel 3.

50. Szmulek Gontarz interview, IWM Sound, 10348, reel 4.

51. Alfred 'Freddy' Knoller interview, IWM Sound, 9092, reel 12.

52. 引自 Gilbert, *The Boys*, p. 251。

53. 引自同上, p. 256。

54. Max Dessau interview, IWM Sound, 9236, reel 4.

55. Kurt Klappholz interview, IWM Sound, 9425, reel 23.

56. Peter Leo Frank interview, IWM Sound, 16690, reel 4.

57. Alfred Huberman interview, IWM Sound, 18050, reel 6.

58. Cohen, pp. 191 – 217; 塞德利斯的说法引自 p. 191; 四号引自 p. 224. 另可参阅 Mankowitz, pp. 236 – 8; 更为详尽的纪录参阅 Elkins,

pp. 193 – 249，他隐去了他访谈对象的名字.

59. 按照《纽约时报》，24 April 1946，有 2238 名犯人患病，但无人死亡。其他作者声称这是美国官方杜撰的情节，希望以此掩盖自身的安保责任。参阅 Cohen，p. 212。

60. Cohen，pp. 221 – 38.

61. Shlomo Frenkel，引自 Mankowitz，p. 239。

第十章　有限复仇：奴工

1. Novick，*The Holocaust and Collective Memory*，*passim.*

2. Hitchcock，pp. 245 – 6.

3. Abzug，p. 61.

4. Tooze，p. 517.

5. Beck，p. 164.

6. Kardorff，pp. 152 – 3.

7. Beck，p. 143.

8. Major R. C. Seddon，IWM Docs 95/19/1，typescript diary，entries for 6 and 12 April 1945.

9. Major A. G. Moon，IWM Docs 06/126/1，typescript memoir，p. 46.

10. Botting，p. 282.

11. 如可参阅 Major A. J. Forrest，IWM Docs 91/13/1，typescript memoir，ch. 16，p. 4；ch. 18，pp. 11 – 12。

12. Bernard Warach，UNRRA welfare officer，引自 Wyman，p. 38。

13. Derek L. Henry，IWM Docs 06/126/1，typescript memoir，pp. 92 – 3.

14. Mrs M. Heath，Welfare Officer of DP centre at Hanau，IWM Docs 98/25/1，manuscript diary，entry for 7 May 1945.

15. David Campbell of 180th Engineers，引自 Abzug，p. 72。

16. Moorehead，pp. 241 – 2.

17. R. J. Hunting, IWM Docs 10519 P339, typescript memoir, p. 368; Mosley, p. 72.

18. Major A. J. Forrest, IWM Docs 91/13/1, typescript memoir, ch. 18, p. 7.

19. Ibid. , ch. 17, p. 6.

20. Mosley, p. 80.

21. Ibid. , p. 69.

22. Ibid. , pp. 69 – 70.

23. Ibid. , pp. 73, 80, 81.

24. Davidson, p. 54.

25. R. J. Hunting, IWM Docs 10519 P339, typescript memoir, pp. 378 – 9.

26. Major A. G. Moon, IWM Docs 06/126/1, typescript memoir, p. 34.

27. TNA: PRO FO 945/595, General Montgomery telegram to Foreign Office, 6 August 1945.

28. Undated newspaper clipping kept by Katherine Morris: "Death warning to food rioters: U. S. may invoke military law", IWM Docs, 91/27/1.

29. Major A. G. Moon, IWM Docs 06/126/1, typescript memoir, p. 34.

30. 关于难民营的类型和状况，参阅 Wyman, pp. 38 – 60。关于 1946 以后的状况，参阅 Shephard, *Long Road Home*, pp. 267 – 99。

31. TNA: PRO FO 371/47719, telegram C – in – C Germany's political adviser to Foreign Office, 11 August 1945.

32. TNA: PRO FO 1005/1631 – "Report on life in Germany during October 1945", p. 3; and Hitchcock, p. 279.

33. TNA: PRO FO 1032/1933 – JIC report, "Possible dangers to the occupying power during the coming winter", 29 November 1945.

34. Lt Gen. Frederick Morgan to Foreign Office, IWM Docs 02/49/1.

35. 如可参阅 Moorehead, p. 240; Botting, p. 46; Andreas –

Friedrich, p. 43。

36. 如可参阅 TNA: PRO FO 1005/1631 – "Report on conditions in Germany during May 1946"。

37. Major A. G. Moon, IWM Docs 06/126/1, typescript memoir, p. 69。

38. 引自 Shephard, *Long Road Home*, pp. 68 – 9。

39. 引自 Hitchcock, p. 252。这些观察结果得到军界人物的支持, 可参阅 Coles and Weinberg, p. 858。

40. Francesca Wilson, p. 131.

41. 引自 Hitchcock, p. 332。

42. Shephard, *Long Road Home*, p. 167; Hitchcock, pp. 275 – 6.

43. Kay Hulme, 引自 Shephard, *Long Road Home*, p. 167。

44. UNRRA mission statement, according to Kay Hulme, 引自 Hitchcock, p. 167。

45. Wyman, pp. 99 – 104.

46. Ibid. , pp. 117 – 21.

47. Kay Hulme, 引自 Shephard, *Long Road Home*, p. 166。

48. Ibid. , pp. 173, 204.

49. Ibid. , p. 143.

50. Ibid. , pp. 152 – 4. 另可参阅 Acheson, p. 201; Hitchcock, p. 216。

51. Yvette Rubin story related by Jean Newman, 引自 Hitchcock, pp. 248 – 9。

52. 引自同上, p. 252。

第十一章　德国战俘

1. Churchill, vol. V, p. 330; Elliott Roosevelt, pp. 188 – 90.

2. 关于这段时期的各种读物可参阅, 如 Rees, *Behind Closed Doors*, pp. 229 – 32; Beschloss, pp. 26 – 8; Burleigh, *Moral Combat*, pp. 351 – 2; Sebag – Montefiore, pp. 415 – 16。

3. Beschloss, p. 179.

4. Werner Ratza, "Anzahl und Arbeitsleistungen der deutschen Kriegsgefangenen", in Maschke, vol. XV: *Zusammenfassung*, p. 208.

5. 参阅 Botting, p. 112; Eisenhower, p. 464; Overmans, "German Historiography", p. 143。

6. Tomasevich, p. 756.

7. Kurt W. Böhme in Maschke, vol. X: *In amerikanischer Hand*, p. 11. 另可参阅 Overmans, "German Historiography", pp. 143, 147, 155。

8. Kurt W. Böhme in Maschke, vol. X: *In amerikanischer Hand*, p. 15.

9. 如可参阅 General Lee's memo to SHAEF, 2 June 1945, in NARA, 引自 Bacque, p. 51。

10. 如可参阅 Kurt W. Böhme in Maschke, vol. X: *In amerikanischer Hand*, *passim*; and Bischof and Ambrose, *passim*。

11. Anonymous diary of a German sergeant, entries for 17 and 20 May 1945, 援引自 Kurt W. Böhme in Maschke, vol. X: *In amerikanischer Hand*, pp. 309 – 13。

12. Kurt W. Böhme in Maschke, vol. X: *In amerikanischer Hand*, p. 150.

13. Ibid. , p. 148.

14. Ibid. , pp. 151 – 2, 154.

15. 引自 Bacque, p. 40。

16. 援引自 Kurt W. Böhme in Maschke, vol. X: *In amerikanischer Hand*, pp. 152, 154。

17. 参阅 Bacque, *passim*; Bischof and Ambrose, *passim*。

18. Werner Ratza, "Anzahl und Arbeitsleistungen der deutschen Kriegsgefangenen", in Maschke, vol. XV: *Zusammenfassung*, pp. 207, 224 – 6. 根据地方的记录，另有来自小营地的 774 人死亡可参阅 Kurt W. Böhme in Maschke, vol. X: *In amerikanischer Hand*, pp. 204 – 5。

19. 如可参阅 Albert E. Cowdrey, "A Question of Numbers", in Bischof and Ambrose, p. 91; 以及 Overmans, "German Historiography", p. 169。

20. Werth, p. 413.

21. 引自 Service, p. 284。另可参阅 Werth, p. 417, 他对这首诗的引文略有不同。

22. 引自 de Zayas, *Terrible Revenge*, p. 40。关于这段话的其他译文，另可参阅 Werth, p. 414, 以及 Tolstoy, pp. 267 – 8。

23. *Krasnaya Zvezda*, 13 August 1942, 引自 Werth, p. 414。

24. De Zayas, *Terrible Revenge*, p. 40.

25. Beevor, *Berlin*, p. 199.

26. *Défense de la France*, no. 44 (15 March 1944).

27. Von Einsiedel, p. 168.

28. 如可参阅 von Einsiedel, p. 164; Beevor, *Stalingrad*, pp. 386, 408。

29. Rupić et al., docs. 10 and 60 (pp. 60, 171); Kurt W. Böhme in Maschke, vol. I: *Jugoslawien*, pp. 104 – 34.

30. Istituto Centrale di Statistica, p. 10.

31. Giurescu, p. 157.

32. Schieder, vol. II, *Hungary*, p. 46. Glanz, p. 169, 提供了介乎 85 万至 90 万之间的更高数字。

33. Toth, p. 5.

34. Schuetz, p. 21.

35. 如可参阅 Becker, pp. 73 – 4; 以及 Toth, p. 7。南斯拉夫游击队抓获的俘虏也经常没水喝，如可参阅 Kurt W. Böhme in Maschke, vol. X: *In amerikanischer Hand*, pp. 218 – 19。

36. Beevor, *Stalingrad*, pp. 408 – 9; Becker, pp. 77 – 81.

37. Becker, p. 87; Toth, p. 48.

38. Toth, p. 48.

39. Becker, p. 184.

40. Von Einsiedel, p. 206.

41. 参阅 Bischof and Ambrose, *passim*。

42. 来源：Werner Ratza，“Anzahl und Arbeitsleistungen der deutschen Kriegsgefangenen”，in Maschke，vol. XV：*Zusammenfassung*，pp. 207，224 – 26。20 世纪 90 年代，Rüdiger Overmans 把上述数字与其他相关数字作对照，发现其他数字更为准确，可参阅他的“German Historiography”，pp. 146 – 63。

43. Overmans，“German Historiography”，p. 152.

44. Ibid.，p. 148.

45. Werner Ratza，“Anzahl und Arbeitsleistungen der deutschen Kriegsgefangenen”，in Maschke，vol. XV：*Zusammenfassung*，pp. 194 – 5.

46. Ibid.，pp. 194 – 7.

47. Brian Loring Villa，“The Diplomatic and Political Context of the POW Camps Tragedy”，in Bischof and Ambrose，pp. 67 – 8.

48. Roosevelt，引自 Beschloss，p. 28。

49. 关于原始档案，参阅 Morgenthau，prelim. pages；关于讨论和共识，参阅 Beschloss，pp. 125 – 31；Rees，*Behind Closed Doors*，pp. 302 – 8。

50. International Committee of the Red Cross，pp. 333 – 5.

第十二章　无限复仇：东欧

1. 参阅 Gary B. Cohen，*The Politics of Ethnic Survival*：*Germans in Prague 1861 – 1914*（Princeton University Press，1981），pp. 274 – 82。

2. 类似酷刑通常用于德军士兵和党卫队成员，偶尔也会用于平民。参阅 Staněk，*Verfolgung 1945*，p. 95。

3. Schieder，vol. IV：*Czechoslovakia*，pp. 390 – 91.

4. Ibid.，p. 57；and Staněk，*Verfolgung 1945*，p. 94.

5. Testimony of “F. B.”，doc. 24，in Schieder，vol. IV：*Czechoslovakia*，p. 366.

6. 参阅 Schieder，vol. IV：*Czechoslovakia*，p. 49；以及 Staněk，*Verfolgung 1945*，pp. 89 – 90。

7. Staněk, *Verfolgung 1945*, p. 97.

8. Kurt Schmidt, 引自 Report 29 in Schieder, vol. IV: *Czechoslovakia*, p. 404; 另可参阅 for comparison p. 59, 以及 Staněk, *Verfolgung 1945*, pp. 94 – 5。

9. 关于监狱的状况, 参阅 Staněk, *Retribuční*, pp. 36 – 8; 关于劳动营的状况, 参阅 the same author's *Internierung und Zwangsarbeit*, pp. 111 – 32。

10. Kurt Schmidt, 引自 Report 29 in Schieder, vol. IV: *Czechoslovakia*, pp. 404 – 5。

11. Report no. 26 by "A. L. ", 引自同上, p. 389。

12. Staněk, *Retribuční*, p. 39.

13. Staněk, *Verfolgung 1945*, p. 210; Kucera, p. 24; Naimark, *Fires of Hatred*, p. 118.

14. 参阅 Staněk, *Verfolgung 1945*, p. 174; 以及 Pustejovsky, p. 561。关于情绪亲历者, 参阅 testimonies in Pustejovsky, pp. 315, 338 – 9; 以及 Schieder, vol. IV: *Czechoslovakia*, pp. 68, 430。

15. Staněk, *Verfolgung 1945*, pp. 143 – 8.

16. Ibid. , pp. 148 – 9.

17. Ibid. , pp. 155 – 6.

18. 如可参阅 Beneš's speech in Anon. , *Komu sluší omluva?*, p. 90.

19. Beneš, *Speech, May 16th 1945*, p. 5.

20. 参阅 Drtina's postwar pamphlet *My a Němci* ("We and the Germans"), pp. 5, 13, 引自 Schieder, vol. IV: *Czechoslovakia*, pp. 66 – 7 fn. 13; Staněk, *Odsun Němců*, p. 59。

21. Article in *Práce*, 14 July 1945, 引自 Petr Benařík, "Retribuční soudnictví a česky tisk", in Vědecká Konference, p. 23。

22. Staněk, *Odsun Němců*, p. 59。

23. Law reproduced as Annex 19 in Schieder, vol. IV: *Czechoslovakia*, p. 276.

24. *Frankfurter Allgemeine Zeitung*, 4 April 1988. 另可参阅 Sayer, p. 243。

25. 如可参阅 the website of the Zentrum gegen Vertreibungen, www. z-g-v. de/english/aktuelles/? id = 56#sudeten, accessed 3 October 2011; Schieder, vol. IV: *Czechoslovakia*, p. 128; 以及 MacDonogh, p. 159。Staněk 有信心反驳这些过高的数字, *Verfolgung 1945*, pp. 208 – 12。

26. 如可参阅 Nováček's description of the "voluntary" deportation of Germans from Brno, p. 31.

27. Staněk, *Verfolgung 1945*, pp. 208 – 12.

28. Staněk, *Retribuční*, pp. 24 – 5. 官方数字是有 6093 人低于 14 岁, Staněk 认为这个数字被低估了。

29. Maschke, vol. XV: *Zusammenfassung*, p. 197.

30. International Committee of the Red Cross, pp. 334, 336, 676; 法国和美国当局关押的战俘也被迫清理地雷阵, 但从未使用平民。另可参阅 Staněk, *Retribuční*, pp. 28, 37。

31. Schieder, vol. IV: *Czechoslovakia*, p. 75, and eyewitness reports 27 and 59 on pp. 392, 441.

32. Ibid. , pp. 75, 88, and eyewitness report of Dr Hermann Ebert, Report 66, p. 450.

33. Ibid. , Report 24, pp. 373 – 4.

34. Adler, p. 214.

35. Kaps, Reports 193 and 195, p. 535.

36. Poster reproduced from Anon. , *Tragedy of a People: Racialism in Czecho – Slovakia* (New York: American Friends of Democratic Sudetens, 1946), p. 2.

37. 后来被改建为"劳动营", 但民族情绪并未改变。参阅 Dziurok, p. 17。

38. Gruschka, p. 42.

39. Testimony by Jadwiga Sonsala, doc. 35 in Dziurok, p. 115; 另可参阅 Henryk Grus testimony, doc. 38 ibid. , p. 120。

40. Testimony of Henryk Wowra, doc. 47 in Dziurok, p. 146.

41. According to Gruschka, p. 47. 另可参阅 Dziurok, p. 146。

42. According to Edmund Kamiński, 引自 Dziurok, p. 133。

43. Testimony of Jadwiga Sonsala, doc. 35 in Dziurok, p. 115; Gruschka, pp. 48 – 9, 56.

44. Gruschka, pp. 55 – 6; and Nikodem Osmańczyk testimony, doc. 39 in Dziurok, pp. 123 – 4.

45. 参阅 Henryk Grus testimony, doc. 38 in Dziurok, pp. 121 – 2; 以及 Gruschka, p. 50。

46. Dziurok, p. 27; and testimony by Józef Burda, doc. 42, pp. 130 – 31.

47. Testimony of Henryk Wowra, doc. 47 in Dziurok, pp. 25 – 6.

48. Doc. 7, Świętochłowice statistical report, 1 August 1945, doc. 7 in Dziurok, pp. 46 – 7.

49. Dziurok, pp. 21 – 5.

50. Doc. 6 in Dziurok, p. 45.

51. Gerhard Gruschka testimony, doc. 46 in Dziurok, p. 144.

52. Gruschka, p. 59.

53. Statement by R. W. F. Bashford, TNA: PRO FO 371/46990.

54. Testimony by Günther Wollny, German Federal Archives Ost – Dok 2/236C/297, 引自 Sack, pp. 109, 204。

55. 参阅 docs. 9 and 10 in Dziurok, pp. 49 – 50。

56. Doc. 21 in Dziurok, p. 78; 另可参阅 pp. 17, 31。

57. Kaps, Report 195, pp. 537 – 8.

58. Sack, p. 67.

59. Kaps, Report 192, p. 532.

60. According to eyewitness report by "P. L." of Łódź, in Schieder, vol. I: *Oder – Neisse*, Report 268, pp. 270 – 78.

61. Testimonies by Christa – Helene Gause von Shirach and E. Zindler in

Bundesarchiv, Ost - Dok 2/148/103 and Ost - Dok 2/64/18, 引自 Sack, p. 110。

62. Anonymous testimony, 引自 Esser, p. 40。

63. Anonymous testimony, 引自同上, p. 41。

64. Anonymous testimony, 引自同上, p. 42。

65. Anonymous testimony, 引自同上, pp. 43 - 5。

66. Edmund Nowak, "Obóz Pracy w Łambinwicach (1945 - 1946)", in Nowak, pp. 277 - 8.

67. Anonymous testimony, 引自 Esser, p. 38。

68. Anonymous testimony, 引自同上, pp. 35, 37。

69. Anonymous testimony, 引自同上, p. 46。

70. Anonymous testimony, 引自同上, p. 40。

71. Anonymous testimony, 引自同上, p. 39。

72. Anonymous testimony, 引自同上, p. 33。

73. Nowak, p. 284.

74. Anonymous testimony, 引自 Esser, p. 39。

75. Anonymous testimony, 引自同上, pp. 38, 44。

76. Ibid., pp. 51 - 61.

77. Anonymous testimony, 引自同上, p. 32; 以及 Polish Communist account 引自同上, p. 59。

78. Ibid., p. 26; cf. his testimony in Kaps, Report 193, p. 534, 除数字外, 其余相同。

79. According to one of the prosecutors, Frantiszek Lewandowski, 引自 the *Sunday Telegraph*, 3 December 2000。

80. Esser, pp. 60, 98.

81. Nowak, pp. 283 - 4; Borodziej and Lemberg, vol. II, p. 379; Esser, pp. 99 - 127.

82. Spieler, p. 40.

83. Borodziej and Lemberg, vol. I, p. 98. 有趣的是，这份文件认为兹哥达/希维托赫洛维采的数字仅为 30 人死亡，而拉姆斯多夫/瓦姆比诺维采甚至没有数字.

84. 如可参阅 Ursula Haverbeck – Wetzel interview in Charlie Russell's TV documentary for the BBC, *The Last Nazis*, Part II, Minnow Films, 2009.

85. Order no. 19 from the Department of Prisons and Camps of the Ministry for Public Security: in Borodziej and Lemberg, vol. I, doc. 25, pp. 151 – 2.

86. Dziurok, pp. 93 – 100. 另可参阅 www. ipn. gov. pl/portal. php? serwis = en&dzial = 2&id = 71&search = 10599, accessed 3 October 2011。

第十三章　内部敌人

1. *Défense de la France* and Oslo *Dagbladet*; 引自 Novick, *Resistance versus Vichy*, p. 31 and Dahl, pp. 154 – 8。

2. TNA: PRO FO 371/38896, Major D. Morton, "Conditions in France and Belgium", 3 October 1944. 另可参阅 Conway, pp. 137 – 42。

3. Voute, p. 181.

4. TNA: PRO FO 371/48994, Sir H. Knatchbull – Hugessen to Churchill, 2 July 1945; 另可参阅 Bodson, pp. 144 – 5。

5. Philip Morgan, pp. 224 – 6.

6. Pelle, pp. 193 – 5.

7. 巴黎郊外德朗西拘留营一位医生列举了 49 名在审讯期间遭到毒打的人，他们受到大面积挫伤，被打破颅骨和面骨，被灼烧脚趾，在一宗个案中，伤势由长时间电击阴道和直肠造成。可参阅 Bourdrel, pp. 109 – 15。关于其他例子，参阅 ibid. , pp. 509 – 10, 585 – 6; Fabienne Frayssinet, "Quatre saisons dans les geôles de la IVe République", *écrits de Paris*, July 1949, pp. 114 – 25; Aron, p. 572; Virgili, pp. 139 – 40。

8. *La Terre Vivaroise*, 29 October 1944, 引自 Bourdrel, pp. 316 – 17。

9. De Gaulle, 援引自 Philippe Boegner in Beevor and Cooper, p. 63; ra-

dio announcement 14 August 1944，引自 Bourdrel, p. 346。

10. *Journal Officiel*, Parliamentary Debates, 27 December 1944, pp. 604 – 7; 12 March 1954, p. 831. 另可参阅 Novick, *Resistance versus Vichy*, p. 84, and the discussion of figures in Berlière, pp. 321 – 5。

11. Beevor and Cooper, pp. 111 – 12.

12. Judt, p. 65; Sonja van't Hof, "A Kaleidoscope of Victimhood – Belgian Experiences of World War II", in Withuis and Mooij, p. 57.

13. 关于比利时可参阅 Judt, p. 44; 关于捷克斯洛伐克可参阅 Annex 19 in Schieder, vol. IV: *Czechoslovakia*, p. 276; 关于意大利可参阅 Alessandrini, p. 64。

14. Novick, *Resistance versus Vichy*, p. 77.

15. TNA: PRO FO 371/49139, Duff Cooper to Anthony Eden, 11 January 1945.

16. *Le Peuple*, 5 September 1944, "Une proclamation des partis…".

17. Huyse, p. 161; Judt, p. 46; Rioux, p. 34, Derry, p. 405. 尽管死刑在挪威刑法中被保留到 1902 年，在丹麦刑法中被保留到 1930 年，但这两个国家自从 19 世纪以来就没有执行过死刑。可参阅 Dahl, pp. 152 – 3; 以及 Nøkelby, p. 319。

18. 参阅 the statistics for reported homicides in Dondi, pp. 97, 102.

19. TNA: PRO WO 106/3965A, memo from Sir Noel Charles to Foreign Office, 11 May 1945. 近期来自意大利的研究认为都灵的数字是 1322 而米兰的数字是 1325。可参阅 Pansa, pp. 55, 117。

20. 引自 Philip Morgan, p. 218。

21. Testimony of Benito Puiatti and Eraldo Franza，引自 Pavone, pp. 508, 768 fn. 11。

22. Judt, p. 42.

23. 关于更为具体的数字，以及如何达到这个数字的讨论，参阅 Rioux, p. 32, Rousso, pp. 93 – 7, 119, and Novick, *Resistance versus Vichy*,

pp. 202 – 8。

24. 关于1.2万至1.5万人于战后被杀的数字，参阅 Pavone, p. 511；以及 Philip Morgan, p. 167。关于2万人的数字，参阅 Pansa, p. 371。关于数字的讨论，参阅 Pansa, pp. 365 – 72，以及 Philip Morgan, pp. 216 – 18。

25. Philip Morgan, p. 218.

26. Roberto Battaglia letter to the police chief of La Spezia，引自 Pavone, p. 509。

27. Philip Morgan, pp. 85, 205; Jonathan Dunnage, "Policing and Politics in the Southern Italian Community, 1943 – 1948", in Dunnage, pp. 34 – 9; Woller, pp. 90 – 91.

28. 关于意大利司法改革失败的概述，参阅 Achille Battaglia, *passim*；以及 Modona, pp. 48 – 58；另可参阅 Claudio Pavone, "The General Problem of the Continuity of the State and the Legacy of Fascism", in Dunnage, p. 18。

29. Modona, pp. 53 – 4.

30. Pansa, p. 369. Judt, pp. 47 – 8，认为不超过50人被处决.

31. Dondi, pp. 142 – 4; Pansa, pp. 316 – 26.

32. Testimonies of Valentino Bortoloso and Pierina Penezzato, interviewed by Sarah Morgan, pp. 154 – 5.

33. Rousso, p. 103.

34. 关于百分比和统计数字，参阅 ibid., pp. 106 – 8。关于数字的轻微差异，参阅 Judt, p. 46; Rioux, p. 34。

35. Conway, p. 134; Huyse, pp. 161 – 2.

36. Conway, pp. 134, 140, 148; Huyse, pp. 161 – 2.

37. TNA: PRO FO 371/47307, British Embassy in Copenhagen to Foreign Office, 3 August 1945.

38. *Le Monde*, 13 January 1945; Farge, pp. 243 – 50; Novick, *Resistance versus Vichy*, pp. 76 – 7.

39. Nøkelby, pp. 319 – 20; Derry, pp. 405 – 6; Judt, p. 45.

40. MacDonogh, pp. 359 – 61; Judt, p. 52.

41. 人口数字来自 Maddison, pp. 38 – 9。捷克（波西米亚和摩拉维亚）人口估计来自 Maddison, p. 96。捷克人口普查数字另见 Gyurgyík, pp. 38 – 9。其他数字来自如下来源：丹麦和挪威，Dahl, p. 148；比利时和荷兰，Huyse, p. 161；法国，Rousso, pp. 108, 110, 119 – 20, 包括司法法庭处决的 767 人和军事法庭处决的 769 人；意大利，Judt, pp. 47 – 8, Pansa, p. 369，温和制裁数字不详；捷克，Frommer, pp. 91, 220, 243；奥地利，MacDonogh, pp. 359 – 61，以及 Judt, p. 52。

42. Frommer, p. 38; Huyse, pp. 165 – 6.

43. Judt, p. 51; Huyse, pp. 163, 166 – 8; Frommer, pp. 272 – 7.

44. 关于各种法律问题，参阅 Novick, *Resistance versus Vichy*, p. 209; Huyse, pp. 159 – 69; Judt, pp. 44 – 5; Nøkelby, pp. 320 – 21。

45. TNA: PRO FO 371/48994, Sir H. Knatchbull – Hugessen to Churchill, 2 July 1945.

46. Huyse, p. 163.

47. 参阅 Tony Judt's seminal essay, "The Past is Another Country: Myth and Memory in Postwar Europe", in Deák et al. , pp. 296, 298.

48. MacDonogh, pp. 348 – 57; Judt, pp. 53 – 61; Botting, pp. 315 – 53.

49. Judt, p. 61.

50. 如可参阅 Fabienne Frayssinet, "Quatre saisons dans les geôles de la IVe République", *Écrits de Paris*, July 1949, pp. 114 – 25; and the story of the rape and torture of a forty-three-year-old woman in Villedieu-sur-Indre, in *La Gerbaude*, 1951, issue 2, 引自 Aron, p. 572。对比更为公允的官方调查，即在安德尔，在普瓦提埃拉沙文内里拘留营，在巴黎德朗西拘留营的调查：Virgili, pp. 139 – 40；以及 Bourdrel, pp. 109 – 15, 509 – 10。

51. 关于所有相互冲突数字的讨论，参阅 Rioux, p. 32; Rousso, pp. 93 – 7, 119; Novick, *Resistance versus Vichy*, pp. 202 – 8。

52. 如可参阅 Mungone, p. x。关于这些数字的讨论，参阅 Pansa,

pp. 365 – 72; Philip Morgan, pp. 216 – 18。

53. Philip Morgan, pp. 166 – 7.

54. 参阅上面的注释 24。

55. Pansa, p. x.

第十四章　报复妇孺

1. Virgili, p. 173.

2. 引自同上, p. 26。

3. 关于在夏朗德雅亚拘留营逮捕和起诉通敌者的警察报告, Archives Nationales, Paris, 72 AJ 108 (AVIII); Virgili, p. 26; Warring, "War, Cultural Loyalty and Gender", p. 46。

4. Kåre Olsen, "Under the Care of the Lebensborn", p. 24.

5. 关于父亲是德国人的婴儿统计数字, 参阅下文注释 36 – 40。

6. 关于丹麦妇女对德国人的态度, 参阅 Lulu Ann Hansen, " 'Youth Off the Rails': Teenage Girls and German Soldiers – A Case Study in Occupied Denmark, 1940 – 1945", in Herzog, p. 151。另可参阅 Warring, "War, Cultural Loyalty and Gender", pp. 44 – 5。

7. Virgili, p. 238.

8. 引自同上, p. 239。

9. Saint – Exupéry, p. 145.

10. Speech on the BBC, 8 November 1942, 引自 de Gaulle, p. 393; Christmas speech to the French people, 24 December 1943, p. 553; speech to Consultative Assembly, Algiers, 18 March 1944, p. 560。

11. Speech to Consultative Assembly, Algiers, 18 March 1944, 引自 de Gaulle, p. 562。

12. 参阅 Virgili, p. 80。

13. Derek L. Henry, IWM Docs 06/126/1, typescript account, pp. 48, 52; Captain Michael Bendix, IWM Docs 98/3/1, typescript account, p. 30.

14. Major J. A. S. Neave, IWM Docs 98/23/1, typescript diary, entry for 3 September 1944, p. 157.

15. 关于塞纳河畔博尼埃的女性居民，援引自 Major A. J. Forrest, 12 September 1944；参阅 IWM Docs 91/13/1, typescript memoir, ch. 10, p. 3。

16. Bohec, p. 186.

17. Weitz, pp. 149, 170.

18. Major A. J. Forrest, IWM Docs 91/13/1, typescript memoir, ch. 8, p. 11.

19. Lt Richard W. Holborow, IWM Docs 07/23/1, typescript memoir, pp. 135 – 6.

20. *La Marseillaise*, 3 September 1944, 引自 Virgili, p. 191。

21. Leaflet from the Comité Départemental de la Libération, Troyes, 引自 Virgili, p. 191。

22. Virgili, p. 189.

23. Warring, *Tyskerpiger*, pp. 156 – 73; Diederichs, pp. 157 – 8.

24. Bunting, pp. 235, 258 – 9.

25. 引自 Dondi, p. 126。一个更文学的译法是："And you beautiful young girls/ who go with fascists/ your beautiful tresses/ will soon be shaved."

26. Novick, *Resistance versus Vichy*, pp. 69, 78.

27. Rousso, p. 98. 按照 Diederichs 的说法，至少发生在一个荷兰村庄的剃头行为其实是故意尝试延缓所谓"清算日"，p. 157。

28. Virgili 认为所谓疏导暴力的说法是不确定的，但认为这确实为社区团结提供了纽带，pp. 93 – 4, 172。

29. Virgili, pp. 65, 94. 另可参阅 the many examples in Brossat, *passim*。

30. 如可参阅 the photographs in Warring, *Tyskerpiger*, pp. 100 – 101, 161.

31. Virgili, p. 192.

32. Rousso, p. 98. Also variously reported as "My heart is France's, but my

body is mine", Arletty obituary, *Daily Telegraph*, 27 July 1992; and "My heart is French, but my arse is international" ["Mon coeur est français mais mon cul est international"] according to Buisson, p. 9.

33. Virgili, p. 52.

34. Anthony Eden interview in Marcel Ophüls's film documentary *Le Chagrin et la Pitié*, part II: "Le Choix" .

35. 引自 Virgili, p. 239。

36. Warring, *Tyskerpiger*, p. 146.

37. 关于荷兰的更高数字，参阅 Johr, p. 71; Diederichs, p. 153，认为数字只有 1.6 万。

38. 关于挪威的数字，参阅 Kåre Olsen, *Schicksal Lebensborn*, p. 7。Olsen 认为真实的数字介乎 1 万至 1.2 万之间；然而，战时只有 8000 名儿童被德国生命之源组织正式记录在案，而 9000 人则是挪威战争儿童委员会的标准数字。

39. Johr 认为数字在 8.5 万至 10 万之间，p. 71。8.5 万的数字似乎来自 1943 年 10 月 15 日德国档案，后来的估计数字高达 20 万，参阅 Buisson, pp. 116 – 17; Roberts, p. 84。

40. Drolshagen, p. 9.

41. 参阅 Diederichs, p. 157。

42. *Lufotposten*, 19 May 1945, quoted and translated in Ericsson and Ellingsen, p. 94.

43. 关于委员会报告的描述，参阅 Kåre Olsen, "Under the Care of the Lebensborn", pp. 307 – 19。

44. 关于 2001 年研究计划及其发现的描述，参阅 Ericsson and Ellingsen, pp. 93 – 111。

45. Kåre Olsen, "Under the Care of the Lebensborn", p. 26.

46. Borgersrud, pp. 71 – 2.

47. Ibid. 没有关于战时德国男子与挪威女子结婚的精确数字，但 Kåre

Olsen 估计数字大约为 3000 对，参阅 “Under the Care of the Lebensborn”, p. 26。

48. Borgersrud, p. 87.

49. 医生于 1990 年的评论，引自 Kåre Olsen, “Under the Care of the Lebensborn”, p. 29。

50. 关于上述以及其他轶事，参阅 Ericsson and Ellingsen, pp. 93 – 111。

51. Drolshagen, p. 101.

52. Borgersrud, p. 85.

53. Ericsson and Ellingsen, p. 109.

54. Ibid. , pp. 105 – 6.

55. Drolshagen, p. 96.

56. Arne Øland, “Silences, Public and Private”, in Ericsson and Simonsen, p. 60.

57. Ibid.

58. Drolshagen, p. 118.

59. Ibid. , p. 137.

第十五章　复仇动机

1. Berek Obuchowski interview, IWM Sound, 9203, reel 5.

2. Dr Zalman Grinberg，引自 Gilbert, *The Day the War Ended*, pp. 391 – 2。

3. 参阅 “Attacks on Jews soar since Lebanon”, *The Times*, 2 September 2006；以及 “Anti – Semitic Attacks Hit Record High Following Lebanon War”, *Guardian*, 2 February 2007。

4. Laurel Cohen – Pfister, “Rape, War and Outrage: Changing Perceptions on German Victimhood in the Period of Post-unification”, in Cohen – Pfister and Wienroeder – Skinner, pp. 321 – 5.

第三部 种族清洗

1. 斯大林给波兰战后领导人哥穆尔卡关于如何从波兰清除德国人的建议，引自 Naimark，*Fires of Hatred*，p. 109。

第十六章 战时选择

1. Burleigh，*Third Reich*，pp. 449 – 50.

第十七章 犹太难民

1. Roman Halter，letter to Martin Gilbert in *The Boys*，pp. 266 – 8. 另可参阅 IWM Sound，17183，reel 10。

2. Blom et al. ，p. 337.

3. Lewkowicz，p. 260.

4. Hondius，p. 104.

5. Report in *Neue Welt*，no. 1，引自 Gringauz，“Our New German Policy”，p. 512。

6. Abba Kovner，引自 Bauer，p. 36；Gringauz，“Jewish Destiny”，p. 504.

7. Primo Levi，p. 373.

8. Hondius，pp. 55，77.

9. Ibid. ，pp. 78 – 82.

10. Ibid. ，p. 80.

11. Fabio Levi，p. 26.

12. 如可参阅 Beevor and Cooper，p. 172；Hitchcock，pp. 267 – 72；Rioux，pp. 13 – 16。

13. Hondius，pp. 76，79 – 80，93 – 5.

14. F. C. Brasz，“After the Second World War：From ‘Jewish Church’ to Cultural Minority”，in Blom et al. ，p. 337.

15. Rita Koopman，Ab Caransa，Gerhard Durlacher and Mrs't Hoen，引自

Hondius, p. 100。

16. 引自同上.

17. Hitchcock, pp. 271 - 2.

18. Newspaper story, 引自 Pelle, pp. 228 - 9。

19. Ethel Landerman testimony, 引自 Shephard, *Long Road Home*, p. 393。

20. 引自 Kenez, p. 158。

21. Hondius, pp. 77 - 8.

22. Myant, p. 103; Pelle, 151; Jean Ancel, "The Seizure of Jewish Property in Romania", in United States Holocaust Memorial Museum, pp. 43 - 55.

23. Gross, p. 44.

24. 如可参阅 Kovaly, pp. 56 - 7; Dean, p. 357; Gross, pp. 39 - 51; Lewkowicz, p. 260; Gilbert, *The Boys*, pp. 268, 274。

25. 关于昆马达拉什等事件的详细分析，参阅 Pelle, pp. 151 - 68。

26. Eszter Toth Kabai interview in *Haladás*, 引自同上, p. 161。

27. Pelle, pp. 157 - 60.

28. Ibid., p. 160.

29. Kenez, pp. 159 - 60; 犹太历史学家声称有3人死亡，有18人受伤，参阅 Éva Vörös, "Kunmadaras Újabb adatok a pogrom történetéhez", *Múlt és jövo*, no. 4 (1994)。

30. Pelle, pp. 161, 162.

31. Ibid., p. 173.

32. Fabio Levi, pp. 28 - 9.

33. Gross, pp. 47 - 51.

34. Siklos, p. 1.

35. 引自 Eby, p. 287。

36. 例如，在匈牙利，不仅共产党高层都是犹太人，而且在1945年大约有14%的普通党员也是犹太人，但犹太人只占该国总人口的1% ~2%。参阅 Kenez, p. 156。

37. Pelle, p. 206.

38. Ibid. , p. 160.

39. Kenez, pp. 159 – 61; Pelle, pp. 212 – 30.

40. Letter, Mór Reinchardt to the president of the Hungarian Jewish Bureau, 5 August 1946, 引自 Pelle, pp. 166 – 7。

41. Ben Helfgott, personal interview, 19 May 2008.

42. Gross, p. 35.

43. Bauer, p. 15; Gross, p. 36.

44. Gross, pp. 74 – 5.

45. Ibid. , p. 82.

46. 以下描述基于 Gross 对波兰档案中关于大屠杀证据的摘要, pp. 81 – 117。

47. 引自同上, p. 89.

48. Ibid. , pp. 93, 113.

49. Bauer, p. 210; Gross, p. 138.

50. Gross, p. 98. 关于对共产党当日的行动更为同情的观点, 参阅 Bauer, pp. 206 – 11。关于对屠杀责任讨论中的相反观点, 参阅 Kochavi, p. 175。

51. Gilbert, *The Boys*, p. 275.

52. Ibid. , p. 271.

53. Report, Joseph Levine to Moses Leavitt, 24 October 1945, 引自 Hitchcock, p. 334。

54. Kochavi, pp. 173, 227 – 8; Gross, p. 218.

55. Kochavi, pp. 175, 187; Bauer, pp. 216 – 23; Shephard, *Long Road Home*, pp. 186 – 9, 235 – 6.

56. Bauer, pp. 211 – 12. 其他作者基于不同标准, 提供了不同数字, 但都显示 7 ~ 8 月的大幅增长, 如可参阅 Gross, p. 43。

57. Gross, p. 43; Bauer, pp. 295, 298; Kochavi, p. 185.

58. Bauer, pp. 318 – 20. 基于不同时期的类似统计数字，参阅 Pražmowska, p. 176；以及 Kochavi, p. 227. Proudfoot 的表 35 基于前往以色列的移民的统计数字，提供了略高的数字。

59. Shephard, *Long Road Home*, pp. 190 – 99；Bauer, p. 319.

60. Bauer, pp. 319 – 21.

61. British Foreign Office to Washington, 5 October 1945, TNA：PRO FO 1049/81. Bevin，引自 Shephard, *Long Road Home*, p. 191。

62. Walid Khalidi，引自 Shephard, *Long Road Home*, p. 356。

第十八章　波兰与乌克兰之种族清洗

1. Anonymous witness，引自 Dushnyck, pp. 15 – 16。另可参阅 Misiło, *Repatriacja czy deportacja?*, vol. II, pp. 24, 31, 39, 43；以及 Snyder, p. 194。

2. Anonymous witness，引自 Dushnyck, pp. 16 – 17。

3. Testimony of 2nd Lieutenant Bronisław Kuzma，引自 Dushnyck, p. 21。

4. Snyder, p. 194. 列出了 70 个名字，但其中有些人伤势痊愈，参阅 pp. 18, 19, 31 – 2。

5. Snyder, pp. 182 – 7.

6. 如可参阅 ibid., esp. pp. 177, 200。Gross 对战后反犹主义有相同观点，pp. 260 – 61。

7. 关于斯捷潘·班杰拉（OUN – B）的追随者与安德烈·梅尼克（OUN – M）的追随者之间的复杂分歧，参阅 Snyder, pp. 164 – 8；Yekelchyk, pp. 127 – 8, 141 – 4。

8. Snyder, pp. 158 – 62.

9. Testimony of Jan Szkolniaki, AWK II/2091.

10. Testimony of Mirosław Ilnicki, AWK II/3327.

11. Piotrowski, p. 89.

12. Testimony of Mieczysława Woskresińska, AWK II/2215/p.

13. 如可参阅 testimonies in AWK：II/36, II/594, II/737, II/953, II/

1144, II/1146, II/2099, II/2110, II/2353, II/2352, II/2451, II/2650, II/2667。关于德国、苏联以及波兰的报告，参阅 Snyder, pp. 169 – 70 and related endnotes。

14. Kliachkivs'kyi and Stel'mashchuk，引自 Statiev, p. 86。

15. 如可参阅 the massacres of Ukrainians in Piskorowice, Pawłokoma and Wierzchowiny by Polish militias：Misiło, *Akcja "Wisła"*, p. 13; Piotrowski, p. 93; Statiev, p. 87。

16. Lotnik, pp. 65 – 6.

17. Testimony of Bronisław Kuzma，引自 Dushnyck, p. 21。

18. Snyder, p. 194.

19. Statiev, pp. 87 – 8; Snyder, p. 205. 另可参阅 Siemaszko and Siemaszko, vol. II, pp. 1038, 1056 – 7；以及 Siemaszko, p. 94。关于其他更为夸张的统计数字的破绽，参阅 Piotrowski, pp. 90 – 91。

20. 如可参阅 Siemaszko and Siemaszko, esp. Professor Ryszard Szawłowski's introduction, pp. 14 – 20, 1095 – 1102。另可参阅 Tsaruk's questioning of their figures, pp. 15 – 26。

21. Rees, *Behind Closed Doors*, pp. 222, 236.

22. Lane, p. 66.

23. Rees, *Behind Closed Doors*, p. 236; and Lane, pp. 55 – 88.

24. Lane, pp. 84 – 8.

25. House of Commons debate, 1 March 1945, Hansard, Series 5, vol. 408, col. 1625.

26. Conquest, pp. 133 – 4.

27. 参阅 Uehling, esp. pp. 79 – 107。

28. Snyder, pp. 182 – 7.

29. Statiev, p. 182. Snyder, p. 187. Yekelchyk, p. 147，提供了 810415 人被逐出乌克兰的更高数字。

30. Testimony of Maria Józefowska, AWK II/1999.

31. Statiev, p. 182; Snyder, p. 194; Yekelchyk, p. 147.

32. Testimony of Henryk Jan Mielcarek, AWK II/3332.

33. Statiev, p. 182. 如同样可参阅 the eyewitness testimony of Anna Klimasz and Rozalia Najduch, AWK I/344。

34. Snyder, p. 196; Miroszewski, p. 11.

35. Wacław Kossowski, 引自 Snyder, p. 196。

36. Misiło, *Akcja "Wisła"*, doc. 42: Radkierwicz and Żymierski memo dated 16 April 1947, outlining "Special action 'East'", p. 93.

37. Misiło, *Akcja "Wisła"*, doc. 44, pp. 98 - 9: Office of State Security document dated 17 April 1947. Ryszard Szawłowski 否认在维斯瓦河行动中存在任何形式的种族清洗，参阅 his introduction to Siemaszko and Siemaszko, pp. 15, 1096。

38. Rozalia Najduch, interview, 1990, AWK I/344.

39. Anna Klimasz and Rozalia Najduch interview, 1990, AWK I/344.

40. Olga Zdanowicz, manuscript, AWK II/2280/p.

41. Anna Szewczyk, Teodor Szewczyk and Mikołaj Sokacz interview, 1990, AWK I/790.

42. Miroszewski, pp. 19 - 22.

43. Olga Zdanowicz, manuscript, AWK II/2280/p. 那些被送往亚沃日诺的人也在奥斯威辛被拦截下来，参阅 Miroszewski, p. 16。

44. 参阅 the testimony of former repatriation official Leon Dębowski, AWK II/457。

45. Miroszewski, p. 17.

46. Anna Szewczyk, Teodor Szewczyk and Mikołaj Sokacz interview, AWK I/790.

47. According to Anna Klimasz, AWK I/344. 另可参阅 Karolina Hrycaj, typescript, AWK II/3404。

48. 关于“家园”如何成为难民近乎神圣的理想化概念的杰出分析，

参阅 Uehling, esp. ch. 7。

49. Olga Zdanowicz, manuscript, AWK II/2280/p.

第十九章 驱逐德裔

1. De Zayas, *Nemesis*, p. 42

2. Parliamentary debate, 23 February 1944, Hansard, Series 5, vol. 397, col. 937.

3. Schieder, vol. I: *Oder – Neisse*, p. 62.

4. Rees, *Behind Closed Doors*, p. 338.

5. Schieder, vol. I: *Oder – Neisse*, p. 62.

6. Lane, p. 185.

7. AP Szczecin, UWS, file ref. 939, "Sytuacja ludności niemieckiej na Pomorzu Zachodnim według sprawozdania sytułacyjnego pełnomocnika rządu RP na okręg Pomorze Zachodnie", article from June 1945, pp. 13 – 15.

8. Centralne Archiwum Wojskove, Warsaw, IV/521/11/54, "Sprawozdanie liczbowe z akcji wysiedlania ludno ści niemieckiej za okres od 19 do 30 czerwca 1945 roku".

9. The same was true in Poland: 参阅 Prażmowska, p. 182。

10. Lane, p. 153.

11. *New York Times*, 13 November 1946, p. 26.

12. 以下经历来自安娜·金托普夫于 1950 年 8 月 15 日已被核实的文本，全文引自 Schieder, vol. I: *Oder – Neisse*, doc. 291, pp. 289 – 95。

13. Kaps, Reports 136 and 162, pp. 405, 478.

14. Ibid., Reports 70, 71, 72 and 125, pp. 260 – 62, 379.

15. Białecki et al., docs. 27 and 30, pp. 64 – 9, 71 – 4.

16. 参阅 doc. 217 in Schieder, vol. I: *Oder – Neisse*, p. 233。

17. Instructions from the Republic of Poland's Ministry of Recovered Territories regarding the resettlement of Germans, 15 January 1946, reproduced as

doc. 27 in Białecki et al. , pp. 64 – 9. 另可参阅 docs. 21 and 30 ibid. , pp. 57, 71 – 4。

18. Agreement between British and Polish representatives of the Combined Repatriation Executive, reproduced as doc. 30 in Białecki et al. , pp. 71 – 4.

19. 关于媒体报告的选择，参阅 de Zayas, *Nemesis*, pp. 107 – 14。

20. 如可参阅 docs. 51 and 115 in Białecki et al. , pp. 114 – 16, 192 – 4。另可参阅 *Manchester Guardian* report，引自 de Zayas, *Nemesis*, pp. 121 – 2。

21. 引自 Davies and Moorhouse, p. 422。

22. Kaps, Report 51, pp. 234 – 5.

23. Ibid. , Report 66, p. 253.

24. Ibid. , Report 2, pp. 128, 130.

25. Byford – Jones, p. 50.

26. *FRUS*, 1945, vol. II, pp. 1291 – 2.

27. Ibid. , pp. 1317 – 19.

28. De Zayas, *Nemesis*, pp. 122 – 4.

29. 没有关于难民死亡人数的准确数字。关于德国政府的粗略统计，以及所谓 200 万德意志难民死亡的夸张说法，参阅 Spieler, pp. 53 – 4; and de Zayas, *Terrible Revenge*, p. 156。

30. German Federal figures，引自 de Zayas, *Terrible Revenge*, p. 156。

31. Naimark, *Russians*, pp. 148 – 9.

32. Szczecin State Archives, UWS, Wydział Ogólny, sygn. 231, Pismo do ob. płk Z. Bibrowskiego szefa Polskiej Misji Repatriacyjnej w Berlinie, p. 29; Agreement between British and Polish representatives of the Combined Repatriation Executive, reproduced as doc. 30 in Białecki et al. , p. 72.

33. Clay, pp. 314 – 15; Pieck，引自 Naimark, *Russians*, p. 149。

34. Red Cross reports in de Zayas, *Terrible Revenge*, pp. 131 – 2.

35. Clay, p. 315.

36. Franz Hamm，引自 de Zayas, *Terrible Revenge*, p. 136。

37. 引自 Naimark, *Russians*, p. 149.

38. Ibid. , p. 149.

39. Testimony of Josef Resner, 引自 de Zayas, *Terrible Revenge*, p. 141。

40. Ibid. , p. 142. 另可参阅 Snyder, p. 210。

41. Davies and Moorhouse, p. 447.

42. 引自 H. Schampera, "Ignorowani Ślazacy", *Res Publica*, no. 6 (1990), p. 9。

43. Beneš, *Speech …May 16th 1945*, pp. 5, 19.

44. Schieder, vol. III: *Romania*, p. 68.

45. Janics, p. 120.

46. Ibid. , pp. 133, 177. 关于匈牙利少数民族的统计数字，参阅 tables 1 – 3 in Gyurgyík, pp. 38 – 9.

47. *Čas*, 26 February 1946; *Obzory*, 11 October 1947; *Vychodoslovenská Pravda*, 3 November 1946: 引自 Janics, pp. 133, 152, 188。

48. Janics, p. 172.

49. 关于匈牙利—斯洛伐克人口交换的对照观点，参阅 Gyurgyík, p. 7, and Marko and Martinicky, pp. 26 – 7。两者都给出了类似的数字。

50. Janics, pp. 136 – 9.

51. 关于保加利亚的统计数字，参阅 Marrus, p. 353; 关于卡累利阿芬兰人，参阅 Proudfoot, p. 41。

52. Pearson, p. 229.

第二十章　欧洲缩影：南斯拉夫

1. Report of district committee of Communist Party of Croatia in Nova Gradiška, 2 June 1945, reproduced in Rupić et al. , doc. 52, p. 151.

2. Pavlowitch, pp. vii – xi. 我从此书中获益良多。Tomasevich's *War and Revolution in Yugoslavia* 是关于战时和战后南斯拉夫的各种语言版本著作中最为公允者。

3. Pavlowitch, p. ix.

4. 在上述统计数字中，雅森诺瓦克的死亡人数出于政治目的被夸大了。关于可靠的数字，参阅 Žerjavić, pp. 20, 29 – 30; Pavlowitch, p. 34; Tomasevich, pp. 726 – 8。1997 年，贝尔格莱德种族灭族受害者博物馆以及德国联邦统计局的研究者整理了雅森诺瓦克营地 78163 名死难者的名单，参阅 Croatian State Commission, p. 27。

5. Tomasevich, p. 753.

6. Ibid., pp. 757 – 63; Bethell, pp. 118 – 22. 关于英国的统计数字，参阅 TNA: PRO WO 170/4465, WO 106/4022 X/L 03659 以及 FO 371/48918 R 8700/1728/92。南斯拉夫的统计数字似乎与此吻合，参阅 Tito's communication with Field Marshal Alexander of 17 May 1945 in Rupić et al., doc. 31, p. 116。

7. 参阅 Alexander's telegrams to AGWAR and AMSSO, 17 May 1945, TNA: PRO FO 371/48918 R 8700/G; 以及 to the Combined Chiefs of Staff, TNA: PRO WO 106/4022。另可参阅 Bethell, pp. 131 – 5, 147 – 55; Tomasevich, pp. 773 – 4; Pavlowitch, p. 264。关于英国人撒谎的证人证言，参阅 Nicolson, pp. 120 – 22 以及 testimonies by A. Markotic and Hasan Selimovic in Prcela and Guldescu, docs. XXIV and XXVII, pp. 279, 292。

8. Prcela and Guldescu, *passim.*

9. 参阅 the testimonies gathered by Kurt W. Böhme in Maschke, vol. I: *Jugoslawien*, *passim*。

10. In Prcela and Guldescu, doc. XIV, p. 215.

11. Account of "Ivan P.", ibid., doc. XXXIV, p. 335.

12. Account of "G.", ibid., doc. LV, p. 417.

13. Account of Hasan Selimovic, ibid., doc. XXVII, p. 294.

14. Branko Todorovic account, 25 June 1945, TNA: PRO FO 1020/2445.

15. In Prcela and Guldescu, doc. XXII, pp. 265 – 6.

16. Accounts of M. Stankovic, Zvonomir Skok and Ante Dragosevic, ibid. , docs. XIV, XXIII and XXVI; pp. 213, 274 and 289.

17. Unnamed officer, 引自 Karapandzich, pp. 72 – 3。

18. Account of "L. Z. " in Prcela and Guldescu, doc. XXXII, p. 325. 关于上述来自德国的证人证言所证明的事实, 参阅 Kurt W. Böhme in Maschke, vol. I: *Jugoslawien*, p. 108。

19. 参阅 Tomasevich, pp. 761, 765; Pavlowitch, p. 262。

20. Account of "I. G. I. " in Prcela and Guldescu, doc. XLIV, p. 375.

21. Tomasevich, p. 774.

22. Accounts of " I. G. I. " and " M. L. " in Prcela and Guldescu, docs. XLIV and XLVI, pp. 375, 381.

23. Account of Ignac Jansa ibid. , doc. XLV, pp. 377 – 9.

24. Report of Vladimir Zinger and others, Karapandzich, pp. 91 – 113. Accounts of "J. F. " and "S. F. " in Prcela and Guldescu, docs. XLII and XLIII, pp. 369 – 70.

25. Kurt W. Böhme in Maschke, vol. I: *Jugoslawien*, p. 108.

26. Account of "K. L. V. " in Prcela and Guldescu, doc. XXXIX, p. 360.

27. Petacco, pp. 90 – 94.

28. Account of "M. M. " in Prcela and Guldescu, doc. XXXVIII, p. 358.

29. Account of Milan Zajec ibid. , doc. XLVII, p. 385.

30. 如可参阅 Kurt W. Böhme in Maschke, vol. I: *Jugoslawien*, pp. 107 – 34; 以及 Rupić et al. , doc. 87, p. 249。

31. Minutes of the first conference of the head of Odjel za zaštitu narodna for Croatia, July 1945, in Rupić et al. , doc. 80, p. 236.

32. Mazower, *Balkans*, pp. 143 – 51.

33. Tomasevich, p. 765. 有 7 万人被杀意味着每 10 万人就有 466 人被杀, 对比法国的每 10 万人有 22 人被杀, 以及意大利每 10 万人有 26 ~ 44 人被杀, 参阅 ch. 13。Werner Ratza 认为有 8 万名战俘, 其中包括德意志平民但不包括南斯拉夫平民，见“Anzahl und Arbeitsleistungen der deutschen Kriegsgefangenen”，in Maschke，vol. XV：*Zusammenfassung*，pp. 207，224 – 6。

34. Account by Dusan Vukovic in Prcela and Guldescu，doc. LXVII，pp. 461 – 4.

35. Accounts of Ivan S. Skoro and Franjo Krakaj ibid.，docs. XXI and XXII，pp. 258，268；以及 by a Red Cross nurse，援引自 Kurt W. Böhme in Maschke，vol. I：*Jugoslawien*，p. 121。

36. Account of postwar trial by lawyer Henri Rochat，引自 Marcel Ophüls's film documentary *Le Chagrin et la Pitié*，part II：“Le Choix”。

37. Bodson，p. 145.

38. Report of Interior Ministry for Federative Croatia to Central Committee of the Communist Party of Croatia，10 July 1945，in Rupić et al.，doc. 67，p. 188.

39. Interview in *Encounter*，vol. 53，no. 6，reproduced in Karapandzich，p. 170.

40. Tito，引自 Djilas，*Wartime*，p. 449。

第二十一章　西欧宽容，东欧不宽容

1. Shephard，*Long Road Home*，p. 158；Hitchcock，pp. 50 – 55.

2. Hitchcock，pp. 92 – 7.

3. Snyder，pp. 186 – 7；Janics，pp. 136 – 9.

第四部　内战

1. Eisenhower，p. 521.

第二十二章　混战

1. Interview with former partisan “G. V.”，in Alessandrini，p. 68. 关于类似事例，参阅 Pavone，pp. 465 – 6。

2. 参阅 Pavone, who pioneered this view, *passim*。

3. 如可参阅 the treatment of Trotskyist leaders Joseph Pastor and Jacques Méker, in Bourdrel, pp. 216 – 27。

4. 参阅 Pike, p. 73。

5. President Truman's famous " Truman Doctrine " speech, 引自 Kennan, p. 320。

第二十三章 法国与意大利之政治暴力

1. Ginsborg, p. 89.

2. Ammendolia, pp. 22 – 8.

3. Ginsborg, p. 88.

4. 共产党只有在捷克斯洛伐克的自由选举中取得较好表现，1946 年的得票率达到38% 。参阅 Rioux, p. 110; Ginsborg, p. 82; Judt, pp. 79, 88; Hodgson, p. 212。

5. Judt, p. 88.

6. Party political broadcast, 4 June 1945, 引自 Cannadine, pp. 271 – 7。

7. Letter, Alcide De Gasperi to Luigi Sturzo, April 1946, in De Gasperi, vol. II, p. 44.

8. Telegram from State Dept to Rome Embassy, 16 May 1945, 引自 Ellwood, pp. 184 – 5。

9. Marx and Engels, p. 120.

10. Philip Morgan, p. 213; Dondi, pp. 175 – 6.

11. Thorez, 引自 Rioux, p. 55; Novick, pp. 74 – 5。

12. 引自 Dondi, p. 175。

13. 参阅 Novick, p. 76; Bourdrel, pp. 679 – 84。

14. Bourdrel, pp. 486 – 9.

15. Ibid. , pp. 489 – 90.

16. Veyret, p. 194.

17. Report in telegram, Kirk to State Department, 28 May 1945, 引自 Ellwood, p. 186。

18. Dondi, pp. 168, 176.

19. Ibid., p. 157.

20. *L'Unità*, 24 February 1953; 另可参阅 Alessandrini, pp. 65 – 6; Philip Morgan, p. 211; 以及 Pansa, p. 258。

21. Bertaux, pp. 63 – 6; Bourdrel, p. 571.

22. Aron, p. 564.

23. Ibid.

24. *L'Aube*, 16 November 1950, 引自 Bourdrel, p. 543。

25. 如可参阅 the treatment of various priests in Toulouse and Perpignan in Bourdrel, pp. 546 – 7, 559 – 60, 573。

26. 如可参阅 the killing of the priest Umberto Pessina in Emilia – Romagna on 18 June 1946: Dondi, pp. 176 – 7。

27. Bertaux, pp. 22 – 4.

28. Bourdrel, pp. 523 – 4.

29. Dondi, pp. 168 – 9.

30. Ibid., pp. 174 – 7.

31. 如可参阅 Storchi, and Crainz, *passim*。另可参阅 Piscitelli, pp. 169 – 70。

32. Bertaux, pp. 109 – 10.

33. American intelligence report by AFHQ Operations Division, 引自 Ellwood, p. 187。

34. Jonathan Dunnage, "Policing and Politics in the Southern Italian Community, 1943 – 1948", in Dunnage, pp. 34 – 40.

35. Sarah Morgan, pp. 148, 158.

36. *L'Umanità*, 29 March 1947; Ambassador Dunn to Secretary of State, 1 April 1947, *FRUS*, 1947, vol. III, p. 878.

37. Rioux, pp. 123 – 5.

38. Ambassador Caffery to Secretary of State, 19 February 1947, *FRUS*, 1947, vol. III, p. 691.

39. Acheson, 引自 Rioux, p. 113。

40. Ambassador Dunn to Secretary of State, 7 May 1947 and 18 June 1947, *FRUS*, 1947, vol. III, pp. 900, 924.

41. *FRUS*, 1948, vol. III, pp. 853 – 4.

42. Rioux, pp. 129 – 30.

43. "Blood on the Cobblestones", *Time* magazine, 26 July 1948.

44. Alessandrini, p. 64; Dondi, p. 180.

45. Psychological Warfare Bureau report, 5 July 1945, 引自 Ellwood, p. 193。

46. Juan Carlos Martinez Oliva, "The Italian Stabilization of 1947: Domestic and International Factors" (Institute of European Studies, University of California, Berkeley, 14 May 2007), pp. 18 – 30; Rioux, p. 114.

47. 引自 Ellwood, p. 190。

48. Ginsborg, pp. 91 – 2.

49. Ibid., p. 94.

50. Ibid., p. 96.

51. Ammendolia, p. 39.

52. Ibid., pp. 45 – 9.

第二十四章　希腊内战

1. 关于莫斯科会议，参阅 Dallas, pp. 285 – 94。

2. EAM stands for Ethniko Apeleftherotiko Metopo; ELAS for Ethnikos Laikos Apeleftherotikos Stratos.

3. Mazower, *Inside Hitler's Greece*, pp. 140 – 42.

4. Michael S. Macrakis, "Russian Mission on the Mountains of Greece, Summer 1944 (A View from the Ranks)", *Journal of Contemporary History*,

vol. 23, no. 3, pp. 387 - 408; Mazower, *Inside Hitler's Greece*, pp. 296, 359 - 60.

5. 引自 Mazower, *Inside Hitler's Greece*, pp. 295 - 6。

6. TNA: PRO WO 204/8832, SACMED to Scobie, 15 November 1944. 另可参阅 Churchill to Eden, 7 November 1944, TNA: PRO FO 371/43695; Alexander, p. 66。

7. Mazower, *Inside Hitler's Greece*, pp. 364, 413 fn. 24.

8. Iatrides, *Ambassador MacVeagh Reports*, p. 660.

9. 引自 Mazower, *Inside Hitler's Greece*, p. 362。

10. Ibid. , p. 352.

11. TNA: PRO PREM 3 212/11, Churchill's order to Scobie, 5 December 1944; 参阅 Clogg, p. 187。

12. TNA: PRO WO 170/4049, "Report on Visit to Greek Red Cross F. A. P. , Platia Kastalia, Kypseli, 12 Dec 1944"; report by Ambassador Lincoln MacVeagh, 6 December 1944 in Iatrides, *Ambassador MacVeagh Reports*, p. 658.

13. 参阅 the many reports of ELAS hostages in TNA: PRO FO 996/1。另可参阅 WO 204/8301, "Account of military and political events in Western Greece during the independent mission of 11 Ind Inf Bde GP", esp. appendix C. 10; WO 204/9380, "Report by Captain WE Newton on a visit to Kokkenia on 12th January 1945"。

14. 关于瓦尔基扎协议的英译版本，参阅 Richter, pp. 561 - 4; 以及 Woodhouse, pp. 308 - 10。

15. 参阅 Mazower, *Inside Hitler's Greece*, pp. 271, 279 - 84。

16. Woodhouse, p. 147.

17. Ibid. , pp. 84 - 6; Mazower, *Inside Hitler's Greece*, pp. 318, 325. EKKA stands for Ethniki Kai Koinoniki Apeleftherosi.

18. 参阅 Hagen Fleischer, "Contacts between German Occupation Authorities and the Major Greek Resistance Organizations", in Iatrides, *Greece in*

the 1940s, pp. 54 – 6; 以及 Mazower, *Inside Hitler's Greece*, pp. 142, 329 – 30. EDES stands for Ethnikos Dimokratikos Ellinikos Syndesmos。

19. EAM member Konstantinos G. Karsaros, 引自 Kalyvas, p. 171。

20. Mazower, *Inside Hitler's Greece*, p. 290.

21. Ibid. , pp. 318 – 20.

22. John Sakkas, "The Civil War in Evrytania", in Mazower, *After the War Was Over*, p. 194.

23. Kalyvas, pp. 161 – 2.

24. Ibid. , pp. 157, 159.

25. Ibid. , pp. 148, 163.

26. *Odigitis*, 8 February 1944, 引自 Kalyvas, p. 157。

27. Kalyvas, pp. 153, 159.

28. Ibid. , p. 154.

29. Mazower, *Inside Hitler's Greece*, p. 327.

30. Kalyvas, p. 151.

31. TNA: PRO HS 5/698 "General Report", pp. 8 – 9.

32. EASAD stands for Ethnikos Agrotikos Syndesmos Antikommounistikis Draseos.

33. Mazower, *Inside Hitler's Greece*, pp. 334 – 9.

34. TNA: PRO FO 188/438, "Summary of a Letter dated Athens 22nd November 1944 from Mr Justice Sandström, Chairman of the Greek Relief Commission to the Supervisory Board of the Swedish Red Cross".

35. The following example from Douka is dissected in greater detail by Kalyvas, pp. 171 – 5.

36. Mazower, *Inside Hitler's Greece*, p. 373.

37. 参阅 report of Charles F. Edson, to Lincoln MacVeagh, 29 March 1945, 引自 Clogg, p. 192。

38. Voglis, p. 75.

39. 参阅 reports by Charles F. Edson to Lincoln MacVeagh, 29 March and 4 July 1945, 引自 Clogg, pp. 192, 196; 以及 Woodhouse report, 引自 Richter, pp. 148 – 50。

40. Democratic Army of Greece radio proclamation to the Greek people, 24 December 1947, 引自 Clogg, p. 205。

41. 参阅 report by Charles F. Edson to Lincoln MacVeagh, 4 July 1945, 引自 Clogg, pp. 195 – 6。

42. 参阅 Mark Mazower's introduction in Mazower, *After the War Was Over*, p. 11。

43. 参阅 ibid., p. 7。

44. Eleni Haidia, "The Punishment of Collaborators in Northern Greece, 1945 – 1946", ibid., p. 54.

45. 按照英国的统计，在 1946 年至 1949 年间，有 3033 人被特别军事法庭判处死刑，有 378 人被民事法庭判处死刑，总数为 3411 人。参阅 TNA: PRO FO 371/87668 RG10113/11, Athens to Foreign Office, 6 April 1950。

46. P. Papastratis, "The Purge of the Greek Civil Service on the Eve of the Civil War", in Baerentzen et al., p. 46. 另可参阅 Mark Mazower, "Three Forms of Political Justice, Greece 1944 – 1945", in Mazower, *After the War Was Over*, pp. 37 – 8。

47. TNA: PRO FO 371/87668, RG 10113/28. Voglis 明显误用了这些数字, p. 75。

48. Mazower, *Inside Hitler's Greece*, p. 376.

49. Ibid.

50. 参阅 George F. Kennan's statement to the War College, 28 March 1947, Kennan, pp. 318 – 20。

51. Truman, p. 129.

52. George Marshall's speech at Harvard, 5 June 1947, 引自同上, p. 138。

另可参阅 Rioux, p. 114。

53. 参阅 Milward, *Reconstruction*, pp. 5, 56 - 61。

54. Judt, p. 143. 关于共产党在法国和意大利的煽动行为，参阅 Rioux, pp. 129 - 30; "Blood on the Cobblestones", *Time* magazine, 26 July 1948; *FRUS*, 1948, vol. III (Western Europe), pp. 853 - 4。

第二十五章　反客为主：罗马尼亚

1. Cedric Salter, interview with King Michael of Romania, *Daily Express*, 23 November 1944. 关于米哈伊尔争辩的详细描述，参阅 *New York Times*, 27 August 1944, p. 12; Deletant, pp. 46 - 50; Ionescu, pp. 83 - 4。

2. Declaration of the new Romanian government, 23 August 1944, *FRUS*, 1944, vol. IV, p. 191.

3. Deletant, pp. 36 - 7, 49.

4. 关于罗马尼亚停战协定的全文，参阅 TNA: PRO WO 201/1602。

5. Ionescu, p. 88; Hitchins, pp. 502 - 5.

6. Deletant, p. 59.

7. *Daily Express*, 23 November 1944.

8. Ibid. and TNA: PRO WO 201/1602, digest of OSS reports sent from Foreign Office to Minister Resident, Cairo, 16 September 1944.

9. Ionescu, p. 98; Deletant, p. 57.

10. Ionescu, p. 103; Deletant, pp. 56 - 9.

11. Deletant, pp. 59 - 60. 关于佩内斯库对上述事件的描述，参阅 James Marjoribanks' minute to the Foreign Office on 2 December 1944, TNA: PRO FO 371/48547。

12. 停战仅仅维持了三个星期。参阅 the report by the Chief of Polish Intelligence, 1 February 1945, reproduced in Giurescu, doc. 1, pp. 134 - 44。

13. Deletant, pp. 61 - 3; 参阅 in particular the quotation of Georgescu's telegram to regional prefects "not to carry out orders... given by General

Rădescu, who has proved himself by his dictatorial action to be the enemy of our people”。

14. Ibid., pp. 63 – 4.

15. 关于勒德斯库演讲的文本，参阅 Giurescu, doc. 4, pp. 174 – 5；另可参阅 Judt, p. 135。

16. Tismaneanu, pp. 89 – 90.

17. Deletant, p. 72：2851 名内政部官员被转入预备役，195 人被遣散。

18. Rumanian National Committee, *Suppression of Human Rights*, pp. 67 – 8.

19. Ibid., p. 27；Winterton, p. 96.

20. Rumanian National Committee, *Suppression of Human Rights*, pp. 27, 36 – 7.

21. Deletant, pp. 68 fn. 32, 75 – 7.

22. 援引自 Rumanian National Committee, *Suppression of Human Rights*, p. 40。

23. *New York Times*, 25 November 1946. 关于选举形势的简要描述，参阅 Hitchins, pp. 530 – 34。

24. 关于 1946 年议会席位的确切分配数字，罗马尼亚历史学家与其他各国历史学家都存在争议。因此，我只提供议会席位的大致百分比而不是具体数字。参阅 Hitchins, p. 534；Deletant, p. 78；Ionescu, p. 124；Betts, p. 13。

25. Deletant, p. 78；Tismaneanu, pp. 287 – 8 fn. 10.

26. Tismaneanu, p. 91；Fischer – Galati, p. 99；E. D. Tappe, “Roumania”, in Betts, p. 11.

27. Deletant, p. 79；*Le Figaro*, 18 March 1948；Rumanian National Committee, *Suppression of Human Rights*, p. 54.

28. Ionescu, pp. 133 – 6；Rumanian National Committee, *Suppression of Human Rights*, pp. 77 – 81.

29. Deletant, p. 88; *Le Figaro*, 26/27 March 1949; Rumanian National Committee, *Suppression of Human Rights*, pp. 109 – 10; Tismaneanu, p. 91.

30. 关于在罗马尼亚镇压三个基督教宗派的详细描述，参阅 Rumanian National Committee, *Persecution of Religion*; and Deletant, pp. 88 – 113。

31. Ionescu, pp. 161 – 70.

32. Ibid. , pp. 111 – 12; Tismaneanu, p. 108.

33. Rumanian National Committee, *Suppression of Human Rights*, p. 90; Deletant, p. 87.

34. 1961 年 12 月 7 日出现在《火花报》的说法必须被谨慎对待，因为这些数字后来被用于指控德治以前的竞争对手阿纳·保克尔和泰奥哈里·杰奥尔杰斯库，参阅 Ionescu, p. 201。一份 1953 年的安全报告显示，仅在 1951 年至 1952 年间，就有 34738 名农民被逮捕，参阅 Deletant, p. 140。

35. Ionescu, p. 335; Deletant, p. 141.

第二十六章　驯服东欧

1. 引自 Judt, p. 131。

2. Rákosi, 引自 Kenez, p. 224。

3. 最后这些军事行动毫无必要。参阅 Fowkes, p. 23。

4. 参阅 John Micgiel, "'Bandits and Reactionaries': The Suppression of the Opposition in Poland, 1944 – 1946", in Naimark and Gibianskii, pp. 93 – 104。

5. Jan Gross, "War as Revolution", in Naimark and Gibianskii, p. 31.

6. Nagy, pp. 160 – 64; Kenez, pp. 61 – 6, 102.

7. Nagy, p. x.

8. Igor Lukes, "The Czech Road to Communism", in Naimark and Gibianskii, p. 258.

9. 引自 Upton, p. 258。

10. Crampton, pp. 309 – 11.

11. Novick, p. 75 fn. 38.

12. Tismaneanu, p. 87; Schöpflin, p. 65.

13. Kontler, p. 392. Schöpflin 指出共产党员从 1944 年 11 月的 2000 人增长到 1948 年 5 月的 88.4 万人, p. 65。

14. Myant, pp. 106, 222. Schöpflin 指出共产党员从战争结束时的 4 万人增长到 1948 年 10 月的 267 万人, p. 65。

15. Myant, p. 204.

16. 关于罗马尼亚, 参阅 Rumanian National Committee, *Suppression of Human Rights*, p. 28; Deletant, p. 58 fn. 10; Giurescu, pp. 34 – 5。

17. Myant, pp. 125 – 9.

18. Z. Vas, 援引自 Bela Zhilitski, "Postwar Hungary 1944 – 1946", in Naimark and Gibianskii, p. 78.

19. 马萨里克很可能死于自杀, 但谣言认为他死于阴谋。参阅 Myant, p. 217; Judt, p. 139。

20. Fowkes, p. 28.

21. Crampton, p. 315; Tismaneanu, p. 288; Davies, *God's Playground*, p. 426; Myant, p. 225; Kontler, p. 409.

22. Molnár, p. 303. 我调低了 Molnár 总共 1000 万人的估计数字, 与 Maddison 一致, pp. 96 – 7。

23. Correspondence between Dimitrov and Molotov in Dimitrov, diary entries for 15 – 29 March 1946, pp. 397 – 402.

24. Djilas, *Conversations with Stalin*, p. 105.

第二十七章　"丛林兄弟"之反抗

1. Statiev, p. 106.

2. 援引自 Laima Vincė, afterword Lukša, p. 403。

3. Lionginas Baliukevičius, 引自 Gaškaitė – Žemaitienė, p. 44。

4. 关于游击战的大量事例, 参阅 Lukša, pp. 103 – 24。大事年表可参阅 http：// www. spauda. lt/voruta/kronika/chronic1. htm，accessed 17 October 2011.

5. 关于卡尔尼斯克斯战役的详细描述，参阅 Lukša，pp. 119 – 21；以及 http：//www. patriotai. lt/straipsnis/2009 – 05 – 22/jonas-neifalta-lakunas – 1910 – 1945，last viewed 17 October 2011。

6. 关于更高的估计数字，参阅 Misiunas and Taagepera，p. 86；关于更低的估计数字，参阅 Strods，p. 150；以及 Mart Laar，"The Armed Resistance Movement in Estonia from 1944 to 1956"，in Anušauskas，p. 217。

7. Beria，引自 Starkauskas，p. 50。

8. Statiev，p. 247.

9. Eleonora Labanauskien? testimony in Laima Vincė's afterword to Lukša，p. 375.

10. 例如，1947 年 7 月，秘密警察头子维克托·阿巴库莫夫就援引斯大林的"指示"为酷刑折磨辩护。参阅 Statiev，pp. 32 – 3，247 – 9，291 – 2。

11. Statiev，pp. 107 – 8，112 – 13.

12. Lukša，pp. 210 – 11，226 – 30，305，331，335.

13. Lukša，p. 335. 关于其他例子，参阅 ibid.，pp. 203，225，228，230，240，273；Vardys and Sedaitis，p. 84；Gaškaitė – Žemaitienė，p. 35；Statiev，p. 108。

14. Statiev，p. 289；Starkauskas，p. 51.

15. Testimony of Private Strekalov，引自 Starkauskas，pp. 50 – 51。

16. 这种团体的存在得到西方和苏联双方资料的证实。参阅 Misiunas and Taagepera，p. 91；Gaškaitė – Žemaitienė，p. 31。

17. Gaškaitė – Žemaitienė，p. 32；Statiev，p. 237.

18. Starkauskas，p. 60.

19. Laar，pp. 117 – 19.

20. Lukša，p. 124.

21. Misiunas and Taagepera, p. 86.

22. Lukša, pp. 101 - 3, 147.

23. According to Alfred Käärmann，引自 Laar, pp. 183 - 4。

24. Table adapted from Statiev, p. 125.

25. Ilse Iher，引自 Laar, p. 98。

26. Memo from Beria to Stalin，引自 Statiev, p. 132。

27. Statiev, pp. 132 - 4, 137 - 8; Misiunas and Taagepera, pp. 92 - 3.

28. Starkauskas, p. 58.

29. Statiev, pp. 101 - 2.

30. Gaškaitė - Žemaitienė, p. 37.

31. Strods, pp. 154 - 5.

32. Misiunas and Taagepera, pp. 99, 102 - 3.

33. 上述三国的游击队早已意识到这一点；例如组建“武装战斗同盟”，引自 Laar, p. 108。

34. Lukša, pp. 24 - 7.

35. Gaškaitė - Žemaitienė, pp. 38, 42. 基于 1989 年之前的数字 Misiunas 和 Taagepera 乐观地估计 1950 年还有 5000 名活跃分子，p. 357。

36. 参阅 Laima Vincė's afterword to Lukša, pp. 385 - 8。

37. 最后一位主要游击队领导人阿道法斯·拉马瑙斯卡斯于 1956 被俘虏，并于 1957 年 11 月 29 日被处决。参阅 Gaškaitė - Žemaitienė, p. 44。

38. Gaškaitė - Žemaitienė, pp. 43 - 4.

39. 参阅 Laar, pp. 196 - 206。

40. 参阅 “Japan: The Last Last Soldier?” *Time* magazine, 13 January 1975；以及 Ronald Fraser, *In Hiding: The Life of Manuel Cortés* (London: Allen Lane, 1972)。

41. 关于抵抗行动只会让苏联的镇压更为严厉的观点，参阅 Alexander Statiev's comparison of Lithuania and Belarus, pp. 117, 137 - 8。

42. Vardys and Sedaitis, p. 84.

43. Translated and updated as *Forest Brothers*；参阅 Bibliography。

44. Laar, *passim.*

45. 参阅 http：//www. patriotai. lt/straipsnis/2009 - 05 - 22/jonas-neifalta-lakunas - 1910 - 1945。

第二十八章　冷战镜像

1. Tassoula Vervenioti, "Left - Wing Women between Politics and Family", in Mazower, *After the War Was Over*, pp. 109, 115.

2. Democratic Army of Greece radio proclamation to the Greek people, 24 December 1947, 引自 Clogg, p. 205；speech by Nicolae Rădescu, 援引自 Deletant, p. 67；Giurescu, doc. 4, pp. 174 - 5。

3. Mao Zedong, 1 July 1949, 引自 Conrad Brandt, Benjamin Schwartz and John K. Fairbank, *A Documentary History of Chinese Communism*（London：Allen & Unwin, 1952）, pp. 453 - 4。

4. McCarthy, p. 168.

结语

1. Markov, p. 16.

2. *The Economist*, 13 November 2010, p. 48.

3. *Washington Post*, 1 January 2011；另可参阅 István Deák, "Hungary：The Threat", *New York Review of Books*, vol. 58, no. 7（April 2011）, pp. 35 - 7。

4. 引自同上，pp. 35 - 7。欧尔戈瓦尼是 1919 年大屠杀的发生地，反革命军官谋杀了共产党嫌疑犯以及没有政治倾向的犹太人；科恩 - 邦迪是匈牙利政府的左翼反对者．

5. European Union Agency for Fundamental Rights, pp. 9, 15, 167 - 70（available on http：//fra. europa. eu/fraWebsite/attachments/eumidis_ mainreport_ conference-edition_ en_ . pdf, last viewed 12 October 2011）.

6. Clay, p. 315.

7. Uehling, pp. 8 – 9.

8. Ibid. , p. 10.

9. 援引自 Jedlicki, p. 230。

10. 参阅 Chapter 18, note 19, above。

11. Žerjavić, *passim*; Jurčević, p. 6. 另可参阅 Tomasevich, p. 761 and Chapter 12, above。

12. 参阅 Chapter 13, note 51, above。

13. *Guardian*, 11 February 2005.

14. Philip Morgan, p. 231.

15. Jedlicki, p. 225.

16. Ibid. , p. 227.

索　引

以下页码为原书页码，即本书页边码；斜体页码表示地图所在页。

图书在版编目(CIP)数据

野蛮大陆：第二次世界大战后的欧洲/（英）罗威（Lowe，K.）著；黎英亮译. --北京：社会科学文献出版社，2015.7（2020.11 重印）

ISBN 978-7-5097-7277-5

Ⅰ.①野… Ⅱ.①罗… ②黎… Ⅲ.①欧洲-现代史 Ⅳ.①K505

中国版本图书馆 CIP 数据核字（2015）第 058692 号

野蛮大陆

——第二次世界大战后的欧洲

著　　者 / ［英］基思·罗威（Keith Lowe）
译　　者 / 黎英亮

出 版 人 / 谢寿光
项目统筹 / 段其刚　董风云
责任编辑 / 张金勇

出　　版 / 社会科学文献出版社·甲骨文工作室（分社）（010）59366527
地址：北京市北三环中路甲 29 号院华龙大厦　邮编：100029
网址：www.ssap.com.cn
发　　行 / 市场营销中心（010）59367081　59367083
印　　装 / 三河市东方印刷有限公司

规　　格 / 开 本：889mm×1194mm　1/32
印 张：18.125　插 页：1　字 数：407 千字
版　　次 / 2015 年 7 月第 1 版　2020 年 11 月第 9 次印刷
书　　号 / ISBN 978-7-5097-7277-5
著作权合同登记号 / 图字 01-2013-7198 号
定　　价 / 72.00 元